di Nola · Der Teufel

Alfonso di Nola

Der Teufel

Wesen, Wirkung, Geschichte

Mit einem Vorwort von Felix Karlinger

Aus dem Italienischen von Dagmar Türck-Wagner

DIEDERICHS

Die Originalausgabe erschien unter dem Titel
Il diavolo. Le forme, la storia, le vicende di Satana e la sua universale e malefica presenza presso tutti i popoli, dall'antichità ai nostri giorni
bei Newton Compton editori s. r. l., Roma

CIP-Titelaufnahme der Deutschen Bibliothek
DiNola, Alfonso M.:
Der Teufel: Wesen, Wirkung, Geschichte / Alfonso di Nola.
Mit e. Vorwort von Felix Karlinger. Aus d. Ital. von Dagmar
Türck-Wagner. – München: Diederichs, 1990
Einheitssacht.: Il diavolo <dt.>
ISBN 3-424-01034-0

Lektorat: Hanna Moog
Umschlaggestaltung: Zembsch' Werkstatt, München
Produktion: Tillmann Roeder, München
Satz: Uhl + Massopust, Aalen
Druck und Bindung: Kösel, Kempten

ISBN 3-424-01034-0

Printed in Germany

Inhalt

Vorwort zur deutschen Ausgabe

Das ungemein starke Interesse für dämonologische Themen seit den sechziger Jahren bedeutet mehr als nur eine Mode. Mircea Eliade[1] hatte allen Grund, von einer »jüngsten Explosion des Okkulten« zu sprechen. Seinen Niederschlag fand dieses Interesse in Zeitschriften und Büchern ebenso wie in Filmen (erinnert sei an »Rosemary's Baby« und andere Horrorprogramme); aber auch die Ausbildung okkulter Zirkel und satanistischer Sekten läßt erkennen, wie diese Strömung nicht etwa in Zivilisationen primitiver Ethnien, sondern im Zentrum der technischen Welt zur Ausbreitung gekommen ist.

Bleibt es ein Rätsel, woher diese Faszination des Bösen – wir müssen es genauer definieren: der Personifizierung des Urbösen und der Inkarnation des Negativen – stammt? Die Gründe liegen ohne Zweifel in einer Vielzahl von Phänomenen, deren Zusammenwirken erst das vorliegende Ergebnis gezeitigt hat.

Zu nennen sind in erster Linie einmal die schrecklichen Massenmorde und grausamen Folterungen in unserem Jahrhundert, welche Millionen Opfer gefordert haben und deren Auslösung man nur perversen Gehirnen zuzuschreiben vermag. Ein Psychiater mag den Zerfall der Persönlichkeitsstruktur in ein medizinisches Krankenbild einordnen, für viele Menschen jedoch bleiben Gestalten wie Hitler und Stalin nach menschlichem Begriffsvermögen unverstehbar.

Vorstellungen vom personifizierten Schrecken vermittelt vielerorts auch die Zerstörung der Natur und die Bedrohung durch unheimliche Kräfte, wie beispielsweise Atomkraft, Gen-Manipulationen, Waffen und Computertechnik, die zwar das menschliche Hirn ersonnen und entdeckt hat, deren Beherrschung freilich immer unsicherer scheint.

Weiter von Einfluß für die Verbreitung des Interesses für die Macht des Bösen ist die vermehrte Unzufriedenheit mit den christli-

[1] Mircea Eliade, Das Okkulte und die moderne Welt. Zeitströmungen in der Sicht der Religionsgeschichte. Salzburg 1978. S. 64

chen Kirchen, auch die Zunahme gnostischer Gedanken, deren Wiederauftauchen bereits im vorigen Jahrhundert zu beobachten war. Damit sind nicht alle Ursachen aufgezählt, aber die wichtigsten genannt.

Man muß dabei auch bedenken, daß die Faszination verschiedene Wege geht und das menschliche Handeln zumeist von ganzen Motivbündeln, die sehr widersprüchliche Komponenten enthalten können, beeinflußt wird. Dazu gehört auch, daß die Initiation ins Böse eine größere Anziehungskraft ausübt als jene ins Gute.

So bleibt es von großer Wichtigkeit, ausführlich vom *Teufel* zu sprechen; im folgenden Werk geschieht das nicht ausschließlich unter dem theologischen Aspekt, wie es etwa Winklhofer[2] getan hat, vielmehr wird der gesamte religionswissenschaftliche und ethnologisch-volkskundliche Bereich herangezogen.

Waren satanische Themen und Probleme seit De Sade (und schon früher) bevorzugte Stoffe der französischen Belletristik, so haben sich vor allem Italiener Darstellungen des Teufels als Person zugewandt. Emile Turdeanu[3] hat auf die vielen Apokryphen verwiesen, die sich mit dem Sturz Satans und seiner Engel beschäftigen und vielfach auch vom Wirken der bösen Geister auf der Erde berichten.

Ein exegetisches Werk über eine der für unser Thema bedeutendsten apokryphen Schriften verdanken wir seltsamerweise einer Feder, die uns auch barocke Märchen aufgezeichnet hat: Pompeo Sarnelli (1649–1724). Er hat nicht nur die vierte Auflage der großen Märchensammlung von G. B. Basile »Lu cunto de li cunti« (bekannter als Pentamerone) besorgt, sondern auch eine eigene Märchenreihe unter dem Titel »Posilecheata« herausgegeben. Und dieser Autor hat 1710 als Bischof von Bisceglie in einem Werk von mehr als 200 Seiten »Annotazioni / sopra il libro Hennoch. Apocrifo per la troppa Antichità« eine Deutung versucht, die sich mit dem Wirken der guten und bösen Engel auseinandersetzt.

Seitdem haben sich manche anderen Italiener dem Geheimnis des Bösen zugewandt, von Scipione Sgambati bis herauf zum berühmten Giovanni Papini.[4]

---

[2] Alois Winklhofer, Traktat über den Teufel. Frankfurt 1961.

[3] Emile Turdeanu, Le mythe des anges déchus: traditions littéraires de l'Europe occidentale et orientale. In »Rivista di studi bizantini e slavi«. Bologna. II, 1982. S. 73–117.

Man müßte der Herkunft des Wortes »persona« nachgehen, um klarer erfassen zu können, was mit der Personifizierung des Abstraktums »böse« gemeint ist. Persona – die Maske, durch welche die Stimme tönt (personat) – bleibt dem Theater verhaftet. Und die Bühne war es vor allem auch, die dem Zuschauer und Zuhörer Abstraktes nahebringen sollte. Möglicherweise ist es ein Ausdruck des menschlichen Pessimismus', daß er vor allem negative Begriffe personifiziert und nur ausnahmsweise positive. Pest und Seuche tauchen bereits in den Psalmen als schleichende Gestalten auf, daneben in vielen Volkserzählungen – ebenso wie der Tod. Hingegen bleibt das Glück »blind«, und das Schicksal – Fatum, personifiziert in der »Fee« – ist launenhaft; bereits die griechische »Moira« kann freundliche und bösartige Züge tragen.

»Böse« und »feindlich« wird vom Menschen allzuoft auf alles Fremde und Andersartige übertragen von der Frühgeschichte bis in jene Science-Fiction-Romane, in denen Außerirdische unsere Erde angreifen.

»Die Umwandlung irdischer Feinde in Dämonen, Phantome oder Zauberer ist ein sehr häufiges Phänomen«, schreibt Eliade und bezieht sich dabei auf Anspielungen in den vedischen Texten, wonach Ruinen von »Hexen« bewohnt sein sollen, »woraus hervorgeht, daß die Arier die zerstörten Städte mit den alten Bewohnern der Region in Verbindung brachten«.[5]

Der Mensch fühlt sich abgestoßen von allem Fremden, deshalb oft auch von Verkrüppelten und Entstellten – auf dem Balkan ist der Bucklige in den Märchen stets ein übler Typ, oft von dämonischer Natur. Aber er ist auch mißtrauisch gegenüber allem von bezaubernder Schönheit. Gelegentlich erscheint der Teufel noch in der Leuchtkraft und Schönheit des Engels; so ist er auch bei manchen satanischen Sekten dargestellt. Zumeist jedoch sind seine Erscheinungsformen polymorph, und Häßlichkeit oder tierische Züge überwiegen. Das zeigt auch das reichhaltige Bildmaterial der folgenden Seiten. Vorstellung und Darstellung entsprechen sich.

Natürlich ist auch die Sexualität im Zusammenhang mit dämonischen Gestalten von Bedeutung. Dies gilt nicht nur für die Übungen

[4] Giovanni Papini, Der Teufel. Anmerkungen für eine zukünftige Teufelslehre. Stuttgart 1955.

[5] Mircea Eliade, Geschichte der religiösen Ideen. Band I: Von der Steinzeit bis zu den Mysterien von Eleusis. Freiburg 1978. S. 185.

asiatischer Rituale und exotischer Bräuche, schon zahlreiche mittelalterliche Berichte wissen von Orgien und Exzessen; daran hat sich selbst in unseren Tagen vermeintlicher »sexueller Befreiung« wenig geändert, wie man bei Eliade im Kapitel »Lucerna Extincta«[6] nachlesen kann. So überrascht auch die Betonung der Geschlechtsteile bei vielen teuflischen Figuren nicht.

Freilich erliegt der Mensch nicht nur dem Reiz erotischer Lüste, sexuelle und scheinsexuelle Akte können auch zur Abwehr von Dämonen eingesetzt werden.[7] Paradoxa in der Begegnung mit dem Bösen sind – di Nola zeigt es im folgenden mehrfach auf – nicht selten. Anziehung und Abgestoßenwerden, bewußtes und ahnungsloses Überschreiten der Grenzen in den Bereich dämonischer Gewalten hinein sind breit gestreut; die latente Botschaft trennt und vereint Schrecken und Lust. Das behält seine Gültigkeit auch für den postnuklearen Menschen.

Der Kontrast zwischen dem Geist, der als solcher ein Neutrum ist, und dem Körperlichen, dessen zoomorphe Ausgestaltung fast alle Tiergattungen umfaßt, zeichnet doch eine bemerkenswerte Typologie. Selbst wenn sich das Böse verbirgt, es wird fast immer erahnbar, ob es sich nun um insektoide oder scheinbar haustierhafte Gestalten handelt.

Papini schrieb in seinem Buch über den Teufel ein eigenes Kapitel zum Thema »Notwendigkeit, den Teufel kennenzulernen«. Ansätze dazu hat es verschiedene gegeben[8], die folgenden Seiten bieten ein umfangreiches Material, sich über eine der Nachtseiten in der Geistesgeschichte Kenntnisse zu verschaffen.

Felix Karlinger

[6] Mircea Eliade, siehe Anmerkung 1. S. 91.
[7] F. Karlinger, Erscheinungsformen und Funktionen sexueller Episoden im Zaubermärchen. In: »Anales de la Universidad de Chile«; V/17. Santiago 1989. S. 205–222.
[8] E. Osterkamp, Lucifer – Stationen eines Motivs. Berlin–New York 1979.

Vorwort

In den letzten zwei Jahrzehnten ist der Teufel aus seinem abgeschlossenen Dasein in der Theologie des Dämonischen und aus dem Labyrinth der althergebrachten doktrinären Diskurse herausgetreten, um sich auf beunruhigende Weise im alltäglichen Leben bemerkbar zu machen. Man könnte von einem plötzlichen Einbruch des Okkulten und des Irrationalen auf der Ebene der Massenmedien sprechen, deren Bilderrepertoire in krassem Gegensatz zum logischen, wissenschaftlichen Denken steht. Die Lust am Dämonischen und der suggestive Reiz unkontrollierbarer Kräfte, die in den Mäandern des Unbewußten und in den unergründlichen Tiefen der Natur und des sozialen Gefüges wirken, sind mit einer besorgniserregenden Geschwindigkeit und Intensität in Mode gekommen, die jeden, der noch an die Ordnung der Vernunft glaubt, beunruhigen und verunsichern muß.

In einer Situation des Gärens mit ihren ständig wechselnden Aspekten, welche die Geisteswissenschaften noch nicht zu bewerten und zu erhellen vermocht haben, stellt sich letztlich die Frage, ob dieser aktuelle dämonologische Ansturm nur ein Ausnahmezustand ist, der unsere historische Situation kennzeichnet oder ob sich darin eine mythische Phantasmagorie wiederholt, die jedem Zeitalter und jeder Kultur eigen ist.

Die Ausführungen in diesem Buch, die nur einen Ausschnitt aus der Fülle von Quellen und Interpretationen anbieten können, wollen vor allem als ein rationaler Versuch verstanden werden, die Allgegenwärtigkeit eines Phantasmas zu dokumentieren, das in den Mythen der verschiedensten Zeitalter seinen Ausdruck gefunden hat: in den unterschiedlichsten menschlichen Gesellschaften zeugt es von dem Bedürfnis, das historische und moralische Böse, das wir in uns tragen, nach außen zu projizieren. Zum einen ist in diesem Zusammenhang festzustellen, daß sich das endlose Drama des Bösen, des Leidens und des Todes in allen Kulturen in dämonischen Mythologemen widerspiegelt. Zum anderen zeigt sich, daß die traurige Gesellschaft des Teufels in bestimmten Epochen, wie etwa zur Zeit der europäischen Hexenverfolgungen und der Beschäftigung der Kirchenväter mit der Dämonenbesessenheit besonders intensiv und bedrängend wurde. Interpretationen zu dieser sich zeitweilig intensivierenden Gegenwart des Bösen werden auf den folgenden Seiten gegeben.

Geht man dieses Phänomen auf eine nichtreligiöse, rationale Weise an, so muß man es unter erkenntnistheoretischen Gesichtspunkten betrachten, das heißt, man muß die Glaubwürdigkeit des dämonologischen Systems insgesamt anzweifeln und seinen grundsätzlich entfremdeten und unhistorischen Charakter sehen. Mittels bewußt erzeugter Ängste, Mystifizierungen und gewalttätiger Machtausübung hat sich der Un-Sinn einer deterministischen Suche nach Kausalketten, die in Wirklichkeit überhaupt nicht existieren, zunehmend verdichtet. Anstatt die natürlichen Wechselfälle des Lebens zu akzeptieren, wo Augenblicke der Fülle abgelöst werden von Zeiten der Krise, hat sich der Mensch angesichts des unausweichlichen Todes und Leides auf die quälende Frage nach der »Ursache« des Bösen eingelassen. So haben die Menschen aller Kulturen die Wirklichkeit, die stets von Widersprüchen gekennzeichnet ist, indem sie segensreiche und störende Faktoren aufweist, in die beiden Gegensätze von Gut und Böse aufgespalten und diese auf Gott und die Epiphanie des Bösen projiziert.

Letztendlich sind alle Dämonen ein Zauber, um die Konkretheit der Natur und der menschlichen Geschichte aufzulösen. So erklärt sich die Berechtigung einer Naturgeschichte des Teufels, deren Zweck darin bestand, die Wechselfälle des menschlichen Lebens einzuordnen und zu verstehen. Angesichts der kausalen und deterministischen Ausweglosigkeit sollte diese Gestalt auch Erleichterung und Befreiung schaffen. Entstanden ist eine Unzahl mythologischer Darstellungen, die – bei aller Verschiedenheit – allesamt in einer einzigen »natürlichen« Verirrung des menschlichen Denkens gründen.

Doch nimmt diese universelle Dynamik des mythischen und vorlogischen Denkens in der gegenwärtigen Entwicklung des Teufelsglaubens beunruhigende und gefährliche Züge an. Wir denken heute mit Wehmut an jene Zeiten zurück, da der Teufel eine klar umrissene Identität besaß, mit sichtbaren und festgelegten Eigenschaften, wie wir sie aus den Heiligenlegenden und den volkstümlichen Überlieferungen kennen. Während wir in der gegenwärtigen Welle der Reaktion einerseits die Individualität und die ausgeprägte Persönlichkeit der Teufelsgestalt finden, macht sie sich gleichzeitig auf eine schleichende und unbestimmte Weise in der Gesellschaft und in der Geschichte bemerkbar. So kann das Unbestimmte immer dann eine konkrete Gestalt annehmen, wenn es die Dynamik der Macht erfordert, unbequeme Teile der Gesellschaft auszugrenzen und zu verteufeln. Der Teufel ist damit nicht nur eine Ausgeburt der Fantasie, die zuweilen auch sympathische und erträgliche Züge annehmen kann, sondern er wird zum Vehikel ideologischer Gewalt, wie uns die Geschichte gelehrt hat. Die Tatsache, daß er unversehens seinen Platz in der heutigen Industriegesellschaft eingenommen hat, legt dem bekenntnislosen, kritischen Denker die ethische Pflicht der Entmystfizierung auf. Es geht darum, die subtile Zersetzung des öffentlichen Bewußtseins aufzuzeigen und zur bewußten Wahrnehmung von Geschichte und Realität aufzufordern, die geschickt hinter dem Mythos verborgen werden. Dieser ethischen Aufgabe fühlt sich das vorliegende Buch verpflichtet.

Alfonso di Nola

Die Geburt des Teufels

Dantes Klassifizierung der Sünden (hier die Verführer und die Kuppler, die im XVIII. Gesang der Hölle von den Teufeln gepeitscht werden) zeigt deutlich die kulturelle Bedingtheit schuldhaften Verhaltens. Für die Moralauffassung des Mittelalters war die Verführung ein sehr schlimmes Vergehen. (Nach einem Stich von Gustave Doré für eine Ausgabe der Göttlichen Komödie.)

Zur Entstehung des Dämonischen

Betrachtet man die Teufel einmal ganz nüchtern, sind sie ein Nichts, in sichtbare, fantastische Gestalten umgesetzte Projektionen, die den Konflikt des Menschen mit seinen historischen oder natürlichen Bedingtheiten zum Ausdruck bringen. Der Mensch empfindet Natur und Geschichte als feindselig und bedrohlich und überträgt diese Eigenschaften auf imaginäre, teuflische Gestalten. Naturkatastrophen, die die Ernte zerstören, die Früchte des Feldes vernichten oder Tierseuchen verursachen, werden als unbegreifliche Phänomene erlebt. Das gilt für den Einfall von Feinden nicht weniger als für die Gewalttätigkeiten von Plünderern: Als z.B. die Hunnen nach der Durchquerung der asiatischen Ebenen und der Eroberung eines Teils von Rußland die Grenzen zu Italien erreichten, machte die Volksüberlieferung aus dieser Invasion einen Vorgang dämonischer Natur und beschrieb die Hunnen als »Söhne des Teufels«. In den europäischen Texten des Mittelalters werden Hagel, Gewitter, sintflutartige Regenfälle als Zauberwerk der Wetterhexen mythologisiert, die mit Hilfe ihrer Künste die Unwetterdämonen heraufbeschwören.

Kurzum, angesichts der Mannigfaltigkeit seiner kulturellen Erfahrungen kann der Mensch den Gang der Ereignisse und seine Umweltbedingungen als so völlig negativ überschattet empfinden, daß ihm die Entwicklung und Entfaltung seiner existentiellen Fülle versagt bleibt. Es gibt zwei Möglichkeiten, auf diesen Konflikt Mensch/Natur oder Mensch/Geschichte zu reagieren: Man geht die negativen Ereignisse mittels des Verstandes an und verändert sie, indem man sie dem menschlichen Einflußbereich zuweist, oder man verfremdet sie zum Negativpol der Wirklichkeit und projiziert sie auf ein trügerisches mythisches Bild, welches das Böse im menschlichen Dasein erklärt. Diese Sicht des Bösen kann nun wiederum auf zweierlei Weisen erlebt werden. In den primitiven und archaischen Kulturen konkretisiert sie sich zunächst allein in der historischen Erfahrung dieses oder jenes Übels, wie im Einfall eines Heuschrekkenschwarms oder in einem feindlichen Angriff. Sie kann sich aber auch in einem kosmischen und universellen Leiden äußern, einem Leiden in der Welt und an der Welt, in einer Dramatisierung des Todes oder des Leides.

In dieser Dialektik zwischen erlebter Seinsfülle und Scheitern, zwischen Bejahung der Libido und plötzlicher Präsenz des Thanatos, stellt der Teufel eine verfremdende Lösung dar, die eine rationale Erklärung des Faktischen ablehnt. Zweifellos existiert das Böse historisch ganz konkret, es ist z. B. abhängig von den sozialen Gegebenheiten und von den Mechanismen, die Produktionsprozesse und Klassenunterschiede bestimmen. Der menschliche Geist allerdings verarbeitet es auf eine ganz einfache und zugleich fanatische Weise, wie es G. B. Vico in seiner *Scienza Nuova* sehr richtig vermerkt hat: Er kristallisiert das Böse in einer mythischen und zugleich fest umrissenen Gestalt und reiht den Dämon unter die Kräfte ein, die die Welt regieren. So entsteht der Teufel, der, als Widersacher eines positiv verstandenen Gottes gesehen, in gewisser Weise das Positive wieder zunichte macht und damit ein Unbehagen an Zeit und Natur auslöst.

In der biblischen Genesis werden die einzelnen Schöpfungsakte, wie sie in den ersten beiden Kapiteln beschrieben sind, von einer optimistischen Aussage begleitet, die zusammengefaßt ist in dem Satz: »Und Gott sah, daß es gut war.« In anderen Kulturkreisen bringt das Unbehagen an der Geschichte die mythische Chronik einer dämonischen Welterschaffung als Gegenstück zum positiven Charakter der Geschichte und der Schöpfung hervor. Die Geburt des Teufels kennzeichnet eine Einstellung, die in direktem Gegensatz zur Realität steht: anstatt diese Realität anzugehen, um sie durch menschliches Bemühen zu verändern, akzeptiert man sie, wie sie ist, und verlagert die Unerträglichkeit der vorhandenen Übel auf andere (die Dämonen). Die dynamischen Prozesse, die sich in den einzelnen Kulturen rund um diese Mythologisierung des Bösen entwickelt haben, sind äußerst unterschiedlich.

Bei der Suche nach den Ursprüngen des Teufels darf man zudem – ganz unabhängig von natürlichen oder historischen Katastrophen – die Verwurzelung des existentiellen oder individuellen Bösen in unserem Inneren nicht unterschätzen, das in Form von bedrängenden Ängsten unterschwellig auf die menschliche Psyche einwirkt. Das Böse wäre uns somit angeboren, unabwendbares Schicksal, das erblich in unserem Sein, mythisierend bezeichnet als unser »Herz«, den Hang zum Bösen vorbestimmt. Die Bibel drückt sich, was diesen Mythos angeht, sehr deutlich aus: »... denn das Dichten des menschlichen Herzens ist böse von Jugend auf« (Gen. 8,21). Mit diesem mythischen Motiv, das obendrein der menschlichen Erfah-

Der Tod in Gestalt des Teufels entführt einen Lebenden. Holzschnitt des 15. Jahrhunderts.

rung des Bösen entsprungen ist, erweitert sich der Diskurs über die Entstehung des Teufels: Er kann in der Natur sein, in der Geschichte und schließlich in uns selbst in Form von Traumata und Ängsten, denen wir ausgeliefert sind. Es ist kein Zufall, daß in der christlichen Dämonologie der Teufel sich in der Trägheit und in der Melancholie verkörpert, im Leiden des Selbst, das sich der Vitalität verweigert.

Schon in den traditionellen jüdischen Texten des Mittelalters finden wir die Auffassung, daß das bedrängende existentielle Böse, das dann auf den Teufel in uns projiziert wird, psychologischen Ursprungs ist. Seit der Zeit der Pharisäer erklärt die rabbinische Ethik den Ursprung des Bösen in der Schöpfung mittels der Theorie von den zwei Leidenschaften. Der Mensch trägt neben der guten Leidenschaft, die ihn veranlaßt, sich seiner göttlichen Berufung gemäß zu verhalten, eine böse Leidenschaft in sich, die sogenannte

»Hefe im Teig«. Das individuelle Verhalten hängt davon ab, welche Komponente überwiegt: »Die Gerechten richtet der gute Trieb ... die Ruchlosen richtet der böse Trieb«.[1] Dieser Interpretation zufolge handelt es sich um einen lokalisierbaren teuflischen Trieb: »Der böse Trieb gleicht einer Fliege und sitzt zwischen den beiden Öffnungen des Herzens. (...) Zwei Nieren sind im Menschen, die eine rät ihm zum Guten und die andere rät ihm zum Bösen, und es ist wahrscheinlich, daß die gute zu seiner Rechten und die böse zu seiner Linken [sich befindet]«.[2] Diese böse Leidenschaft bemächtigt sich des Menschen.[3] Stellt man eine subtilere Analyse an und betrachtet das Bild vom Teufel im abendländischen Mittelalter, so findet man, daß die rabbinische Lehrmeinung davon ausgeht, daß es sich bei der bösen Leidenschaft im Grunde um den vitalen Instinkt und um den Sexualtrieb handelt, die an und für sich gut sind, die jedoch Übel bewirken, wenn sie falsch gesteuert werden.

Schon diese Lehrmeinung der Rabbiner des Mittelalters bezeugt eine zugleich positive Sicht der dämonischen Energie, wie sie auch bei einigen Völkern und vor allem in den Hexenkulten zu finden ist. Die Rabbiner vertreten die Auffassung, das Vorhandensein der an sich bösen Leidenschaft stünde im Gegensatz zu den von Grund auf guten göttlichen Werken. Und doch erklärt die *Genesis Rabba*: »Aber, so ist zu fragen, ist nicht auch die böse Leidenschaft an sich gut? Dies ist die Antwort: Ohne diese Leidenschaft könnte niemand ein Haus bauen, eine Frau heiraten, Kinder zeugen oder die menschlichen Geschäfte lenken.«[4] Gott und Teufel liegen in unserem seelischen Drama miteinander in Fehde, und nach einfachem Schluß »soll der Mensch stets den Trieb zum Guten erzürnen gegen den Trieb zum Bösen.«[5] Heute würden wir sagen: Der Konflikt zwischen dem Mythos Gott und dem Mythos Teufel, die wir beide in uns tragen, ließe sich auf Freuds hinreichend bekannte Gegenüberstellung von Eros und Thanatos zurückgeführen – die Augenblicke der Freude am Dasein einerseits und die Augenblicke der Lebensverneinung, die von den plötzlich hochdrängenden Energien der zerstörerischen Schatten ausgelöst werden. Stellt also der Teufel

[1] bT, Ber 61b. Deutsche Talmud – Zitate nach: Der Babylonische Talmud, hrsg. von Lazarus Goldschmidt. 9 Bde. Haag 1933.
[2] Ebd., 61a.
[3] Genesis Rabba 22,6.
[4] Ebd., 9,7.
[5] bT, Ber. 5a.

die Negation des Eros' dar, so laufen wir Gefahr, daß die dem Thanatos zugeschriebenen destabilisierenden und zerstörerischen Energien in unserem Bewußtsein mythisch-imaginäre Formen annehmen. Doch lebt der Mensch glücklicherweise auf der Grenze zwischen dem Selbsterhaltungstrieb und dem Trieb, gelegentlich in das primäre Chaos der Instinkte einzutauchen.

So gesehen kann man den Teufel in den verschiedenen Kulturen auch als den verleugneten und unterdrückten Instinkt deuten, als Ausdruck des in den Labyrinthen der sozialen Zwänge verirrten Menschen.

Der Teufel in der Psychoanalyse

Als Schlüssel zum Verständnis des Teufelsmythos' sind die Vorstellungen, wie sie die Psychoanalyse rund um den Teufel entwickelt hat, von größtem Interesse.

Am 9. Januar 1909 trug der Verleger Hugo Heller in der Sitzung der Wiener Psychoanalytischen Gesellschaft ein Referat über die Geschichte des Teufels vor. Freud gab eine erste Interpretation dazu, wonach der Teufel unbewußte, verdrängte Triebe und sexuelle Komponenten verkörpere, vor allem solche, die mit der Analerotik verknüpft seien. Er nahm damit die Hypothesen wieder auf, die er 1908 in der kurzen Abhandlung *Charakter und Analerotik* aufgestellt hatte. Er analysiert darin die Lust an der Darmentleerung und weist darauf hin, daß der Teufel in den Märchen seinen Buhlen Schätze schenkt, die sich in der Folge in »Dreck« verwandeln: »...und der Teufel ist doch gewiß nichts anderes als die Personifikation des verdrängten, unbewußten Trieblebens.«[1] Befreit man diese Thematik von der theoretischen Hülle der Analterminologie, zeigt sich, daß sie jener instinkthaften, verdrängten und offiziell verleugneten Teufelsgestalt in den europäischen Kulturen entspricht, die die von der jeweils gültigen Moral und den geltenden gesellschaftlichen Normen unterdrückte fleischliche Lust repräsentiert. 1910 griff H. Silberer diese Hypothese erneut auf: »Der Teufel und die finsteren, dämonischen Gestalten der Mythen sind, psychologisch genommen, funktionale Symbole, Personifikationen nicht sublimentierten elementaren Trieblebens.«[2]

Ernest Jones bereichert mit seiner 1912 erschienenen Abhandlung über den Aberglauben im Mittelalter diese Lesart um weitere Motive.[3] Für Jones ist die Geschichte des Teufels die Geschichte der ureigenen Ängste und Beklemmungen der individuellen Psyche. Der Glaube an den Teufel ist für ihn vor allem die Projizierung von zweierlei Arten verdrängter Wünsche, die dem kindlichen Ödipuskomplex entspringen: dem Wunsch, die Vaterfigur in gewissen Aspekten nachzuahmen, und dem Wunsch, den Vater herauszufordern. Im Glauben an den Teufel sind folglich Nachahmungsdrang und Feindseligkeit enthalten, beides ambivalente Komponenten der Vaterbeziehung. Da ist zum einen die ursprüngliche Identität von Gott und Teufel als zwei Aspekte der gleichen Realität, die im Mythos als absolute Gegensätze wahrgenommen werden und die Jones in ihren ethnisch-historisch-religiösen Zusammenhängen untersucht hat. Der Teufel spiegelt vier verschiedene psychische Erfahrungen wider: den bewunderten Vater, dessen sexuelle Potenz im Kind Neid erweckt (daher also auch die sexualisierte, libidinöse Darstellung des Teufels); den Vater, für den das Kind entschiedene Feindseligkeit empfindet und der ihm seinerseits feindlich gesinnt ist (deshalb bringt die Teufelsfigur Strafen und Zerstörung mit sich); den Sohn, der dem Vater ähnlich sein will, der explizit Gott nachahmt (der Teufel, »Affe Gottes«, *simia dei*); den Sohn, der den Vater herausfordert, den großen Rebell, der sich

[1] Sigmund Freud, *Gesammelte Werke*, Bd. 7. London 1940. S. 207.

[2] »Phantasie und Mythos«, in: *Jahrbuch für Psychoanalytische und Psychopathologische Forschungen*, 2. 1910. S. 592.

[3] Der Alptraum in seiner Beziehung zu gewissen Formen des mittelalterlichen Aberglaubens, in Nr. XIV: *Schriften zur angewandten Seelenkunde*.

gegen Gott auflehnt und daraufhin aus dem Himmel verstoßen wird.

Noch eindeutiger äußert sich Freud zur Teufelsthematik in der 1922 erschienenen Abhandlung *Eine Teufelsneurose im siebzehnten Jahrhundert.*[4] Der Bibliothekar Payer-Thurn hatte Freud auf ein Manuskript aufmerksam gemacht, das die Geschichte eines Malers im 17. Jahrhundert erzählt, der vom Teufel besessen und dann erlöst werden war. (Die Dokumente, auf die Freud sich stützt, stammen aus der Wallfahrtskirche Mariazell in der Steiermark und werden in Wien aufbewahrt.)

Der bayerische Maler Christoph Haitzmann wurde am 5. September 1677 in die Wallfahrtskirche Mariazell gebracht, nachdem ihn am 29. August in der Kirche von Pottenbrunn schreckliche Krämpfe befallen hatten, die auch in den darauffolgenden Tagen andauerten. Als der dortige Pfarrer ihn nach einer womöglich teuflischen Ursache dieses Übels befragte, gab der Maler zu, er habe neun Jahre zuvor einen schriftlichen Pakt mit dem Teufel geschlossen, in dem er sich verpflichtete, diesem nach Ablauf dieser Zeit mit Leib und Seele anzugehören. In Anbetracht der bevorstehenden Fälligkeit hatte er sich deshalb in das Heiligtum begeben, weil er hoffte, die Mutter Gottes würde ihn von dem mit Blut geschriebenen Pakt erlösen. Nachdem er in Mariazell eine Zeit der Buße und des Gebets verbracht hatte, gab ihm der Teufel, der ihm als geflügelter Drache erschien, gegen Mitternacht des 8. September, dem Tag Mariä Geburt, den Pakt zurück. Die Mönche hatten ihm mit Exorzismen beigestanden und waren bei der Erscheinung des Teufels in der Kapelle zugegen. Doch war die Heilung nicht von Dauer: Nach Wien zurückgekehrt, war der Maler bis zum 13. Januar 1678 neuerlichen Anfällen unterworfen. Er litt unter Geistesabwesenheiten, Krampfzuständen, die von qualvollen Visionen begleitet waren, in denen ihn heilige Gestalten heimsuchten, Christus und die heilige Jungfrau selbst. Überzeugt, daß auch diese Visionen ein Blendwerk des Teufels seien, kehrte er im Mai 1678 nach Mariazell zurück, beklagte die neuerliche Heimsuchung durch den bösen Geist und bekannte, schon vor dem mit Blut geschriebenen Pakt, den er bereits zurückerhalten hatte, eine andere mit Tinte geschriebene Verschreibung mit ihm geschlossen zu haben. Er wollte nun auch die Auflösung des ersten Pakts

[4] Sigmund Freud. *Gesammelte Werke*, Bd. 13. London 1940, S. 317ff.

»Hier siht mann Sonnenklar, daß Hexen in der Welt, Da eines Träumers Kopff wohl tausend in sich hält.« Titelkupfer zu John Webster: Untersuchung der vermeintlichen und sogenannten Hexereien, *Halle 1716.*

erbitten, und er erhielt sie mit Hilfe des Exorzismus' und der Gebete der Mönche. Später trat der Maler unter dem Namen Chrysostomus in den Orden der Barmherzigen Brüder ein.

Freud analysierte dieses Geschehen als die Geschichte einer Neurose und forschte vor allem nach den Motiven, die den Betroffenen veranlaßt hatten, diesen zweifachen Pakt zu schließen. Die eingehende Lektüre des Manuskripts ergab: der Maler hatte die Beziehung zum Teufel gesucht, weil er von einer tiefgehenden Schwermut befallen war, die ihn an der Arbeit hinderte und an der Zukunft verzweifeln ließ. Klinisch gesehen handelte es sich hier um einen Fall von »melancholischer Depression mit Arbeitshemmung und (berechtigter) Lebenssorge«.[5] Doch enthielten die Papiere einen sehr bedeutsamen Hinweis: die Schwermut des Malers war durch den Tod des Vaters ausgelöst worden, und der Teufel hatte ihm seine Hilfe versprochen.

Die beiden Verträge wiesen eine ausdrückliche Verpflichtung lediglich dem Maler zu, der wohl stillschweigend vorausgesetzt hatte, der Teufel werde ihn als Gegenleistung vom Zustand der Verzweiflung befreien. In dem mit Tinte geschriebenen Pakt erklärte der Vertragschließende: »Ich Christoph Haitzmann vndterschreibe mich diesen Herrn sein leibeigener Sohn auf 9 Jahr, 1669 Jahr.« In dem zweiten, mit Blut geschriebenen Pakt wiederholte er: »Anno 1669, Christoph Haizmann. Ich verschreibe mich dißen Satan, ich sein leibeigener Sohn sein, und in 9 Jahr ihm mein Leib und Seel zuzugeheren.«[6] Freud erschien es für seine Analyse bedeutsam, daß er sich in beiden Schriftstücken zum Sohn und Leibeigenen erklärte (wenngleich dies in Teufelspakten dieser Art allgemein üblich und gebräuchlich war). Falls sein depressiver Zustand und die Arbeitsunfähigkeit tatsächlich durch den Verlust des Vaters ausgelöst worden waren, so lieferte dies die Erklärung für den Pakt; er hoffte dadurch wiederzubekommen, was er verloren hatte: den Vaterersatz. Dies ist der Ausgangspunkt für Freuds These, daß die Gestalten Gottes und des Teufels die Gegensätze in der Gestalt des Vaters repräsentieren: »... wir wissen ... zunächst, daß Gott ein Vaterersatz ist oder richtiger: ein erhöhter Vater ... Vom bösen Dämon wissen wir, daß er als Widerpart Gottes gedacht ist und doch seiner Natur sehr nahe steht ... Es braucht nicht viel analytischen Scharfsinns, um zu erraten, daß Gott und Teufel ursprünglich identisch waren, eine einzige Gestalt, die später in zwei mit entgegengesetzten Eigen-

5 Ebd., S. 325.
6 Ebd., S. 327.

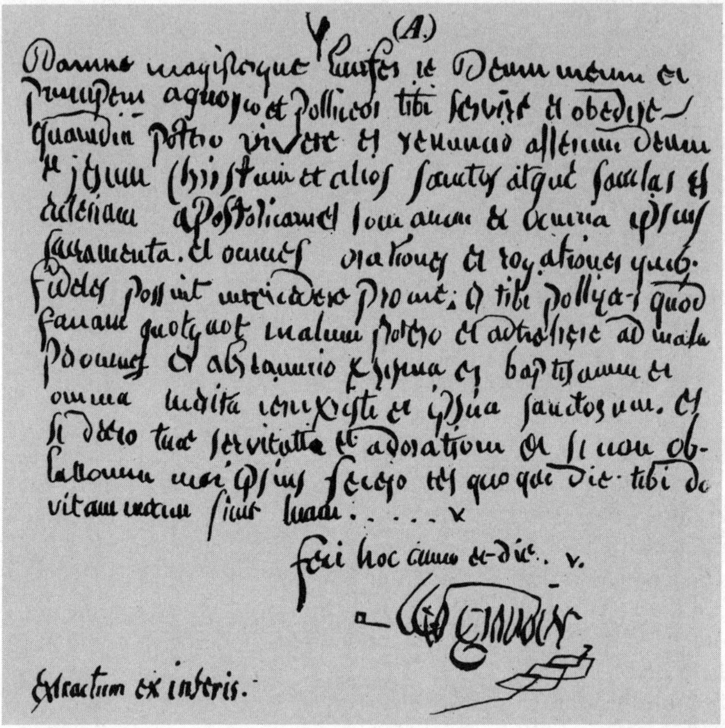
(A.)

Domine magisterque Lucifer te Deum meum et principem agnosco et polliceor tibi servire et obedire quamdiu potero vivere et renuncio alterum Deum et Jesum Christum et alios sanctos atque sanctas et ecclesiam apostolicam romanam et omnia ipsius sacramenta et omnes orationes et rogationes quibus fideles possint intercedere pro me; et tibi polliceor quod faciam quotquot malum potero et attrahere ad mala omnes et abrenuncio chrisma et baptismum et omnia merita Jesu Christi et ipsius sanctorum. Et si desero tuae servituti et adorationi et si non oblationem meam ipsius fecero ter quoque die tibi do vitam meam sicut tuam .....

Feci hoc anno et die.

Urbain Grandier

Extractum ex inferis.

Fast aus der gleichen Zeit wie der von Freud untersuchte Fall stammt dieses Dokument, in dem Urban Grandier sich verpflichtet, Luzifer als seinen Gott anzuerkennen und alles nur mögliche Böse zu tun. (Aus: Collin de Plancy, Dictionnaire Infernal, *Paris 1826.)*

schaften zerlegt wurde ... Es ist der uns wohlbekannte Vorgang der Zerlegung einer Vorstellung mit gegensinnigem – ambivalentem – Inhalt in zwei scharf kontrastierende Gegensätze. Die Widersprüche in der ursprünglichen Natur Gottes sind aber eine Spiegelung der Ambivalenz, welche das Verhältnis des Einzelnen zu seinem persönlichen Vater beherrscht. Wenn der gütige und gerechte Gott ein Vaterersatz ist, so darf man sich nicht darüber wundern, daß auch die feindliche Einstellung, die ihn haßt und fürchtet und sich über ihn beklagt, in der Schöpfung des Satans zum Ausdruck gekommen ist.«[7]

[7] Ebd., S. 330ff.

Das Dämonische in den archaischen Kulturen

Eine in Stein gemeißelte Gestalt aus der Grotte des Trois Frères, ca. 75 cm hoch und teilweise schwarz bemalt, die als der Große Hexer oder der Große Magier bezeichnet wird. Wissenschaftler, die der mythisch-kultischen Interpretation solcher Funde stärker zugeneigt sind, sehen in ihr eine typisch schamanische Darstellung: ein Wesen (Schamane? Priester? Magier?) in vollkommener Tiergestalt (Hirschgeweih, Eulengesicht, Wolfsohren, Arme, die in Bärentatzen enden, Pferdeschwanz) vollführt offenbar einen rituellen schamanischen Tanz. Es könnte sich jedoch auch um einen Herrn der Tiere oder eine regionale Gottheit oder um einen verkleideten Tänzer handeln. (Rekonstruktion nach H. Breuil.)

Die Naturvölker

Die Gestalt des Dämons, die innerhalb der Schriftkulturen so fest etabliert ist, finden wir in der weniger durchschaubaren Geschichte der sogenannten »primitiven« Völker, die den Kulturen ohne Schrift zugerechnet werden, auf genau der Ebene der bereits beschriebenen Symbolik des Bösen wieder. Auch hier entspringt der Teufel einer Art Unduldsamkeit gegenüber der realen Welt, die auf eine märchenhafte, mythische Glaubensvorstellung übertragen wird, die von Volk zu Volk variiert.

In einigen Kulturen, die in gewisser Weise Themen voranzukündigen scheinen, die den Gnostikern in Ost und West besonders am Herzen lagen, wird die Erschaffung der gegenwärtigen Welt nicht dem allerhöchsten Wesen, sondern einer zweitrangigen tierischen, heroischen oder menschlichen Gestalt zugeschrieben, die die Funktion des Demiurgen[1] hat. Es besteht bereits eine Schöpfung, und der Demiurg greift in sie ein oder verändert den Wirkplan des höchsten Wesens, indem er bestimmte natürliche oder historische Gegebenheiten schafft, dem Handeln des höchsten Wesens entgegenwirkt oder dieses durch raffinierte Listen täuscht. Für letzteren Fall steht der weitverbreitetete Glaube an den sog. *Trickster-Demiurgen.*

Als erstes außerordentlich interessantes Beispiel gilt den Ethnologen die Gottesanbeterin, die bei den Buschmännern unter den Namen Kaang, Kaggen oder Cagn festumrissene demiurgische Funktionen hat, die Schöpfungsakte unternimmt, in die sie sich anschließend auf unglückselige Weise verstrickt findet, und die den Mond als negativen, der Sonne entgegengesetzten Himmelskörper erschaffen hat.

E. Damman[2] hebt die Bedeutung einiger dieser demiurgischen Kulturheroen hervor, die zu echten Mitschöpfern werden. Zu ihnen gehören: der mythische Hund bei den Ruanda; die Jaiki und die Dribidu, die übermenschlichen Vorfahren der Lugbara; Mtanga, der Gott beistand, indem er den Bergen befahl, sich aus der Erde zu erheben, der den Regen schickte und eigenhändig das Flußbett grub; die Schlange, die bei den Ewe an der Schöpfung mitwirkt; Obatala, der bei den Yoruba den Himmelsgott Ilorun enthront.

Die Mythen vom schöpferischen Gott und einem demiurgischen Wesen (Tier oder Dämon), die seit eh und je eindeutig dualistische Züge tragen, sind im arktisch-sibirischen Nordasien und in Nordamerika beheimatet. Der Rabe Yehl erzeugt, so der Mythos der Tlingit, mit seinen Flügelschlägen das feste Land; die Haida auf den Königin-Charlotten-Inseln betrachten ihn als ihren Urahn; als Schöpfer erscheint er in den Mythologien der Tschuktschen und der Eskimos; er wirkt als Kulturheros, da er dem Menschengeschlecht das Licht und das Feuer bringt, nachdem er das höchste Wesen oder die Götter, die diese Güter in ihrem Besitz hatten, durch Täuschung besiegt hat.

Weitverbreitet in Zentralkalifornien ist der Mythos vom Kojoten, der in komplexe Erzählrituale zur Schöpfungsgeschichte eingebunden ist. In dem von Jaime de Angulo berichteten Beispiel[3] war am Anfang nur das Wasser. Nach der Sage verwandelt sich eine

[1] Demiurg: Weltenschöpfer.
[2] Damman, *Die Religionen Afrikas.* Stuttgart 1963.
[3] *La psychologie religieuse des Chumawi*, Ant., XXXII. 1928, S. 583 ff.

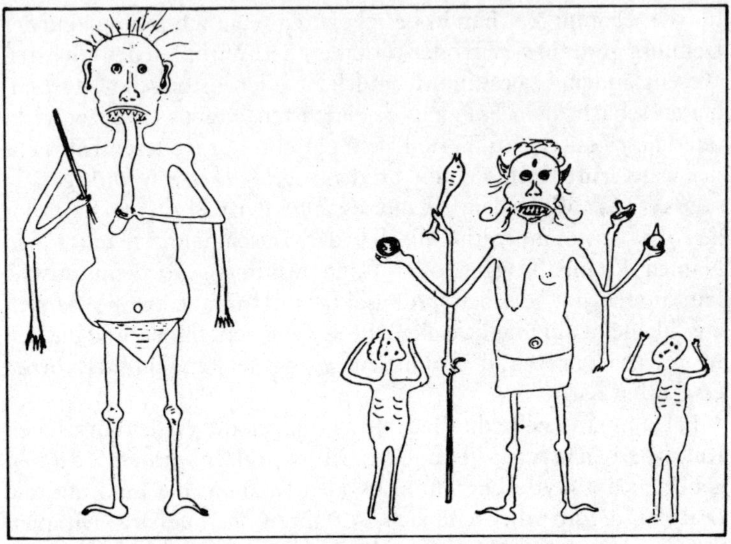

Dämonische Geister eines Mannes, einer Frau und von Kindern bei den Singhalesen. (Aus: Paul Wirz, Exorzismus und Heilkunde auf Ceylon, *Bern 1941.)*

Wolke, die sich am Himmel gebildet hatte, in den Kojoten, während ein Nebel, der sich plötzlich erhob, den Silberfuchs gebar. Die beiden Tiere erschaffen eine ganze Reihe von Dingen, indem sie miteinander sprechen oder auch durch bloße Gedanken. Der Silberfuchs läßt den Kojoten in Schlaf fallen, kämmt ihn und formt aus seinen Füßen eine Insel im Wasser, auf der er Bäume, Felsen und Wälder wachsen läßt, allein kraft seines Denkens, das er in Worte der Schöpfung projiziert. Der Silberfuchs will jedoch verhindern, daß der Kojote, sobald er wieder erwacht, merkt, daß er die Welt mittels magischer Handlungen erschaffen hat. Im weiteren Verlauf dieses Mythos' verändert der Kojote, der zum Helden einer ganzen Reihe bösartiger und obszöner Abenteuer wird, durch seine Ränke und Listen alles, was der Silberfuchs zum Wohl der Menschen erdacht hatte. Schließlich verhilft der Kojote dem Tod, der zuvor in der Welt nicht existierte, zum Triumph. Der Silberfuchs tötet den Kojoten und begibt sich sodann zu allen Orten der Erde, an denen sich der Kojote zuvor aufgehalten hatte, um sie von dessen Urinspuren zu reinigen. Er vergißt jedoch einen Ort, und der Kojote lebt nach zwei Tagen wieder auf und zwingt den Silberfuchs, ihm

Geschnitzte Statuetten von Hausgeistern, wie sie von den Barotse-Medizinmännern verwendet werden. (Aus: B. Reynolds, Magic, divination and witchcraft among the Barotse of Northern Rhodesia. *London 1963.)*

Ehrfurcht und Respekt zu erweisen. Ebenfalls in Zentralkalifornien findet sich die Schöpfungsgeschichte, die ein Zwillingspaar in den Mittelpunkt der Welterschaffung stellt. Man kennt diesen Mythos auch im Land der Irokesen, das einige tausend Kilometer entfernt ist. Der eine Zwilling trägt alle Züge eines allerhöchsten Wesens, ist Schöpfer der Menschen und der Welt, während der andere, der ihm bei der Schöpfung hilft oder sich ihm widersetzt, auf einer niedrigeren Ebene verbleibt. Bei den Yuki, im Landesinneren, erscheint der Kojote, über dessen Ursprung nichts erzählt wird, von Anbeginn an der Seite des Schöpfers Taikomol und hilft ihm, den Menschen zu formen, besteht jedoch darauf, daß der Tod in die Welt kommt. Der Antagonismus zwischen dem Kojoten, der unter dem Namen Sedit den Tod in die Welt bringt, und dem Schöpfergott Olelbis findet sich auch bei den Wintun im oberen Sacramento-Tal. Im Ursprungsmythos der Maidu befindet sich der höchste Gott Wonomi (»ohne Tod«) oder Kodoyanpe (»der der Erde den Namen gibt«) ursprünglich zusammen mit dem Kojoten »auf einer Barke, die sich über das Urmeer bewegt«. Kodoyanpe läßt kraft seines Gesangs die Erde entstehen, aber der Kojote macht sie auf der Stelle hart und gebirgig. Der Schöpfer und der Kojote leben nun gemeinsam auf der Erde, auf der der Schöpfer alles zu ordnen und zum Wohl der Menschen einzurichten versucht, während der Kojote von Mal zu Mal die Werke des Schöpfers zerstört, einschließlich dem Hügel, auf dessen Gipfel sich der See mit dem Wasser des Lebens befand, der den Menschen die Unsterblichkeit gesichert hätte.

Bei den östlichen Pomo leben Marumda und sein Bruder Kuksu im Haus der Wolken und erschaffen gemeinsam die Welt, während die Pomo im Westen erzählen, der Kojote habe das Werk des Schöpfers fortgesetzt und die Erde kraft seiner Wünsche und Gedanken geformt.

Eine religionsgeschichtliche Interpretation dieser Mythen, die die Gestalt des Demiurgen einführen, vor allem derjenigen, in denen der Demiurg/das Tier im Gegensatz zum Schöpfer steht und versucht, dessen Werk zu zerstören oder die ursprüngliche reine Güte einzuschränken, indem er zum Beispiel den Tod in die Welt bringt, wirft komplexe Probleme auf. Die ersten Ethnologen beschränkten sich darauf, in den besagten Mythen den Gegensatz zwischen den beiden Persönlichkeiten hervorzuheben: auf der einen Seite der Schöpfer, der immer voller Würde ist und wohltätig wirkt, sich niemals zu Leichtfertigkeiten herabläßt und immer darauf bedacht ist, dem Menschen das Leben zu erleichtern, ihn gegen den Tod zu feien und glücklich zu machen; auf der anderen Seite der Kojote (oder irgendein anderes Tier oder Wesen von der Art eines Trickster-Demiurgen), der in Opposition zum Schöpfer steht und danach trachtet, dem Menschen das Leben zu erschweren, der darauf besteht, daß Tod und Leiden zu seinem Schicksal gehören. Der Kojote widersetzt sich nicht nur ständig den wohlmeinenden Absichten des Schöpfers, er ist auch die Bösartigkeit in Person und versteht es mit größter Geschicklichkeit, niederträchtige Streiche zu spielen. Er macht sich über die anderen lustig, aber ebenso häufig verhöhnen ihn die anderen, und er gerät aufgrund seiner Gier und seiner Geilheit in zahllose Verlegenheiten[4].

Häufig wird der Dämon als Verursacher von Krankheiten angesehen, eine Form der Interpretation, die man eindeutig auch in den westlichen Kulturen findet.

Die Akikuyu in Afrika bedienen sich eines Rituals, das sie *potahikio* – »die Sünden erbrechen« – nennen: Hat der Medizin-

[4] R. Dixon, *The Northern Maidu*, Bamnh, XVII. 1905, S. 335 ff.

»Wilde« werden als Menschenfresser dargestellt. Hier die Tupinanba-Kannibalen (Amazonien) in der ersten Ausgabe von Wahrhaftige Historia *von Hans Staden, Marburg 1557.*

mann einen Geist oder Dämon im Körper des Kranken diagnostiziert, muß der Kranke einen Trank aus Staub, Wasser und Ziegendärmen schlucken.[5] In anderen Fällen hat das dämonische Böse in diesen Kulturen seinen Ursprung in einem bestimmten kosmischen Konflikt, der Analogien zum orphischen und gnostischen Welterschaffungsmythos aufweist.

So stand zum Beispiel nach dem Glauben der bereits 1877 ausgestorbenen Tasmanier ein gütiger Gott dem Tag vor, während ein Dämon die Nacht beherrschte, aber der wohlmeinende oberste Geist hatte auch negative Aspekte, denn er brachte den Donner, das Unwetter und die dunklen Wolken.

G. Dieterlen[6] weist auch auf die Bedeutung einer weiblichen Gestalt, Muso Koroni, hin: Als Gattin des obersten Gottes Pemba

5 W. S. Routledge, *With a prehistoric people.* London 1910, S. 256ff.
6 G. Dieterlen, *Essai sur la religion Bambara.* Paris 1951.

führt sie, verstoßen und verfolgt, das Chaos des Bösen in die Schöpfung ein.

Die Khond, ein Volksstamm in Orīssa und in Teilen von Bengalen, Andhra, Pradeśa und Madhya Pradeśa, vom anthropologischen Typ der Wedda, mit drawidischer Kultur, glauben an eine oberste Schöpfergottheit, Bella Pennu, deren Widerpart, Turi Pennu, das moralische und kosmische Übel auslöst, welches das ursprüngliche Glück des Menschen zerstört.

Andernorts sind die Metaphern für das Dämonische und das Unheil weniger komplex. Bei den Ainu, die die japanische Insel Hokkaido bewohnten, drücken die Dämonen vor allem den zivilisatorischen Gegensatz zwischen der Sicherheit des Dorfes und der Unsicherheit des Waldes aus. Eine stattliche Anzahl von Gottheiten und Dämonen des Waldes, der Erde, der Berge und der Tierwelt umgeben das geregelte Dorfleben und präsentieren sich als zwiespältige, unerwartet auftauchende chthonische Mächte: Nitat-Uncorabe, »die Tante von Sumpf und Morast«, Urmutter zahlreicher Geister und chthonischer Dämonen; Toi-hekunra, die bösen Sumpfdämonen, mit dicken Zöpfen aus wirren Haaren, die Zauber treiben und Unheil bewirken; Kinashut-un-guru, »der inmitten der Wurzeln des Grases lebt«, auch er ein Sumpfdämon; Hopokikeush, der die Steine von den Gipfeln der Berge fallen läßt.[7]

Bei den Taláing oder Mon in Südbirma findet sich das Motiv vom dämonischen Ursprung der Krankheiten wieder: Bei der Zeremonie zur »Rettung des Dorfes«, die eindeutig schamanische Strukturen aufweist, wird ein ekstatischer Tanz aufgeführt, bei dem die Teilnehmer die bösen Geister (tasé), die Riesen (balù), die Hexen, die Hunde und die Schweine verkörpern.

Der Dualismus zwischen negativem und positivem Schöpfungsakt, wie er der höchstentwickelten westlichen Tradition entspricht, kehrt bei den Na-Khi Mo-so im östlichen Tibet wieder, die der tibetisch-birmanischen Sprachfamilie angehören. Das Universum entsteht aus der sexuellen Vereinigung von Weisheit und Methode, und in der Theogonie erscheint die Antithese der Göttlichkeit, Yigko-dti-na, als Auslöser des kosmischen Bösen und als existentielle Verneinung, die sich im Kampf gegen das Licht manifestiert.

Diese Ähnlichkeit der mythischen Verkörperungen in den sogenannten primitiven und den sogenannten hochentwickelten Kultu-

[7] Batchelor, »Ainu«, in: *ERE*, I, S. 239–252.

ren wird besonders offenkundig in den Religionen der altaischen Völker, von denen einige mit Gewißheit bei ihren Wanderungen durch den iranischen Dualismus beeinflußt worden sind. Zweifellos haben wir es im Dämonenglauben mit gewissen angeborenen Grundkonstellationen zu tun. In verschiedenen Mythen existiert eine Beziehung zwischen Tod-Untoter-Dämon, aus der sich bestimmte rituelle und magische Handlungen ableiten. Solche Gestalten treten gleichzeitig als Genien oder Höllengeister wie auch als Tote auf, die als Gespenster zurückkehren, so daß nicht immer klar auszumachen ist, wo diese Höllengeister mythische Verkörperungen der zurückkehrenden Toten sind (Wiedergänger) und wo, umgekehrt Empfindungen wie Abscheu oder Furcht, die um das Ereignis des Todes entstehen, auf die Höllengestalten übertragen wurden.

Schon in vorgeschichtlicher Zeit gibt es die Darstellung eines Menschen in Tiergestalt, die der dämonischen Gestalt zeitlich vorausgeht. Wandmalerei »Der phallische Hexer« aus dem Buschmanngebiet in Afvalingskop, Orange, Afrika.

Als *aina* werden bei den Teleuten, den Lebedinern, den Choren und den Sagaiern die bösen Höllengeister bezeichnet, die unter der Erde weilen und die, nach der Mythologie der Choren, darauf warten, die Seelen der Menschen im Augenblick des Todes zu verschlingen. Bei den lebedinischen Tataren und bei den Tungusen heißen die gleichen Geister *aza* und werden mit einem schwarzen Opfer besänftigt. Bei den Teleuten verweilt der Geist *üzüt* bis zur Gedenkfeier für den Verstorbenen am vierzigsten Tag auf dem Friedhof und klopft des Nachts an die Tür seines Hauses. Nur der Schamane und die Hunde können ihn sehen, während er für alle anderen unsichtbar bleibt. Deshalb bedarf es der Hilfe des Schamanen, der ihn mit einem besonderen Ritual vertreibt.

Bei den Altaiern und den Telengiten sind es die *körmös*, die in Schwärmen im Totenreich leben, dem bösen Gott Arlik dienen und die auf die Erde zurückkehren, um Krankheiten zu bringen und Seelen zu rauben. Unter die *körmös* mischen sich die besonders gefährlichen Seelen der verstorbenen Schamanen. Auch in den *körmös* verschmelzen die beiden genannten Verkörperungen (Höllengeister und Gespenster), denn die Altaier kennen einen Kult der Familien-*körmös*, das heißt der Seelen der Verwandten, die in verzerrten Bildern dargestellt werden. Die Jakuten glauben an die Geister der *abasy* oder *yör*. Die *abasy* sind die Untoten der seit langem Verstorbenen, die Krankheiten bringen und den Kranken verschlingen können. Die *yör* sind die Geister derjenigen, die mitten aus dem Leben gerissen wurden, die an ihren Leidenschaften zugrunde gegangen oder eines gewaltsamen Todes gestorben sind. Sie kehren an die Orte zurück, die ihnen lieb sind, aber immer erscheinen sie als bösartige Geschöpfe, die Krankheiten bewirken können, vor allem geistige Verwirrungen, für deren Heilung man die Schamanen zu Hilfe ruft.

Vermischt mit Einflüssen aus dem Buddhismus ist diese Art von Dämonenglauben bei den Mongolen noch stärker verbreitet. So verehrten die Burjaten vor allem die Seelen von Verstorbenen, die zu *ongon* geworden waren. *Ongon* waren im allgemeinen die Seelen von Prinzen, von berühmten Persönlichkeiten oder von Schamanen. Man verfertigte Bilder von ihnen oder Stoffmalereien, die eifersüchtig gehütet und verehrt wurden.

Auch in diesem Kult zeigt sich die bereits angedeutete Vermischung in den Vorstellungen, denn die *ongon* sind nicht nur die Abbilder der Seelen von Verstorbenen, sondern auch mythische, märchenhafte, oft bösartige Wesen. Die Burjaten verehren auch viele andere Höllen- oder Totengeister. *Anakhai* ist ein einäugiger Gott, der des Nachts umherirrt; sein Auge gleicht dem einer Katze, und er vermag Tiergestalt anzunehmen. Er quält die Kinder und ist der Legende zufolge die Seele einer Frau. Auch *uker* ist die Seele einer vorzeitig verstorbenen Frau, die, von Frost und Hunger getrieben, in die Hütten eindringt. *Ada* sucht Nahrung, und wer die von ihm berührten Speisen ißt, wird von einer bösartigen Krankheit befallen. *Bokholdoi* sind die Geister der Wiedergänger, die in Schwärmen zu den Banketten und Festen der Menschen strömen, um Seelen zu rauben.

Bei den östlichen Tungusen heißen die Geister der verstorbenen Vorfahren *savoki*, und sie verwandeln sich, wenn sie nicht gebührend besänftigt und umsorgt werden, in böse Geister. Das gleiche gilt – ebenfalls bei den östlichen Tungusen und bei den Golden – für den *arenki*: er ist die Seele von einem, der nicht begraben wurde. Bei den Golden verwandeln sich die Totgeborenen, die Selbstmörder und die, die keines natürlichen Todes gestorben sind, in Geister, die *buseu* genannt werden. Bei eben diesem Volksstamm ist auch der Geist *sekka* zu Hause, einem Inzest entsprungen und fähig, die Brüste der Frauen zu verschlingen. Die östlichen Tungusen glauben, daß es einem Geist gelingen kann, von einem Leichnam Besitz zu ergreifen und ihn zum Leben zu erwecken. Er verwandelt sich in einen *bon*, eine Art Inkubus, der die Schlafenden quält, und der, falls er weiblichen Geschlechts ist, noch im Grab gebären muß.

Besonders interessant ist jedoch das Thema von der Umkehrung der Welt in der Altai-Region. In der Mythologie taucht ein Prinz aus dem Jenseits auf, der viele Züge des Teufels im christlichen Glauben hat. Das Reich der Toten ist das genaue Gegenstück zur diesseitigen Welt. Die Rechte wird zur Linken und umgekehrt. Die Belturen geben dem Toten eine Flasche Aquavit in die linke und nicht in die rechte Hand. Bei den Tschuwaschen wird das Gewand des Toten nach links und nicht nach rechts geknöpft, während ihm das Schwert im allgemeinen an die Rechte gelegt wird, damit er es mit der Linken greifen kann. Auch die Zeit kehrt sich um: so wird die Nacht zum Tag der Toten und umgekehrt. Nach den Vorstellungen der Sojoten haben die Toten eine eigene Sonne und einen eigenen Mond am Firmament, während die Samojeden glauben, daß die Sonne im Jenseits im Westen auf- und im Osten untergeht. Nach dem Glauben der Kirthisi-Kazaki fließen die Flüsse in umgekehrter Richtung. Das, was auf der Erde verkehrt ist, kommt im Reich der Toten wieder ins Lot; und deshalb legen die Belturen und die Juraken dem Toten die ihm zugedachten Gegenstände umgekehrt ins Grab, so daß er sich ihrer in der richtigen Lage bedienen kann.

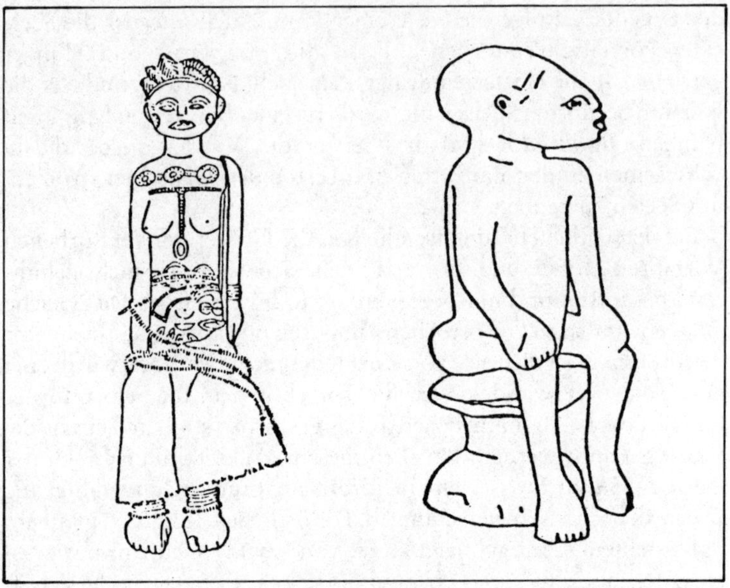

Weibliche Statuette mit beweglichem linken Arm und geschlechtslose Statuette. (Aus: B. Reynolds, Magic, divination and witchcraft among the Barotse of Northern Rhodesia, *London 1963.)*

Doch ist die Gestalt, die dieses finstere Reich vor allem beherrscht, zweifellos ein Prototyp der teuflischen und infernalischen Kräfte, die sich später in der christlichen Tradition weiter verfestigen. In der Mythologie der Tataren des Altai befinden sich die Toten in der Macht eines Geistes, der die Krankheiten auf die Erde schickt. Er heißt Arlik, wird niemals mit seinem richtigen Namen bezeichnet, sondern vorzugsweise mit besonderen Beinamen (zum Beispiel »etwas Schwarzes«), und er wird als Greis mit kohlschwarzen Augen und einem langen Bart dargestellt. Er fährt über die Höllengewässer oder reitet auf einem Stier mit rückwärts gewandtem Kopf und hält eine Schlange oder eine Sichel in der Hand. Arlik lebt in einem Palast, der am Zusammenfluß zweier Wasserläufe steht, die den Fluß Toybodym bilden. Dieser Fluß ist voll von Menschenlarven und wird von einer leichten Brücke überquert, die aus einer Pferdemähne besteht. Sobald die Seele sie betritt, stürzt sie ins Wasser und fällt dem Herrscher des Totenreichs zum Opfer. Um in Arliks Reich zu gelangen, müssen die

Schamanen allerlei Hindernisse, im Mythos in Gestalt seiner sieben oder neun Söhne, überwinden. Diese führen die Schar der Geister an und sind die Vermittler zwischen dem Schamanen und dem Herrscher der Toten. Es gibt keine Bilder von Arlik, doch werden ihm schwarze Stiere oder Kühe geopfert.

Bei den Tataren von Minusinsk heißt der Fürst der Toten Irlekan oder Ilkan, während die Burjaten ihn Erlenkan nennen. Man geht im Prinzip davon aus, daß die Gestalt des Königs der Unterwelt in den altaischen Mythologien, über tibeto-buddhistische Vermittlung auf den indischen Urmythos von Yama, den König der Toten, zurückgeht.

Bei den Kirgisen aus Kana hingegen ist iranischer Einfluß erkennbar, denn der König der Toten namens Arman entspricht dem Ahriman der alten iranischen Religion. Islamischen Einfluß verrät hingegen das Bild von der Brücke aus Pferdemähne, die über den Höllenfluß führt und die eine Prüfung für die Seele darstellt.

Die mittelamerikanischen Kulturen

Im alten Peru findet sich in der Inka-Religion das bekannte Muster der durch bösen Zauber verursachten Krankheiten wieder. Man glaubte, sie würden durch unbestimmte, unheilvolle Kräfte ausgelöst, durch den bösartigen Willensakt eines Magiers oder durch moralisch verwerfliches oder regelwidriges Verhalten. Krankheit bedeutete, daß sich ein Fremdkörper im Organismus befand, der mittels einer magischen Handlung entfernt werden mußte. Zu den Aufgaben der Priester, auch derer von hohem Rang, gehörte die Diagnose und die Heilung von Krankheiten. Sie hatten eine ganze Schar von Heilern, Zauberern oder Heiler-Zauberern zur Seite, die aufgrund einer persönlichen, übernatürlichen Erfahrung zu dieser Aufgabe berufen worden waren: In der Regel hatte ihnen ein Geist in menschlicher Gestalt im Traum oder in einer Vision die Fähigkeit und die Heilmittel eingegeben. Widersacher der Heiler-Zauberer der weißen Magie waren die Schwarzmagier, die Krankheit und Tod bewirken konnten. Sie arbeiteten mit Verwünschungen und Zaubertränken, fertigten Bilder oder Puppen, die ihren Opfern ähnelten und mißhandelten sie, durchbohrten sie, ließen sie symbolisch sterben. Manchmal wurde auch eine Kröte mit einem Dorn in Augen und Maul mit zusammengebundenen Beinen an einer Stelle vergraben, von der man annahm, das Opfer würde dort vorbeikommen. Um die Vernichtung der Ernte zu bewirken, verbrannte man Fett, Maisblätter und Haare der Person, der man damit schaden wollte. In der Mythologie der Inkas findet sich hingegen keine ausdrückliche Erwähnung von dämonischen Gestalten.

Weit mehr ist über die Dämonologie der Mayas bekannt. Die Welt besteht ihrer Vorstellung nach aus dreizehn Himmeln (wobei der letzte die von den Menschen bewohnte Erde ist) und aus neun unterirdischen Welten. Jede dieser Unterwelten wird von einem *Bolon ti ku (bolon* = neun; *ti* = von; *ku* = Gott) beherrscht, und der neunte von ihnen, Ah Puch, der Herr des Todes, regiert Mitnal, die Hölle. Wie die alten Mexikaner hatten die Mayas ein sehr ausgeprägtes Gefühl für die eschatologische Aufeinanderfolge kosmischer Epochen, die eine nach der anderen vergehen und in der endgültigen Katastrophe der gegenwärtigen Ära gipfeln. Die erdgeschichtliche Katastrophe, der Kataklysmus, der die jetzige Epoche beendet, ist auf der letzten Seite des *Codex Dresdensis* dargestellt, wo aus dem Rachen der himmlischen Schlange oder des himmlischen Drachen (dargestellt in den Zeichen der Gestirne und der Sonnen- und Mondfinsternis auf seinem Körper) die Ströme des vernichtenden Wassers quellen. Bei diesem Werk der Zerstörung helfen ihm die bösen Geister: die Alte Frau, Göttin des Todes, und der Gott Ekchuah, Herr des Krieges, der auf dem Kopf den unheilbringenden Vogel Moan trägt und in den Händen die Waffen der Zerstörung (Speer und Lanze). Analog lautet die in den *Chroniken von Chilam Balam* erhaltene Überlieferung: Am letzten Tag des Zeitalters der Venus wird das Krokodil der himmlischen Gewässer, begleitet von den neun Göttern der Unterwelt, die Welt zerstören, und zwar im Kampf gegen die dreizehn Himmelsgötter, die zusammen mit Sonne und Mond besiegt werden. Nach De Landa setzte der oberste Gott Hunab Ku an die vier Kardinalpunkte des Himmels vier Götterbrüder, seine Söhne, die Bacab; sie halten den Himmel, damit er nicht unter dem Ansturm der zerstörerischen Kräfte zusammenbricht.

In den Eigenschaften der Maya-Götter kommt eine dualistische Vorstellung zum Ausdruck, ein Konflikt zwischen den Kräften des Guten und des Bösen, die, zumindest in ihrer Grundbedeutung, als Kräfte der Schöpfung und der Fruchtbarkeit einerseits und als Kräfte des Aufruhrs und der Zerstörung andererseits zu verstehen sind. Die Ordnung und die Beherrschung des Kosmos' wie auch das Leben der Gruppe und die Sicherheit der Existenz hängen von dem Gleichgewicht in der Götterwelt ab, das jedesmal aufs Neue durch die Überwindung der Gegensätze zwischen den widersprüchlichen Kräften erreicht wird. Den wohlmeinenden Göttern, die zum Gefolge des Hunab Ku, des »einzigen« oder »alleinigen« Gottes, und zu seinem Sohn/Stellvertreter Itzamna gehören, steht Ixchel, die »Alte«, gegenüber, eine ganz zentrale Gottheit des Pantheons, die in der Darstellung der Endzeitkatastrophe im *Codex Dresdensis* mithilft, das Wasser auszugießen, das aus dem Schlund des Drachen strömt. Sie ist die Gemahlin Itzamnas (des Sonnengottes), und deshalb geht man davon aus, daß sie das Prinzip des Mondes verkörpert. Ihr Äußeres wirkt bedrohlich, und sie steht insbesondere für die vom Wasser bewirkten Verheerungen. Sie trägt ein Band von ineinander gewundenen Schlangen auf dem Haupt, Attribut der Göttinnen und Symbol für Tod und Wiedergeburt. In ihrem segensreichen, befruchtenden Aspekt (Ambivalenz der Mondgottheiten) bestimmt sie über die Sexualriten; sie ist die

Schutzgöttin der Schwangerschaft, des Webens von Baumwollstoffen und der weiblichen Künste.

Ekchuah ist ein ambivalenter Gott, der im Codex 40mal auftaucht. Er wird schwarz und mit einem Skorpionschwanz, dargestellt. Als unheilbringender Gott trägt er Lanze und Speer und ist an der endzeitlichen Zerstörung des Kosmos' beteiligt.

Die Überlieferung der Mayas von der »Zerstörung der Welt« durch die Gewalt sintflutartiger Wasser in einer berühmten Darstellung des Codex Dresdensis*: Von einem Extrempunkt des Himmelsgewölbes zum anderen erstreckt sich ein Monster in Gestalt einer Schlange, das auf den Seiten die Zeichen der Gestirne und unter dem Bauch die Symbole von Sonnen- und Mondfinsternis trägt. Aus letzteren und aus dem geöffneten Schlund ergießen sich die Wasserströme auf die Erde. Neben dem Ungeheuer die Göttin des Todes und der Zerstörung (»Die Alte«), die in einem Gefäß das Wasser auffängt, und der Gott des Krieges (Ekchuah), der zwei Speere und eine Lanze hält. Auf dem Haupt des Gottes sitzt der unheilbringende Vogel Moan.*

Ein Gott des Krieges (Gott F) wird in Verbindung mit dem Tod und den Menschenopfern 33mal im Codex genannt. Er verbrennt die Häuser mit der Fackel und zerstört sie mit der Lanze.

Ah puc, Ah uoh puc (88mal im Codex) ist der Dämon der Zerstörung und des Todes und der traditionelle Feind des Maisgetreides. Er heißt auch Uac mitun ahau, »Herr der Sechs Höhlen« und wird als Skelett oder mit einem Totenkopf dargestellt, während die übrigen Teile des Körpers aufgetrieben sind. Er hat zwei Söhne: Abbildungen zeigen den einen als Totenkopf mit geschlossenen

Augen, während der Kopf des anderen eine abgeplattete Nase und ein entfleischtes Gesicht zeigt. Ixtab, die Göttin der Selbstmörder, wird im *Codex Dresdensis* mit einem Strick um den Hals am Himmel hängend gezeigt. Selbstmörder wurden, wie die Krieger und die bei der Entbindung gestorbenen Frauen, ins Paradies aufgenommen.

Mictlantecuhtli hieß der Herr der Unterwelt in der Mythologie der Azteken. (Codex Borboniens, *Paris 1899, No. 10.)*

In der Religion der Azteken im alten Mexiko verkörpert der Gott Tezcatlipoca den dunklen, schattenhaften, unheilvollen Aspekt der Macht, er ist der Zerstörer des Kosmos'. Sein »Doppelgänger« ist der Jaguar. Die gesamte göttliche Ordnung wird von einem obersten Wesen dualistischer oder bisexueller Natur gelenkt, dessen Söhne die gegensätzlichen Inkarnationen des Guten und des Bösen repräsentieren. Die Geschichte der Welt entwickelt sich in fünf kosmischen Zeitaltern, sie geht aus fünf aufeinanderfolgenden Schöpfungsakten hervor.

Das Erschaffen und Zerstören der Zeitalter wird durch das Ungleichgewicht bewirkt, das innerhalb dieses dualistischen Wesens auftritt, sobald es sich in seine Emanationen aufteilt. Dem kristallinen Verharren in der Zeitlosigkeit tritt die Dynamik der

Zeit entgegen, personifiziert in den verschiedenen Gestalten des Tezcatlipoca. Die Tezcatlipocas bringen das Chaos in die Welt, indem sie sogar die Gestalt des höchsten Sonnengottes annehmen und die Menschen in ihren Dienst stellen. Alle Zeitalter enden in der Vernichtung, da sie jeweils von dem einen oder anderen Sohn des dualistischen Wesens aus dem Gleichgewicht gebracht werden – durch Gewalttätigkeit oder aus dem Verlangen heraus, der einzige Herr der bestehenden Welt zu werden. Das zweite Zeitalter endet mit zwei Katastrophen: die Sonne stürzt herab, und das Himmels-

Mictlecacihuatl, die Herrin der Unterwelt bei den Azteken, verschlingt einen Verstorbenen. (Codex Fejérvári-Mayer, *Paris 1901, No. 18.)*

Ein typisches Motiv der religiösen Symbolik Mexikos: Der Tiger (oder genauer gesagt der Jaguar, Ocelotl*) im Kampf mit dem Adler (*Quauhtli*). Das Bild des Adlers, der den Tiger angreift, ist eine verschlüsselte Darstellung des Kampfes zwischen Sonne und Finsternis (zwischen Morgenstern und Abendstern).*

gewölbe bricht ein. Das dritte Zeitalter hingegen endet damit, daß Feuer vom Himmel herabregnet und alles zerstört; und das vierte Zeitalter endet im Zyklon, der jegliches Werk der Schöpfung hinwegfegt. Das fünfte Zeitalter leitet die gegenwärtige Geschichte ein: durch eine Schöpfung, die unvollkommen und mißlungen ist, weil von Egoismus durchdrungen, und durch eine andere Schöpfung, die vollkommen und gut ist, weil sie von Opfern getragen wird.

Außer dem genannten unheilvollen Gott kannten die Azteken noch weitere dämonische Erscheinungen von göttlicher Natur.

Coatlicue, »die ein Gewand aus Schlangen trägt«, war die Schutzgöttin der Azteken, aber sie personifizierte auch den zerstörenden Aspekt der Erde und die finsteren Kräfte, die den Kosmos vernichten und die Sterne verschlingen. Ihr Tempel in Tenochtitlán war das »Haus der Dunkelheit«, und ihre Statuen zeigen sie von ihrer erschreckenden, zerstörenden Seite, immer in Verbindung mit Schlangen und Blut.

Tlazolteotl, die »Göttin der Unreinheit«, war eine weitere Göttin der Erde, deren dämonischen Aspekt sie verkörperte. Ihr zu Ehren wurden phallische Tänze getanzt.

Die nicht privilegierten Toten gingen in die letzte der Unterwelten ein, in den Mictlan, der unter den nördlichen Steppen in einem eisigen und kargen Land gelegen ist. Es wird vom Totenkönig Mictlantecuhtli, dessen Gesicht von einer Totenmaske bedeckt ist, und von seiner Gemahlin Mictecacuatl beherrscht.

Die iranische Dämonologie und ihre Wirkungen

Nergal-Ahriman, der Gott der Unterwelt, hält den dreiköpfigen Höllenhund Cerberus an der Leine. Die sieben Embleme links erinnern an die sieben Planeten. Oben rechts eine thronende Göttin. Relief aus dem ersten Tempel von Hatra, 2. Jh. n. Chr., Bagdad. (Aus: Roman Ghirshman, Iran. Parther und Sasaniden. München 1962, Abb. 98.)

Die altiranische Kultur

Die Traditionen der alten iranischen Welt führen uns unmittelbar in den Bereich jener dualistischen Sicht des Kosmos' und der Geschichte, die zu den wesentlichsten Voraussetzungen für die spätjüdische und die christliche Auffassung vom Teufel gehört. Einem positiven Prinzip, das sich, nachdem es den Kosmos erschaffen hat, daraus zurückzieht, stellt sich ein böses oder zumindest launisches, unbeständiges, ungeordnetes Prinzip entgegen, das im Augenblick der Schöpfung selbst oder im Anschluß daran in Aktion tritt.

Im Mittelpunkt der iranischen Mythologie stehen »zwei Schöpfungen« – eine erschaffen von Ahura Mazdā, die andere von Ahriman. Als »gute Schöpfung« und »böse Schöpfung« stehen sie in Opposition zueinander. Die Gegenwart des kosmischen, des physisch-moralischen und noch ausgeprägter des sozialen Übels in der Welt als ein Element, das Sicherheit und Wohlbefinden einer idealisierten Gesellschaft in Gefahr bringt, die nach dem Muster der guten Religion und des guten Königtums dargestellt wird, kommt sehr treffend in der Gestalt des Ahriman oder Ahra Mainyu zum Ausdruck. Aber bereits in den Gathas, den ältesten iranischen Texten, und in der ganzen späteren Pahlavi-Exegese hatte die Vorstellung vom Bösen eine vielgestaltige dämonische Welt hervorgebracht, die in ihrer häufig sehr offenkundigen Symbolik die besonderen Gefahren aufzeigt, denen sich der gläubige Mazdā-Verehrer gegenübersieht.

Wesentlich für den Mazdaismus ist die Vorbestimmung, daß die dämonische Welt sich erschöpfen, daß sie im letztendlichen Triumph des Guten untergehen wird. Somit wird, zumindest in der tieferen Bedeutung dieses Glaubens, der Monotheismus bestätigt und entschieden positiv gesehen. Auf der einen Seite ist *drug*, das dämonische Böse, ein vorübergehender Zustand der Krisis und der Prüfung, den der gute Herrscher quasi notgedrungen akzeptieren muß, indem er aus der Zeitlosigkeit in die Zeit übergeht. Auf der anderen Seite erscheinen Ursprung und Erschaffung der Zeit selbst gerechtfertigt durch die Gewißheit von der letztendlichen Erlösung und der völligen Befreiung der gesamten Natur von dieser vorübergehenden Prüfung. Diese Motive tauchen in den Auslegungen der Schriften häufig auf, wobei das eine Mal auf die Notwendigkeit des

Bösen hingewiesen wird, das andere Mal auf die letztliche Erlösung und endlich auf eine spätere kosmisch-soziale Befreiung, die von den jeweiligen Erlösern in den Endzeiten vollzogen wird.

In Kapitel 34 *Zātspram* heißt es: »Alle Geschöpfe werden die Wunder des Ōhrmazd (Ahura Mazdā) anerkennen und sich jeglicher Bosheit und jeglicher Forderung des Ahraman (Ahriman) widersetzen, indem sie sich eindeutig auf die Seite des Ōhrmazd stellen... Die lichten Geschöpfe werden ein jedes den eigenen Gegner schlagen... so wie es die Religion sagt: die Eintracht wird über die Zwietracht siegen, die Großzügigkeit über den Geiz, die Gerechtigkeit über die *drug*, der gute Zustand über den bösen.« Und wie jede Epoche ihre *drug* hat, eine dämonische und dem Gesetz entgegenstehende Kraft im kosmischen, moralischen und sozialen Leben, so hat jede Epoche ihren Befreier und Erlöser, der – nach der im *Dātastān-i Mēnōki Xrat* entwickelten exemplarischen Theorie von den »Vorteilen«[1] – einen weiteren Schritt zur vollkommenen Erlösung vom Bösen bezeichnet. Jeder Erlöser sichert einen »Vorteil«, da er eine dämonische Ordnung zerstört.

Zwar weist der theologische und mythische Aufbau der dämonischen Welt im Zoroastrismus diese relativ klaren Linien auf, doch ist die Frage nach dem Wesen und Ursprung der einzelnen Dämonen weit problematischer. Man muß dabei bedenken, daß in den Texten häufig die Namen und manchmal sogar die Eigenschaften gegeneinander ausgetauscht werden und daß die spezifische Beschreibung einer einzelnen Gestalt lediglich dazu dient, einen allgemeinen Aspekt des Bösen näher zu bezeichnen. Ein Beispiel für diese Problematik ist die als *Daēva* bezeichnete Gestalt (Plural *Daiva*). In der vedischen Religion Indiens sind *Daiva* vor allem kriegerische Götter, voll aktiver, gewalttätiger Energie. Sie entsprechen der zweiten Kaste in der indo-iranischen Gesellschaft, der Kaste der Krieger, und stehen deshalb im Gegensatz zu den *Ahura*, den Göttern der Herrschaft und des Königtums. Betrachtet man sie nun vom Mazdaismus aus, so zeigt sich plötzlich das typische Phänomen der Verkehrung in der Bewertung der Gottheiten, denn für die Inder bleiben die *Daiva* Gottheiten, während sie von den Iranern dämonisiert werden; und mit den *Ahura* ist es gerade umgekehrt: bei den Iranern werden sie zu Göttern, bei den Indern zu Dämonen.

[1] Dātastān-i Mēnōki Xrat, Kap. 27.

Der Prophet Zarathustra, vermutlich in einer Einsiedelei. Fresko aus dem Mithräum Duza-Eropos, heute in der Yale University Gallery.

Diese Tatsache, die unmittelbar den Texten zu entnehmen ist, hat in der Mazdaismus-Forschung zu einer komplexen Diskussion mit unterschiedlichen Interpretationen geführt, wobei es vor allem darum geht, die sozialen Mechanismen zu ermitteln, die diese völlig umgekehrte Betrachtung des Göttlichen bewirkt haben. Nach Molé, der damit bereits von Benveniste erörterte Argumente wiederaufnimmt, ist der Gegensatz *Daiva-Ahura*, der nicht auf mazdaistische, sondern auf indo-iranische Ursprünge zurückgeht, auf verschiedenen historischen Ebenen zu untersuchen. Die gathische Lehre, ganz und gar darauf gerichtet, die Werte des Lebens, des Wohlstands, der sozialen Stabilität und des Königtums zu bestätigen und zu verteidigen, lehnt natürlicherweise den Aufruhr, den Kampf, die siegreiche Gewalttätigkeit ab, die den vedischen *Deva* (*Daiva*) zu eigen ist. Vor die Wahl gestellt, zwischen der kosmisch-sozialen Ordnung und der Unsicherheit, die durch Aktivität bewirkt wird, zu entscheiden, haben sich die Gathas für Varuna und gegen Indra entschieden, sie haben die Ordnung der Veränderung vorgezogen. Dennoch reicht das nicht aus, um die Dämonisierung der indischen *Deva* als eine klare, fest umrissene Tatsache zu sehen. Die Gathas begreifen die *Deva* weniger als Dämonen, denn als indo-iranische Gottheiten, deren Kult im Gegensatz zum gathischen steht. Tatsächlich nimmt der Begriff *Daiva* in diesen Texten die Bedeutung von *Göttern* an, die den Menschen feindselig gegenüberstehen. Aufgrund dieser negativen Bewertung erleben sie in der Folge einen Prozeß der Dämonisierung. Erst an diesem Punkt werden die vedischen *Deva*, nun zu *Daiva* geworden, mit anderen bösartigen Wesen (*karapan, kavi, yatu, pairika* etc.) assoziiert. Somit stünde hinter der Dämonisierung der vedischen Gottheiten die Bewertung ihres Verhaltens dem Leben gegenüber, denn sie werden als eine Gefahr für das Wohlbefinden und die Stabilität der Gemeinschaft betrachtet. Sie stören das geordnete bäuerliche Leben, stiften die Menschen zu bösartigen und blutrünstigen Handlungen an, sie bringen Vernichtung, behindern Fruchtbarkeit und Wohlstand, lassen die Weiden verdorren und mißhandeln das Rind, das wichtigste Gut im Wirtschaftssystem der Viehzüchter.

Auf diese Geschichte von der Entstehung des Gegensatzes zwischen Dämon und gutem Geist wird später eine reichere Mythologie aufgepfropft. Der Gegensatz gut-böse, Ahuramazdā-Ahriman, erklärt sich in erster Linie aus der Auseinandersetzung zwischen Ariern und Nichtariern, zwischen Anbetern der *Deva* und Anhängern des mazdaistischen Gesetzes, vor allem in bezug auf das agrargesellschaftliche Symbol des mißhandelten Ochsen und auf die Verheerungen der Felder. Mit anderen Worten: die von den Bauern und Viehzüchtern aufgestellte ethisch-soziale Ordnung wird ständig von den Nomaden und von denjenigen gefährdet, die keine Ackerbauern und Viehzüchter sind. Ahriman ist der Herr und Anstifter der Ochsenschinder jener, die das Massensterben der Tiere bewirken und so die Ordnung einer Gemeinschaft zerstören, die sich ausdrücklich mit der kosmischen Ordnung identifiziert. Damit wird sehr schnell die Übertragung aller das Leben bedrohenden Erscheinungen auf diese Gestalt gerechtfertigt. Sie verkörpert die Synthese aus allem, was Krise und Gefahr für die Gemeinschaft bedeutet, und aus den zerstörerischen Aspekten der Wirklichkeit. So schickt Ahriman den Dämon der sommerlichen Trockenheit; er macht die Pflanzen giftig; er ist der Rauch, der dem Feuer Kraft und Wärme nimmt; er inkarniert sich in allen schadenbringenden Geschöpfen des Tierreichs, vor allem in den Schlangen, den Fröschen und den Kröten; er ist die Unreinheit selbst, die Gefahr bedeutet. Wo es um die Grundlagen des Zusammenlebens geht, steht Ahriman für die Lüge und die Unredlichkeit, die alle Vereinbarungen wertlos machen, die eine Horde zur Würde einer bäuerlichen Gemeinschaft erheben.

Doch im Kontext des für den Mazdaismus typischen Kampfes kann der Herr des Bösen nicht mehr als der Inbegriff des unvermeidlichen dialektischen Gegensatzes zum Herrn des Guten verstanden werden. Der mazdaistische Kampf spielt sich in einer Zeit ab, die notwendigerweise in einem letzten Sieg enden wird, einer letztendlichen Vernichtung des Bösen. Nachdem das Böse in der Schöpfung aufgetaucht ist, wird es am Ende doch niedergezwungen, nachdem die Menschen es erfahren und seine zerstörerische, negative Kraft erkannt haben. Ahuras Sieg ist unerläßlich für die kosmische und endzeitliche Ordnung, und er befreit zugleich die menschliche Gemeinschaft von der Angst vor der Unabwendbarkeit des Bösen. An diesem Triumph sind auch die Mazdā-Verehrer ganz entscheidend beteiligt, da sie sich, vor die Wahl zwischen den beiden Prinzipien gestellt, für die Religion entscheiden. Die Hilfe der Frommen ist die Voraussetzung für den letztendlichen Sieg.[2] Ohne sie wäre es Ahura unmöglich, das Übel auszurotten.

---

[2] *Avesta*, Yăst, 13,12–13.

Die iranische Hölle in einer Illustration aus dem indischen Artag Viraf Namak. *Nationalbibliothek Paris.*

Man kann hier von einem dualistischen Monotheismus sprechen, da das personifizierte Böse ganz und gar auf einen vorübergehenden zeitlichen Zustand beschränkt ist, auf ein Dasein im vorbestimmten zyklischen Zeitablauf, um die Wahlentscheidung des Menschen zu rechtfertigen und die endgültige Herrschaft des Guten zu bekräftigen. Ahura befand sich in höchster Höhe, im unendlichen Licht, er war und ist und wird immer allwissend und gütig sein. Ahriman weilte in der Tiefe, umgeben von Schatten, in der unendlichen Finsternis, ausgerüstet mit Nachwissen und Mordgier. Die Zeit wurde erschaffen, eben damit der böse Geist agieren, sich manifestieren und endlich von dem guten Geist besiegt werden kann. In der Zeit schafft der böse Geist seine Werke, die im Gegensatz zu den wohltätigen Werken Ahuras stehen. Er erschafft die irdische Finsternis, das schwarze Feuer, die giftigen Tiere, die Bosheit, die Lüsternheit, die Lüge und die Voraussetzung für die Entstehung der Dämonen, so daß zwei Schöpfungsebenen entstehen, die jede für sich eine Entscheidung fordern. Während dreitausend Jahren war Ahriman machtlos, dann stürmte er vor zum Angriff auf das Gute. Sobald er sich innerhalb der Schöpfung manifestiert, ist sein Ziel die Vernichtung, aber jeder Mord, den er begeht, wendet sich letztlich gegen ihn selbst.

Die Tötung des Urrindes bringt die Tiere und die Pflanzen hervor; der Tod des Urmenschen Gayōmart[3] bewirkt die Entstehung des ersten Menschenpaares und garantiert die Fortdauer der Geschlechter der Gläubigen, die die große Versammlung gegen Ahriman bilden werden. Charakteristisch für Ahriman ist auch, daß die Anerkennung der Macht Ahuras die Voraussetzung für seine Aktionen ist. Er widersetzt sich ihm, indem er alle Geschöpfe gegen ihn aufwiegelt: »Und der böse Geist sah und erhob einen Schrei aus dem Abgrund: O heiliger Geist, du bist der Schöpfer aller Dinge, ich werde alle Kreaturen gegen dich wenden!«[4] Es gelingt ihm nicht, seinen Vernichtungsplan zu verwirklichen, weil sein Wirken in der Zeit begrenzt ist: »Ōhrmazd in seiner Weisheit sah, daß Ahriman fähig sein würde, seine Drohungen wahr zu machen, falls die Zeit des Kampfes nicht begrenzt würde. Er nahm die Zeit zu Hilfe... Er teilte sie in drei Epochen von jeweils drei Jahrtausenden ein« (innerhalb derer das Böse die Verwirklichung der angedrohten Vernichtung versuchen kann).[5] Ahriman erfreut sich an seiner Verworfenheit und an der Tatsache, daß er im Widerspruch zum Herrn des Guten steht: »Die bösen Gedanken gehören mir, o heiliger Geist, und die bösen Worte und die bösen Taten. Aber mir gehört auch das traurigste, gewalttätigste, verworfenste Gewand... Böse Gedanken, böse Worte, böse Taten sind meine Nahrung.«[6]

Selbst seine eigene Erschaffung in Gestalt einer Kröte ist eine schlechte Kopie der Erschaffung Ahuras, der priesterliche Gestalt annimmt und darin verbleibt, bis er in die materielle Welt hineinversetzt wird. Man kann sich für die Religion Ahrimans entscheiden, wie man sich für die Religion Ahuras entscheiden kann. Die Gegner des mazdaistischen Glaubens, die Nichtarier, entscheiden sich für die erstere Möglichkeit: »Der Geist der Religion Ahrimans

[3] In den Pahlavitexten ist Gayōmart der Urmensch, dessen Tod notwendig ist für die Erschaffung der Welt.
[4] *Dēnkart*, 9,37,6.
[5] *Zātspram*, 1,8–11.
[6] *Dēnkart*, 9,30,6.

ist das böse Wissen, sein Gewand ist die Ketzerei, seine Absicht ist die ketzerische Täuschung.«[7]

Auf drei Dinge jedoch hat der Böse keinen Zugriff, falls er sich nicht direkt einschaltet: »Ahriman hat keinen Einfluß auf diese drei Dinge, falls er nicht persönlich erscheint: erstens das Denken der Könige, zweitens die Gemeinschaft der Guten, drittens die Geburt eines Zarathustra.«[8] Aber insbesondere ist er absolut machtlos gegenüber jenen, die eine Hochzeit unter Blutsverwandten gefeiert haben: »Denn sobald der Mann und die Frau sich viermal vereint haben, werden sie Ahura niemals verlassen, sondern sie werden noch Kinder haben wollen... Sie werden nicht glauben, was Ahriman gegen den Mann und die Frau zu tun vermag.«[9] Er ist außerdem ohnmächtig während der fünf Tage des Gahambar, in denen die Seelen der Verdammten die Hölle verlassen.[10] Er ist der große Feind Zarathustras und seiner Lehre. Im 19. Kapitel des *Videvdat* stiftet er, von Norden her kommend, die *drug* dazu an, den Propheten zu vernichten. Dieser vertreibt ihn jedoch und kämpft mit aller Kraft gegen seine Schöpfung. Am Ende der Zeit wird Ahriman vernichtet, der gute Herrscher schlägt ihm den Kopf ab, verbannt ihn in die Hölle und gibt so der Schöpfung Güte und Ordnung zurück: »Wenn der Geist Ahrimans zerstört sein wird, gehen die *drug* zusammen mit den *Deva* und den Ungeheuern zugrunde. Die gute Schöpfung wird unbefleckt, ewig und unsterblich von neuem erschaffen, wiederhergestellt in einem Glück ohne Makel.«[11]

Die alte iranische Mythologie ist Voraussetzung und Erklärung für die in späterer Zeit im Mittelmeerraum auftretenden dämonologischen Motive. Die abstoßend dargestellte Gestalt des Dämons entsteht aus einem uranfänglichen kosmischen Zusammenbruch; sie begründet den Unterschied zwischen dem himmlischen und dem irdischen Reich, treibt die Gerechten dazu, sich im Kampf für den Sieg des Guten zu verbünden, und unterliegt letztlich in einer Apokalypse, aus der neue Himmel entstehen.

---

[7] *Dēnkart*, ed. Madan, 355.
[8] *Dēnkart*, ed. Madan, 537.
[9] *Pahlavi Rivāyat*, 56,16.
[10] *Saddar Bundahišn*, 52,2.
[11] *Dātastān-i-Dēnīk*, 37,20–21.

Die Gnosis

Über vielfältige Kanäle, insbesondere über die der Gnosis zuzuordnenden ketzerischen Bewegungen mit ihren unterschiedlichen kulturellen Bestandteilen, gelangte das reiche dämonologische Erbe des Iran in die christliche Welt. Will man die unterschiedlichen Glaubensvorstellungen und Begriffsordnungen für unsere Erörterung in einigen wesentlichen Punkten zusammenfassen, so kann man sagen, daß die gnostischen Strömungen, die ihre größte Ausbreitung zwischen dem zweiten und dem dritten Jahrhundert n. Chr. erfuhren, alle eine große Unduldsamkeit gegenüber der diesseitigen Welt zum Ausdruck bringen, die als an sich böse und vom Bösen regiert gilt.

Am Anfang stehen ein durch Emanation oder Schöpfung entstandener kosmogenetischer oder pantogenetischer Monismus, der sich ausdrückt in einem ersten, uranfänglichen Zustand (*Propator*, Gott, Nichtsein, *Apator*) und ein konflikthafter Dualismus zwischen diesem Urzustand und den von ihm abgeleiteten geistigen oder materiellen Welten. Die dualistische Krise kann – als abgeleiteter Gegensatz zur Geschichte der uranfänglichen Einheit – bereits bei der ersten Andeutung einer solchen Geschichte entstehen, die als Zusammenbruch einer ursprünglichen Bewegungslosigkeit und Vollkommenheit zu verstehen ist, sie kann aber auch am Ende dieses Prozesses als Ergebnis eines fortschreitenden Verfalls der geschaffenen oder emanierten Realität auftreten. Daraus folgt eine Weltanschauung, die die Zeit ebenso wie die kosmische und göttliche Geschichte als Mutationen einer vorbildhaften Urvollkommenheit sieht, die per se bewegungslos ist und die dann übergeht in eine Evolution der uranfänglichen Einheit.

Geschichte entwickelt sich in aufeinanderfolgenden Stadien des Abstiegs – Verlust des Lichts – bis hin zu einem dramatischen Fall, der die Erschaffung der materiellen Welt mit sich bringt. Daraus erklärt sich die Entstehung eines tiefgreifenden oder kosmisch begründeten Pessimismus' im gnostischen Denken, demzufolge die Erschaffung oder Emanation der materiellen Welt einen negativen oder bösen Zustand einleitet und einem *Demiurgen* zugeschrieben wird, einem Zwischenwesen dämonischen Charakters, das charakterisiert wird als Feind der ursprünglichen Vollkommenheit und das in Unwissenheit handelt.

Serapis und der Agathodämon (zu einer einzigen Figur verschmolzen) in Anbetung des Herrn der Welt. Gnostische Gemme. (Aus: C. W. King, The Gnostic and their remains. *London 1887.)*

Zu diesen Grundthemen gesellt sich häufig eine antijüdische Haltung, die dazu führt, daß der alttestamentarische Gott mit dem Mythologem des Dämonischen idenitifziert wird. Schon Cerinthus, ein christlicher Gnostiker, der in apostolischer Zeit in Kleinasien lehrte, ging davon aus, daß die gegenwärtige Welt nicht vom höchsten Gott erschaffen sei, sondern von einer Macht oder einem Demiurgen, der nichts von der Existenz dessen weiß, der über allem ist.[1] Unter dem bedeutenden Häretiker Marcion verfestigt sich diese Lehre. In Pontus gegen Ende des 1. Jh. n. Chr. als Sohn des christlichen Bischofs der Stadt geboren, begegnet Marcion um 140 in Rom dem häretischen Gnostiker Cerdonus. Von ihm übernahm er die Lehren der Simonianer und der Anhänger des Satornil, die den sogenannten Ditheismus vertraten, wonach der gerechte Gott des Alten Testaments im Gegensatz steht zum gütigen Gott des Neuen Testaments, dem Vater Jesu. Der Gott des Alten Testaments

[1] G. Bardy, *Cernynthe*, RB, XXX. 1921.

ist der Gott der strafenden Gerechtigkeit. Die Kirche wehrte sich gegen diese Behauptungen. 150 n. Chr. vertrat Justin[2] die Auffassung: »Marcion hat mit Hilfe des Dämons viele Menschen aus allen Ländern dazu getrieben, auf blasphemische Weise zu sprechen, zu leugnen, daß Gott der Schöpfer des Universums ist und zu behaupten, daß einige andere, Gott überlegene Wesen, größere Werke vollbracht haben.« Noch eindeutiger dualistische Züge erhält diese Lehre bei Marcions Schüler Apelles. Er geht von der Existenz eines höchsten guten Gottes aus; dieser erschafft einen Engel, der die Welt hervorbringt. Doch Hippolytus[3] berichtet von einer noch komplexeren Lehre: dem einen guten Gott nach Marcions Vorstellung sind weitere drei Engel oder Untergötter unterstellt, und ein vierter ist der Urheber des Bösen.[4]

Der Gnostizismus reichert sich mit einer gewaltigen Mythologie an, die immer wieder betont, daß ein negatives Wesen die gegenwärtige Welt hervorgebracht hat. Basilides, der in Ägypten lehrte und dessen Aktivitäten um 135 n. Chr. ihren Höhepunkt erreichten, soll unter den Persern gepredigt haben, aber diese unbestätigte Überlieferung diente lediglich dazu, den Lehren iranischer Tradition mit ihrem Licht-Finsternis-Dualismus Autorität zu verleihen. Über das Denken des Basilides finden wir in den Quellen bei Hippolytus und Irenäus widersprüchliche Aussagen. Nach Hippolytus entstand im Anschluß an eine komplexe durch Emanation entstandene Welt aus dem Keim des Universums der große Archont, der Kopf des Kosmos', der sich bis zum Himmel erhob, wo er innehielt in Unwissenheit dessen, was jenseits existierte (die Ureinheit, Anm. d. Übers.). Er nimmt deshalb die Funktion des Demiurgen an und beginnt, die mindere Welt zu erschaffen, immer in Ausführung eines von Gott vorbestimmten Plans. Nach Irenäus soll Basilides gelehrt haben, daß sich von einem ungezeugten Vater über aufeinanderfolgende Generationen fünf Äonen ableiten. Die letzte Generation bringt die Engel hervor, die alles erschaffen haben, was es auf der Welt gibt. Sie beherrschen die Völker der Erde und erkennen den Gott der Juden als ihr Oberhaupt an[5].

[2] *Apol.*, 26.

[3] *Elenchos*, VII, 38.

[4] Alfonso M. di Nola, »Marcioni e Marcioniti«, in: *Enciclopedia delle Religioni*, IV, S. 138–144.

[5] Über Basilius und die Basilianer siehe A. M. di Nola, in: *Enciclopedia delle Religioni*, I, S. 963–972.

Luzifer verschlingt Judas Ischariot. Stich von Bernardino Stagnino. Venedig 1512.

Die Kainiten wiederum sehen, da sie die alttestamentarische Offenbarung sehr negativ interpretieren, die Bibel als die Offenbarung eines perversen und übelwollenden Demiurgen an, eben des Gottes der Juden. Im Alten Testament dämonisiert, sind Kain, die Sodomiten und Esau für sie die Träger eines geoffenbarten Wissens von erlösender Kraft, die der biblische Text verleugnet und in Verkörperungen des moralisch Bösen und der Auflehnung gegen Gott umgewandelt habe. Die christliche und rabbinische Auslegung der Schriften wird in ihren wesentlichen Punkten ins Gegenteil verkehrt: wo sie das Gute sieht, erkennen die Kainiten das Böse und umgekehrt. Die Einstellung zu Kain, von dem die Sektierer ihren Namen bezogen, findet sich auch in anderen gnostischen Schulen.

Kain wird häufig als der Träger der wahren Offenbarung angesehen, die über den Verrat an Christus und seinen Tod die Befreiung der Welt von den niederen Mächten oder den Archonten ermöglicht. Für sie alle gilt der Passus, den Hippolytus[6] der Lehre einer anderen Sekte, den Peraten, zuschreibt: »Kain ist der, dessen Opfer dem Gott dieser Welt, das heißt dem jüdischen Gott, nicht gefiel, wohingegen ihm das grausame Opfer Abels recht war, denn der Herr dieser Welt liebt das Blut.« Die Kainiten legen auch das neue Testament »verkehrt« herum aus. Judas ist nicht mehr der Verräter, sondern der gnostisch erleuchtete Übermittler der Erlösung. Da er die Verhaftung und den Tod Jesu verursacht, ermöglicht er den Sieg über die Archonten[7].

Ebenfalls in den gnostischen Strömungen taucht in verschiedenen mythischen Darstellungen eine positive Neubewertung der biblischen Schlange auf, die in der orthodoxen Tradition mit dem Dämon gleichgesetzt wird. Aus einem Bericht des Hippolytus[8] wissen wir von der Bewegung der Naassener, die oft mit den Ophiten gleichgesetzt werden, da der Name der Sektierer vom hebräischen *Nachasch* herkommt und die gleiche Bedeutung hat wie das griechische Wort *Ophis* – Schlange. Daß die Sekte ophitische Züge hat, bezeugt der Hinweis, daß die Naassener in ihrer Mythologie und Liturgie die Schlange verehrten, der alle ihre rituellen Gegenstände geweiht waren, alle kultischen Zeremonien, die Initiationsrituale wie die Mysterien. Diese Schlange, die biblische Schlange der Versuchung, wird als das ursprüngliche feuchte Element angesehen, von dem jede belebte und unbelebte Schöpfung ausgeht. Aufgrund ihrer Macht beherrscht sie alles, sie ist gut schlechthin, beinhaltet alle Dinge in sich, übermittelt allen anderen Geschöpfen Güte und Gnade und durchdringt alles, als käme sie aus dem Garten Eden und würde sich in die vier Paradiesflüsse unterteilen. Jedenfalls bezeichnet man mit dem Namen Ophiten und Ophianer die vielen gnostischen Sekten, in deren Kulten die Schlange der Versuchung eine besondere Bedeutung innehat, ein Motiv, das in der gesamten Gnosis häufig wiederkehrt. Hippolytus[9] unterscheidet die Sekte der Ophiten von den Naassenern.

---

[6] *Elenchos*, V, 16.

[7] Zu den Kainiten siehe Irenäus, *Adv. haer.*, XXXI; Epiphanie, *haer.*, XXXXVIII; Teodoreto, *Haer.* fab., 15.

[8] *Elenchos*, V, 1–11.

[9] *Elenchos*, VIII, 20.

Was den Zeitraum angeht, in dem diese Bewegungen sich entwickelten (in denen die Spekulationen um die biblische Schlange mit Themen aus den Schlangenkulten und aus heidnischen Mysterienreligionen verschmelzen), so haben die Funde von Nag' Hammadi den Beweis erbracht, daß offenkundige Parallelen zwischen den ophitischen, sethianischen, naassenischen und justinischen Lehren und den Apokryphen bestehen. Damit lassen sich die Verbreitung und Entwicklung der ophitischen Lehren auf das 1. bis 2. Jahrhundert n. Chr. datieren, wobei sie teilweise noch bis ins 3. und 4. Jahrhundert ausstrahlten. Die Gesamtheit der genannten Sekten ist dem heterodoxen Judenchristentum zuzuordnen sowie der besonderen jüdisch-christlichen Bewegung, als die sich die christliche Gnosis darstellt.

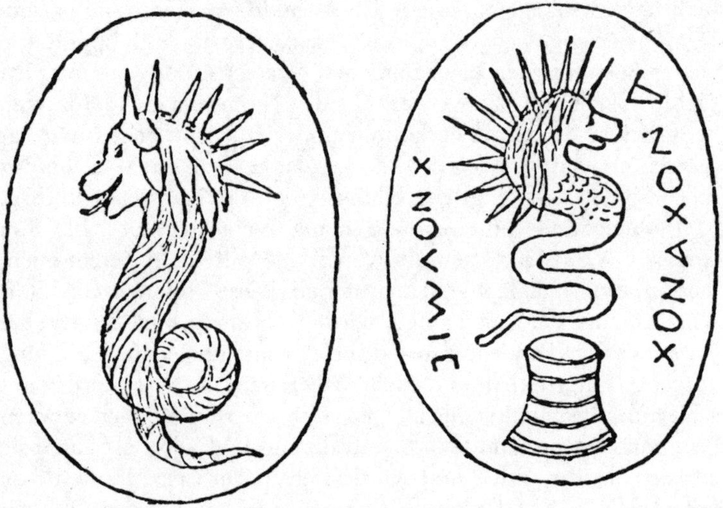

Die gnostischen Schlangen Chnufis (mit siebenstrahliger Krone) und Xnovmis (mit Löwenkopf und zwölfstrahliger Krone), dargestellt auf Altarsteinen. (Aus: C. G. Jung, Psychologie und Alchemie, Zürich 1952.)

Unabhängig von der bereits erwähnten allgemeinen Anwendung dieses Begriffs, haben wir einige Texte, die sich auf die Ophiten als eigene Sekte beziehen. Nach Irenäus[10] gehen die Ophiten wohl von

10 *Adv. haer.*, I, 25 ff.

einer sehr langen Kosmogonie aus, die genaue Analogien zu einem der Texte aus Nag' Hammadi aufweist, dem sogenannten *Apokryphon des Johannes*. Nach der gnostischen Mythologie der Ophiten zerbricht das kosmisch-göttliche Gleichgewicht, und aus diesem Bruch entsteht die Geschichte. Aus den darauffolgenden Emanationen gehen die sieben Söhne oder Archonten hervor. Der erste von ihnen, der direkt von der Urmutter abstammt, trägt den jüdischen Namen Ialdabaoth, während die anderen Iao, Sabaoth, Adonai, Elohim, Hor, Astaphaios heißen – alles Namen, die den Gott des Alten Testaments bezeichnen. Ialdabaoth, der Anführer der Archonten, mißachtet seine Mutter und erzeugt ohne ihre Zustimmung weitere Söhne und Enkel, er erschafft die Engel, die Erzengel, die Tugenden, die Mächte und die Herrschaften. Als seine Söhne ihm die Herrschaft über die Welt streitig zu machen versuchen, verfällt Ialdabaoth in Trauer, betrachtet die Materie zu seinen Füßen und läßt sein Begehren in sie einfließen. Aus der Befruchtung der Materie entsteht Nous in Gestalt einer Schlange, und weitere mindere Generationen gesellen sich hinzu. Zusammen mit der Schlange bilden sie eine neue materielle, irdische und negative Ogdoade, in der neben dem Geist und der Seele auch das Vergessen, die Bosheit, die Eifersucht, der Neid und der Tod enthalten sind. Voller Stolz auf die negative Schöpfung, die er hervorgebracht hat, erklärt Ialdabaoth sich zum Vater und Gott der neuen Ogdoade. Als ihn aber die Weltmutter darauf aufmerksam macht, daß er damit Böses tat, gerät er in Verwirrung und erschafft mit Hilfe der anderen sechs Archonten den Menschen. Hier nimmt eine ophitische Neufassung der biblischen Geschichte ihren Ausgang, bis hin zu dem Punkt, an dem Ialdabaoth die verführerische Schlange auf die Erde herabstürzt, die über die niederen Engel herrschte und sechs Töchter gebar, die gemeinsam mit ihm die Weltgeister oder die Dämonen darstellen, die Feinde und Gegner des Menschengeschlechts. Die Geschichte der Erlösung äußert sich in der Folge im unablässigen Konflikt zwischen Ialdabaoth und der Urmutter, bis hin zur Ankunft Christi, der jedoch der himmlischen Generation des Ialdabaoth angehört.[11]

Das Motiv der herabgesunkenen, dämonisierten Schöpfung kehrt bei den Karpokratianern wieder, einer gnostischen Sekte des

[11] V. E. Amann, *Dictionnaire de Théologie Catholique*. Paris 1903–1951. Bd. XI, S. 1063–1075.

2. Jahrhunderts n. Chr., die von einem Häretiker namens Karpokrates gegründet worden sein soll – eine historisch nicht nachgewiesene Gestalt mit halb mythischen Zügen –, der wahrscheinlich zur Zeit Hadrians in Alexandria lebte. Zusammen mit seinem Sohn Epiphanes soll er die Bewegung begründet haben, die Irenäus zufolge unter Papst Anicetus nach Rom gebracht wurde. Der Tod des Epiphanes, der der eigentliche Apostel der Karpokratianer war, ist um 138 n. Chr. anzusetzen. Doch steht diesen historischen Informationen eine anderslautende Überlieferung gegenüber, die die Sekte auf die mythischen Gestalten der Mariamne, Martha und Salome zurückführt, bzw. die Karpokrates nachgerade als Entartung des ägyptischen Gottes Harpokrates interpretiert und Epiphanes als eine irdische Inkarnation einer in Same[12] verehrten Mondgottheit. Irenäus[13] berichtet, daß nach der karpokratianischen Lehre die Welt und alles, was in ihr enthalten ist, nicht Werk des ungezeugten und unerschaffenen Vaters ist, sondern von ihm untergeordneten Engeln. Die Seelen vermögen nur dann zum Vater emporzusteigen, wenn sie alle menschenmöglichen Taten vollbracht haben, das heißt, nur wenn sie alle moralischen und unmoralischen Erfahrungen durchgemacht haben: Das kann in einem einzigen Leben geschehen oder in mehreren aufeinanderfolgenden Leben. Hat eine Seele nicht alle Handlungen vollzogen, die ihr obliegen, wird sie vom Teufel oder vom Feind dieser Welt geholt und vor den Prinzen oder den Archonten gebracht, der die Welt erschaffen hat. Der Archont vertraut die Seele einem anderen seiner Engel an; der läßt sie in einem anderen Körper wiedergeboren werden, der ihr Gefängnis ist.

Auch die Sethianer, deren Bewegung im 2. Jahrhundert entsteht, waren mit Sicherheit von Ägypten beeinflußt, da die ihnen zugeschriebenen Bücher in Nag' Hammadi entdeckt wurden. Aus dem Bericht des Hippolytus über diese Sekte erfahren wir nichts über den Ursprung ihres Namens, aber wahrscheinlich haben sie – im Gegensatz zur orthodoxen Lehre – Seth als Auserwählten angesehen, dem die erlösende gnostische Offenbarung zuteil wurde. Die Sethianer unterteilten den Kosmos in drei grundlegende Wurzeln oder Prinzipien: oben das Licht, unten die Finsternis und in der Mitte der Hauch oder das Pneuma. Die Finsternis, das dämonische

[12] Im heutigen Tansania gelegen.
[13] *Adv. haer.*, I, 25 ff.

Element, wurde mit einem furchterregenden Wasser gleichgesetzt, das das Licht und den Hauch an sich gezogen und seine Natur auf sie übertragen hat. Die irdische Welt entstammt eben diesem Bereich des Wassers oder der Finsternis, aus dem ein heftiger demiurgischer Wind hervorgeht, der alles zeugt, was ist.

Alles in der Geschichte stellt sich als dualistischer Konflikt zwischen Licht und Finsternis dar; hierin wird der iranische Einfluß sehr deutlich. Die Sethianer sehen die Erlösung ähnlich wie die Ophiten, weshalb sie unter die Ophiten eingereiht werden. Der demiurgische Wind, der zu Anfang den Kosmos hervorgebracht hat, gleicht einer zischenden Schlange, und jedes neue Geschlecht geht von der Windschlange aus, die auch mit dem Phallus gleichgesetzt wird. Sobald das Licht und der Hauch von der chaotischen Materie (Finsternis) empfangen werden, dringt die Schlange oder der Wind der Finsternis dort ein wie in einen unreinen Urgrund (*matrice*) und erzeugt den Menschen. Aber in der Geschichte der Erlösung nimmt das vollkommene Wort des Lichts sèlbst die monströse Gestalt der Schlange an, um in den unreinen Urgrund einzudringen. Die Wortschlange, die im Gegensatz zur demiurgischen eine rettende Schlange ist, zerreißt so die Bande, die den vollkommenen Geist umfingen. Die Inkarnation Christi wird als der Fall einer Wort-Phallus-Schlange in den Schoß der Jungfrau erklärt, der als unreiner Urgrund angesehen wird.[14]

Auch die Barbelognostiker, eine Sekte, die zwischen dem 2. und 3. Jahrhundert wirkte, leiten ihren Namen von einem hebräischen Terminus ab, der »Sohn des Baal« oder »Sohn des weiblichen Baal« bedeutet. Die ausführlichsten Informationen über diese Bewegung hat uns Epiphanes[15] hinterlassen, der im Laufe seiner Reise nach Ägypten um 335 n. Chr. direkte Kenntnis von den Schriften und den Initiationsriten der Sekte bekam. Die Anhänger der Sekte, die sich vor allem die sexuellen Gelüste ihrer Adepten zunutze machten, versuchten Epiphanes zu bekehren, der sich tatsächlich von ihren Lehren einfangen ließ, sich aber in der Folge von der Gruppe löste und den Bischöfen achtzig der Sekte angehörende Christen anzeigte, die daraufhin exkommuniziert wurden.

In ihrem Schöpfungsmythos sehen die Barbelognostiker zu Beginn eine Vierheit, bestehend aus der Finsternis, dem Abgrund,

[14] Hippolytus, *Elenchos* V, S. 19–22.
[15] *Pan.*, 26.

Die Gnosis beharrt auf der Sündhaftigkeit der fleischlichen Beziehungen. Auf diesem Holzschnitt aus dem 16. Jahrhundert wacht der Teufel über die Umarmung zweier Liebender.

dem Wasser und dem Geist. Die Finsternis erhebt sich gegen den Geist, der sie in sich aufnimmt und ein sexualisiertes Urwesen gebären läßt, das (weiblicher) Urgrund (*matrice*) heißt. Der Geist befruchtet den Urgrund, und nach den ersten Generationen gehen aus den verschiedenen Verbindungen die Götter, die Engel, die Dämonen und die sieben Geister hervor. In diesem neu entstandenen Kosmos ist Barbelo der oberste weibliche Äon, der im achten Himmel lebt und einen Demiurgen hervorbringt, der von einigen Sektierern Ialdabaoth, von anderen Sabaoth genannt wird. Dieser Demiurg übt im siebten Himmel eine tyrannische Herrschaft aus und erklärt, der einzige und ewige Gott zu sein. Seine Mutter Barbelo ist entsetzt über diese Behauptung und fällt in Verzweiflung.

Hier beginnt die Geschichte der Befreiung der pneumatischen Teilchen, die sich in der inneren Welt befinden; und diese Geschichte trägt betont sexuelle Züge. Denn um die Kraft freizusetzen, die in der materiellen Welt gefangen ist, zieht Barbelo die Archonten oder die Herren der Welt sexuell an und provoziert ihre Wollust bis zum Samenerguß. Es besteht also eine grundsätzliche Gleichsetzung der pneumatischen Kraft, die der Archont, Herr der Welt, Barbelo entwendet hat, und der Zeugungskraft des Mannes und der Frau. Indem das Sperma befreit, aber an der Fortpflanzung gehindert wird, wird das Pneuma frei und der Erlösungsplan verwirklicht. Daraus erklären sich die eucharistischen Spermarituale. Bei ihren Versammlungen vergnügen sich die Sektierer wahllos mit den Frauen und erkennen sich gegenseitig an einem speziellen Zeichen beim Händedruck. Der Mann fordert sodann die Frau mit der Formel auf: »Erhebe dich und vollziehe mit dem Bruder die Agape!«. Im Augenblick des Samenergusses vermeiden sie, daß der Samen in das weibliche Geschlecht eindringt, fangen ihn mit den eigenen Händen auf und bieten ihn, vorwärtsschreitend, die Augen gen Himmel gerichtet, dem Vater und dem weiblichen Urgrund allen Seins als den wahren Leib Christi dar. Daraufhin schreiten sie zum eucharistischen Verzehr des Samens mit der Formel: »Dies ist der Leib Christi, dies ist das Passah, für das unsere Körper leiden und gezwungen sind, die Passion Christi zu bezeugen«. Das gleiche Ritual praktizieren sie mit dem Menstruationsblut, das nach ihrer Interpretation des Abschnitts 22.2 der Offenbarung des Johannes die Frucht ist, die zwölfmal im Jahr am Baum des Lebens reift. Da das Heil in der Befreiung des Spermapneumas liegt, dürfen keine Kinder gezeugt werden, und falls eine der Anhängerinnen in Ausübung dieser Rituale doch schwanger wird, vollziehen sie ein Ritual, das der Befreiung des Spermapneumas dienen soll, das im Körper gefangen ist. Sie bewirken den Abort durch Manipulation und bereiten den entnommenen Fötus mit Ölen und Aromen zu, um ihn gemeinsam zu verzehren. Dabei sprechen sie das Gebet: »Wir haben den Archonten der Wollust gehindert, sein Spiel mit uns zu treiben und haben den vom Bruder begangenen Irrtum wiedergutgemacht«.

Die Bedeutung des Spermas als Pneuma wird auch in anderen Riten deutlich: Sobald einer der Anhänger einen Erguß hat, befeuchten sie sich die Hände mit dem Samen, strecken sie vor und rufen in völliger Nacktheit Gott an, um auf diese Weise Zugang zu ihm zu bekommen. Sie praktizieren die sexuelle Freiheit und Zügellosigkeit in jeder Form, da sie auch das Fasten und die Abstinenz für das Werk des übelgesinnten Archonten halten.[16]

In der barbelognostischen Mythologie sind vor allem einige Aspekte hervorzuheben, die weitgehende Analogien zu der christlichen Dämonologie des Mittelalters aufweisen. Ein zentraler Punkt ist die Betonung der Sexualität als Moment der Perversion und zugleich der Erlösung des Kosmos'. Die Rituale sind in ihrem Charakter denen des orthodoxen Christentums genau entgegengesetzt oder ins Negative verkehrt. Beide Elemente findet man noch akzentuierter in der Hexerei wieder.

Die Gnosis entwickelte sich im erwähnten Sinn, vor allem was die Dämonisierung der bestehenden Welt anbetrifft, noch mindestens zwei Jahrhunderte über die Anfangszeit hinaus. Noch im 4. Jahrhundert entstand eine Sekte der Archontiker, deren Begründer ein gewisser Petrus gewesen sein soll, ein palästinensischer Priester, der um 347 n. Chr. aus der Kirche ausgestoßen wurde. Zwar unterscheidet sich seine Auffassung nicht wesentlich von den Lehren der anderen erwähnten Häretiker, doch hebt er die negative Rolle der Archonten hervor, denen die sieben Planeten entsprechen und die die Schöpfer der unterirdischen Welt und des Bösen sind. Der siebte Archont, Herr und Herrscher über den siebten Himmel, ist der biblische Gott, dem der Name Sabaoth zugeordnet wird. Die Archontiker bestritten den Wert des Alten Testamentes als das

[16] A.M. di Nola, »Barbelognostici«, in: *Enciclopedia delle Religioni*, II, 954–957.

Werk Sabaoths; sie akzeptierten das christliche Dogma der Auferstehung des Fleisches nicht und betonten die Bedeutung magischer Mittel zur Erlangung des Heils, mit deren Hilfe allein die Anhänger der Sekte die Feindseligkeit der Archonten zu überwinden vermochten.[17]

[17] H. C. Puech, »Archontiker«, in: *Reallexikon für Antike und Christentum.* Leipzig/Stuttgart 1941 (1950). I, S. 633–643.

Der Mandäismus

Die Mythologie der Mandäer ist unter gnostischem Einfluß entstanden; sie weist zugleich eine Nähe zu einigen Strömungen des frühen Christentums auf. Die Mandäer begründeten eine synkretistischen Lehren folgende Sekte, die noch heute besteht: ihr gehören einige tausend Gläubige an, die sich über das untere Gebiet des ehemaligen Mesopotamiens verteilen. Bis heute ist die historische Entstehung dieser Sekte nicht völlig erforscht; wahrscheinlich ist sie jedoch der größeren Täuferbewegung zuzuordnen, die sich in den ersten Jahrhunderten des Christentums in Südbabylonien bildete. Während einige Wissenschaftler dazu neigen, den Ursprung der mandäischen Lehre im Orient zu suchen, ordnen andere, die sich stärker auf historishe Gegebenheiten stützen, sie der iranischen Gnosis und dem mesopotamischen Kulturerbe zu.

Ein Problem ist auch die Verbindung zwischen Mandäismus und Manichäismus. Obwohl das mandäische Schrifttum häufig sehr alte Texte wiederaufnimmt, dürfte es aus sehr viel späterer Zeit stammen als die eigentlichen Ursprünge der Bewegung. Die ersten Dokumente sind nicht vor 400 n. Chr. datierbar, doch viele Hinweise, die sich aus der Mythologie und dem Kultus ergeben, lassen vermuten, daß die Sekte bereits früher, im 3. bis 4. Jahrhundert n. Chr. entstanden sein muß. Die historische Einordnung ist also ungewiß, doch könnte man die Verbindung zwischen Mandäismus und Manichäismus auf eine Aussage im *Fihrist*, eine arabische Quelle, zurückführen. Sie besagt, daß Patek, Manis Vater, der um 200 n. Chr. lebte, sich aufgrund einer plötzlichen Erleuchtung zu einer Sekte in Mesene bekehrte, deren Anhänger auf Arabisch *Mugtasila* genannt wurden, »die, die sich waschen« oder »die, die sich baden«. Diese Quelle könnte als Beweis dafür gelten, daß um 200 n. Chr. in Mesopotamien einige Täufersekten existierten, die die Frühform des Mandäismus dargestellt haben könnten. Andere Wissenschaftler vertreten hingegen die Meinung, die Täufersekten seien lediglich eine vormandäische Bewegung gewesen. Geht man davon aus, daß der Mandäismus seine erste Verbreitung wahrscheinlich im 2. Jahrhundert n. Chr. fand, so stünde der Manichäismus in direktem chronologischen Bezug dazu, was im übrigen durch viele Gemeinsamkeiten in der Mythologie, wie auch durch den Titel eines der Werke Manis bezeugt ist: *Der Schatz des*

Für die Mandäer war Shahrat das Schiff, das die Seelen der Gerechten zum Haus Abathurs brachte. (Aus: E. S. Drower Stevens, Diwsan Abatur.*)*

Lebens, der deutlich an den Titel des wichtigsten mandäischen Textes erinnert: *Ginza*, »der Schatz«.

Was nun unsere Betrachtung der dämonischen Vorstellungen bei den Mandäern angeht, so sind für ihren Glauben und ihre Mythologie die Trennung und der Konflikt zwischen den beiden Welten oder den beiden Erden, der oberen Welt und der unteren Welt, typisch. Und diese Vorstellung haben die Mandäer, ganz unabhängig von der Frage nach der Beziehung zwischen Manichäismus und Mandäismus, eindeutig mit den Manichäern gemeinsam. Die obere Welt ist der Ort des Lichts, und das Licht wird darin als eine konkrete

Substanz gesehen, von einer geistigen Stofflichkit, ähnlich einem weißen, leuchtenden Wasser. Es ist der Seligkeit oder der Herrlichkeit gleichzusetzen und manifestiert sich in unterschiedlichem Maße in allen himmlischen Wesen, ja selbst in der Seele, die ein Teilchen der Herrlichkeit ist. Das Licht ist zudem untrennbar mit dem Leben verbunden und charakterisiert den Erlöserboten. Im Gegensatz zum Licht steht die Finsternis, *hashoka*, eine dichte Materie und schwarzes Wasser; sie bewohnt die untere Welt, den Sitz der dämonischen Kräfte.

In der Lehre von der Schöpfung, die in verschiedenen Versionen und in widersprüchlichen Mythen vorliegt, zeigt sich eine für das mandäische System typische Inkohärenz. Die Mandäer scheinen keinen absoluten Dualismus zu vertreten, weshalb die beiden ontologischen Begriffe Licht und Finsternis als ewig und nebeneinander bestehend betrachtet werden müssen. In den Schöpfungsmythen, auf die sie sich beziehen, wird das Universum oder ein Teil davon mit der Finsternis gleichgesetzt, doch wird zugleich das Wirken eines Schöpfergottes, höherer oder auch minderer Art, anerkannt. Die Bezüge stellen sich unterschiedlich und widersprüchlich dar, und es ist auch bei intensiver Prüfung der Dokumente nicht möglich, einen inneren Entwicklungsprozeß festzustellen, der die Vermutung zuließe, daß ein Übergang von archaischen, eher grob naturalistischen Vorstellungen zu einem vergeistigten Schöpfungsglauben vollzogen wurde.

Bei aller Ungewißheit lassen sich, ohne Anspruch auf Klärung, zwei kosmogonische Muster unterscheiden. Im jüngeren wird eine monotheistische Auffassung vertreten, die man wohl als Reaktion auf den schärferen archaischen Dualismus erklären kann. Das zweite Muster, das vermutlich älter ist, trägt hingegen eindeutig gnostische Züge und besteht auf dem Gegensatz zwischen dem Kosmos und der Welt des Lichts. Nach dieser letzteren Vorstellung ist die Schöpfung das Werk *Ptahils*, eines infernalischen Demiurgen. Die von ihm geschaffene Welt ist negativ, sie zerstört das Reich des Lichts, dem sie sich in einem kosmischen Dualismus entgegensetzt. Die archaische Auffassung basiert also vorwiegend auf dualistische Vorstellungen, aber es scheint, als würde sich der darin enthaltene Konflikt mehr und mehr lösen und eine neue mythologische Struktur bilden, in dem Maße, in dem der Mandäismus sich allmählich vergeistigt und die Gestalt des übermächtigen Gottes, des großen Königs des Lichts oder des Herrn der Herrlichkeit hervorhebt. Die göttliche Gestalt hebt den Gegensatz zwischen den befeindeten Göttern der beiden Prinzipien auf: dem Gott der Welt des Lichts, genannt großer Geist oder erstes Leben, und dem Gott der Unterwelt, *Rūhā* oder Geist der Lüge. Diese mutmaßlich so verlaufene Weiterentwicklung des mandäischen Denkens führte zu einer neuen Schöpfungslehre. Die beiden Teile des Kosmos', die Erde und die Planeten, sind Werke zweier gegensätzlicher Demiurgen. Die Erde ist nicht göttlichen Ursprungs, sondern sie wurde gegen den Willen des obersten Gottes von einer göttlichen Wesenheit erschaffen. Die Planeten hingegen sind das Werk der Höllengottheiten *Rūhā* und *Ur*, die mit dieser bösen Schöpfung auf die teilweise gute Schöpfung der himmlischen Wesen reagierten.

Der kosmogonische Konflikt endet nicht mit der Schöpfung selbst, sondern findet seinen Niederschlag in einer erhabenen Heilsgeschichte, die erneut die Nähe des Mandäismus' zum Manichäismus und zu den gnostischen und iranischen Religionen zeigt. Der Kampf zwischen den beiden Reichen wird 480 000 Jahre währen und stellt die Auflehnung des Todes gegen das Leben dar, das aber am Ende triumphieren wird. Im Mittelpunkt dieses Konflikts stehen die Gestirne und die Planeten, die infernalischer Natur sind, die Propheten und die Gesandten oder Boten, und schließlich der Mensch, in dem die beiden widersprüchlichen Elemente koexistieren: der Körper, der der Welt der Finsternis angehört und die Seele, die ausgestrahlt ist von der Welt der Herrlichkeit oder des Lichts. Die astralen und infernalischen Kräfte machen sich die vermischte oder unreine Situation des Menschen zunutze und versuchen, über ihn die Welt des Lichts zu besiegen. Deshalb ist die Geschichte eine Aneinanderreihung von Episoden, in denen der Zerstörungsversuch des Bösen zum Drama der menschlichen Leidenschaften, der individuellen und kollektiven Perversionen, des menschlichen Chaos' wird. Neben den kosmischen Katastrophen, den Überschwemmungen, den Erdbeben, die durch den unheilvollen, negativen Einfluß der Sterne bewirkt werden, sind die Sünden und der moralische Verfall des Menschen die wesentlichen Elemente des Konflikts. Am Ende wird die ganze menschliche Rasse ausgelöscht sein, bis auf ein einziges Paar, durch das die menschliche Schöpfung ihre ursprüngliche, leuchtende geistige Kraft zurückgewinnen wird.

In diesem Geschehen repräsentieren die Mandäer den Teil der Menschheit, in dem die Lichtseele die Übermacht über die Kräfte

Im Glauben der Gnostiker, Mandäer und Manichäer stellen sich die Sternzeichen, die in der klassischen Astrologie teils negativen, teils positiven Charakter haben, als böse Dämonen dar. Stich aus dem Triompho di Fortuna *von Sigismondo Fonti, 1520.*

der Körperfinsternis gewinnt, wobei ihre rettende und befreiende Funktion für die anderen Menschen und den gesamten Kosmos ausdrücklich hervorgehoben wird. Diese Auffassung vom dualistischen Konflikt und dem endzeitlichen Sieg spiegelt sich natürlich in Mythologie und Polemik wider. Im ersten Traktat des 9. Buches *Ginza* wird das Thema der menschlichen Verfehlungen ausdrücklich behandelt. Der mandäischen Religion, die auf die vom himmlischen Boten übermittelte rettende Offenbarung zurückgeht, stellen sich sieben infernalische Welten entgegen. Jede von ihnen wird mit einer der nichtmandäischen Religionen gleichgesetzt, das heißt mit dem Judentum, dem Christentum, dem Manichäismus und dem Islam und darüber hinaus mit den kleineren mesopotamischen Bewegungen, mit denen die Mandäer in besonderen Glaubensauseinandersetzungen standen. Analog zu den Aussagen über die infernalische oder dämonische Natur der Planeten setzte man die Begründer oder die Götter dieser Sekten und Religionen mit den planetarischen Kräften gleich. So ist bezeichnenderweise der Gott der Juden El-El oder Adonai die Sonne; Jesus ist Merkur, der lügnerische und betrügerische Planet schlechthin; Mohammed ist Mars, der gewalttätige Planet, Vernichter der Mandäer. Zweifellos spiegelt sich in dieser Dämonisierung die Situation der Verfolgung, in der sich die Mandäer befanden: sie reagierten darauf, indem sie die anderen Religionen als dämonisch bezeichneten.

Zwar schwebt der Mensch nach mandäischer Auffassung in einer Situation permanenter Gefahr, die seiner verdorbenen Natur entspringt, und er ist der Verfolgung durch finstere und astrale Kräfte ausgesetzt, doch finden zum Ausgleich himmlische und göttliche Eingriffe statt, die ihn in seinem Kampf unterstützen und ihm das Heil sichern. Himmelsboten, Erlöser, Wächter, die zu verschiedenen Zeiten erscheinen oder die eine genau festgelegte Funktion am Ende der Zeiten haben, stellen den anderen Aspekt der gnostisch-mandäischen Mythologie dar. Zu diesem Stand der Erlöser gehören mysteriöse Gestalten wie Yokabar oder göttliche Wesenheiten wie Abel Seth und Enosch, Johannes der Täufer und vor allem Mandā *d*Haijê (Die Erkenntnis [Gnosis] des Lebens), eine Personifikation der erlösenden Heilserkenntnis.

Innerhalb des dualistischen Konflikts ist die Lehre vom Weltende und vom Anbruch einer neuen Welt wegen der Uneinheitlichkeit der überlieferten Texte sehr unklar. Sie ist bestimmt von apokalyptischen und astrologischen Motiven. Das Ende der Zeiten vollzieht sich unter Mars, dem letzten der Planeten. Es bringt einen vorübergehenden Triumph des Islam und die Verfolgung der Mandäer. Nach einer anderen Überlieferung vollendet sich die eschatologische Zeit in einem letztlichen Sieg der Kräfte des Lebens. Aber in der einen wie in der anderen Version kündigt sich das Ende durch präzise Zeichen an, die in den Texten aufgelistet werden. Auf eine Epoche der allgemeinen Versöhnung folgt für zweiundvierzig Jahre das Reich des Ur oder Bels. Er läßt sich auf dem Thron des Ptahil nieder und verschlingt das gesamte erschaffene Universum: Planeten, Sternbilder, Himmel und Erden; indem er sie in sich hineinschlingt, vernichtet er damit auch *Rūhā*, die Dämonen, Jesus Christus und die Ungläubigen. Von ihren Körpern befreit, steigen die Seelen der Gläubigen in die göttlichen Gefilde auf. Die hier entworfene eschatologische Lösung scheint eine endgültige Überwindung des Dualismus' darzustellen, da nach der Zerstörung des Kosmos' und der Dämonen für das Reich der Finsternis kein Platz mehr ist.

Was den Namen Ptahil angeht, so wird er als Zusammensetzung aus *Ptah*, dem Namen eines ägyptischen Gottes, und dem hebräischen Begriff *El* interpretiert. Das finstere Höllenreich wird von Gestalten beherrscht, deren Namen teils gesicherten Ursprungs, teils ungewisser Herkunft erscheinen. Namrus, einer der Götter der Unterwelt, dürfte auf eine Gestalt namens Namrael zurückgehen, einen dämonischen Engel, der auch im Manichäismus vertreten ist. Ur ist wahrscheinlich das verzehrende Höllenfeuer. Die Höllengöttin Ruha ist, zumindest etymologisch betrachtet, ein Geist und wird in der antichristlichen Polemik mit dem Heiligen Geist gleichgesetzt. Sie erscheint neben dem Judengott, der Jorabba genannt wird (von Jo, dem abgekürzten Namen des jüdischen Gottes, und *rabba*, groß). Er gilt als ein böser Demiurg.

Unter den Göttern, die zu den eher zweitrangigen Gestalten des gnostischen Umkreises gehören, ist Abathur, der persische Richter über die Toten; sein Name bedeutet wahrscheinlich »Mann der Waagen«.[1]

---

[1] A. M. di Nola, »Mandei«, in: *Enciclopedia delle Religioni*. Bd. IV, S. 30–49, mit ausführlicher Bibliographie.

Der Manichäismus

Reicher an Quellen und Motiven zur Frage nach dem Dämonischen ist die große dualistische, von dem iranischen Propheten Mani (216–277) begründete Religion. Mani geht in seiner Verkündigung von einer pessimistischen Einschätzung von Vergangenheit und Gegenwart aus und hält deshalb die Zerstörung der gegenwärtigen Zeit, die er als unrein und verderbt ansieht, für notwendig, um zu einer vorbildhaften, ewigen und göttlichen Vollkommenheit zurückzufinden. Das gnostische Motiv vom Fall, von der Verderbnis und der darauffolgenden Phase der Erlösung der Schöpfung ist hier eingebettet in ein äußerst reiches und vielfältiges mythologisches Umfeld, da allerlei Motive aus der Gnosis und aus anderen benachbarten Religionen übernommen wurden.

Ausgangspunkt ist die Erkenntnis, daß der gegenwärtige Zustand gefährlich und unheilvoll ist, da sich Geist und Materie, Licht und Schatten, Gut und Böse in ihm vermischen. Der Mensch wird sich bewußt, wie sehr diese Vermischung den Verfall fördert. Da sie einen anomalen Zustand darstellt, wird ein ursprünglich vollkommener Zustand vorausgesetzt, von dem aus sich der Fall ereignete. Daraus ergibt sich die Notwendigkeit eines rettenden »Bruches« mit dem gegenwärtigen Zustand, um die verlorengegangene ursprüngliche Vollkommenheit zurückzugewinnen. Der gnostisch-manichäische Mythos teilt sich somit in drei Phasen oder Zeiten auf: die Phase der völligen Dualität und Getrenntheit der beiden entgegengesetzten Prinzipien; die gegenwärtige Phase der Vermischung und des Verfalls; die Phase der völligen Wiederherstellung des Urzustandes. Daraus erklärt sich, weshalb der Manichäismus die Religion der zwei Prinzipien oder der zwei Wurzeln und der drei Zeiten heißt.

Das bekannteste und grundlegendste Merkmal des Manichäismus', die dualistische Lehre, ist eindeutig iranischen Ursprungs; danach bestehen die beiden Prinzipien Gott und Materie nebeneinander: der Ursprung aller guten Kräfte auf der einen Seite, die Quelle aller schädlichen Kräfte auf der anderen Seite. Diese Elemente, ewig und unerschaffen, heißen auch Licht und Finsternis, Wahrheit und Lüge, Gut und Böse. In der Tat ist der Gegensatz der gleiche wie zwischen Ahura Mazdā und Ahriman. In der Überwindung des Dualismus', wie ihn der Zurvanismus versuchte, erscheinen diese beiden Prinzipien als zwei von Zurvan gezeugte Zwillinge. Ahriman kommt monströs, schwarz und stinkend zur Welt; er ist dem Zweifel Zurvans entsprungen, der darüber verzagte, daß er keine Nachkommenschaft mehr haben würde. Da er das Recht der Erstgeburt hat, wird er zum Herrn über die eine Hälfte der Welt eingesetzt. Ahura Mazdā ist der helle, wohlduftende, vollkommene Zwilling, dem die Herrschaft über die andere Hälfte der Welt anvertraut wird. Im Zurvanismus wird der dualistische Konflikt teilweise mythisch gelöst, indem Ahriman eine stellvertretende, sekundäre Funktion zugewiesen wird (er ist einfacher *Schah*, während sein Bruder *Patikschah* ist) und der letztendliche Triumph des Guten als vorbestimmt gilt. Diese Motive gehen auf den Manichäismus über, der jedoch die göttliche Natur des Bösen und seine Entstehung aus der Zwillingsgeburt ausdrücklich ablehnt. Das göttliche Prinzip, das Gute, ist grundsätzlich Licht, ist identisch mit der Herrschaft des Lichts, Lichterde, Lichtäther, die keine Begrenzungen nach Norden, Osten und Westen hat. Im Süden hingegen trifft sie auf die Finsternis; hier wird der Machtbereich der guten Wesenheit durch die Gegenwart des Negativen begrenzt. Der Welt der Vollkommenheit setzt sich die Herrschaft der Finsternis und der Materie entgegen, deren Bewohner in einer unablässigen Wirbelbewegung einer gegen den anderen geschleudert werden, bis sie schließlich an die Grenze gelangen, an der die Finsternis auf das Licht trifft.

Die ideale Dualität des Anfangs, die sich in der vollkommenen Abgrenzung der beiden Reiche darstellt, gerät in Gefahr, sobald die Bewohner des Reiches der Finsternis, die an die Grenze zum Licht emporgestiegen sind, von dem heftigen Begehren ergriffen werden, an den Wonnen des Lichtreiches teilzuhaben. Die Gier nach Glück setzt der heftigen Wirbelbewegung, den Gegensätzen, den Kämpfen, in denen die Bewohner der Finsternis untereinander befangen sind, ein zeitweiliges Ende. Angeführt vom Prinzen der Finsternis verbünden sie sich, suchen nach einer Möglichkeit, ihren eigenen Zustand der »Vermischung« zu überwinden und sich mit dem Licht zu verbinden. Bewaffnet durchbrechen sie schließlich die trennende Barriere und dringen in das Reich des Lichts ein.

Dieses grundlegende Ereignis bewirkt eine Veränderung innerhalb des Lichtreiches, denn der Vater des Lichts höchstselbst tritt aus seinem Zustand der Ruhe und der Selbstvollendung heraus und wechselt über in eine aktive Existenz, da er sein Reich vor diesem

Manichäischer Dämon. Ausschitt aus einem Wandgemälde im Tempel 9 von Bäzäklik (China), 9. bis 10. Jahrhundert.

Ansturm verteidigen muß. Damit beginnt der Mythos vom Kampf zwischen Gut und Böse. Aber der gute Gott kann sich, da er wesensgleich mit dem Guten ist, nicht auf den Kampf einlassen und emaniert oder »erweckt aus sich selbst heraus« ein vermittelndes Wesen namens »Mutter des Lebens«. Von ihr wird der Mensch des ersten Zeitalters, der Urmensch, der dem Ōhrmazd (Ahura Mazdā) der zurvanistischen Überlieferung entspricht, hervorgerufen (Mani gebraucht niemals das Wort »erschaffen«). Der Mensch des Ersten

Zeitalters ist zugleich erlösender Held und leidendes Opfer, denn er erlangt den Sieg erst nach einer scheinbaren Niederlage. Er wird besiegt, als er zur Grenze zwischen den beiden Reichen hinabsteigt: Er wird seiner Rüstung entkleidet, die aus den fünf Elementen des Lichts besteht, er sieht, wie seine Söhne von den Dämonen verschlungen werden und wird in den Höllenschlund gestürzt. Der Höllenmythos erhält hier eine kathartische Bedeutung, da der Mann des Ersten Zeitalters freiwillig in den Abgrund hinabsteigt und sich von der Finsternis verschlingen läßt, um dadurch die Elemente in sie einzubringen, aus denen er besteht: das Licht, aus dem er gemacht ist und das für die Materie giftig und zersetzend ist. In Ketten gefesselt (Mythos von der gefallenen Seele), umgeben von schrecklichen Dämonen, wie in einen tiefen Schlaf verfallen, wacht der Mann des Ersten Zeitalters plötzlich aus seiner Benommenheit auf und ruft siebenmal den Vater der Größe an. Damit setzt die erste Phase der Wiederherstellung und der Erlösung ein, die in diesem Fall dem Menschen des Ersten Zeitalters selbst gilt. Darauf folgt die Errettung der Elemente des Lichts, aus denen die Seele des Menschen des Ersten Zeitalters besteht und die sich mit der Materie vermischt haben und in ihr gefangen geblieben sind. Es ereignet sich nun eine zweite dramatische Rettungsphase, die Gott vorbereitet, indem er die Welt sichtbar gestaltet.

Erst jetzt, nach dem ahistorischen Anfangsmythos, entsteht die Welt als Schauplatz des Konflikts zwischen Gut und Böse. Ihr Schöpfer ist der Gott Mithra, der Lebende Geist, in den griechischen Quellen Demiurg genannt, Urheber der sichtbaren Welt, die er aus den Körpern der Höllenprinzen, der Archonten, erbaut. Der Lebende Geist tötet die Archonten, häutet sie und bildet aus ihrer Haut den Himmel, aus ihren Knochen die Berge, aus dem Fleisch und den Exkrementen die Erde (Mythos vom Höllenursprung der Welt). Sodann reinigt der Lebende Geist die Lichtteile, die nicht mit der Materie vermischt sind und bildet aus ihnen die beiden Lichtschiffe, Sonne und Mond. Aus weiteren, nur wenig durch die Materie verunreinigten Lichtteilen erschafft er die Sterne. Es bleibt jedoch ein dritter Teil, der sehr stark mit der Materie vermischt ist, und hier stellt sich die Befreiung langwieriger und schwieriger dar. Die Rettung geht von Wesenheiten aus, die aus einer weiteren Hervorrufung (»Evokation«) entstanden sind, und unter ihnen insbesondere vom Dritten Gesandten, dem Tertius legatus, der zuweilen Mithra genannt wird.

In den christlichen Evangelien taucht der Dualismus als der Gegensatz zwischen Paradies und Hölle auf. Dazwischen die menschliche Welt unter der Herrschaft des Todes. (Aus: G. Savonarola, Prediche dell'arte del ben morire, *Florenz 1496.)*

An dieser Stelle taucht nun der merkwürdige Mythos von der Verführung der Archonten auf, der viele dämonologische Motive enthält, deren Bildhaftigkeit uns Abendländer etwas merkwürdig anmutet. Als der Dritte Gesandte den Himmel in seinem Mondschiff durchquert, zeigt er sich in erregender Nacktheit: den Archonten in Gestalt der »Lichtjungfrau« und den weiblichen Dämonen in Gestalt eines strahlenden Jünglings. Dieser Anblick, der von der bisexuellen Natur des Dritten Gesandten zeugt, erregt die Archonten so sehr, daß sie die restlichen Lichtteile in Form von Sperma aus dem Körper herausschleudern. Das auf die Erde fallende Sperma läßt dort die fünf Pflanzenarten entstehen, aus denen alle Gewächse hervorgehen werden. Aus dem feuchten oder fetten Anteil des Spermas entsteht hingegen ein Meeresungeheuer, das vom Mann des Ersten Zeitalters, dem Adamas des Lichts, mit der Lanze durchbohrt wird. Den bereits schwangeren Teufelinnen hingegen wird übel von der Rotation des Tierkreises, und sie gebären vorzeitig ihre Föten, die sich auf die auf der Erde entstandenen Pflanzen werfen und sie verschlingen, wodurch das darin enthaltene Licht in sie eingeht. Diese dämonischen Wesen werden nun von Lüsternheit befallen, sie vereinigen sich und pflanzen sich fort und vermehren so ihre Art. Auf diese Weise bleiben die Lichtelemente, die noch gerettet werden müssen, im Körper der Dämonen und in den Pflanzen gefangen.

Der Urmythos von der Verführung der Archonten geht auf sehr komplexe Ursprünge zurück. Er weist Bezüge zu einem zurvanistischen iranischen Mythos auf, demzufolge die Frauen, Personifizierungen des Bösen, Satanas nachfolgten. Aus Furcht, sie könnten sich mit den Gerechten (den Männern) vereinigen wollen, stellte der gute Gott (Ōhrmazd) hinter Satanas den jungen und schönen Gott Narse, der sie verführte.

Als der Dritte Gesandte erscheint, um sein Werk der Rettung und Erlösung zu Ende zu führen, setzt sich die Materie, das heißt das Reich der Finsternis, zur Wehr. Es nimmt Gestalt an in Az, der Lüsternheit, und bedient sich sämtlicher Mittel, um die Lichtpartikel zu behalten, die es noch in sich birgt. Az konzentriert das ganze verbliebene Licht in zwei seiner Kreaturen, die der guten Schöpfung entgegengesetzt werden. Zwei mächtige Dämonen werden auserwählt: ein männlicher, Asgaqlun, und ein weiblicher, Namrael. Sie verschlingen zuerst das ganze Dämonengeschlecht (in dem das Licht enthalten ist), paaren sich dann und zeugen Adam und Eva. So entsteht die menschliche Rasse, die, so ein typisches gnostisches Bild, aus Sünde, Gewalt und Sexualität geboren ist und aus diesem Grunde die Verdammung bereits in sich trägt. Das gesamte verbliebene Licht ist nun in Adam eingegangen, auf den sich ein erneuter

Das manichäische Bild vom Gegensatz der beiden Städte, der irdischen und der himmlischen Stadt, das die christlichen Glaubensvorstellungen späterer Jahrhunderte nachhaltig beeinflußt, kommt mit besonderer Eindringlichkeit beim hl. Augustinus zum Ausdruck. Abbildung aus: De civitate Dei, *Basel 1490.*

Rettungsversuch richtet. Auch Adams Erlösung trägt in jeder Hinsicht gnostische Züge, zum einen, weil sie als Folge einer »Erkenntnis«, einer »Bewußtmachung des eigenen Zustands« begriffen wird, zum anderen, weil sie in eine sehr reiche Mythologie eingebunden ist. Adam ist Gefangener der Materie, die ihn hervorgebracht hat, und weiß nichts von den Lichtteilen, die er in sich trägt. Deshalb schaltet sich ein Erlöser ein, der in den Texten unterschiedlich benannt wird: als Mensch des Ersten Zeitalters, Sohn Gottes, Ōhrmazd, Jesus, der Glanz. Er reißt Adam aus seiner Lethargie und macht ihm den göttlichen oder lichtvollen Ursprung seiner Seele bewußt. Der Dritte Gesandte weckt den Schlafenden mit einem lauten Schrei, öffnet ihm die Augen, richtet ihn auf, befreit ihn mit Hilfe von Beschwörungen von den Dämonen, klärt ihn über den dämonischen Ursprung des Körpers auf, über die lichtvolle Natur des Geistes, bis Adam sich schließlich »befragte und erkannte«[1] (Teodor bar Konai). Somit ist im Manichäismus der Leitgedanke für das Erlösungsmotiv die Befreiung der Seele aus ihrer Fesselung an eine materielle, dämonische Körperlichkeit.

Nachdem Adam aus seinem Schlaf erweckt worden ist, folgt nicht sein ganzes Geschlecht dem himmlischen Ruf. Die Menschen pflanzen sich weiter fort und schaffen damit die Voraussetzung für die andauernde Gefangenschaft der Seele. Zugleich bleibt das Licht nicht nur in den Körpern der Menschen gefangen, sondern auch in der gesamten Natur, insbesondere in den Pflanzen, den Früchten, den Bäumen, die auf ihre Erlösung warten. Diese wird sich in einer Zeit der Apokalypse ereignen, in der die dämonischen Kräfte zu ihrer letzten Schlacht antreten werden. Nach einem Mythos, den der Manichäismus wahrscheinlich aus christlichen Quellen – vermischt mit iranischen und orientalischen Einflüssen – übernommen hat, werden den letzten Tagen Zeichen und unheilvolle Ereignisse vorausgehen. Auf einem Stier reitend wird der falsche Mithra erscheinen, der wahrscheinlich im Zentrum des letzten Geschehens stehen wird, dem »Großen Krieg«. Im Großen Krieg wird die Kirche der Gerechtigkeit, das heißt, die manichäische Gemeinschaft, endgültig triumphieren. *Rex magnus*, der Große König, wird erscheinen und die Macht übernehmen. Er wird von einer neuen Generation verehrt werden, die aufgerufen ist, »ihr Gut in

[1] *De haer.*, 46, A. M. di Nola, »Mani, Manicheismo«, in: *Enciclopedia delle Religioni*. Bd. IV, S. 49–76.

Besitz zu nehmen«. Es folgt das jüngste Gericht, bei dem die vor dem Thron versammelten Seelen in gute und böse geschieden werden. Jesus wird für kurze Zeit über die Welt herrschen, dann wird er gemeinsam mit den Auserwählten und den Schutzgöttern der Welten den Kosmos verlassen und in das Reich des Lichts aufsteigen. Sodann werden sich die noch in der Welt befindlichen Lichtteilchen zusammenfügen und eine »Statue« bilden, die sich als Lichtsäule bis zum Himmel erhebt. Die irdische Sphäre ist vernichtet; die Verdammten, die Dämonen, die Welt der Materie und der Schatten werden zu einem einzigen *Bolos* aufgehäuft und in einen kosmischen Graben geworfen, der mit einem Stein versiegelt wird.

Das Ende der Welt stellt aus der Perspektive der Apokalypse ein kosmisches Drama dar, das die Bösen in den Höllenschlund hinabstürzen läßt und die Zeit der neuen Himmel und der neuen Erde einleitet. (Aus der illustrierten Bibel, die Martin Luther 1543 in Wittenberg veröffentlichte.)

Die dämonologischen Motive tauchen auch in der manichäischen Astrologie auf, die nachhaltig von der Sternenreligion der Sabäer beeinflußt war. Sonne und Mond gelten astrologisch als positiv und spielen eine wesentliche Rolle in der Erlösungsgeschichte. Die Planeten und die Tierkreiszeichen gelten hingegen als böse und negativ und werden mit den Dämonen gleichgesetzt.

Insbesondere die Tierkreiszeichen sind die Archonten des Bösen und beherrschen in Zweier- und Dreiergruppen die fünf Sphären der materiellen Welt. Zwillinge und Schütze beherrschen die Welt des Nebels; Widder und Löwe beherrschen die Welt des Feuers; Stier, Wassermann und Waage beherrschen die Welt des Kindes; Krebs, Jungfrau und Fische beherrschen die Welt des Wassers; Steinbock und Skorpion beherrschen die Welt der Schatten. Diese astrologische Vorstellung ist Teil eines umfassenderen kosmologischen Bildes, wonach sich der Kampf zwischen den beiden Reichen in Form des Gegensatzes zwischen den kosmischen Elementen wiederholt. Dazu vermerkt der heilige Augustinus sehr genau: »Und in der Tat weisen die Manichäer dem Volk der Finsternis fünf Elemente zu, und diese Elemente nennen sie Rauch, Finsternis, Feuer, Wasser, Wind ... Um diese fünf bösen Elemente zu bezwingen, wurden fünf andere Elemente aus dem Reich und dem Wesen Gottes gesandt.«[2]

[2] Ebd.

Das dämonologische Erbe der Manichäer: Priscillianer, Paulicianer, Bogomilen, Katharer und Albigenser

Der Manichäismus hatte einen weitreichenden Einfluß auf die europäische Kultur und vermischte sich bis in relativ neuere Zeit immer wieder mit Strömungen innerhalb des Christentums. Die von Priscillianus, Bischof von Avila, begründete häretische Sekte, die im 4. Jahrhundert n. Chr. entstand und noch bis ins 7. Jahrhundert lebendig blieb, fand vorwiegend in Spanien Verbreitung. Um 370 begann Priscillianus seine mystisch-religiöse Lehre zu verkünden, in der magische Elemente und betont asketische und spirituelle Tendenzen dualistischen und gnostischen Ursprungs zusammenflossen. Im Denken des Priscillianus' und in der Weiterentwicklung, die es in den priscillianistischen Strömungen erfährt, wiederholt sich das gnostisch-manichäische Muster, wonach Satan die Erschaffung der Materie zugeschrieben und die Wiederauferstehung des Fleisches verneint wird.[1]

Das Konfliktmotiv des Manichäismus' wird von der Sekte der Paulicianer weitergeführt, die im 7. Jahrhundert n. Chr. in Armenien entsteht und sich später in der Osttürkei, in Phrygien, Thrakien und in Persien verbreitet, bis ihr im 8. Jahrhundert durch die Verfolgungen im Byzantischen Reich ein Ende gesetzt wird. Aus der Sekte, die zwischen gnostischem Dualismus und Christentum schwankt, geht im 8. Jahrhundert in Thrakien die Strömung der Bogomilen hervor. In der paulicianischen Lehre treffen sich Christentum und Manichäismus, da sie unterscheidet zwischen einem himmlischen Gott, Schöpfer der guten Welt und der geistigen Werte, und einem Gott, der Schöpfer der irdischen und dämonischen Welt ist. Christus erscheint als ein engelhafter Geist, der in die materielle Welt gesandt wurde.[2]

Die Bogomilen, die zwischen dem 10. und dem 16. Jahrhundert in Bulgarien und Bosnien anzutreffen sind, benennen sich nach dem Priester Bogomil (Theophilos). Oft werden sie mit den Paulicianern und den Katharen identifiziert. Sie entwickeln eine stark veränderte manichäische Lehre, derzufolge ursprünglich nicht zwei entgegen-

[1] R. Manselli, *L'Eresia del Male*. Neapel 1963, S. 53–75.
[2] Ebd., S. 65–75.

Die Bogomilen brachten einen entschiedenen Dualismus nach manichäischem Vorbild nach Serbien und Bosnien, wo sie vor den Verfolgungen Zuflucht suchten. Hier eine bogomilische Grabstelle des 14. Jahrhunderts aus de Radimlse (Jugoslawien) mit den typischen Symbolen des Bogens und der Sonne. (Nach: Encyclopaedia Universalis, *Paris 1968.)*

gesetzten Prinzipien existieren. Der einzige Gott hat zwei Söhne gezeugt, Satanael und Jesus. Satanael erschafft die von Natur aus schlechte Materie, und der Mensch muß sich von ihr befreien, indem er auf sexuelle Beziehungen, fleischliche Ernährung und privates Besitztum verzichtet. Diese häretische Sekte geht auf die Zeit zurück, als um das 8. Jahrhundert viele Paulicianer von Armenien nach Thrakien übersiedelten.[3]

Charakteristisch für die Katharer, die »Reinen«, ist das Streben nach völliger Reinheit durch strenge Askese. Sie stammten wahrscheinlich aus dem Orient, vielleicht auch vom Balkan, und waren zweifellos stark von den Bogomilen beeinflußt. Sie verzweigten sich nach Norditalien, Südfrankreich und in die Champagne, wobei sie weiterhin von orientalischen Autoritäten abhängig blieben. Diese Wanderungen ereigneten sich zwischen dem 11. und 12. Jahrhundert und führte zur Gründung einer Sekte mit starken missionarischen Tendenzen, die in Frankreich in die Albigenser-Bewegung einfloß und die eine entschiedene Reaktion des Papstes auslöste. Für die Katharer reicht der dualistische Konflikt sehr tief. Sie berufen sich auf eine elementare Theologie, die auf dem kosmischen und moralischen Gegensatz von Gut und Böse gründet, der nur durch rigorose Askese überwunden werden kann. Auch hier ist Christus lediglich ein von Gott gesandter Engel, der die Menschen die Überlegenheit des Geistes über die Materie lehren soll.[4]

Die Glaubensvorstellungen der Katharer konsolidieren sich in der mächtigen Ketzerbewegung der Albigenser, die sich nach der französischen Region Albi benannten, wo sie zwischen dem Ende des 12. Jahrhunderts und den ersten Jahrzehnten des 13. Jahrhunderts ihre größte Verbreitung fanden. Sie lösten damit die Verfolgung durch die römisch-katholische Kirche aus und einen Kreuzzug, durch den die Bewegung schließlich völlig ausgerottet wurde. Die Albigenser hatten die manichäische und katharische Lehre in einer regelrechten Kirche organisiert und führten einen glühenden Feldzug gegen die Verweltlichung der römisch-katholischen Kirche und für die Rückkehr zum Geist des Evangeliums. Das zentrale Thema ihrer Lehre ist die Vorherrschaft des Teufels über diese Welt.[5]

[3] N. Nikoloff, *The Bogomil Movement*. New York 1956.
[4] M. Adriani, »Catari«, in: *Enciclopedia delle Religioni*, Bd. I, S. 1522–1524.
[5] A. L. Maycock, *The Albigensian Heresy*. London 1922–1928, 2 Bd.

Der Teufelsglaube bei den Slawen, Balten und Ugro-Finnen

Auch bei den Ostslawen und den Russen geht man davon aus, daß sie von iranischen Glaubensvorstellungen beeinflußt worden sind, die entweder auf direktem Weg oder über skytische Vermittlung zu ihnen gelangten, wobei einer dualistischen Auffassung großes Gewicht zukommt. Die Hypothese gründet sich auf eine Erwähnung des mittelalterlichen Chronisten Helmold[1], derzufolge die Slawen einen guten und einen bösen Gott unterschieden, wobei sie den letzteren mit dem Namen Diabol oder Cernibog (Zerneboch) bezeichneten. Diabol könnte eine slawische Übertragung des christlichen Teufelsnamens sein, während Cernibog der schwarze Gott ist. Wegen dieser charakteristischen Farbe vertritt A. Brückner[2] die Auffassung, daß er der christlichen Ikonographie entliehen worden ist. Diese gegensätzlichen Götterfiguren sind jedoch anderweitig weder durch Textquellen noch durch archäologische Funde nachgewiesen, weshalb die Hypothese in bezug auf den iranischen Einfluß oder ein dualistisches Substrat mit Vorsicht betrachtet werden muß.

Andere Quellen scheinen hingegen zu belegen, daß der Gott Svarog bei den Westslawen dämonische Züge angenommen hatte, und zwar unter dem Namen Zuarasici, den die christlichen Quellen mit dem Teufel identifizierten. Einige Gestalten, die man als diabolische Erscheinungsformen deuten könnte, tauchten im Bereich der Magie auf, besonders in der Hexerei, die, soweit es den Dokumenten zu entnehmen ist, schamanenhafte Züge aufweist. Derartige Motive bei den Russen und den Tschechen gehen mit großer Wahrscheinlichkeit auf schamanistische Formen des finnischen Raums zurück. Eine Chronik des 13. Jahrhunderts[3] besagt, das polnische Heer sei 1209 von einer Hexe angeführt worden, die mittels Zauberkraft das aus dem Fluß geschöpfte Wasser in einem Sieb zu tragen vermochte, ohne auch nur etwas davon zu verlieren »*et hoc signo eis victoriam promittebat*« (»und mit diesem Zeichen

[1] *Chronica Slavorum*, MGHS, XXI, 156.
[2] *Mitologia slava*. Bologna 1923. Vgl. auch A. Brückner, *Die Slaven*, Religionsgeschichtliches Lesebuch. 2. erw. Aufl., Tübingen 1926, S. 5.
[3] Meyer, *Fontes*, 61.

Der Flugmythos, typisch schamanischen Ursprungs, begleitet die Geschichte des Hexenwesens. Drei Hexen mit Esel-, Hahnen- und Hundekopf begeben sich zum Sabbat. Holzschnitt aus Ulrich Molitor, De Lamiis et phitonicis mulieribus *(Von den Unholden und Hexen), Reutlingen 1489.*

versprach sie ihnen den Sieg«). Das *Homiliar von Opatovic* berichtet, wenn wohl auch in übertriebenen Worten, von Frauen, die Gift zubereiteten, Kinder ermordeten und sich der Fähigkeit rühmten, durch Wetterzauber Hagel schicken zu können. Für Aphrodisiaka oder Liebestränke mischten sie den Samen der eigenen Ehemänner unter die Speisen, oder sie hinderten Mann und Frau an der Zeugung. In diesen Bereich gehört auch der Glaube an den Werwolf, der offenbar schon bei den alten Slawen verbreitet war.

Herodot (IV,105) berichtet, daß die Neuren, die an den Ufern von Bug und Dniester lebten, sich einmal im Jahr für einige Tage in Wölfe verwandelten. Nach der Interpretation von Brückner waren die Neuren kein Volk, sondern eine Kaste von Zauberern, die die Lykanthropie (Verwandlung in einen Wolf) praktizierten, und Herodot habe sie irrtümlicherweise als einen Volksstamm bezeichnet. Der gleiche Autor vertritt auch die Ansicht, der weitverbreitete Glaube an die Werwölfe in den slawischen Dörfern erkläre sich aus der ständigen Bedrohung, die die Wölfe als wahre Plage für das Dorf darstellten. Daher ihre Dämonisierung. Aber es scheint auch gewiß, daß man den Werwölfen schon im Altertum die Fähigkeit zuschrieb, Sonnen- und Mondfinsternis zu bewirken. Anhand dieses Glaubens ist ein Passus im *Igorlied* zu erklären, der besagt, daß Prinz Vseslav des Nachts als Wolf von Kiew nach Tmutorakan rannte und dabei die Straße zum großen Chors überquerte. Die Überquerung der Straße von Chors ist eine mythische Umschreibung der vom Werwolf bewirkten Sonnen- oder Mondfinsternis. Der altslawische Name für Werwolf ist *vulko-dlak*, was wahrscheinlich die Bedeutung Wolfshaut hat, das heißt »von Wolfshaut bedeckt«, und er erscheint auch unter den Formen *vlukodlaku* (bulgarisch), *volkulak* (russisch), *wilkoalak* (polnisch). Das rumänische Wort *vilcolac* das, abgeleitet von den zuvor genannten Begriffen, Mondfinsternis bedeutet, beweist die tiefreichende Beziehung zwischen Lykanthropie und Mondmythologie.

V. J. Mansikka[4] hat eingehend untersucht, wie sich diese Sage vom 13. Jahrhundert an im Volksglauben niedergeschlagen hat. So soll sich die Person, die die Fähigkeit hat, sich nach Gutdünken in einen Wolf zu verwandeln, durch einige charakteristische Merk-

[4] »Demons und Spirits«, in: *Encyclopaedia of Religion and Ethics*. J. Hastings, Edinburgh 1908–1921, Neuauflage 1951.

Ein Werwolf verwüstet ein Dorf. Zwei psychopathische Vorstellungen, der Glaube an Werwölfe und an Vampire, tauchen als teuflische Heimsuchungen in den slawischen Kulturen Zentraleuropas auf. Stich von Lucas Cranach. (Aus: Boisteau. Histoires prodigeuses. Les Chroniques de Nuremberg et le goup garou, *Nationalbibliothek Paris.)*

male ausweisen. Man glaubt, sie sei der Sohn eines Wolfes und sei aus einer Steißgeburt hervorgegangen. Der obere Teil des Körpers ähnelt dem eines Menschen, während der untere Teil Wolfszüge trägt; Herz und Zähne sind die eines Wolfes. Um die Verwandlung zu vollziehen, trinkt er das Wasser aus den Vertiefungen, die die Fußspuren des Wolfes hinterlassen haben, oder er läuft um einen gefallenen Baum herum und umhüllt sich dann mit einem Wolfspelz. In der darauffolgenden Nacht ist die Verwandlung vollzogen. In Bulgarien glaubt man, daß der Werwolf aus dem Blut eines Ermordeten entsteht, daß er an dem Ort verbleibt, an dem der Mord geschah und daß er die Erde unfruchtbar macht.

Mit dem Werwolf vermischt sich in der slawischen Tradition der Glaube an den Vampir, doch scheint das Verbreitungsgebiet nicht eindeutig lokalisierbar. Der russische Name für Vampir ist *upyr*, und Brückner leitet ihn mit einer allzu gewagten Hypothese von einer altslawischen Form, *apyr*, ab, wobei *a* einen verneinenden Partikel darstelle und *pyr* Vogel bedeute. Nach Aussage von Mansikka erscheint der Vampir im Volksglauben der Serben als die Seele des Verstorbenen, die dem Grab entstiegen ist, um den Lebenden zu schaden. Insbesondere ist der Vampir der böse Geist von ruchlosen Personen und von Hexen oder Hexern, die sich schon zu Lebzeiten in Werwölfe verwandelt haben. Er trinkt das Blut der Lebenden, und Epidemien, die eine große Zahl von Opfern fordern, werden häufig seiner Gegenwart zugeschrieben. Außerdem gibt es einen lebenden Vampir, der nicht die Inkarnation einer Seele darstellt, sondern genauer gesagt eine Hexe ist, die durch ihre dämonischen Kräfte Menschen tötet, Unglück bringt und Unwetter heraufbeschwört.

Aus den vorwiegend christlichen Quellen über die altbaltische Religion und aus der baltischen Volksüberlieferung geht hervor, daß die dämonischen Kräfte häufig mit dem Tod und mit Toten in Verbindung gebracht werden. Eine Göttin des Todes ist Giltine; die Laumes sind Hexen, die Kinder rauben und sie durch Schläuche ersetzen; Lituwanis besteigt nächtens die Pferde und reitet sie müde.

Umfassender sind die Informationen über die Ugro-Finnen, die große Völkerfamilie, die über ein sehr weites Gebiet Europas und Asiens verbreitet ist. Die baltischen Finnen, deren wesentliche Quellentexte in der *Kalevala* versammelt sind, glaubten an bestimmte örtliche Geister ambivalenten Charakters, die Unglück bringen konnten, wenn man sie provozierte: wie zum Beispiel *tonttu*, ein sehr launischer Genius, der auch bereit ist, denen, die ihm Geschenke darbieten, reiche Ernte zu sichern. Den Teufel setzte

Ein Lappen-Schamane (Sami) *mit Trommel auf dem Rücken unternimmt eine Trancereise zu den Geistern, um wahrzusagen. (Aus: Richard Cavendish, Hrsg.,* Encyclopedia of the Unexplained. Magic, Occultism and Parapsychology. *London 1974.)*

man mit Perkel und Perkun gleich, dem Donnergott, der sicher von den Slawen und den Balten verehrt wurde. Auch hier überschneidet sich der Totenkult mit der Dämonenmythologie: *koljo* ist der Wiedergänger; der litauische *kouko* ist ein Gespenst, das auch andere Namen tragen kann, ein Geist, der etymologisch dem germanischen Kobold verwandt ist. Bei den Wogulen (Mansen) im nördlichen Mündungsgebiet des Obs ist eine Gottheit Tarn, Taran oder Tarin überliefert, ein anthropomorpher Geist, der das dualistische Prinzip der Zerstörung verkörpert, der Krieg, Krankheiten und Hungersnot bringt. Er erscheint im allgemeinen als weiblicher Geist und repräsentiert auch das zerstörende Feuer. Die Wogulen verehrten einen schwarzen Unterweltsgott namens Kul Odyr, der über die Höllengeister (*menkva*) herrscht.

Als in der Zeit der Romantik die Magyaren ihre alte Kultur im wesentlichen unter Berücksichtigung linguistischer Elemente rekonstruierten, individualisierten sie fälschlicherweise ein dualistisches Modell, das sie für iranischen Ursprungs hielten: ein Gott Armany, der nach Ansicht der damaligen Wissenschaftler Bezüge zum iranischen Ahriman aufwies, habe für den dunklen und bösen Weltaspekt gestanden, im Gegensatz zum lichten Aspekt, den der Gott Hadur oder Haddur repräsentierte. Dieser Verfälschung des 19. Jahrhunderts stehen viele eindeutige volkstümliche Überlieferungen gegenüber, die verschiedenste Darstellungen des Bösen erwähnen. Die Dämonen sind zahlreich und repräsentieren die jeweilige negative Situation, die sich vorwiegend in kosmisch bedingten Wettereinbrüchen manifestiert. Dazu kommen die Hexen und Hexer, wobei es nicht immer möglich ist, diese beiden Ebenen klar voneinander abzugrenzen. Sárkány ist der »Drache«, der in der Volksüberlieferung in der bekannten Gestalt des Märchen- und Sagendrachens auftaucht, wie man ihn auch im übrigen Europa kennt, der jedoch ursprünglich ein Wetterdämon gewesen sein muß, der heftige Regenfälle bringt und mit seinem Schwanz den Wirbelsturm entfacht. Oft fliegt auf seinem Rücken ein Zauberer, Sárkány hat magische Kräfte, kann Menschen in Stein verwandeln und die vielfältigsten und unterschiedlichsten Gestalten annehmen. Er lebt in der Unterwelt, und seine Waffen sind Säbel und Morgenstern. Man stellt ihn sich vielköpfig vor, mit sieben, neun oder zwölf Köpfen, und von riesenhafter Gestalt. Einige Überlieferungsfragmente scheinen darauf hinzudeuten, daß er an einem kosmischen Kampf gegen das Licht teilgenommen haben muß, da er auf einem Füllen reitend gegen Sonne und Mond anstürmt, sie raubt und an einen Sattel bindet. Boszorkany, seine Mutter, ist bei den Ungarn ursprünglich männlich, dann weiblich. In der Gesetzgebung gegen die Hexerei bezeichnet sie bis zum

18. Jahrhundert die Hexe, und nach volkstümlicher Auffassung ist sie unsterblich, wenn sie ihre Macht an andere weitergegeben hat.

Manò wird in den alten Lexika als *malus genius* oder *daemon* bezeichnet; er repräsentiert einen weiteren negativen Aspekt, der nicht eindeutig umrissen ist. Guta wird hingegen als ein ganz untergründig aktives Übel beschrieben, dem nicht einmal der oberste Gott Einhalt gebieten kann, ein Dämon, der seine Opfer mit unerwarteten Schlaganfällen trifft. Das Karzinom wiederum wird mit Fene verknüpft, einem Dämon, der sich in einem Nest verbirgt, auf einem Schlitten reist und seine Opfer verschlingt. Iz, der ursprünglich die Seele des Toten, den Schatten, bezeichnete, steht für den bösen Hexer, der Krankheiten herbeizaubert. Mit Szél und Nemere kehrt man zu den kosmischen Wetterdämonen zurück. Der Szél ist der Wind; Nemere ist der eisige Nordwind vom Berg Szekle. Die Hexe ganz allgemein verstanden wird als *vasorru baba* bezeichnet, »die Alte mit der eisernen Nase«, die ursprünglich eine wohltätige Gestalt gewesen sein muß und erst später mit negativen Aspekten besetzt wurde.[5]

[5] A. M. di Nola, »Ugro-Finnici, religione dei popoli«, in: *Enciclopedia delle Religioni* , Bd. VI, S. 1–14.

Die altbalkanischen Kulturen

Eine Mythologie des Dämonischen, die iranische und bogomilische Einflüsse aufgenommen hat, zeigt sich bei den alten Balkanvölkern. Die Mythologie der Bulgaren ähnelt in vielen Zügen der südslawischen. Weit verbreitet ist ein dualistischer Mythos, der auf dem Konflikt zwischen Gott und Teufel basiert, die beide an der Schöpfung beteiligt sind, wobei der letztere auch als Demiurg dargestellt wird. Der gleiche Mythos taucht in Albanien auf.

Unter den Dämonen, Geistern und Kobolden finden sich Gestalten, die auch im slawischen Bereich vorkommen: Die *lamia*, ein dämonisches, hexenähnliches Wesen; *ursnice* oder *narusnice*, Frauen, die das Schicksal des einzelnen bestimmen und die zu dritt an der Wiege des Neugeborenen erscheinen, wobei zwei wohlwollend sind und die dritte Unglück bringt; *smej*, Wettergeister und -dämonen, die sich von den Menschen unterscheiden, weil sie goldene Flügel tragen, mit denen sie sich in die Lüfte erheben, und die zudem mit außerordentlichen Fähigkeiten begabt sind und einen Baum allein kraft ihres Atems fällen; die *vampiri (lepir)*, Wesen dämonischer Natur, die man bei den Bulgaren sehr häufig antrifft und die aus den Leichen von Menschen entstehen, die die Sterbesakramente nicht erhalten haben und nicht mit dem Kreuz gesegnet wurden oder die von den Überlebenden nicht mit Grabgaben ausgestattet wurden oder auf deren Leichnam eine Katze gesprungen ist oder die nur ein einziges Nasenloch haben; *usfrel*, eine unsichtbare Frau, die sich vom Blut der Schafe und der Kühe oder auch der Büffel und der Menschen ernährt und die des Nachts umgeht. *Sabii* sind Hausgeister manchmal männlichen, manchmal weiblichen Geschlechts, die sich tagsüber in Gestalt kleiner Schlangen zeigen: unter ihnen ist der *stupan* zu erwähnen, der ganze Dörfer vor Fremden und vor Krankheiten beschützt. Dämonische Krankheitserreger von weiblicher Gestalt ruhen tagsüber auf den Wolken und streifen nachts durch die Straßen. Sie werden mit dem Sammelbegriff *bolki* bezeichnet; unter ihnen ist die *morawa* nicht darstellbar, die *senka* fällt schwangere Frauen an und löst Fehlgeburten aus, die *didein* hat die Gestalt eines Widders oder einer Ziege, die *cuma* ist eine Frau von entsetzlichem Aussehen mit langen Haaren und spitzen Nägeln, die auch die Aufgabe hat, die Kinder ans Licht der Welt zu bringen; außerdem personifiziert sie die Seuche; *vacricen* sind Winde, die als Krankheitsträger gelten; *erenia* war vermutlich eine historische Persönlichkeit, die sich im Volksglauben in einen Zauberer verwandelt hat; *mora* ist die Seele eines ungetauften verstorbenen oder von den Eltern verfluchten Kindes, oder sie ist ein Geist, der auf Friedhöfen weilt, als Gespenst sichtbar wird und sich manchmal auch als Hexe zeigt, ihre Opfer als Alp in Träumen verfolgt und die Tiere quält, indem sie ihnen Milch und Blut aussaugt; *vlukolak* ist ein Werwolf, der aus dem Blut eines Ermordeten entstanden ist und der die Luft austrocknet; *gorska makwa*, mit ochsenähnlichem Kopf, quält die Kinder und saugt ihnen das Blut aus; *morawaja panna* ist die »schwarze Frau«, deren Berührung tödlich ist, da sie die Cholera bringt.

Bei den Albanern existiert ein Mythos, in dem sich der Konflikt zwischen einem guten und einem bösen Prinzip sehr ausgeprägt darstellt: das erstere heißt *drague*, hat die Gestalt eines Menschen oder eines Tieres und ist immer männlichen Geschlechts, das zweite, *kulshedra*, wird vorgestellt als ein unsichtbares Tier weiblichen Geschlechts (das häufig auch im Plural genannt wird), das gegen das Wohl der Gemeinschaft handelt. Es besitzt die Macht, den Regen zu verhindern, die Quellen auszutrocknen, die Luft zu verpesten, Blitze freizusetzen und steht in unablässigem Kampf mit dem guten Prinzip. Dämonische Gestalten sind auch die *shtriga*, die der Hexe römisch-christlichen Ursprungs entspricht, und die Hexe *bushtra-t*[1].

[1] E. Cozzi, »*Credenze e superstizioni nelle montagne dell'Albania*«, in: *Anthropos, Révue Internationale d'Anthropologie et Linguistique*, IX, S. 449–476. Fribourg 1914.

Griechen, Römer, Etrusker

Pan verfolgt einen Hirten, rechts auf dem Felsen hölzerne Herme. Attischer Krater, um 470 v. Chr. (Nach: Furtwängler Adolf u. Reichhold Karl, griechische Vasenmalerei, München 1912, Tafel 115.)

Griechen und Römer

Die Entstehung und Entwicklung der christlichen Teufels- und Höllenvorstellungen wurde von semitischen Einflüssen ebenso geprägt wie vom Erbe der griechischen und römischen Klassik.

Für die Griechen ist die Unterwelt ein trostloser Ort ohne Licht oder mit bleiernem, grauem Licht, beherrscht von Trauer und Schrecken, bar jeglicher Vegetation. Die älteste Darstellung sieht sie jenseits des Meeres, das die Erde umgibt. Später wird dieses Totenreich unter der Erde angesiedelt; es sind die klassischen Gefilde, in die die Seelen der Verstorbenen nach Überwindung von Schwierigkeiten und Prüfungen gelangen, um dort ein schattenhaftes Dasein zu führen, das nichts Lebendiges mehr hat.

In der Dreiteilung der Welt nach dem Sieg über die Titanen untersteht das Reich der Toten dem Gott Hades, ein Name der etymologisch wahrscheinlich »Der Unsichtbare«, »Herr des Reiches der Schatten«[1] bedeutet. Hades bewohnt einen traurigen

[1] Sophokles, *Oedipus Koloneus.*

Palast mit Marmortüren und Bronzeschwellen, die, einmal überschritten, zurück nicht mehr überwindbar sind.[2] Das Reich des Gottes trägt ebenfalls den Namen Hades. Als dem Gott der Toten und der Unterwelt wird ihm, wie dem Teufel im Christentum, ein befruchtender Charakter zugeschrieben, er bewirkt die Fülle in der Natur und gehört zum Rhythmus der Jahreszeiten – ein typisches Phänomen aller mit dem Totenreich verbundenen Darstellungen: Sie zeugen einerseits von Angst, andererseits von der Vorstellung unterirdischer Fruchtbarkeit. So erhält er denn auch als Gott der unterirdischen Reichtümer den Namen Pluton, abgeleitet vom griechischen *plutos*, »Reichtum«. Obgleich er kein wohltätiger Gott ist, wird er so mit einer Energie besetzt, die zugleich irdische Fruchtbarkeit und geheimnisvolle Fülle unterirdischer Reichtümer symbolisiert. Seine Gattin Persephone oder Proserpina ist die Herrin der Unterwelt, aber auch Vegetationsgöttin; sie bestimmt über Leben und Tod der Pflanzen und der Menschen: »Denn du allein/Bist aller Nahrung und Untergang.«[3]

Eine Gottheit, die erst spät mit dem Reich der Schatten, der Unterwelt und der Nacht in Zusammenhang gebracht wird, ist Hekate, die auch als Beiname von Artemis auftaucht. Sie gewährt materiellen Wohlstand, Beredsamkeit, Sieg, reiche Fischbeute, aber sie wird später auch die Herrin über Zauber und Magie, vor allem über schwarze Magie, nächtlichen Spuk und Grabesspuk. In dieser Funktion erscheint sie den Magiern mit zwei Fackeln in den Händen und in Tiergestalt, als Stute, Hündin oder Wölfin. Sie herrscht über die Kreuzwege und wird als Königin der Gespenster und der Schatten als Statue mit drei weiblichen Köpfen (dreigestaltige Hekate) vorgestellt.

Die topographischen Darstellungen der Unterwelt weisen verschiedene Ortsnamen auf, die gelegentlich im Mythos personifiziert werden. Acheron ist der große Höllenfluß, fast stehend und sumpfig, den die Verstorbenen im Boot des Charon überqueren müssen; Kokytos, der Fluß der Seufzer, ist hingegen ein eiskaltes Gewässer, ein Zufluß des Acheron, den die Seelen überqueren müssen; Phlegeton, ein Zufluß des Acheron, trägt einen Namen, den die Griechen in der Form Pyrophlegethon in Zusammenhang

---

2 Hesiod, *Theogonie*.

3 Hymnus an Persephone, in: *Orpheus, Altgriechische Mysterien*, übertragen von J. O. Plassmann, Köln 1982. S. 63.

mit »Feuer« und »brennen« brachten und von dem man sich vorstellte, er sei ein brennendes Gewässer. Erebos ist die Personifizierung der höllischen Finsternis. Tartarus heißt in den Theogonien Homers und Hesiods der unterste Bereich der Unterwelt, in den die verschiedenen Geschlechter der siegreichen Götter die unterlegenen Götter einkerkern. Styx, der später alle Merkmale eines Höllenflusses tragen wird, ist bei Hesiod der erste Sohn des Okeanos und – als weibliche Gottheit – Mutter der Persephone.

Der Unterweltsmythologie gehören einige halbgöttliche Ungeheuer an, die für den Schrecken des Todes, die Auflösung der Leichen, für die Finsternis und für die Gerechtigkeit im Zusammenhang mit dem Todesschicksal stehen. Empusa ist ein Gespenst aus dem Gefolge der Hekate, das unterschiedliche Gestalten annehmen kann, einen bronzenen Fuß hat, sich von menschlichem Fleisch ernährt, ihre Opfer in Gestalt einer schönen Frau anfällt und Kinder und Frauen in den Hinterhalt lockt. Pausanias[4] berichtet von Eurynome, einem Dämon, der das Fleisch der frisch Begrabenen verschlingt und nur die Knochen zurückläßt. Das Ungeheuer Echidna, die »Viper«, ist halb Weib, halb Schlange, Charon ist der berühmte Fährmann, der als schrecklicher alter Mann mit schmutziggrauem Bart dargestellt wird und der zugleich einem der etruskischen Totendämonen entspricht. Cerberus ist der vielköpfige Hund – mit bis zu fünfzig oder hundert Köpfen, in der häufigsten Darstellung mit drei Köpfen – mit Schlangenschwanz und Schlangen auf dem Rücken, der es den Verstorbenen nicht erlaubt, die Pforten des Hades in umgekehrter Richtung zu passieren, nachdem sie sie einmal durchschritten haben, und der sich vom Fleisch der Lebenden ernährt.

Eine besondere Bedeutung haben in der Mythologie die Keren und die Erinyen. Die Keren sind nach Homer Gottheiten, die auf den Schlachtfeldern aus der Tiefe aufsteigen, um die Toten oder die Sterbenden zu packen und ihnen das Blut auszusaugen. Sie werden als geflügelte schwarze Wesen mit großen weißen Zähnen und langen Nägeln dargestellt. Die Erinyen, euphemistisch auch Eumeniden, die »Freundlichen« genannt, sind Gottheiten die (nach Hesiod) aus dem Blut des Uranus entstanden oder (nach Aischylos) Töchter der Nacht und des Tartaros sind, die als Rächerinnen sich auf die Mörder stürzen. Zu Anfang erscheinen sie in unbestimmter

[4] Pausanias X, 28,4.

Bacchuskopf (Detail einer Urne). Der gehörnte Bogen deutet auf die phallische Kraft des Gottes hin. (Museum Angers.)

Anzahl, später sind es drei – Allekto, Teisiphone, Megaira – geflügelte Göttinnen mit Fackeln und Peitschen, die Häupter von Schlangen bedeckt. Sie bemächtigen sich des Opfers und treiben es zum Wahnsinn, nachdem sie es so lange an jeden Ort der Erde verfolgt haben, bis ihre Rache vollzogen ist.

Auch einige andere Götter des olympischen Pantheons tragen als ambivalentes Moment ihres numinosen, in anderer Hinsicht positiven Charakters dämonische Züge. So ist zum Beispiel Ares, wahrscheinlich thrakischen Ursprungs, die brutale Kraft, die weder durch gerechte Gründe, noch durch abwägende Besonnenheit erhellt ist, die sich an Blut, Kampf und Vernichtung erfreut und Schrecken verbreitet. Da nicht wohltätig, ist er unbeliebt unter den Göttern.[5] Blutrünstig, »wütend«, »ungestüm ohne jegliches Maß«,

[5] Homer, *Ilias*.

Die Erinnerung an Pan und die Faune wirkt ein auf die christliche Vorstellungswelt. Hier ein Dämon mit Todessichel. Holzschnitt des 16. Jahrhunderts.

freut er sich daran zu verletzen und bricht in boshaftes Gelächter aus, sobald er Blut riecht.[6] Seine dämonischen Söhne sind Daimos, die Furcht, und Phobos, der Schrecken; seine Gefährtinnen sind Eris, die Zwietracht, und Enyo, die mörderische Göttin des Krieges. Gewalttätig sind auch seine Söhne Cychos, Licaon und Diomedes von Thrakien, dessen Reitstuten sich von menschlichem Blut ernähren.

Einen direkteren Einfluß auf den christlichen Teufelsglauben haben verschiedene Erdgottheiten. Der aus uralten Zeiten stammende Pan (von dem der christliche Teufel einige Aspekte übernommen hat) war der Gott der Hirten und Bauern. Sein Name leitet sich von einer Wurzel ab, die wahrscheinlich »weiden« bedeutete. Als Gott der Wälder und des archaischen, wilden Lebens, überwindet er sehr schnell große Entfernungen, springt über die Felsen und

[6] Aischylos, Fragment eines unbekannten Dramas, *Oxyr. Pap.*

In der klassischen Überlieferung finden wir die entfesselte, unfruchtbare Lüsternheit der Satyrn, die ein typisches Merkmal des christlichen Teufels werden wird. Hier ein Satyr, der sich mit einer Ziege paart. (Nach einer griechischen Skulptur in R. Payne Knight, A discours on the Worship of Priapus, *London 1865.)*

verbirgt sich in den Wäldern, um die Nymphen anzufallen und zu besitzen. Er symbolisiert damit die unbegrenzte Freiheit eines gesetzlosen Lebens und gibt sich ganz und gar dem Genuß der wilden Natur hin. Er ist aber zugleich Träger einer Numinosität, die erzittern und erschauern macht, wie es charakteristisch ist »für die Waldgeister der primitiven Völker. Er schläft um die Mittagszeit, ruht in den Höhlen bei den Herden oder in der Dichte der Wälder, und deshalb ist es gefährlich, ihn zu wecken, und sei es auch mit dem Klang des Dudelsacks, den er liebt«.[7] Als »starker und wilder Pan«[8] bringt er denen, die ihn nicht achten und dem, der ihn

[7] Teokrit, I, 13 ff.
[8] Hymne an Pan, in: *Orpheus, Altgriechische Mysterien.* Köln, 1982. S. 37 f.

unvermittelt aus dem Schlaf weckt, den *pan*ischen Schrecken, jene »Geißel des Pan«[9], die er auch unter den kämpferischen Feinden Athens verbreitet. Er ist ein Gott, der die obszönen, onanistischen Freuden des Sexuallebens liebt. In den Bilddarstellungen vom Gefolge des Dionysos erscheint er häufig in Mischgestalt, halb Mensch, halb Tier, »in der oberen Hälfte unbehaart, in der unteren Hälfte grobschlächtiger Ziegenbock«[10], »struppig«, »zweihörnig«, »ziegenfüßig«.[11]

Mit den Satyrn und den Silenen kommen wir in den Bereich der irdischen Gottheiten, die der Kategorie der Zwischenwesen angehören, von den Griechen »daimon« genannt. Die Satyrn, die gemeinsam mit den Silenen im Geleit des Dionysos erscheinen, werden denn auch in einem berühmten Passus bei Strabon als genau solche Dämonen charakterisiert.[12] Sie stehen für den ungezügelten Sexualtrieb bei Mensch und Tier; sie tragen tierische Züge wie Hörner, Schwanz und Bocksbeine und einen übergroßen Phallus. Die Silenen sind in der Mythologie alte Satyrn, ursprünglich Pferdmenschen in ritueller Verwandlung, und im erweiterten Sinn Gottheiten des starken Sexualtriebs der Pferde und vor allem der Esel. Immer im Gefolge des Dionysos erscheint Priapos, dargestellt mit übergroßem Phallus; er wacht über Wein- und Obstgärten und ist der Große Gott von Lampsakos.

Bei den Römern, die noch stärker auf die Ausprägung abendländisch-christlichen Teufelsglaubens eingewirkt haben, werden die dämonischen Vorbilder der Griechen mit Elementen etruskischen und italienischen Ursprungs angereichert. Was die archaischen italienischen Götter angeht, so spricht Ovid[13] von einer Göttin Carna, Cardea oder Cardna, die die Kinder beschützt und den Vampiren und den *Striges*, die das Blut der Neugeborenen aussaugen, den Einlaß verwehrt. Robigus, der das Korn vor Krankheit schützt, ist in seiner weiblichen Form Totengöttin.[14] Consus, »der Bergende«, ist der Gott der Getreidevorräte, die unterirdisch aufbewahrt werden, und erhält in der Kaiserzeit die Merkmale einer unterirdischen Gottheit, die mit Blutopfern und Tod in

[9] Euripides, *Reso*, V, 36.
[10] Platon, *Cratylos*, 408.
[11] *Homerische Hymne an Pan.*
[12] Strabon X, 3.
[13] Fasti VI.
[14] Ebd., IV.

Zusammenhang gebracht wird. Der Gott Faun erschreckt als Inkubus die Menschen mit Träumen und furchterregenden Erscheinungen. Er ist die Gottheit der wahllosen Sexualität der Waldbewohner, da er sich wie Inuus mit allen Tieren paart.[15] Die von ihm abstammenden Gestalten sind die Faune, die den Satyrn der Griechen entsprechen.

In der Totenmythologie der Römer gibt es einige Gottheiten von unheilvollem und widrigem Charakter. Die Manen, die »Wohlwollenden«, so benannt in abergläubisch beschwörender Absicht, sind die Geister der Verstorbenen; sie sind vorwiegend bösartig, und ihre ursprüngliche Herkunft ist unklar. An den Tagen, an denen sich der *Mundus* des Palatin öffnet (24. August, 5. Oktober, 9. November) dringen sie in die Stadt ein und bringen sie in Gefahr. Tarpeia war eine Totengöttin, deren Fest in den Iden des Februar stattfindet, während Angerona als die Göttin des Todes und der Toten schlechthin interpretiert wird oder auch als Gottheit der religiösen Stille. Göttin des Malariafiebers war Februa, mit einem Altar auf dem Palatin und zwei weiteren Altären in den am stärksten von der Krankheit betroffenen Gebieten, auf dem Esquilin und im Tal des Quirinal.

Viele der Typologie des Bösen zugehörige Gestalten tauchen in den *Tabelle defixionis* auf, Dokumenten von magisch-religiöser Bedeutung: Es handelt sich dabei um Metallblätter, in der Mehrzahl aus Blei, in die Beschwörungsformeln in alten italienischen Dialekten, in Latein und Griechisch eingeritzt sind. Sie stammen aus verschiedenen Epochen: von uralten *Tabellae* aus dem oskischen und kampanischen Bereich bis hin zu *Tabellae*, die auf das 3. bis 5. Jahrhundert n. Chr. zurückgehen. Die eingeritzten Formeln sind eine besondere Art von *Exsescrationes, Detestationes* und *Devotiones*[16], das heißt, sie sollen dazu dienen, bestimmte Personen, in der Regel feindliche, verhaßte Menschen, den Göttern der Unterwelt zu weihen und anzuempfehlen. Sie werden auf diese Weise *sacrae*[17], das heißt, ihr physischer und moralischer Zustand (häufig die Manneskraft oder die weibliche Fruchtbarkeit und Schönheit) wird geschwächt und zerstört bis zum schließlichen Tod. Die *Tabellae* wurden *defixionis* genannt, da man, um die Kraft

[15] »*Inuus ab ineundo passim cum omnibus animalibus*«, Servio, *ad Aen.*, VI.
[16] Verwünschungen, Abwehr- und Zaubersprüche.
[17] Geweihte.

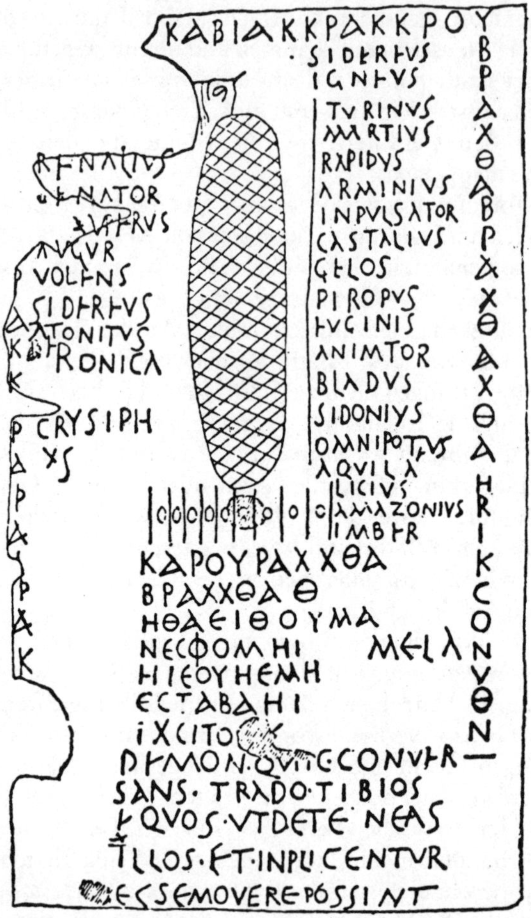

Defixio *mit Beschwörung eines Dämons, die Pferde eines bestimmten Stalls laufunfähig zu machen. Es handelt sich um eine Bleitafel aus dem 2. Jh. v. Chr., die in einem römischen Grab in Karthago gefunden wurde. Ein elliptisches Raster oben symbolisiert die Arena. Die nebeneinandergesetzten vertikalen Linien darunter bezeichnen die* Carceres, *aus denen heraus die Rennwagen starten. Rechts und links des Bildes liest man die Namen der Pferde, die man mit dem Zauber treffen will. Am rechten Rand und unter den* carceres *magische Buchstaben und Worte (z. B.* Abraxas*). In den letzten Zeilen die Zauberformel »Demon. qui. (h)ic. conver / sans. trado tibi. (h)os. equos. ut. deteneas. / illos. et. implicentur / (n)ec. se. movere. possint« (CIL, VIII, n. 12504).*

der Formel zu verstärken, das Blatt mit Nägeln oder mit Zinken durchbohrte, um eine ebensolche Wirkung auf den Körper oder bestimmte Körperteile der Person zu erreichen, der man schaden wollte. Wir kommen damit in die Nähe der Hexereien in christlicher Zeit, wo man die Kraft eines anderen durch Teufelspakte zu zerstören suchte. Zum größten Teil fand man die *Tabellae*, vor allem die mit einer *Devotio* versehenen, auf denen Personen den Höllengöttern geweiht werden, in unterirdischen Grabstätten oder in der Nähe davon; sie wurden durch die Trankröhren eingeführt, weil die Toten und die unterirdischen Kräfte Garanten für die in der Formel enthaltene Verwünschung waren.

Sprache und Inhalt der Formeln unterscheiden sich sehr und zeugen von den unterschiedlichen Lebensumständen, in denen dieser Brauch auftaucht. Die sogenannte *Verwünschung von Vibia*, die 1876 in Capua entdeckt wurde, drückt zum Beispiel in einer Formel in oskischer Sprache den Wunsch aus, daß ein gewisser Pacius Clovatius »wenn er das Brot nimmt, nicht essen und den Hunger nicht stillen kann«. Ein anderers Mal wird das Opfer einer oskischen Gottheit geweiht, und man bittet darum, die Gestalt, die Kraft, die Seele und das Leben des Stenius Calavius in die Hand der Proserpina zu legen.[18] Auf wieder einer anderen *Tabella*[19] wird Plozius Proserpina, der Gemahlin Plutons geweiht: »O barmherzige, schöne Proserpina raube Plozius' Gesundheit, Glieder, Farbe, Kraft und Tugenden. Liefere ihn Pluton, deinem Gemahl aus ... Laß ihn vom Viertagewechselfieber, Dreitagewechselfieber und vom täglichen Fieber befallen werden ... Mögen sie ihn niederwerfen, ihn zerschmettern, bis ihm die Seele entweicht ... O Proserpina Salvia, ich weihe dir die Nasenlöcher, die Lippen, die Ohren, die Nase, die Zunge, die Zähne des Plozius' ... den Unterbauch, damit er nicht urinieren kann, das Gesäß, den After, die Oberschenkel, die Knie ...«

[18] G. Devoto, 1.c.

[19] *Corpus inscriptionum latinarum*, I, 2, 2520, übers. in: *Iscrizioni Latine Archaiche*, hrsg. von C. Carena. Florenz. S. 43.

Die Etrusker

Wahrscheinlich haben auch die düsteren Unterweltsvorstellungen der Etrusker – vor allem im Bereich der Ikonographie – die Teufelsgestalt im Christentum beeinflußt. In diesem Zusammenhang muß an Vetis erinnert werden, den Gott der Unterwelt, der im gefürchteten, unheilvollen Bereich der »Bronzeleber von Piacenza«[1] genannt ist. Er soll Vedius oder Veiovis, dem nächtlichen, blitzeschleudernden Jupiter der Römer, entsprechen. Nach A. Grenier[2] bezieht sich die Inschrift *Cvlalp* der Leber von Piacenza auf zwei Gottheiten, Culsu und Alpan. Culsu ist eine Erinye, dargestellt mit Fackel und Schwert in der Hand oder vielleicht auch mit einer Schere, die den Lebensfaden abschneidet. Alpan hingegen ist einer der zahlreichen weiblichen Geister und entspricht nach Meinung einiger Wissenschaftler der griechischen Persephone. Velcanus, der Vulcanus der Römer, erscheint als unheilvoller, blitzeschleudernder Gott. Mantus und Mania haben ihre Entsprechung in dem Höllenpaar Hades–Persephone, das auch als Aita–Phersipnei dargestellt wird.

Ein wesentliches Interesse innerhalb der etruskischen Religion gilt dem Endschicksal, wobei die Darstellung der Unterwelt eine beachtliche Entwicklung durchmacht. Es scheint erwiesen, daß sich vom 4. Jahrhundert v. Chr. an eine fortschreitende Hellenisierung in der Eschatologie vollzog: der alte Glaube wurde von der Mythologie der Griechen überlagert und bisweilen beträchtlich verändert. Es wird hier in seiner ganzen Komplexität das Los der Verstorbenen aufgezeigt, die eine – häufig vom Schrecken beherrschte – unterirdische Welt erwartet. Der Tod selbst wird als Reise oder Abstieg *ad infera* dargestellt, nachdem man eine Tür durchschritten hat, die keine Rückkehr erlaubt. Man darf davon ausgehen, daß der ursprünglich griechische Glaube an das Reich von Hades und Persephone der einheimischen Vorstellung vom unterirdischen Reich der Toten angepaßt wurde, die immer wieder versuchen hochzusteigen, um die Lebenden zu bedrohen.

---

[1] Einer der berühmtesten etruskischen Funde: Modell der Leber eines Opfertieres, eines Schafes. Die Leber ist in Felder eingeteilt, in die auf der Oberseite ca. 40 Namen etruskischer Gottheiten eingraviert sind. Die Unterseite ist in Sonne/Tag und Mond/Nacht eingeteilt.

[2] A. Grenier, *Les religions Etrusque et Romaine*. Paris 1948, S. 9–79.

Darstellungen von Dämonen oder von Unterweltsgottheiten sind sehr häufig. Charun ist eine dämonische Gestalt, die sich erheblich vom Charon der Griechen unterscheidet, so daß R. Pettazzoni vermutet, daß ihn die Etrusker ursprünglich anders darstellten und daß wahrscheinlich Bezüge zum mesopotamischen Gott Nergal bestanden. Charun ist ein Gott oder Halbgott, der nicht im Jenseits erscheint, sondern lediglich im Augenblick des Todes, um den Verstorbenen in den Hades zu begleiten. Zudem schlägt er den Menschen mit einem Hammer, den er bei sich trägt, wahrscheinlich, um das gewaltsame Moment des Übergangs in eine andere Welt zu verdeutlichen. Er wird in der Regel als ein halbtierischer Dämon dargestellt, der den Verfall des Fleisches symbolisiert. Er hat eine große Hakennase, die an den Schnabel eines Raubvogels erinnert; lange, spitze Ohren, die darauf hindeuten, daß sich hier eine ursprüngliche Tiergestalt mit Pferdezügen zum Menschlichen hin entwickelt hat; gebleckte Zähne, die an ein Raubtier denken lassen, das im Begriff ist, seine Beute zu verschlingen; in polychro-

Die Unterweltsgottheiten Aita und Phersipnei auf einer Malerei in einem der Golini-Gräber in Porana bei Orvieto (Ende 4. Jh. v. Chr.), heute im Archäologischen Museum, Florenz.

men Darstellungen ist seine Hautfarbe dunkelblau. Hin und wieder hat er noch andere Attribute: Flügel; Schlangen auf dem Kopf, auf den Schultern, in der Hand oder an der Seite; Fackel, Keule oder Haken.

Ein anderer Dämon, der Charun begleitet oder auch allein auftritt, ist Tuchulcha, der die ursprünglichen tierischen Merkmale vollkommen bewahrt hat: Schnabel, Krallen und Flügel eines Raubvogels und Schlangen in der Faust oder in der Mähne. Verschiedene dämonische Gestalten begleiten den Toten oder empfangen ihn im Jenseits, und man weiht ihnen Begräbniszeremonien, die durch mehrere Funde belegt sind, wie beispielsweise die Furie Nathum auf einem etruskischen Spiegel des Berliner Museums, die Todesgöttin Leinth auf dem Spiegel von Perugia, verschiedenerlei Dämonen mit Schlangenfüßen, Tritone, Typhone und Szyllen; im Grab François in Vulci die Göttin Vanth mit großen Flügeln, streng gekleidet, Schlüssel tragend, vielleicht als Symbol der Unausweichlichkeit des Schicksals; buchführende Dämonen, die die Taten des Verstorbenen ins Buch einschreiben, zum Beispiel im Grab der Scudi in Tarquinia.

Der gesamte Hades untersteht dem Paar Aita – Phersipnei. Das typische Totentier ist der Wolf. Aita selbst, der Herrscher der Unterwelt, erscheint im Grab der Orco in Tarquinia, den Kopf mit einer Wolfskappe bedeckt.

Hinweise auf schwarze Magie und Hexerei finden sich in einigen etruskischen *Tabulae defixionis*. Zwei Bleistatuetten aus dem 3. Jahrhundert v. Chr., nackte Gestalten, mit auf den Rücken gebundenen Händen und mit Inschriften versehen, dürften den Gottheiten der Unterwelt geweiht gewesen sein: sie sollten Impotenz und Tod bewirken.

Diese Dämonologie des Todes erfährt eine weitere Bestätigung in dem Glauben an Gespensterscharen, die aus dem *mundus* genannten Graben (den die Römer später von den Etruskern übernahmen) hervorstiegen und Dörfer und Städte heimsuchten. *Mundus* war ein den Göttern der Unterwelt und den Toten geweihter Graben, der eine Verbindung zwischen den Lebenden und dem Reich der Verstorbenen darstellte. Er ist auf einigen archäologischen Funden aus der Etruskerzeit deutlich erkennbar, zum Beispiel auf einer Reihe von Graburnen aus Volterra und Perugia, auf denen eine Art Brunnen abgebildet ist, dem, von einem Krieger angerufen, ein tiergestaltiges Ungeheuer entsteigt.

Der Unterweltsdämon Charun auf einer Wandmalerei im Grab der Anina in Tarquinia (Ende 3./Anfang 2. Jh. v. Chr.).

Etymologisch ist *mundus* wahrscheinlich von *mun-*, *muni-* abzuleiten: »unterirdischer Ort«, »Grab«. Einzelheiten über den Graben sind uns erst aus römischer Zeit überliefert, und so wissen wir, daß *mundus* a) die typische Wohnstatt der Unterwelt ist[3]; b) wenn man ihn öffnet, indem man den Handstein (*lapis manalis*) abhebt, tut sich die Unterwelt auf und es steigen unterirdische, böse Gottheiten heraus[4]; c) zusammen mit den unterirdischen Gottheiten steigen die *Manes* oder Geister der Verstorbenen aus dem *mundus*; d) der besondere Öffnungsritus, genannt *mundus patet*,

[3] Servius, *Ad Aen.* III.
[4] Macrobius, *Satur.* I, S. 16, 18.

über dessen Ablauf uns nichts Genaues bekannt ist, wurde in Rom dreimal jährlich zelebriert. Daraus ergab sich eine besondere Tabusituation, während der bestimmte wichtige Handlungen streng verboten waren (Einberufung des Heeres, Beginn der Schlacht, Heirat, Volksversammlungen etc.), weil man davon ausging, daß die Stadt von den Toten heimgesucht sei.[5]

[5] Macrobius, *Satur.* Festo, S. 154–157.

Germanen und Kelten

Als Wolf verkleideter Krieger mit Schwert, auf dem Abwehrzauber und magische Symbole dargestellt sind. Gravierung auf einer silbernen Schwertscheide, die im deutschen Gutenstein gefunden wurde (ca. 600 n. Chr.).

Das Dämonische bei den Germanen und Kelten

Im germanischen Pantheon ist Loki die ambivalente Gottheit schlechthin; er gehört zum Stand der Götter und trägt zugleich entschieden dämonische Züge. In der germanischen Mythologie verkörpert er das Eindringen zerstörerischer Kräfte in die kosmische und göttliche Ordnung. Das heißt, er steht für die entfesselten Energien einer instinkthaften Freiheit, die keine starren Regeln erträgt. Ungewiß ist die Etymologie des Namens, der von einigen Wissenschaftlern auf das altnordische Verb *luka*, »schließen«, zurückgeführt wird und den Gott damit als den »Abschluß« bezeichnet, den, der den Weltuntergang herbeiführt; andere leiten ihn von einer indoeuropäischen Wurzel ab, die dem lateinischen *lux*, Licht, gleichkommt und die den Gott somit ambivalent als Überbringer von Licht-Feuer und als Zerstörer darstellt. Als einer, der die Eigenschaften des Kulturheros' und des Betrügers (*Trickster*) in einer Gestalt vereint, wurde er mit verschiedenen mythologischen Gestalten in Zusammenhang gebracht, wie z. B. Prometheus, Hephaistos, Lug, Luzifer. Nach anderen Hypothesen ist Loki im wesentlichen ein Gott der Vegetation und der unterirdischen Kräfte, die für die Erneuerung der Natur sorgen und die damit eine befruchtende wie auch eine zerstörerische Seite besitzen.

In den nordischen Texten ist Loki im allgemeinen der Protagonist von Taten, die nach den Regeln der göttlichen Ordnung als ehrlos gelten. Er gilt als Streitbringer und als Urheber allen Trugs: »Er besitzt eine allen überlegene Schlauheit, Abgefeimtheit nennen wir sie, und lästige Mittel für jeden Zweck.«[1] Er heißt auch Loptr, ist der Sohn des Riesen Farbauti, »Der gefährlich Schlagende« (Der Sturmwind), seine Mutter ist Laufey, »Die Laubinsel«. Eine Interpretation, die sich im wesentlichen auf die Etymologien der Namen und die Bedeutung der Beinamen stützt, mit denen Loki und die anderen Götter dieses Kreises bedacht wurden, läßt vermuten, daß man es – zumindest in den skandinavischen Texten und Sagas – mit einer Naturmythologie zu tun hat.

In diesem Zusammenhang ist Loki das Feuer, das aus den Blitzschlägen im Wald entsteht. Diese Interpretation würde auch

[1] Prosa-Edda, Gylfaginning, S. 145.

die grundlegende Zweideutigkeit dieses Gottes erklären: er besitzt den ambivalenten Charakter des Feuers, das Zerstörung, aber auch Wärme und Leben bringt.

Im Schoß der Götterwelt bereitet Loki den Brand vor, der am Ende den Kosmos und die Götter zerstören wird. Er ist der Vater des Fenrirwolfes, der Odin in den Ragnarök[2] verschlingen wird. Überhaupt hat Loki viele Kinder dämonischen Charakters von verschiedenen Frauen. Mit der schrecklichen Riesin Angrboda aus Riesenheim zeugt er den Wolf Fenrir, die Midgardschlange Jörmungand und die Hel. Als der Göttervater davon erfährt, daß diese Monster in Riesenland aufgewachsen sind, beruft er sie zu sich. Er wirft die Midgardschlange auf den Grund des Meeres, wo sie rings um die Erde gewunden ruht; er stürzt Hel in das unterirdische Reich Niflheim, »Nebelheim«, setzt sie in die Würde der Totengöttin ein und macht sie zur Herrscherin über alle, die nicht als Krieger in der Schlacht, sondern an Krankheit und Alter sterben.

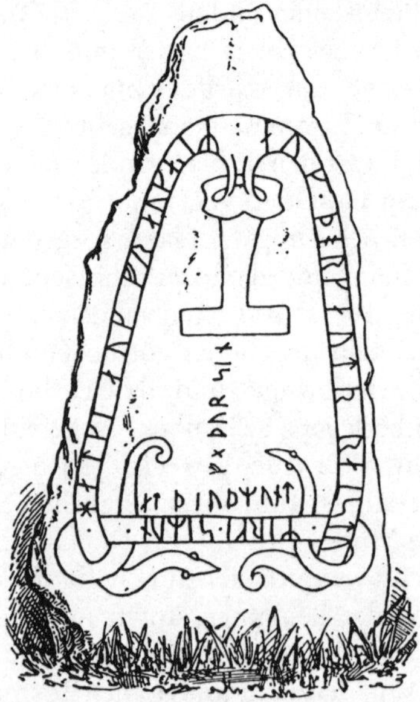

Thors Hammer auf einem Runenstein von Stenqvista in Södermanland, Schweden. (Nach: Montelius Oscar, Kulturgeschichte Schwedens, von den ältesten Zeiten bis zum 11. Jahrhundert nach Christus. *Leipzig 1906, S. 315.)*

[2] Ragnarök: »letztes Geschick«, »Geschick der Götter«, Weltuntergang.

Der keltische Gott mit dem Hirschgeweih, mit Geschmeide und einer Schlange mit Widderkopf. Er wird dargestellt als Herr der Tiere (Kessel von Gundestrup). Nach: Paul-Marie Duval, Les dieux de la Gaule, *Paris 1957.*

Lokis dämonischer Charakter äußert sich in seiner Fähigkeit, vielerlei Gestalten anzunehmen, wie aus den zahlreichen Mythen hervorgeht, die sich um ihn ranken. In einem Mythos wird erzählt, daß die Götter einen Riesen beauftragen, die Festung Asgard zu erbauen und ihm zur Belohnung Freya, die schönste der Göttinnen versprechen. Als das Werk vor der Vollendung steht, bereuen die Götter ihr Versprechen und verlangen von Loki, er solle verhindern, daß der Baumeister sein Werk zum festgesetzten Zeitpunkt fertigstellen könne. Loki verwandelt sich in eine Stute und lockt den Hengst an, mit dem der Riese das Material transportiert. Auf diese Weise wird der Gott zur Mutter von Sleipnir, dem achtbeinigen Pferd, das von Odin geritten wird. In einem anderen Fall verwandelt er sich in einen Falken, um einem Riesen die Göttin Idun zu entführen; in eine Fliege, um Freyas Kette zu rauben; in eine Hexe, um Balders Rückkehr aus der Unterwelt zu verhindern. In der Version, die Snorri von Balders Tod gibt, läßt seine Mutter Frigg, nachdem der Gott die Weissagung seines eigenen Todes im Traum erfahren hat, alles in der Welt schwören, ihn nicht zu töten, aber sie läßt dabei einen Mistelzweig außer acht. Loki, der Unheilvolle, der die Kreaturen kraft seiner Listen zu Tode bringt, erfährt davon, und als sich alle Götter damit vergnügen, auf den unverletzbaren Balder zu schießen, überzeugt er den blinden Gott Höd, mit der Mistel auf diesen schönsten und strahlendsten der Götter zu zielen. Die Mistel verwandelt sich in einen Pfeil und tötet ihn.

In der germanischen Religion steht der Mythos von Loki in der dualistischen Spannung von Gut und Böse, Hitze und Kälte, die schon in den Schöpfungsmythen enthalten ist. Verschiedene Bereich des kosmischen und natürlichen Bösen werden klar lokalisiert. Nach Snorris Edda gab es zu Anfang, vor Erschaffung der Erde, zwischen dem Niflheim, dem »Nebelheim«, im Norden, und dem Muspellsheimr, dem »Haus der Weltzerstörer«, im Süden, einen leeren Raum, das nordische »Chaos«, das als Ginnungagap bezeichnet wurde. Aus einer Quelle im Niflheim entsprangen die Eliwagar, die Eisströme, die Eis und Höllengift mit sich führend den nördlichen Teil der Schlucht Ginnungagap mit einer Eisschicht anfüllten. Die beiden Bereiche, die im Norden und im Süden an die Urkluft angrenzen, stellen den Gegensatz dar zwischen Eis und glühender Hitze, denn Niflheim ist das eiskalte Totenreich, während Muspellheimr das Reich der Feuerriesen ist. Der Norden ist die riesige Fläche unbeweglich starren Eises; vom Süden sprühen die Funken einer ganz in Flammen stehenden Welt aus. Der Raum dazwischen, der von Adrian von Bremen *»immane baratrum abyssi«* genannt wird, ist der Ginnungagap, ein Begriff, der wohl die Bedeutung »klaffender Abgrund«, »große gähnende Kluft« hat, sich vielleicht aber auch von der Wurzel *ginn* »Zauberei« ableitet. Der Abgrund ist erfüllt von magischen und dämonischen Kräften, die die Götter nicht unter Kontrolle zu bringen vermögen. Dem Urmythos zufolge entsteht in eben diesem Abgrund der Urriese Ymir, der sich ebenfalls auf den ersten Blick als ein böses Wesen darstellt, auch wenn aus seinem Riesenkörper später die ganze Welt gebildet wird.

Vor diesem Hintergrund entwickelt sich eine mythische Kosmologie, aus der stets von neuem das Bewußtsein spricht, daß die aus dem Rumpf des Urriesen erschaffene Welt, die von den Göttern in Ordnung gehalten wird, in der unablässigen Gefahr des Zusammenbruchs steht, denn wachsam sind die Götter und die Menschen, um sie zu bewahren, aber zahllos die dämonischen Kräfte, die sich gegen sie erheben, um ihren Untergang zu bewirken. Die Geschichte der Welt wird schließlich im Weltuntergang enden, aus dem neue Himmel und neue Erden entstehen. Es existieren demnach Bereiche, die erfüllt sind von dämonischen Energien, die das geordnete Universum ins Chaos zurückzuwerfen versuchen, oder die voller dämonischer Gefahren für die Menschen sind. Niflheim ist das Reich der Toten und der Gespenster, die dort unter traurigen Umständen bis zum Weltende verbleiben. Man betritt Hel oder Niflheim durch eine düstere Höhle im Höllenabgrund, die von dem Hund Garmr bewacht wird. Sein Fell ist vom Blut der Verstorbenen durchtränkt, die zu fliehen versuchten und die er verschlungen hat. An der Grenze zu Hel befindet sich der Fluß Gjöll, »der Schreiende«, den man auf einer goldenen Brücke überquert; auf der anderen Seite der Brücke befindet sich die Pforte zur Hel und in ihrem Inneren die Königin des Totenreichs. Zum Höllenreich gehört auch Naströnd, das Ufer der Toten, ein Ort der Strafe, fern der Sonne, mit nach Norden gerichteten Türen und mit schlangenbedeckten Häusern, wo Ehebrecher, Meineidige und Mörder bestraft werden, die vorab den Fluß Slidhr, den »Schrecklichen« überqueren müssen, dessen Wellen Messer und scharfe Schwerter sind. Hel, die Königin der Unterwelt, ist eine Tochter Lokis. Ihr Palast heißt »Kälte des Schneegestöbers«, ihr Knecht heißt »Langsamtritt«, ihre Magd »Trägtritt«, ihr Gericht »Hunger«, ihr Messer »Verschmachtung«, ihr Bett »Sarg« und ihr Bettvorhang »blinkendes Unheil«. Ihre Haut ist zur einen Hälfte schwarzblau und behaart und zur anderen Hälfte menschlich, und sie wirkt finster und abstoßend.

Beträchtliches zerstörerisches und dämonisches Potential enthält auch das Land der Riesen. Dem Text des Snorri zufolge wiesen die Götter den Riesen einen Uferbereich an dem Meer zu, das die kreisrunde Erde umgibt. Riesenheim ist so etwas wie eine vergrößerte Projektion der skandinavischen Halbinsel: Es besteht aus riesigen Wäldern, breiten Flüssen, furchterregenden Höhlen, gewaltigen Gebirgen. Die Jöten, die Riesen, die dort leben – vielleicht von einer indoeuropäischen Wurzel mit der Bedeutung »essen« abgeleitet (englisch *to eat*) – sind Oger und Menschenfresser, und man vermutet, daß es sich um einen ins Mythische übersetzten Kannibalenstamm handelt, gegen den die Nordländer anzukämpfen hatten. Sie bewirken die schrecklichsten Naturkatastrophen: Erdrutsche, Erdbeben, Vulkanausbrüche, Blitzeinschläge, Vereisung von Flüssen, Gletscherstürze. Die Welt der Riesen wird auch als Utgard, die »äußere Umzäunung«, bezeichnet, und als solche ist sie die wahre Welt der Dämonen, die mit den Riesen leben.

In der Volkssage hingegen finden sich die Geister, die Kobolde, die Gespenster, die dämonischen Wesen in allen Bereichen der Wirklichkeit; sie haben keinen gemeinsamen Aufenthaltsort. Unter den Dämonen sei Draug oder Draugr genannt, ein gespenstischer Geist oder Schatten des Toten, der, auf die Erde zurückgekehrt, die Lebenden verfolgt, vor allem in den stürmischen Winternächten, wenn man mit der »Rückkehr der Verstorbenen« rechnen muß; ferner gibt es die Dämonen der Ernte und des Getreides, die in Menschen- oder Tiergestalt erscheinen können, als Bär, Bock, Eule, Fuchs, Hahn, Hengst, Hund, Katze, Wolf, Ziege etc.; dann der Nix oder Nöck, ein Wassergeist, der in menschlicher oder halbmenschlicher Gestalt dargestellt wird und in den Sümpfen und im Morast lebt; die Walküren, die den Kriegsfaden an einem Webstuhl weben, der von Lanzen gestützt wird und an dem die Spannfäden aus Menschendärmen bestehen und die Webgewichte aus Männerschädeln, während vom Faden das Blut tropft.

Eine Walküre bietet einem toten Krieger, der gen Walhalla reitet, den Unsterblichkeitstrank dar (auf einem verzierten, in Halla Broa gefundenen Stein).

Das kosmische Böse, das in allen Darstellungen der sehr umfassenden germanischen Mythologie enthalten ist, bricht in der Endzeit in seiner ganzen ihm ureigenen Heftigkeit aus und bewirkt damit die Götterdämmerung, das heißt, das Ende von Zeit und

Raum in unserer Geschichte. Es ist dies das »Geschick der Götter«, isländisch Ragnarök, von Snorri ausführlich beschrieben, aber bereits in einer älteren Version in der *Wöluspa* der *Liederedda* enthalten.

Mythologisch betrachtet steht Ragnarök in direktem Bezug zur Existenz des Bösen in der göttlichen Welt und zum vorübergehenden Sieg der Götter über das Böse. Der Tod Balders ist dann aber das wesentliche Ereignis, das die ganze spätere göttliche und menschliche Geschichte innerhalb des Kosmos' bestimmt. Nachdem der junge Gott durch Lokis List getötet worden ist, bekommt Odins Sohn Hermod, der »Schnelle«, die Aufgabe, in die Hölle hinabzureiten und seine Seele zurückzuholen, damit sein Leib wiederauferstehen kann. Nach Überwindung großer Schwierigkeiten und Prüfungen erhält Hermod von Hel, der Herrscherin der Unterwelt, das Versprechen, daß Baldur auf die Erde zurückkehren könne, wenn jegliche Kreatur durch ihr Weinen bewiesen habe, daß sie ihn wahrhaft liebe. Die Götter senden daraufhin Boten in alle Teile der Welt, damit das ganze Universum an dem großen Schmerz über den Tod des Gottes teilhabe. Allein die alte Hexe Thökk weigert sich zu weinen und erklärt, daß sie Balder niemals geliebt habe. Die Götter begreifen sogleich, daß hinter der Hexe der bösartige Loki gestanden haben muß. Sie geraten in blinde Wut gegen ihn. Er zieht sich auf den Berg zurück und flüchtet in ein Haus, von dessen vier Türen er in vier Richtungen wachen und so einen Angriff von hinten verhindern kann. Tagsüber verwandelt der Gott sich in einen Lachs. Verschiedene Mittel, den Gott-Lachs zu fangen, versagen, bis es Thor schließlich gelingt, ihn beim Schwanz zu packen. Loki, der nicht mehr zu fliehen vermag, wird in eine Grotte verbannt, in der er für immer verbleiben soll. Die Götter nehmen nun Lokis Söhne Vali und Nari gefangen und verwandeln Vali in einen Wolf, der den eigenen Bruder Nari verschlingt. Mit dem Gedärm des toten Sohnes binden die Götter Loki an drei Felsblöcke, die Bande aber werden zu Eisen. Skadi, die Tochter des Riesen Thjazi, fängt eine Giftschlange und bringt sie oberhalb von Loki an, so daß das Gift aus dem Schlangenmaul auf sein Gesicht tropft. Doch Sigyn, seine Frau, bleibt immer an der Seite des gefesselten Gottes und hält eine Schüssel unter das tropfende Gift. Wenn sie aber fortgeht, um sie auszuleeren, fällt das Gift auf das Gesicht des Gottes. Dann zuckt Loki auf vor Schmerz, und seine heftigen Zuckungen bewirken die Erdbeben. Der Gott bleibt

Der Weltuntergang nach der altnordischen Überlieferung auf einem volkstümlichen Stich. Die Götter kämpfen gegen das alles verschlingende Ungeheuer.

gefesselt bis zur Götterdämmerung. Dies ist der Auftakt zur kosmischen Eschatologie, wie sie Snorri erzählt.

Snorri beschreibt auch die Zeichen, die den Weltuntergang ankündigen werden. Ragnarök wird ein furchtbarer Winter vorangehen, der aus drei von keinem Sommer unterbrochenen Wintern mit starkem Frost bestehen wird. Der Wolf wird die Sonne verschlingen, während der andere Wolf den Mond verschlingt. Die Sterne stürzen im Bogen vom Himmel. Die Erde wird derart erbeben, daß die Bäume sich aus dem Boden lösen, die Berge hineinstürzen und alle Fesseln und Bande reißen. Da zerreißt auch der Fenrirwolf die Ketten, die ihn halten. Das Meer wird die Erde überfluten, und die Midgardschlange wird daraus emportauchen. Das Höllenschiff Naglfar, das aus den Nägeln der Toten erbaut ist, wird über das Wasser kommen. Der Fenrirwolf, mit weit aufgerissenen Fängen – von denen einer die Erde und der andere den Himmel berührt –, wird Schrecken verbreiten. Die Himmel werden sich öffnen, und die Muspellsöhne werden herausgeritten kommen, angeführt von Surtr. Die Feuerheere der Muspellsöhne stürmen vor bis zur Wigridebene, und dort treffen sie mit dem Fenrirwolf und der Midgardschlange zusammen. Loki, der nunmehr frei ist, mit allen Bewohnern der Hel im Gefolge, und Hrymr mit allen Reifriesen kommen ebenfalls hinzu. Nun werden auch die Götter zur kosmischen Schlacht gegen die Dämonen berufen, und Odin fordert den Fenrirwolf heraus, während Thor mit der Midgardschlange kämpft. Freyr wird von Surtr getötet; dem Höllenhund Garmr gelingt es, sich zu befreien, er kämpft mit dem Gott Tyr, und sie töten sich gegenseitig. Nachdem Thor die Midgardschlange getötet hat, tut er schwankend neun Schritte und fällt dann tot zu Boden von dem Gift, mit dem die Schlange ihn überhaucht hat. Der Fenrirwolf verschlingt Odin, aber Widar erscheint sogleich, setzt den Fuß in den Unterkiefer des Monsters, reißt seinen Oberkiefer hoch und tötet so den Wolf.

Diese kosmische Naturkatastrophe ist der Abschluß eines Niedergangsprozesses, der beherrscht ist von Höllenbildern. Sie beendet eine Epoche, aber keineswegs die gesamte menschliche und göttliche Zeit, denn nach Ragnarök wird die göttliche Welt andere wunderbare Stätten aufweisen, und das Geschlecht der Menschen wird darin wohnen.[3]

Weniger gut zu dokumentieren ist die keltische Dämonologie, für die einige zuverlässigere Quellen aus dem gälischen Bereich herangezogen werden. MacCulloch[4] spricht hier von einer Kategorie von Göttern, den Fomoré, die die Gottheiten der irischen Ureinwohner vor dem Einfall der Gälen gewesen zu sein scheinen. Ursprünglich müssen sie die numinosen Kräfte der Fruchtbarkeit und der Fülle repräsentiert haben, aber die Kelten wiesen sie den Mächten des Bösen zu und brachten sie als negativen Begriff in einen dualistischen Konflikt zwischen Sommer und Winter, Licht und Schatten, Wachstum und Sterben der Pflanzen ein. In den Theogonien, die die

[3] J. De Vries, *Altgermanische Religionsgeschichte*. Berlin 1956–1957. Bd. 2; für Synthese und Bibliographie s. A. M. di Nola, »Germani«, in: *Enciclopedia delle Religioni*, Bd. 2.

[4] J. A. MacCulloch, *The religion of the ancient Celts*. Edinburgh 1911; ders. »Celts«, in: *Encyclopaedia of Religion and Ethics*, ed. J. Hastings. Edinburgh 1908–1921, Nachdruck 1951.

Grundlage der irischen Epik bilden, verkörpern sie den Gegensatz zu den Göttern des Lichts. Die wichtigsten dieser Götter sind: Balor, der mit einem einzigen Auge dargestellt wird und der fähig ist, mit seinem Blick alles zu zerstören, worauf er sich richtet; das Auge wird geschützt von einer Braue, die nur vier Männer zu heben vermögen (er ist wahrscheinlich eine Personifikation des bösen Blicks); Bres symbolisiert vermutlich einen vorübergehenden Sieg der Finsternis über das Licht; Indech, Göttin oder Gott der Unterwelt; Tethra, Gemahl einer Kriegsgöttin, Herrscher über die Toten; Net, Gott der Schlacht.

Indien und Tibet

Kultbild der Cāmuṇḍā. Die zehnarmige, skelettartig ausgezehrte Göttin tanzt auf einem Preta (Hungergeist). Steinskulptur 83,5 cm hoch, Zentralindien, 11. Jh. n. Chr. (Museum für Indische Kunst, Berlin).

Indien

Bereits in den altindischen Veden inkarniert sich die negative Energie in den Asuras. Asura bedeutet »mächtig«, »Herr«, »Gott«. Asurahaft ist vor allem die Macht, zu erschaffen und diese Schöpfungen mittels magischer Kraft und illusionärer Vorspiegelungen zu bewirken. Doch da sich dieser Macht auch die Feinde der Götter und der Menschen bedienen, um Trugbilder zu erzeugen, steht der Begriff Asura in der späteren Religionsgeschichte zuerst für die Freunde der Götter und der Menschen und dann für die Dämonen, Repräsentanten einer Welt der Schatten, die sich der Welt des Lichts entgegensetzt.

Die dämonische Welt ist in den Veden keineswegs so komplex und so reich wie die Götterwelt. Die Dämonen sind in der Regel von unbestimmtem Charakter, sie haben die Tendenz, einer den Platz des anderen einzunehmen und sich zu überlagern, und sie verfügen, von einigen wenigen Ausnahmen abgesehen, über keine präzisen Eigenschaften. Es geht hier weniger darum, bestimmte dämonische Aspekte zu personifizieren, als um die Wahrnehmung negativer, bedrohlicher, gefährlicher Erscheinungsformen von Macht oder um das Vorhandensein von Kräften, die die existentielle Sicherheit und das Wohlbefinden der Gemeinschaft zersetzen. Deshalb wird die dämonische Macht zwar zum einen häufig personifiziert, zum anderen aber auch durch neutrale Begriffe bezeichnet, die keine bestimmte Gestalt, sondern die Gefahr und ihre Folgen bezeichnen: Zum Beispiel ist ersteres der Fall bei den *Rākṣasas*, einer bestimmten Kategorie von Dämonen, und letzteres bei dem neutralen Begriff *Rakṣas*, der Verbindung zum awestischen *Rašah*, »Schädigung, besonders der im anderen Leben«[1] aufweist. Ferner bezeichnet skt.: *druh* (awest.: druǰ) zum einen die Dämonen, die die Wahrheit vernichten, zum anderen aber auch Falschheit und Lüge als zerstörerische Kräfte.

Selbst wenn diese Wahrnehmung der negativen Kraft Gestalt gewinnt, das heißt, auf Figuren übertragen wird, die ikonografisch sichtbar gemacht werden, wird dadurch die Unbestimmtheit des Dämonischen nicht völlig überwunden. In der Tat sind die Dämonen immer von heteromorphem Aussehen, bestehen aus furchtein-

[1] J. Gonda, *Die Religionen Indiens*, Bd. 1. Stuttgart 1978, S. 38, Anm. 55.

flößenden Zusammensetzungen tierischer Körperteile oder sind anthropomorphe Gestalten, in denen die Struktur des menschlichen Körpers in seiner funktionalen Harmonie verwirrt, verkehrt oder aufgehoben wird (Dämonen mit drei Köpfen oder ohne Kopf, ohne Beine, ohne Finger), ganz so, als sollten sie einen chaotischen, zufälligen, der Ordnung entgegengesetzten Zustand symbolisieren.

Mannigfach sind die Gefahrenmomente, die alle im Zusammenhang mit der von den Ariern eingesetzten Wirtschaftsweise und sozialen Ordnung in Zusammenhang stehen oder mit einem Zustand inneren Zerfalls der Persönlichkeit, des Zusammenbruchs, der zur Isolierung von der Gemeinschaft führt.

Die Asuras in ihrer dämonischen Bedeutung sind die illusionäre magische Faszination, die unheilvolle Wundermacht, das Glück, das nicht vorhanden ist, da ohne Substanz. Rakṣas sind die bösen Geister im allgemeinen. Piśācas sind die Lemuren, die das Fleisch der Toten veschlingen. Yātudhānas sind die Dämonen, die in das Opferritual eingreifen und es dadurch nutzlos und unwirksam machen, aber sie sind auch die Inspiratoren der Hexer. Dāsa oder Dasyu ist der dämonische Name, mit dem man die negroiden, nichtarischen Völker bezeichnet, die sich der Einsetzung der arischen Gesellschaftsordnung entgegenstellen und die in der Zeit der Einwanderungen Nordindien bewohnen. Arbudi ist der Herr des Schlachtfeldes, der den Tod unter den Feinden verbreitet. Vṛtra ist der mythische Drache oder die Schlange, die den Regen daran hindert, herabzufallen und die von Indra getötet wird. Namuci ist der, »der (seine Beute) nicht freigibt« und der Indra zu besiegen versucht, indem er ihn trunken macht. Die Gandharva, in ihrer dämonischen Gestalt, fahren in Männer und Frauen ein und bemächtigen sich ihrer. In der Regel bringen alle diese dämonischen Geschöpfe den Menschen Krankheit und Tod; sie überkommen vor allem Personen, die sich in Übergangssituationen befinden (Jungverheiratete, Wöchnerinnen, Verstorbene); sie mindern die Kraft des Opfers; sie lassen die Lebensquellen versiegen, die Lebenssäfte der Tiere und der Vegetation; sie sind der Vertragsbruch, der Diebstahl, die Unredlichkeit, die die Ordnung des zivilisierten Zusammenlebens ins Wanken bringen; sie sind die nächtliche Finsternis, die Untaten, Verbrechen und Gewalttätigkeit begünstigt; sie sind die besonderen Erscheinungsformen geistiger und seelischer Schwäche, der Verlust des Verstandes, des Atems, des Aussehens. Um sich ihrer zu erwehren, errichtet der Gläubige eine

Bariere aus magischen Praktiken, aber er vertraut sich auch den lichten, göttlichen Kräften an, Agni, dem feurigen Dämonenzerstörer, Indra und Soma, den Göttern der Ordnung und der Gerechtigkeit: »Indra und Soma! Verbrennet den bösen Geist, fanget ihn ein; streckt die im Dunkeln Erstarkten nieder, ihr Bullen!... Setzet dem Feind des heiligen Wortes, dem Aasfresser mit dem bösen Auge, dem Kimīdin unerbittliche Feindschaft!... Stoßet die Übeltäter in die Grube... Soll Soma (sie) entweder der Schlange preisgeben oder in den Schoß des Verderbens bringen.[2]

»Die Quirlung des Milchmeers.« Die kosmogonische Schilderung zeigt Götter und Dämonen bei ihrem gemeinsamen Bemühen, den Unsterblichkeitstrank (amṛta) zu gewinnen. Miniaturmalerei, Kāṅgrā, um 1800 (Museum für Indische Kunst Berlin).

Das mythologische Motiv von der kosmischen Entstehung des Bösen findet sich in der vedischen Erzählung vom Kampf zwischen Indra und Vṛtra. Indra ist nach Gondra der wichtigste der vedischen Götter und wird in ca. 250 Hymnen verherrlicht. Er wird mit gewaltigen Armen, großen Händen, goldenem Kiefer, goldfarbe-

[2] *Rigveda*, übers. und herausg. von Karl Friedrich Geldner, Cambridge, Massachusetts/London, England, Harvard Oriental Series, Bd. 34. 1951/1978, 7, 104 (Verse 1, 2, 3, 9 auszugsweise).

nem Gesicht, tausend Hoden, »Trinkerlippe« und mit einem Leib dargestellt, der ungeheure Mengen von Soma, dem Göttertrank, aufzunehmen vermag. Er wird niemals alt, befindet sich im Vollbesitz seiner männlichen Kraft, hat einen riesigen Körper, der die ganze Erde hält, und trinkt den Soma aus der Brust seiner Mutter. Er ist der Nationalgott Altindiens, der Arier, die das Land eroberten und die nichtarischen eingeborenen Völker besiegten, die als die Dāsadämonen dargestellt werden. Bewaffnet mit einer Wurfkeule (*Vajra*), die mit tausend Spitzen versehen ist, geht er gegen sie vor. Er zerstört und tötet, wer sich ihm entgegenstellt, erfüllt von vitalem Ungestüm, heftigem Zorn und kämpferischer Wut, doch agiert er nur gegen Feinde. Der größte Feind Indras ist Vṛtra in Form einer Schlange, die, folgt man der Etymologie des Namens, »bedeckt« und, ausgestreckt auf einem wolkenumhüllten Berg, die Wasser gefangenhält, die darin gesammelt sind. Der vom Soma erstarkte Gott tötet ihn, indem er ihm mit einem Schlag des *Vajra* das Genick zerschmettert. Daraufhin verwandeln sich die befreiten Wasser in Flüsse, die die Ebenen befruchten und dem Meer zuströmen.

In dieser Version ist die uralte naturalistische Interpretation des Mythos' erhalten geblieben, sie versinnbildlicht die heftigen Gewitter, die die anhaltende, tödliche Trockenheit unvermittelt unterbrechen und den himmlischen Wassern freien Lauf lassen, oder die Befreiung der Flußwasser aus dem Gefängnis des Eises. Ein Zustand der Erstarrung in der Natur wird abgelöst durch eine Zeit des Wohlbefindens und des Überflusses, die die Welt wiederherstellt und die Sonne, den Himmel und die Morgenröte neu erschafft: »Als du, Indra, den Erstgeborenen der Drachen erschlugst und da die Listen der Listigen noch überlistetest, da du Sonne, Himmel, Morgenröte zum Vorschein brachtest, da hast du fortab nimmer deinen Meister gefunden.«[3] Der Bann der Unfruchtbarkeit wird durch die aktive, befruchtende Kraft ersetzt: Die Tötung des Ungeheuers durchbricht den Zauber des Bösen.

Auch eine andere Unternehmung Indras hat dämonologische Bezüge; die Befreiung der roten Kühe, d. h. der Morgendämmerung, die die dämonischen Pani als Schatz in einer Höhle verborgen hielten, die vom Dämon Vala bewacht wurde (der Name bedeutet »einhüllen«, »verhüllen«).

---

[3] Ebd., Bd. 33; 1,32, 4.

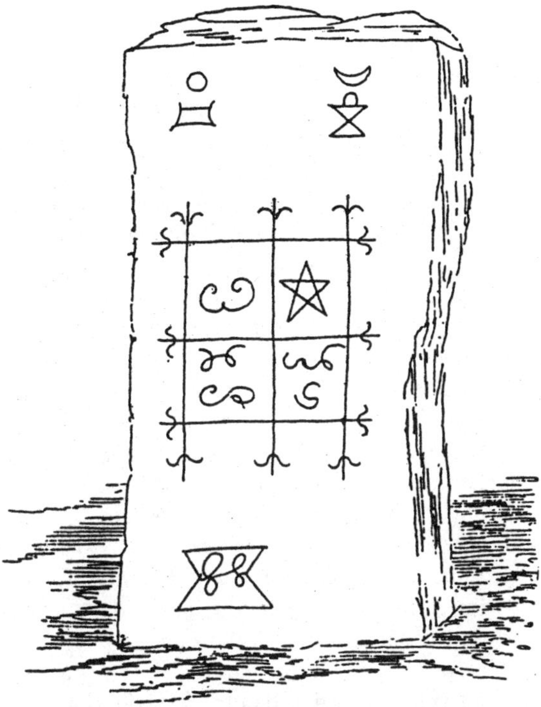

Toda-kena-kallu. Stein mit Zauberzeichen, der vom Dorf Viehseuchen fernhalten oder beseitigen soll. (Aus: Indian Antiquary, *1873, Bd. 2.)*

Negative und dämonische Züge trägt auch der Gott Rudra, der Vater der Maruts, dessen Eigenschaften im *Rigveda* sehr bestimmt beschrieben sind. Er ist eine fürchterliche Gestalt, voll gewalttätigem Zorn, Zerstörer, Unheilbringer, begleitet von einer Schar von Dämonen, einem roten Wildschwein (Rot ist das Zeichen des Todes und des Untergangs), mit Pfeilen, Lanzen und Bogen kommt er auf seinem Wagen aus dem Norden heran. Als heftiger Orkan, als Krankheit oder als Plage verwüstet er die Felder, zerstört die Menschen, ob jung oder alt. Er wird auch im Plural angerufen, und die Rudra sind dann ganze Scharen von unheilvollen Mächten, die ihn begleiten. Ungewiß ist der Ursprung des Namens, der einmal im Zusammenhang gebracht wird mit *rud*, »heulen«, »weinen«, oder mit der im Pāli gebräuchlichen Wurzel *ludda*: »grausam«, »Jäger«. Die rigvedischen Hymnen statten diese Gestalt mit Beinamen aus, die der *Captatio benevolentiae* dienen sollen, das heißt, sie bedenken ihn mit Adjektiven, die das Gegenteil der negativen Eigenschaften sind, die er ausdrückt. Er wird »das starke... das rote Wildschwein« genannt, »der Herr, der in Muschelform gewundene Haarflechten trägt«, »der Herr der Helden«, aber alle diese Lobpreisungen sollen lediglich Gewalttätigkeit und Tod fernhalten. Nachdem er von seiner Wohnstätte in den Bergen herabgestiegen ist, erscheint er den Hirten und den wassertragenden Frauen in furchterregender, leuchtend roter Gestalt mit blauem Hals, gehüllt in einen grünen Pelz. Als ungestümer Jäger lebt er in den Wäldern und wird als der Herr der Tiere angerufen. Das macht ihn zum Schutzherrn der Jäger, aber auch all derer, die ein geordnetes Leben verweigert und sich an einsame, verlassene Plätze zurückgezogen haben, um böse Taten zu vollbringen (Räuber, Schmuggler).

Weitere dämonische Gestalten tauchen in den Ritualen zur Abwehr von Krankheiten auf. Takman ist eine fieberhafte Krankheit und zugleich ein Dämon. Andere Dämonen, die mit Krankheiten gleichgesetzt werden, bringen zum Beispiel die Darmwürmer, und man wehrt sie mit Hilfe von Pflanzen ab.[4] In den reichen Ausarbeitungen und Fortentwicklungen der vedischen Religion, die im Laufe der indischen Geschichte unter dem allgemeinen Begriff Hinduismus zusammengefaßt wurden, gibt es, zum Teil in abgewandelter Form, Götter und Dämonen, die man schon in vedischer Zeit kannte. So finden sich unter den Dämonen abgewandelt die Rākṣasa wieder, angeführt von dem zehnköpfigen Gott Rāvaṇa, dem Widersacher Rāmas; die Piśākas, Dämonen untersten Ranges von furchterregendem Aussehen, essen menschliches Fleisch und trinken Blut.

Die Asuras, die einst Götter waren, nehmen nun endgültig dämonische Züge an. Sie sind aus dem Himmel vertriebene Götter und Feinde der Devas. Die Bhūtas, »Wesen«, sind Dämonen, Phantasmen, die den Menschen Schrecken und Unheil bringen, böse Geister der Wüste und der Dunkelheit, Seelen von Toten, die unerwartet oder auf furchtbare Weise gestorben sind. Sie bilden ganze Legionen, und ihr gefürchteter Anführer ist Kalkuti. Sie werden in Tiergestalt dargestellt, als Ochsen, Pferde, Schweine,

[4] Vedische Religion: s. J. Gonda, *Die Religionen Indiens.* 1978. S. 109 ff.; *Veda und älterer Hinduismus.* Stuttgart 1960; W. Caland, *Altindische Zauberei.* Amsterdam, genehmigter Neudruck der Ausgabe von 1908. Wiesbaden 1968.

Śiva Bhairava. Statue aus rötlichbraunem Sandstein, Zentralindien, 12. Jahrhundert n. Chr. (Museum für Indische Kunst, Berlin).

oder auch als Riesen. Die Pretas, ursprünglich von den Bhutas unterschieden, werden später mit ihnen vermischt. Sie sind die Geister der Toten, die ohne Ritual bestattet wurden und die deshalb ihren Unwillen gegen die Menschen richten. Sie halten sich mit Vorliebe in der Nähe ihrer alten Wohnstätten auf und rächen sich an den Mitgliedern ihrer Familie.

Viele Aspekte des vedischen Gottes Rudra gehen auf Śiva über, weshalb der Gläubige in der anhaltenden Besorgnis lebt, eine numinose, übermächtige Gottheit besänftigen zu müssen, die eine ständige Gefahr für die Kreatur darstellt. Bewaffnet mit Bogen, Lanze oder Dreizack erschüttert er die Berge und die Wälder, verbreitet Unwetter und Zerstörung. Seine Töchter sind die Wut, die Angst und die Krankheit. Er löst Krieg, Tod und Zerstörung aus, liebt die Schlachten, ist voller Zorn und spontaner Rachegelüste. Diese Wesenszüge werden durch das Eingreifen der Priester verwandelt und geben Anlaß zu einer kosmischen Mythologie des Bösen.

Im Mythos von der Quirlung des Milchmeeres verschlingt der Gott das dabei entstandene Gift Kālakūta, was in der Symbolik der Purāṇa-Literatur[5] die Todessehnsucht der Kreatur, »das tödliche Prinzip des Naturlebens«[6] repräsentiert. So erklärt sich auch Śivas bläulich farbener Hals, der der Farbe der sich auflösenden Leichen entspricht. In einem anderen Mythos der *Purāṇas* zelebriert Dakṣa, Śivas Schwiegervater, ein Pferdeopfer und lädt alle Götter dazu ein, Śiva und seine Gattin jedoch nicht. Von furchtbarer Wut ergriffen, zerstört der Gott das Opferwerk, und aus dem Schweiß, den ihn diese Anstrengung kostet, entsteht das Fieber. Unter diesem Aspekt des Todesprinzips, das dem Kosmos innewohnt, wird er mit Kāla, der Zeit, identifiziert und nimmt die bezeichnenden Namen Hara, »der Wegraffer«, und Bhairava, »der Grausame« an. Doch in der Ambivalenz der indischen Mythologie wird Śiva-śambhu als »Tröster« und »Helfer« auch zu einer positiven Kraft.

Die dämonischen Eigenschaften des Gottes finden noch in anderen Inkarnationen ihren Ausdruck. Bhairava ist der Dämon der Wut Śivas und seinem eigenen Körper entsprungen. Er wird in furchterregender Weise dargestellt, mit schrecklichen Zähnen,

[5] *Purāṇas*: Götterlegenden.
[6] Gonda, ^{2}1978. S. 255.

Die Göttin Kālī kämpft gegen die Dämonen. Miniaturmalerei aus einer illuminierten Handschrift des Devīmahātmyā aus dem Mārkaṇḍeya-Purāna, Nordindien, 1. Hälfte des 19. Jahrhunderts (Museum für Indische Kunst, Berlin).

riesigen Nasenlöchern, runden gelben Augen, einer Schädelkette und Schlangen als Schmuck.

Ähnliche Ambivalenzen, in denen sich gute und schlechte, dämonische und göttliche Züge miteinander vermischen, zeigen sich in der Großen Mutter des Hinduismus. Die Großen Mütter sind nicht getrennt von ihren Göttergeliebten zu sehen, und als *Śakti* verkörpern sie die weibliche Hälfte der jeweiligen Götter. Aber sie scheiden sich in die Dualität von schöpferischer kosmischer Urenergie und zerstörender, zersetzender Kraft. Die Große Mutter äußert sich deshalb im Menschen als ambivalentes Gefühl, sie wirkt anziehend und abstoßend zugleich. Zum einen ist sie wohltätig, schenkt Leben, Freude und Fruchtbarkeit, zum anderen fordert sie Tod und Zerstörung, verschlingt Menschen und Welten. Die große ambivalente Göttin findet ihren hauptsächlichen Ausdruck in Śivas *Śakti* oder Gattin, die vielerlei Namen trägt. Ihre negative Kraft drückt sich in Darstellungen aus, die ihre furchterregenden, zerstörenden und unheilvollen Eigenschaften betonen. Aus der wohltätigen Göttin wird so die furchtbare Durgā, Gattin Śivas, deren Name wahrscheinlich die Bedeutung »die schwer Zugängliche«, »die Unbekämpfbare« hat. Die Göttin zeigt sich in den Aspekten der Kālī, »Die Schwarze«, und der Mahākālī, »Die große Schwarze«. Als Kālī ist sie schwarz, häufig führt sie den Dreizack und Totenschädel mit sich. Als Mahākālī hält sie in ihren vier Händen das Messer, den Wassertopf, den Schild, eine Schädelschale und trägt eine Schädelkette um den Hals. Von besonderer Bedeutung, weil mit erlösenden Praktiken der Selbstentäußerung verbunden, sind jene Aspekte, in denen die Große Göttin ausgemergelt, skeletthaft erscheint, in direktem Bezug zu den Energien des Zerfalls, der Auflösung des Fleisches und der Verwesung, die die kosmischen und vitalen Zyklen beenden. Auf einem Leichenhaufen sitzend ist sie Cāmuṇḍā. Sie wird skeletthaft dargestellt, mit zwölf Händen; die sechs der rechten Seite halten Dolch, Trommel, einen Zipfel Elefantenhaut, einen Pfeil und ein Schwert, während die sechste Hand in der Geste der Schutzgewährung vorgestreckt ist. Die sechs Hände der linken Seite tragen den Bogen, einen Zipfel Elefantenhaut, einen Schädel, eine Leiche, den Dreizack, während die sechste Hand in der Geste des Schweigens an die Lippen gelegt ist. Ähnlich sind ihre Erscheinungsformen als Kṛśodarī, »die Schlanke; eine schlanke Taille habend«, und von Danturā, »Die große Fangzähne besitzt«, Symbole der Hungersnot und der Pest.

Tibet

Mythologie und Kultus der Bon-Religion, die der Einführung des Buddhismus' in Tibet vorausgeht, scheinen dem Schamanismus Nord- und Zentralasiens anzugehören und weisen viele Analogien mit den religiösen Darstellungen der sibirischen, mongolischen und auch der chinesischen Völker vor der Einführung der Staatsreligion in China auf. Die von H. Hoffmann veröffentlichten Quellen[1] dokumentieren eine typisch animistische Mythologie, die die Umwelt mit Dämonen bevölkerte, die in den Bergen und auf den Gipfeln, in Seen und anderen Gewässern hausten und tätig waren. Sie sind in den heute herrschenden Lamaismus eingegangen. Es ist wahrscheinlich, daß in dem zahlenmäßig riesigen und sich ständig vergrößernden Bon-Pantheon ein Himmelsgott von der Art der Tengri verehrt wurde, wie sie im Zentrum der mongolischen und alttürkischen Religionen stehen. In der in drei Sphären eingeteilten Welt wird die dritte, die unterirdische Sphäre bewohnt von den Sabdag und den Sri, vampirähnlichen Geistern, die über die Neugeborenen herfallen. Es handelt sich hier in der Regel um schreckliche Gottheiten, obgleich sie auch Schätze und Überfluß mit sich bringen. Besonders gefürchtet sind die gNyan, die sich zwischen den Felsen und Bäumen verstecken und den Menschen, die sie ungewollt provozieren, Krankheiten bringen, vor allem eine bestimmte Plage, die nach ihnen benannt ist. Die mittlere Ebene der dreigeteilten Welt, die Luft, wird von furchtbaren dämonischen Wesen, den bTsan, bewohnt, wilden roten, mit Helm und Rüstung bekleideten Jägern, die scharlachrote Streitrösser reiten und von ihrem König angeführt werden. Wer ihnen in der Einsamkeit der Berge begegnet, wird von ihren Pfeilen getroffen und erkrankt tödlich. Die guten Götter, die den obersten Gott umgeben, werden nach einem häufig anzutreffenden Prozeß der Wertumkehrung im Lamaismus zu bösen Göttern.

Zu den himmlischen Göttern gehört auch der Gott des Feuers oder des Herdfeuers, der im Fall der Verunreinigung des Herdfeuers

[1] H. Hoffmann, »Probleme und Aufgaben der tibetischen Philologie. Mit einem Anhang: Zur Geschichte der Bon-Religion«, in: *Zeitschrift der deutschen Morgenländischen Gesellschaft*. Leipzig, 1938, Nr. 92, S. 345–368; und ders., *Quellen zur Geschichte der tibetischen Bon-Religion*. Wiesbaden 1950.

unheilvolle Züge annimmt und Krankheit und Tod bringt. In der Reinigungszeremonie, die vom Schamanen vorgenommen wird, nimmt der böse Dämon die Gestalt von Larven oder Würmern an. Krankheit bedeutet dämonische Besessenheit, die die Seele des Opfers zur Flucht veranlaßt. Ein Geisterbeschwörer/Schamane kümmert sich um den »Rückruf der Seele«, indem er sich wild tanzend in Trance versetzt. Er findet auf diese Weise heraus, welcher Art der Dämon ist, der die Krankheit hervorgerufen hat, und bestimmt, welche therapeutisch-rituellen Mittel eingesetzt werden müssen, um die Heilung zu bewirken.

In der sogenannten systematischen Form der Bon-Religion, in der sich die archaischen Grundmuster unter buddhistischen, iranischen und manichäischen Einflüssen verändert haben, kehren die dämonischen Gestalten wieder. Im Mythos muß beispielsweise ein Himmelsgott gegen den wilden Jäger gTo-bu do-te kämpfen, der viele Tiere und auch menschliche Wesen getötet hat. Hier findet sich auch der Hinweis auf eine Bekehrung dieses Dämons zum Buddhismus, da der gütige Gott ihn aus der Hölle, in die er gestürzt worden ist, befreit hat. Der gleiche Gott, der den Namen gSen trägt, wird den Kampf gegen den Fürsten des Bösen führen müssen, der dem Versucher Mara der buddhistischen Mythologie entspricht.[2]

Als 649 n. Chr. der Buddhismus nach Tibet gebracht wurde, nahm er eine besondere Form an, die als Vajrayana bezeichnet wird, ein kurzer Weg zur Erleuchtung. Über die Bon-Religion legt sich eine neue Dämonologie, die ganz eigene Züge trägt und die von der buddhistischen Auffassung von den Funktionen und Eigenschaften der Götter und Dämonen herrührt. Götter und Dämonen existieren und existieren auch nicht, das heißt, sie agieren inmitten der Welt der Menschen, aber sie werden ausschließlich als Trugbilder verstanden, die unser in der Illusion (*maya*) verhafteter Geist hervorbringt. Die buddhistischen Fahrzeuge bieten die Möglichkeit der Rückgewinnung der Einheit, das heißt, die Überwindung der Vielheit, die sich in der Materie, im Bewußtsein und im individuellen Erleben äußert, und sie machen es möglich, daß die differenzierten Formen wieder ins Absolute eingehen. In diesem Sinne »werden die Götter lediglich als Symbole verwendet, als Meditationshilfen, damit man die Spuren auf dem vergessenen Weg zurück zur uranfänglichen Einheit wiederfindet. Diese Lehre geht davon aus,

---

[2] A. M. di Nola, »Bon«, in: *Enciclopedia delle Religioni*, Bd. I, S. 1173–1185.

Vajrapāṇi, eine der zweiundfünfzig grausamen und schrecklichen Gottheiten, die im tibetischen Buddhismus Projektionen des in einer trügerischen Welt verhafteten Geistes sind. Tibetisches Thanka.

daß der menschliche Geist die Hilfe äußerer Zeichen braucht, um eine Ahnung von dem Geheimnis hinter den Dingen zu bekommen, und daß er der Führung auf dem Weg dorthin bedarf. Der menschliche Geist muß den Sinn dieser Zeichen erkennen – nicht durch theoretisches Wissen, sondern eher durch eine innere, lebendige Erfahrung jener Wahrheit, eine dramatische Auseinandersetzung, die den Sprung auf eine andere Ebene bewirkt«.[3] Deshalb beschreiben alle Gestalten des Göttlichen, ob furchterregend oder friedlich, voller Mitgefühl oder Höllenqualen androhend, lediglich eine vorübergehende Ellipse um das Zentrum, von dem sie ausgesandt wurden.

Die Verbildlichungen bieten eine darüber hinausgehende umfassende Vorstellung, da sehr häufig in dem Bild, das unser Denken dem dämonischen Prinzip zuordnet, auch eine wohlwollende Funktion enthalten ist. Das ist zum Beispiel der Fall bei den Yi Dam, Schutzgottheiten, deren Bilder im mGon khang (sprich: Gönkhang), einem nur wenigen Personen zugänglichen Raum im Tempel, aufbewahrt werden. Sie sind grundsätzlich von furchterregendem Aussehen, da sie die feindlichen Mächte, die den Ort verunreinigen könnten, abwehren sollen. Die Dākinī sind weibliche Gottheiten, die im tibetischen Buddhismus, vor allem im Tantrismus, besondere Bedeutung angenommen haben. Ausgestattet mit Zauberkraft, okkultem Wissen und übernatürlichen Kenntnissen, vermitteln sie den Eingeweihten diese geheimen Lehren, aber die gleichen Energien wirken zerstörerisch und unheilvoll, wenn sie nicht den rituellen Regeln entsprechend gehandhabt werden. Die Dākinī sind manchmal als schöne junge Mädchen dargestellt, lediglich mit Ornamenten bedeckt, und die ihnen zugeordneten Symbole setzen sie in Beziehung zu den Yogapraktiken des Begräbniskults. Sie haben rote und grüne Augen. Dorgepamò ist die bedeutendste der in Tibet verehrten Dākinī und entspricht der indischen Vajravārāhī, deren Name soviel bedeutet wie »Diamantsau«, da sie in der ursprünglichen mahayanischen Darstellung über dem rechten Ohr einen Auswuchs in Form eines Schweinskopfes hat. Eine besonders wichtige Gruppe bilden die sogenannten Schrecklichen oder Furchterregenden Gottheiten, deren bildliche Darstellung stärker beeindruckt als die der anderen Götter. Sie sind zum größten Teil buddhistische oder Bon-Götter und beschützen die Reinheit und die Verbreitung der Lehre. Unter diesen Schutzgottheiten nehmen die acht Dregs pa einen ganz besonderen Rang ein. Ihre Mehrköpfigkeit, ihre Vielfarbigkeit und die damit verbundene Symbolik, ihre Unheil und Tod verkündenden Attribute offenbaren eine außergewöhnlich umfassende Sicht des positiv Dämonischen.

---

[3] G. Tucci, *To Lhasa and Beyond,* Rom 1956, S. 73.

Der Ferne Osten

Yan luo wang, der oberste Höllenfürst im chinesischen Volksglauben. (Aus: Henri Doré, Recherches sur les superstitions en Chine, *Paris 1934, Bd. 7.)*

China

In der Religion des alten China werden die bösen Geister mit dem Sammelbegriff *guei* benannt, der auch die Seelen der Toten bezeichnet. Man verwendete später aber auch die Termini *shen* (ursprünglich nur die himmlischen Geister) und *qi* (irdische Geister). Sie sind Ausdruck einer Dämonenwelt von außerordentlicher Vielfalt, die die älteste Schicht der chinesischen Kultur prägt. Hier zeigen sich die acht Koboldbrüder/Irrlichter (*Yiu guang*), die Echogeister (*Wang ling*), die lange Haare und Kindergestalt haben und die, menschliche Stimmen nachahmend, Reisende erschrecken; die leichenfressenden Geister (*Wang xiang*), die kopflosen Dämonen (*Yü kuang*), die Berggeister (*Shan-jing*), die Sumpfdämonen (*Wei tuo*), die Göttin der Dürre (*ba*), Tochter des gelben Kaisers, die Seuchendämonen (*Wen shen*), die der Königlichen Mutter des Westens gehorchen, und die Seelen vorzeitig Verstorbener (*li*).

Eine beachtliche Rolle im Zusammenhang mit dem Geisterglauben spielt der Schamanismus im alten China. Die ältesten historischen Texte stellen uns unter dem Namen *wu* weibliche und männliche Schamanen vor, die dem Staatskultus dienen, so daß H. Maspéro[1] die Vermutung äußert, daß es sich hier um eine Priesterschaft handelte, die zwar nicht offiziell anerkannt, aber neben der adligen und administrativen Priesterschaft offiziell angestellt war. Das Besessensein von einem Geist (*Ling bao*) oder einem Gott, die Beherrschung außergewöhnlicher Kräfte und äußerst tiefgreifende persönliche Erfahrungen hätten diese Priesterschamanen eindeutig vom Feudalklerus unterschieden. In dem Buch *Riten oder Institutionen der Chou* aus späterer Zeit werden die Schamanen mit einer gewissen Distanz zum staatlichen Klerus betrachtet: »*Wu* beiderlei Geschlechts in riesiger Zahl ... die männlichen *wu* sind dazu bestimmt, das Gesicht den Opfergaben und den eingeladenen Geistern zuzuwenden ... Während des Winters (in dem die Gespenster vorherrschend sind), verjagen sie (das Böse) aus den Palästen, und ebenso tun sie es für jeden, der ... Während des Frühlings ... entfernen sie (die Dämonen und das Böse) und vertreiben so die Krankheiten ... Die weiblichen wu haben die Aufgabe, zu bestimmten Zeiten des Jahres mit Hilfe von Waschun-

[1] H. Maspéro, *La Chine antique*. Paris [2]1955, S. 195.

gen mit Duftwässern die Geister auszutreiben.«[2] Die Zahl der Frauen, die Schamanismus ausübten, muß beträchtlich gewesen sein. Ein Text des *Shijing* (Buch der Lieder)[3] berichtet: »... es gibt heute viele Frauen, die nicht mehr das Essen im Haus zubereiten, Seidenrauben züchten oder weben wollen, sondern die es vorziehen, das Handwerk der Geisterbeschwörerin zu erlernen. Mit Tänzen zum Klang der Tamburine machen sie sich die Geister dienstbar, und mit Hilfe dieser Praktiken betrügen sie das Volk und umgarnen verheiratete wie unverheiratete Frauen und erreichen so, daß die Schwachen und die Kranken, wenn sie in Not sind und leiden, Angst vor ihnen haben«. In der Regel übten die männlichen und weiblichen Schamanen ihr Metier im Zustand der Trance und der Besessenheit aus, die durch einen in ihren Körper eingefahrenen Geist oder Dämon, bisweilen auch den Geist eines Verstorbenen ausgelöst wurde: »Mitten unter den Menschen sprechen die Toten aus dem Munde lebender Personen und versetzen sie so in Trance. Mit heftigem Druck auf ihre schwarzen Kordeln lassen die wu-Zauberinnen die Seelen der Toten herabsteigen, die sodann aus ihren Mündern sprechen.«[4] Die Besessenen werden *Ling bao* genannt: »Der Körper blieb der der Schamanin, aber das Herz war das des Gottes.«[5]

[2] Chou Li, »*Riten oder Institutionen der Chou*«, in: J. J. M. de Groot, *The Religious System of China*, Leiden, 1892–1910, Bd. VI, S. 1189.
[3] de Groot, ebd., Bd. VI. S. 1209.
[4] »*Waage der Erörterungen*«, in: de Groot, ebd. Bd. VI, S. 1211.
[5] H. Maspéro, ebd. S. 197.

Japan

Der japanische Shintoismus hat uns eine kosmische Mythologie überliefert, die davon ausgeht, daß in vorgeschichtlicher Zeit ein Urchaos herrschte, das von widrigen und bösartigen numinosen Kräften beherrscht wurde: »... das Lärmen der bösen Götter (war) wie das der Maifliegen, und Tausende von Übeln traten überall zu Tage.«[6] Der Übergang zur kosmischen Ordnung vollzieht sich

Em-ma O, der König der Hölle im japanischen Volksglauben. Vor ihm liegen die Schriftrollen, in denen die Taten der Menschen festgehalten sind. (Aus einem japanischen Kinderbuch.)

[6] *Kojiki*, älteste japanische Reichsgeschichte, übers. von Iwao Kinoshita, Fukuoka 1976, S. 26.

durch die Beherrschung dieses dämonischen Chaos'. Nachdem die Ordnung hergestellt ist, verbleiben einige böse Gottheiten im Pantheon.

Unter ihnen ist von besonderer Bedeutung der Gott des Orkans und Herr des Meeres mit Namen Susa-no-o. Er führt die Kämpfe gegen die Sonne (die Göttin Ama-terasu) und ist mit negativen Bedeutungen besetzt, doch wird er im Mittelalter zu einem gütigen Gott, zum Schutzpatron der Liebe und der Ehe. Böse Flußgeister sind die Kappa, Tiere mit menschlichen Gesichtern, die in Flüssen ihr Unwesen treiben. Ika tschuchi, Schreckliche Väter, sind die acht Donnergottheiten, die in der Hölle dem verfaulten Körper des I-za-na-mi entstiegen sind; mehr als für den himmlischen Donner stehen sie für das dumpfe Grollen der Vulkane. Als solche sind sie Höllengötter und bringen Krankheiten. Der Feuergott Kagutsuchi, Glühender Vater, ist ambivalenten Charakters: als Feuer bringt er Unheil und Krankheiten, als rituelles Feuer hingegen wirkt er reinigend. Er wird als böser Geist (*ashii*) verehrt.

Unter der Erde befindet sich das Reich der Finsternis und der Toten, Yomo-tsu-kuni, und Ne-no-kuni, »Land der Wurzeln«, in dem sich Häuser und Paläste befinden, die von bösen Gottheiten beiderlei Geschlechts bewohnt werden.

Einige dieser negativen Aspekte gehen auf den japanischen Buddhismus über. Die Hölle, Jigoku, ist hier das »Gefängnis unter der Erde«, das von Teufeln (*oni*) beherrscht wird, die die Sünder mit unsäglichen Qualen verfolgen. Es gibt acht brennende Höllen (Tokwatsu) und acht Eishöllen (Abuda). Die Seele erscheint vor Em-ma O, dem König der Hölle, der dem Yama im Sanskrit entspricht. Er verfügt über das Buch der Sünden, und die Seelen werden von ihm gerichtet mit Hilfe des zweiköpfigen Dämons, der mit den Augen seines weiblichen Gesichts die heimlichen Sünden sieht und mit der Nase seines männlichen Gesichts den Geruch aller bösen Taten wahrnimmt.

Der Nahe Osten und Ägypten

Lilitu, eine archaische sumerische »Große Göttin«, später zur lüsternen Männerverführerin und Todesgöttin dämonisiert. In den Händen hält sie die Ewigkeitsringe. Sie steht auf zwei Löwen und wird von zwei Eulen begleitet. Bemaltes Terrakottarelief aus dem 2. Jahrtausend v. Chr. (Sammlung Sydney Burney).

Die mesopotamische Welt: Sumerer und Assyro-Babylonier

In der sumerischen Kultur findet sich die vielleicht älteste Form der Engels- und Dämonenkunde, die sowohl die Assyro-Babylonier als auch die hebräische Welt bis hin zum Christentum beeinflußt hat. Neben den Engeln, den guten Geistern und den Hausgeistern erscheint Ushum-Gal, ein böser Geist, der selbst die Anunnaki in die Flucht schlägt, die Schutzgötter der Orte, und »dessen Wort reines, sprudelndes Wasser ist«. Tiergestaltige Dämonen verkörpern die unterschiedlichen Gefahren, die der aus Ackerbauern und Nomaden bestehenden Gesellschaft drohen: Wüstenkrankheiten, Regen und Überschwemmungen. Gegen diese negative Welt geht die sumerische Zauberkunst auf verschiedenste Weise vor.

Der böse *udug*, der böse *lama*, der *dim-me*, der *dim-a-bi*, der *nam-tar* und der *azag-ha* verursachen dem Menschen Leiden. In neusumerischer Zeit ist Humbaba ein Ungeheuer, mit »einer Stimme, die Orkan, einem Mund, der Feuer, einem Atem, der Tod ist«. Wahrscheinlich verkörpert er den verheerenden Wüstenwind. Tiermenschen und Mischwesen erscheinen auf einigen Tafeln von Ur in Gestalt von Skorpionmenschen, Wolfsmenschen, Löwenmenschen, Stiermenschen; wahrscheinlich stellen sie eher rituelle Tänze zur Abwehr von Dämonen als die Dämonen selbst dar.

Verknüpft mit der Dämonologie sind die mythischen Darstellungen, die sich auf den Tod beziehen. Das Reich der Toten ist das A-ra-li (das Arallu der Assyro-Babylonier); hier regieren Meslam-ta-e-a, »Derjenige, der Meslam verläßt«, der später mit dem babylonischen Gott Nergal gleichgesetzt wird, und seine Gattin Non-ki-gal, die »Herrin der Unterwelt«. Ein typischer Todesdämon ist Namtar.

Die Sumerer wehrten die Gefahren der Krankheit, des Verfalls und des Todes durch Praktiken ab, die sich bei den Assyro-Babyloniern wiederfinden. Dabei griffen sie auf verschiedene Methoden der Geisterbeschwörung zurück. Die Ursache dieser Übel wurde im allgemeinen dem Wirken widriger Kräfte zugeschrieben, vor denen sich die Gesellschaft mit Hilfe des Zauberers schützte. Ein von E. Chiera[1] zitierter Text aus der Isin-Dynastie

[1] E. Chiera, *Sumerian Religious Texts*. Upland 1924, S. 6.

vermittelt uns das Beispiel eines Exorzismus', der den Kranken von den dämonischen Kräften befreien soll, die sein Leiden verursacht haben: »Der böse *utug* und der böse *lama* stürzen sich auf ihn. Dime und Di-a-bi nähern sich ihm nachts, ebenso wie Nam-tar und Azag-ga.« Der Priester bringt dann ein Opfer für ihn dar, begleitet von einem Gebet und einer Zauberformel. Wie es scheint, war eines der am meisten gefürchteten Übel die Migräne, die alle Sinne des Erkrankten lähmt und ihn in einen Zustand der Isolation drängt. Nicht auszuschließen ist auch, daß die zahlreichen babylonischen Texte, die von »Kopfschmerzen« sprechen, weniger die gewöhnlichen Kopfschmerzen oder Migräne meinen, als die Hirn und Rückenmark betreffenden Beschwerden, die normalerweise Begleiterscheinungen des Sonnenstichs sind, der in einem Land mit hohen Temperaturen sehr häufig vorkommt. *Sag-gig* im Sumerischen, *Ti'u* im Akkadischen, ist der Kopfschmerz, aber auch der Dämon, der ihn verursacht und der folgendermaßen beschrieben wird: »Sein Kopf ist der eines Dämons, / seine Gestalt ist die eines Wirbelwindes, / seine Erscheinung die des verdunkelten Himmels, / sein Gesicht ist schwarz wie die tiefe Finsternis des Waldes.«[2]

Die zahlreichen exorzistischen Formeln gegen diesen Dämon liefern lange Aufzählungen von Symptomen, die einen gemeinsamen Punkt aufweisen: die psychische und physische Erschöpfung des Opfers, das unfähig ist, auf die Heimsuchung zu reagieren. »Den Mann, der seinen Gott nicht fürchtet, schlägt es nieder wie ein Rohr; / wie der Ast des Hennastrauchs durchdringt es ihn von der Erde zu den Füßen; / es zerstört die Muskeln dessen, der keine Schutzgöttin hat.«[3] – »Der Mann, der davon betroffen ist, kann nicht mehr trinken, / hat keine angenehmen Träume mehr, wenn er ruht, vermag seine Glieder nicht mehr zu bewegen.«[4] – »Dies ist eine Krankheit, die die Körperglieder malträtiert, als wären sie Tongefäße, / wie Staub verstopft sie die Nasenlöcher, / sie spaltet die Finger wie im Wind gespannte Segelschnur, / sie durchdringt die Brust wie der Ast des Hennastrauchs.«[5] Zur Befreiung von dieser Krankheit wendete man ein Ritual an, dessen Höhepunkt der

[2] R. C. Thompson, *The Devils and Evil Spirits of Babylonia*. London 1903–1904, Bd. II, S. 86.
[3] Ebd.
[4] Ebd., Bd. II, S. 64.
[5] Ebd., Bd. II, S. 86.

Babylonisches Glöckchen, das mit seinem Klang die bösen Geister vertreibt. Auf der Oberfläche sind Geister und Priester dargestellt. (Sammlung Preußischer Kulturbesitz, Berlin.)

magische Transfer des eingedrungenen Dämons in ein Fladenbrot ist, das aus Karotten und verschiedenerlei Getreidemehlen gemacht ist und das von einer alten Frau auf den Kopf des Patienten gelegt wird, während unablässig Zaubersprüche rezitiert werden.

Die Pest wiederum bringt der Dämon Namtaru, der »verschlingt, wie das Feuer... / die Menschen befällt, wie ein Fieber... / heult, wie der Wind in der Wüste«; er hat weder Hände noch Füße und reist des Nachts – ein Bild für den schleichenden Charakter der Seuche.[6] Ea, der magische Gott schlechthin, lehrt Marduk, die zentrale Gottheit des assyrischen Pantheons, das exorzistische Ritual: »Geh, Marduk, mein Sohn. / Hole ein Stück Ton aus dem

[6] Ebd., S. 98.

Amulett gegen die Dämonin Labartu (Vorder- und Rückseite). Sie gilt als lüstern nach dem Blut kleiner Kinder.

Kupfertafel (Aus: Sammlung de Clercq, Catalogue II, Taf. 34.)

apsû (dem kosmischen Wassergraben), / forme daraus eine Figur nach seinem Bilde (des Kranken), / stelle sie des Nachts auf die Nieren des Kranken, / achte darauf, bei Sonnenuntergang seinen Körper zu reinigen, / sprich den Zauberspruch des Eridu, / richte sein Gesicht gen Westen, / damit der böse *namtaru*, der den Kranken befallen hat, den Griff von seinen Flanken löst.«[7]

Ashakku kann nicht, wie eine häufig wiederholte These lautet, der Dämon der Malaria sein, denn die Anophelesmücke greift bekannterweise nur den Menschen an, während es von diesem Dämon heißt, daß er auch die Haustiere befällt. Es handelt sich hier offensichtlich um eine andere subtropische Seuche, die wir aus den Texten nur aufgrund von vage beschriebenen Symptomen kennen (Kopfschmerzen, fortschreitende Auszehrung, Totgeburten von Tieren). Es handelt sich um einen besonders hinterlistigen Dämon,

[7] R. C. Thompson, ebd.

der »neben dem Menschen sitzt«, ohne daß dieser ihn bemerkt, der in die Ställe eindringt, so daß »wenn die trächtige Eselin von ihm besessen ist, er die Gebärmutter für ihre Funktion untauglich macht«.[8] Klinisch ebensowenig identifizierbar ist die *dikhu* genannte Krankheit, für die im Mythos der Dämon Tabisu steht.[9]

Eine andere Reihe von Dämonen steht für die Gefahren, die mit Sexualität, Fruchtbarkeit und Zeugungskraft verbunden sind. *Lilu*, seine Gefährtin *lilitu* (die man im Hebräischen wiederfindet) und *ardat lili*, die Sklavin *lilus* und Erfüllerin seiner Befehle, waren vielleicht ursprünglich Personifikationen des Windes und des Orkans, drücken aber nach ihrer Semitisierung den Niedergang der Sexualität durch Verweichlichung aus, die unfruchtbare und unzüchtige, von ihrer natürlichen Bestimmung zur Fortpflanzung abgewandte Lust; weitere Gebiete ihrer Aktivität sind Halluzinationen und erotische Alptraumerscheinungen, wie sie uns aus der psychosexuellen Pathologie und der Geschichte der Hexerei hinreichend bekannt sind. Diese Dämonen erschüttern die gesamte physiologische Grundordnung der Liebe, die die Basis für das Leben in Gemeinschaft und Familie ist, und so ist insbesondere *ardat lili* »eine Jungfrau ohne Milch«, eine Frau, die sich mit dem Mann vereinigt, ohne jemals Mutter werden zu können, und nachdem sie im Mann die Lust erregt hat, befriedigt sie sie nicht.[10] Die *lamashtu* hingegen ist eine Dämonin, die heute in Form eines Alptraums, morgen in Form eines gefährlichen Wechselfiebers die Schwangerschaft der Frauen stört und ihnen die Kinder nimmt: »Bringt mir eure kleinen Jungen (sagt sie), damit ich sie nähre, / und eure kleinen Mädchen, damit ich sie behüte, / ich will den Mündern eurer kleinen Mädchen die Brust geben.«[11] Es handelt sich hierbei im Grunde um die Gefahr der Unfruchtbarkeit und der Sterilität, von der sich die Gemeinschaft bedroht fühlt. Ohne mythologisches Beiwerk zeigt sie sich in neusumerischer Zeit in einer Beschwörung gegen den Dämon Samana. Darin beschreibt der Gott Assar-ludug, eine Manifestation Asari-Marduks, während er sich nach dem rettenden Eingreifen des Gottes Ea wieder erholt, das Werk des Dämons folgendermaßen: »Er hat dem Säugling die Nahrung

[8] C. Fossey, *La Magie assyrienne*. Paris 1902, S. 304.
[9] G. Furlani, *Religione babilonese-assira*, Bd. I, S. 339.
[10] Ebd., Bd. I. S. 143.
[11] F. Thureau-Dangin, *Rituels Accadiens*. Paris 1921. S. 161.

Ein sumerischer Gott (Dumuzi) mit Stiermännern. (Aus: Hartmut Schmökel, Das Land Sumer, *Stuttgart 1955.)*

entzogen, / er hat der Frau die Menstruation genommen, / er hat dem Jüngling die Manneskraft genommen.«[12]

Der Mensch im alten Mesopotamien muß sich auch gegen die okkulten Mächte der Hexerei zur Wehr setzen, die denen der dämonischen Mächte gleichwertig sind, sie in einigen Fälllen sogar zu übertreffen scheinen, da sie hinterhältiger, schleichender, heimtückischer sind. Die vorhandenen Dokumente bieten lediglich die Möglichkeit – da sie von der Priesterschaft erstellt und aufbewahrt wurden – die Hexerei in ihrer Wirkung zu studieren. Im Gegensatz zu den fast immer erlaubten Zauberpraktiken, die der Religion dienten, hatte die Hexerei ganz den Charakter einer nicht anerkannten, verbotenen Lehre und gehörte als Teil des Volks- und Aberglaubens zu den ältesten Kulturschichten. Die Hexerei wird entweder als *kashapu* bezeichnet, mit der Hauptbedeutung »den Tod durch Gift herbeiführen«, oder *kashu*, »binden«, oder auch mit einer ganzen Reihe von Begriffen belegt, die sich auf die schädliche Kraft des Speichels beziehen (*rakhu*, »derjenige, der den Speichel benutzt«; im Sumerischen *gal-ukh-zu*, »der Kenner des Speichels« oder *ukh-dugga*, »derjenige, der murmelt, während er spuckt«). Im ersten Artikel des Kodex' von Hammurabi spricht sich

[12] G. Rinaldi, *Storia della letteratura dell'antica Mesopotamia.* Mailand 1957, S. 86.

die Gemeinschaft mit Nachdruck aus gegen den »Hexer, der das Übel ausgeworfen hat«, und droht ihm den Tod an; im zweiten Artikel gebietet sie, das Gottesurteil durch das Wasser anzuwenden, falls nicht genügend Beweismittel vorhanden sind, um die Anklage aufrechtzuerhalten.[13]

Die Hexenmeister bedienten sich der bekannten und weitverbreiteten Praktiken des Schadenszaubers, wie dem Gebrauch von geheimen Namen und Formeln, einschließlich Fertigung, Verbrennung, Begräbnis und Durchbohren von Ebenbildern aus Wachs, Holz oder Ton. Die Mittel, dank derer die Verhexten sich befreiten, beruhten auf demselben System: man schuf Ebenbilder, um die Hexe oder den Hexer mit ihrer Hilfe zu zerstören. Die Übel, die solche Zauberei über Menschen, Tiere und über die ganze Natur bringen kann, sind mannigfach. In gewisser Weise vereinigen die Hexe (*qadishtu, ishtaritu*) und der Hexer sämtliche zerstörerischen Mächte in ihrer Person, die die unterschiedlichen Kategorien von Dämonen im einzelnen darstellen. Insbesondere die Hexe ist aufgrund der Unreinheit und der Negativität, mit der die Frau besetzt war, unsichtbar, sie ist fähig, Mauern und Festungswerke zu durchdringen, unter den Türen durchzukriechen, bezwingend auf die Götter und den Kosmos einzuwirken, bei Männern und Frauen Erstickungszustände, Fieber, Wahnsinn, Verlust der Manneskraft bzw. der Fruchtbarkeit, Fehlgeburten, Haß, Feindschaft und vor allem jenen Zustand ritueller Unreinheit hervorrufen, der den Befallenen zum hilflosen Opfer jedweder dämonischen Einwirkung macht. Sie ist die »nächtliche Jägerin«, *ba'arum sha mushi*, sie ist die düstere, nicht greifbare Gefahr im Dunkel der Natur und in den Schattenbereichen des menschlichen Bewußtseins. Letztlich sind jedoch alle Gefahren, die von der Hexerei ausgehen, auf die eine große Gefahr, den Verlust des Lebens, reduzierbar. Der Hexenmeister wirkt sie durch den Gebrauch des Speichels, wobei in diesem Zusammenhang die Kombination Speichel-Tod-Hexerei bezeichnend ist, die aus dem sumerischen Ideogramm *UH* hervorgeht (Zeichen für »Mund«, in dem das Ideogramm für »Tod« auch mit der Bedeutung »Gift« enthalten ist: deshalb bedeutet *UH-ZU* »Hexenmeister«).

Der Hexenmeister übt einen weiteren unheilvollen Einfluß aus: Mittels der magnetischen, vernichtenden Kraft des bösen Blicks

---

[13] V. Scheil, *La loi de Hammurabi*. Paris 1906.

zerstört er die Quellen des Lebens selbst, wogegen man sich mit phallischen Amuletten und apotropäischen Talismanen in Form von magischen Augen wehrt. Zwar kam der Angst vor dem Tod und entsprechend dem Totenkult in der mesopotamischen Kultur eine relativ geringe Bedeutung zu, dennoch hat man auch hier gelegentlich zu magischen Abwehrmitteln gegriffen. Der Schatten des Toten konnte die Lebenden bedrängen, wenn bestimmte Kulthandlungen unterlassen wurden oder wenn die Überlebenden im Augenblick des Todes und der Bestattung es an Mitleid hatten fehlen lassen. Die unbefriedigten Toten, denen Trankopfer und Opfergaben verweigert wurden, werden zu Gespensterdämonen, *edimmu (etimmu)*. Gleiches gilt für alle, deren Tod ein plötzliches, sinnloses Ende war oder sie aus einem Leben gerissen hat, von dem sie sich noch nicht lösen können. In einer Exorzismusliste werden diese verschiedenen Möglichkeiten aufgezählt: »der in der Wüste liegt ohne Begräbnis«, »der von einer Palme gefallen ist«, »der ohne Begräbnis ist«, »der niemanden hat, der über ihn wacht«. Ihre Schatten befallen des Nachts die Überlebenden, daß sich ihnen vor Schrecken die Haare sträuben, und rauben ihnen die Lebenskräfte.

Darüber hinaus haben alle zerstörerischen Naturkräfte und unerklärlichen Naturphänomene die mesopotamische Gesellschaft veranlaßt, magische Barrieren zu errichten. Auf den Orkan, der in den dämonischen Gestalten der *utukku* und in vorsemitischer Zeit in Sexualdämonen mythologisiert wurde, wurde bereits hingewiesen. Die Wasserdämonen sind die »Galle des Ea«, der negative Aspekt des Fruchtbarkeitsprinzips. Und dieser Aspekt taucht auch eindeutig in den Beschwörungsformeln auf, die sich gegen eine Gruppe von Dämonen richten, die als »Die bösen Sieben« bezeichnet werden, Bewohner der Unterwelt, Boten Eras, des Pestgottes.[14] Die Zahlenangabe könnte auch die Zahl der Dämonen im allgemeinen und keine bestimmte Gruppe von Dämonen meinen, da der Sieben in den semitischen Sprachen die Bedeutung »unzählig«, »unendlich« zugeordnet wird. In jedem Fall repräsentieren sie in einem von Fossey[15] veröffentlichten Zauberspruch meteorologische Störungen: »Sie dienen dem unheilbringenden Sturm; / ... sie sind der Wirbelwind, der über das Land jagt«; und an einer anderen Stelle: »Sie sind die gewaltigen Stürme, die von der Höhe der

[14] G. Furlani, *Religione babilonese-assira*, Bd. I, S. 293.
[15] C. Fossey, *La Magie assyrienne*, S. 352.

Lamashtu entfernt sich. (Sammlung de Clercq, Catalogue.)

Himmel herabbrausen.«[16] Der Dämon Pazuzu ist der stürmische Südostwind, der nach dem Glauben, die epidemischen Krankheiten seien meteorologischen Ursprungs, die Pest bringt. Er ist der »Sohn Hanpas, des Königs der bösen Luftgeister, die gewaltsam aus den Bergen kommen und grausame Verheerungen anrichten.«[17] Der zweite der sieben ist der Drache mit dem weit aufgerissenen Maul, der dritte ein wilder Panther, der vierte eine furchtbare Schlange, der fünfte ein schrecklicher Löwe.[18] Gallu, der die kleinen Kinder raubt, wird »wütender Stier« genannt.[19] Pazuzu hat einen Hunde-

[16] Ebd. S. 186.

[17] F. Thureau-Dangin, »Rituels et amulettes contre Labartu«, in: *Revue d'Assyrologie et d'Archéologie Orientale*, Paris 1921, Nr. XVIII, S. 190.

[18] R. C. Thompson, *The Devils and Evil Spirits of Babylonia*. London 1903–1904, Bd. I, S. 341.

[19] G. Furlani, *Religione babilonese-assira*, Bd. I, S. 341.

Menschenkopf. *Lilu* wird manchmal mit Hundekörper, Skorpionschwanz und Stierphallus dargestellt.[20] Das Motiv der Tiergestaltigkeit kehrt später in der christlichen Dämonologie wieder.

Die Zauberpraktiken der mesopotamischen Gesellschaft zur Abwehr der zerstörerischen Kräfte gehören zu den ältesten uns bekannten. In ihrer Vollständigkeit und Vielfalt bilden sie eine fast beispielhafte Typologie, die für alle späteren religiösen Erfahrungen gültig ist. Der wesentliche Akt der Abwehr ist die Beschwörung, die ursprünglich nur aus machtvollen Worten und Bannsprüchen bestand und die im Verlauf der Weiterentwicklung des Ritus' durch zahlreiche zeremonielle Gesten angereichert wird. Die Beschwörung war zweifellos offiziell anerkannt. Ihr Name, *shiptu*, entspricht dem Ideogramm *SHIB*, das soviel wie »reines Wort« bedeutet. Die Beschwörungen sind außerst reich dokumentiert, die wichtigsten Quellensammlungen sind *Surpu* – »Brand« – und *Maqlū* – »Verbrennung« –, die mehrmals übersetzt und herausgegeben und in ihrer Typologie von A. Falkenstein[21] untersucht worden sind. Die Wirkkraft der Formel ergibt sich aus der wiederholten Nennung des Wortes und des Namens, das heißt, der Zauberer beschwört keine aus fiktiven Bildern bestehende Welt herauf, sondern erschafft eine tatsächliche Situation, eine Realität, die der Ausgangsrealität gleich ist. Bisweilen hat man nicht auf mythische Texte zurückgegriffen, die vorbildhafte Situationen von Macht zum Ausdruck bringen, sondern man bediente sich lediglich der Kraft der Namen, die, da sie von einem Gott verliehen waren, die gleiche Macht ausübten, die der Gott selbst ihnen ursprünglich beigegeben hatte.

Bei den Assyro-Babyloniern ist der Gott der Unterwelt Nergal, eine Gottheit des Todes, des Krieges und der Zerstörung. Sein Name scheint der »Wütende«, der »große Starke« oder »Herr der großen Stadt«, das heißt der Hölle, zu bedeuten. Er ist der »Herr der unteren Erde« (*ersetu, shaplitu*), die auf Sumerisch *ki-gal*, »Große Erde« heißt oder *kur-nu-gi-a*, »Erde ohne Wiederkehr«,

[20] Ebd., Bd. I, S. 343.

[21] A. Falkenstein, *Die Haupttypen der sumerischen Beschwörung*. Leipzig, 1931; K. L. Tallqvist, *Die assyrische Beschwörungsserie Maqlu*. Leipzig 1894; H. Zimmern, *Die Beschwörungstafeln* Surpu. Leipzig 1896; H. Zimmern, *Ritualtafeln für den Wahrsager, Beschwörer und Sänger*. Leipzig 1901.

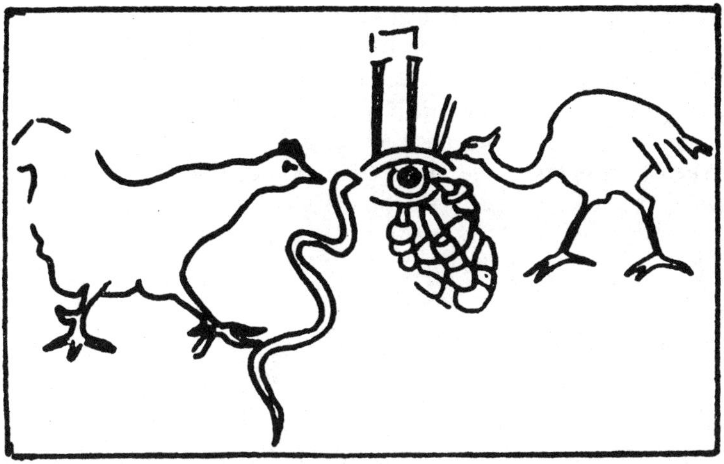

Ein sehr altes Beispiel für den Glauben an den bösen Blick: Wandmalereien in Dura-Europos am Euphrat (2. Jh. n. Chr.). Das von Dolchen durchbohrte Auge wird von Tieren angegriffen. (Aus: Du Mesnil du Buisson, Les peintures de la Synagogue de Doura-Europos, *Rom 1939.)*

und somit das Totenreich bedeutet. Nergal ist eine sehr komplexe Gestalt, in der wahrscheinlich zwei Aspekte des Göttlichen miteinander verschmelzen, die dem Gott einen ambivalenten Charakter verleihen. Einerseits ist er ursprünglich ein Sonnengott, der mit Shamash, der Sonne, gleichgesetzt wird, gütig zu den Lebenden, Beschützer der Ackerbauern. In einer späteren Form des mit ihm verbundenen Mythos steigt Nergal am 18. Tag des Monats Tammuz (Juni/Juli), zur Sommersonnenwende, in die Hölle hinab und steigt am 28. Tag des Monats Kislev (November/Dezember) zur Wintersonnenwende wieder herauf. Furlani[22] spricht sich gegen die Interpretation aus, Nergal sei ursprünglich Sonnengott gewesen.

Nergals zweiter Aspekt ist sein kriegerischer, zügelloser, zerstörerischer Charakter. Begleitet von seinen dämonischen Scharen sät er die Pest und andere Krankheiten. Sein Bote ist Namtaru, der Pestdämon. Man preist Nergals riesige Gestalt und übermenschliche Kraft, nennt ihn »großer Stier«, »erhabener Drache«, der im Besitz des übermächtigen Wortes ist, das Tod und Zerstörung bringt. Nergals weibliche Entsprechung ist Laz (vielleicht mit der

[22] G. Furlani, *Religione babilonese-assira.*

Bedeutung »man kommt nicht heraus«, das heißt, aus dem Reich der Toten), besser bekannt als Ereschkigal, »Prinzessin der Großen Erde«, »Herrin der Hölle«, deren Thron von Dämonen getragen wird. Sie residiert in ihrem Höllenpalast, richtet und registriert jeden, der im Reich der Finsternis eintrifft. Sie hält die Quelle des Lebens versteckt, aus der die Toten schöpfen könnten, um wieder aufzuerstehen. Sie gilt als Göttin der schwarzen Magie.

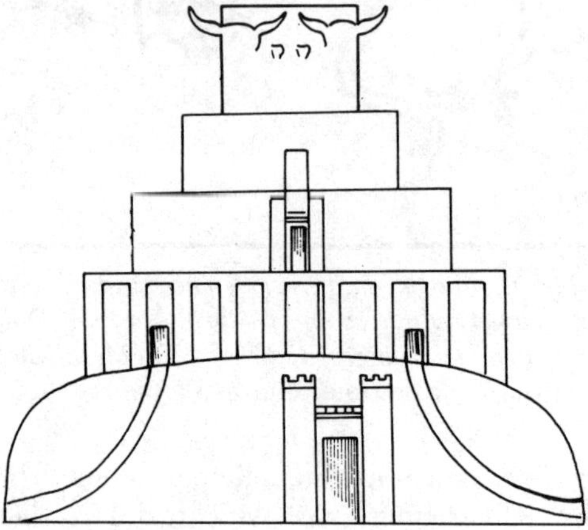

Die Dämonologie der Hethiter

In den Raum Kleinasiens, in dem in späterer Zeit das hellenistische Reich Kappadokien und in der Folge die römische Provinz gleichen Namens entstehen sollten, wanderten zu Beginn des zweiten Jahrtausends v. Chr., wahrscheinlich von Norden her kommend, die Hethiter ein. In dieser Kultur entwickelte sich, auch unter dem Einfluß diverser anderer Volksstämme, eine Mythologie dämonischen Charakters, die den Kampf zwischen Sonne und Finsternis thematisiert.

So hat der Mythos von der kosmischen Schlange oder dem Drachen Illuyankash den Kampf der Finsternis gegen die Sonne und den schließlichen Sieg des Sommers über den Winter in einer typisch bäuerlichen Gesellschaft zum Hintergrund. In der ältesten Version[1] wird Innarash, der Unwettergott, von dem Drachen beleidigt. Er ruft deshalb die Hilfe der Götter an. Er bereitet ein Bankett vor, begibt sich nach Zigaratta und begegnet dort dem sterblichen Hupashiyash. Er lädt ihn ein, mit ihm zu tafeln, und bittet dann den Drachen zum Bankett. Dieser kommt mit seinen Söhnen, frißt aber so viel, daß es ihm nicht gelingt, in seine Höhle zurückzukehren. Der Mensch Hupashiyash packt den Drachen und fesselt ihn mit einem Strick; der Gott des Unwetters kommt hinzu und tötet ihn. In einer späteren Version des Mythos'[2] besiegt der Drachengott den Gott des Unwetters und reißt ihm Herz und Augen aus.

Das Böse äußert sich aber nicht nur in diesem kosmischen Konflikt: Viele hethitische Texte sprechen von Zauberei und Hexerei. Die rund zehntausend keilförmigen Täfelchen von Bogazköy, die von 1906 an entdeckt wurden, dokumentieren unter anderem die hethitische Dämonologie in der Zeit vom 14. bis zum 13. Jahrhundert v. Chr. Die zeremoniellen Abläufe erscheinen in ihren Strukturen höchst kompliziert, wobei auch so bekannte Elemente aufscheinen wie die Anfertigung von Ebenbildern, von Bannungen, von symbolischen Gesten. Die exorzistischen Motive sind uns geläufig: die Befreiung von bösen oder krankheitsbeding-

[1] *Ancient Near Eastern Texts Relating to the Old Testament (ANET)*, hrsg. von J. B. Pritchad. Princeton 1955, S. 125.

[2] Ebd., S. 126.

Relief mit mischgestaltigen Dämonen, aus Karkemisch. (Nach: David George Hogarth, Hittite Problems and the Excavation of Carchemish. *From the Proceedings of the British Academy Vol. V, London 1912, Tafel B 14.)*

ten Dämonen, die Rückgewinnung von Potenz oder Fruchtbarkeit, die Verteidigung der Stadt und der Streitkräfte, die Abwehr negativer Kräfte von einem begonnenen Werk. *Hukmaish* ist das hethitische Wort für Zauber, während *Hukmatallash* der Priester ist, der den Exorzismus ausführt.[3]

Ein kurzes, nur fragmentarisch erhaltenes Ritual gegen die Hexerei[4] spricht von der Notwendigkeit, sich gegen aufrührerische und zerstörerische Kräfte zu verteidigen, die man in der Regel in den Hexen personifiziert sieht. Die Ausführende muß eine Frau sein, die keiner offiziellen Priesterschaft angehört, sondern im Besitz des volkstümlichen, von Hirten und Bauern überlieferten Wissens ist. Ihr Ideogramm ist SHUGI, die »Alte«. Sie hat einen Helfer zur Seite, der das Opfer darbringt. Die magischen Handlungen, aus denen das Ritual besteht, sind alle positiver Natur: Durch die Darstellung sinnbildlicher Situationen soll das Opfer vom bösen Einfluß befreit oder die dämonischen Wirkkräfte gebannt werden. Die erste Übertragung wird auf Lehm vorgenommen, der einem Graben entnommen und wieder zurückgeworfen wird.

[3] G. Furlani, *La religione degli Hittiti.* Bologna 1936, S. 183.
[4] *ANET*, S. 346.

Ebenfalls der Abwehr von Dämonen dienen folgende Rituale: die Entnahme von Schlamm, der der Unterwelt zurückgegeben wird; die Opferung von Wein und Brot; der Bau eines kleinen Bootsmodells, das anschließend dem Wasser übergeben wird. Dann werden drei Stücke Pech im Feuer verflüssigt, ein Strick wird erst nach rechts, dann nach links gedreht, und die sich daraus ergebenden Stränge werden verbrannt. Dann benutzt man noch Spucke, die eine zersetzende und verwünschende Wirkung hat. Damit schließt das Fragment.

Ein magisches Ritual gegen die Pest läßt sich zumindest teilweise als Sündenbockopfer interpretieren.[5] Die Pestseuche wird durch einen bösen, nicht näher bestimmten Dämon verursacht, der jedoch einem feindlichen Land entstammt. Man bietet ihm einen Ziegenbock als Opfer dar, um sein Wohlwollen und seinen Schutz zu erlangen. Mit der Wiederherstellung des Friedens zwischen dem bösen Gott und der Gruppe – nach dem symbolischen Vorbild des friedlichen Verhältnisses zwischen Ziegenbock und Herde, auf das im Text ausdrücklich hingewiesen wird – wird der böse Gott vertrieben, und mit Hilfe eines weiteren Rituals vergewissert man sich, daß er in sein Land zurückkehrt: Es folgen die beiden magischen Zeremonien der Fütterung der Pferde und des Schmierens der Räder des Götterwagens.

Eine andere Gefahr muß die durch feindliche Kräfte ausgelöste männliche Impotenz gewesen sein, denn zu ihrer Abwehr werden zwei magische Rituale angeführt. Das eine[6] wird von einer Hexe ausgeführt, die den Impotenten verschiedenerlei Behandlungen unterzieht: Niederlegung von Kleidungsstücken auf die Opfergaben; Umgehung derselben; reinigende Bäder; Durchgang durch einen Bogen oder ein Tor aus Rohr; Austausch von weiblichen Symbolen gegen männliche Symbole. Ein anderes Beispiel ist in einem Text dokumentiert, der den Titel trägt: »Opferritual, um den weibischen Innarash auszutreiben und dem männlichen Innarash Einlaß zu gewähren.«[7]

5 *ANET*, S. 347.
6 *ANET*, S. 349.
7 E. H. Sturtevant/G. Bechtel, *A Hittite Chrestomathy*. Philadelphia 1935, S. 100–126.

Ägypten

Der Kampf zwischen Gut und Böse, der seine genaue Entsprechung in den Göttergestalten hat, findet sich mehrfach in der ägyptischen Religion. Horus, der »Ferne« (fern am Himmel), in Gestalt eines Falken oder mit Falkenkopf, hat einen Feind in Apophis, der Schlange der Finsternis. Er kämpft gegen die feindlichen Mächte, die die kosmische Ordnung vernichten wollen, die auf Wärme und Licht beruht. Er vertreibt Unwetter und Kälte und besiegt schließlich Apophis.

Noch deutlicher zeigen sich die dunklen, zerstörerischen Kräfte im Mythos vom Kampf zwischen Osiris und Seth. Seth ist der Bruder des Osiris und ein überaus kriegerischer Gott des VIII. oberägyptischen Gaus. Es existieren die unterschiedlichsten Darstellungen von ihm – unter anderem mit vogelgestaltigem Kopf; er wird von Tieren begleitet (z. B. Krokodil, schwarzes Schwein, Nilpferd), unter denen jedoch das charakteristische ein Kanide ist: mit langen Ohren, einer Quaste anstelle des Schwanzes und mit einem Halsband. Seth steht für die unbezähmbaren Naturgewalten, für Gewitter, Blitz, Unheil und Chaos. Osiris ist im klassischen Mythos der Sohn des Erdgottes Geb und der Himmelsgöttin Nut. Seth tötet seinen Bruder Osiris mit Hilfe einer List und wirft seine Leiche ins Wasser. In einer weiteren Episode dieses Mythos' fordert Horus, der Sohn des Osiris, Seth heraus, um den Vater zu rächen. Aber Seth nimmt die Gestalt eines Schweins an und reißt Horus sein göttliches Auge aus – weshalb dieser von nun an der »von einem Schwein Geblendete« heißt. Der erblindete Gott reißt daraufhin Seth die Hoden ab (weshalb Seth nun auch der Kastrierte genannt wird) und holt sich sein Auge zurück. Osiris wird wieder zum Leben erweckt und erhält seine Macht zurück, was seine Feinde in Panik versetzt.

Auf Anordnung von Geb versammeln sich die Götter im Haus der Prinzen in Heliopolis, um über Seth zu richten, der sich dem Urteil durch Lügen zu entziehen sucht, aber die beiden Göttinnen der Wahrheit zwingen ihn zum Geständnis. Horus bewegt Seth endlich, sich vor Osiris zu beugen.

Die Auseinandersetzung zwischen Horus und Seth (Seth wird auch mit Typhon, dem griechischen Gott des Sturms, gleichgesetzt) ist eines der populärsten Motive der ägyptischen Kultur und kennt vielerlei Versionen. Sie läßt sich wohl als die mythologische Darstellung des Gegensatzes zwischen einer beschützenden, wohlmeinenden Kraft und einer Naturkraft der Finsternis und des Unwetters interpretieren.

Eine andere Gottheit mit dämonischen Zügen ist Pachet in Gestalt einer Löwin oder einer löwenköpfigen Frau, die schon im Alten Reich verehrt wurde. Sie wohnt in den Wüsten des Ostens und verheert nach den Unwettern das Land durch die reißende Gewalt der Flüsse. Eine furchtbare, löwenköpfige Göttin ist Sachmet, die über Schlachten und Gemetzel herrscht und die ihren Ursprung in Memphis hat. Im Neuen Reich verlor sie ihre Schrekkenszüge und wurde zu einer von Amuns Gefährtinnen. Ihr Kult war seit allerfrühester Zeit im Volk sehr weit verbreitet. Sie steht in enger Beziehung zu Bastet, der Stadtgöttin von Bubastis, im Süden des Deltas. Bastet, die im Prinzip eine Göttin der Freude ist und einen Katzenkopf hat, kann schreckliche Züge annehmen und trägt dann den Löwenkopf der Göttin Sachmet in den Händen.

In der Unterwelt haust das bereits erwähnte Ungeheuer namens Apophis. Der 39. Spruch im *Totenbuch* enthält eine Formel, wie dieses Ungeheuer zu zerstören und zu besiegen sei, das in der Unterwelt die Leichen verschlingt und der Feind des Sonnenlichts (Re) ist:

»Wende dein Gesicht um, du, den Re haßt, daß du hinter dich blickst, du mit verstümmeltem Kopf, zerschnittenem Gesicht, der am Wegrand dahinschwindet! Dein Kopf ist abgetrennt, du in der Erde, deine Knochen sind zerbrochen, deine Glieder sind verstümmelt. Aker hat dich verdammt – Apophis, du Feind des Re!...

Zurück du, Rebell! Sein (Res) Licht ist schneidend, Re hat deine Anschläge zu Fall gebracht. Dein Gesicht ist von den Göttern umgedreht worden, und dein Herz ist von Mafedet herausgerissen. Der Skorpion (Selkis) hat Fesseln (um) dich geworfen. Maat hat dir Wunden zugefügt ... die Fesseln der südlichen, nördlichen, westlichen und östlichen Götter, ihre Fesseln sind um ihn! Rekes hat ihn gefällt, der über den Farben (Thot) hat ihn gefesselt!«[1]

Wallis Budge weist darauf hin, daß die dämonische Apophis-Mythologie in späteren Texten weiterentwickelt wird: im *Buch der Zerstörung des Apophis* aus ptolomäischer Zeit und in einem

[1] *Das Totenbuch der Ägypter*, übers. und hrsg. von Erik Hornung. Zürich/München 1979.

Eine furchterregende Gottheit, die den ins Reich der Toten Eintretenden erwartet, um ihn von ihrem Thron herab zu richten. (Nach einem Papyrus im Museum von Kairo.)

Onomastikon mit den schrecklichen Namen des Gottes. Der erste Text gibt eine ausführliche Anleitung, wie der unheilvolle Gott mittels eines guten Zaubers zu zerstören sei. Apophis hat zudem sein eigenes Gefolge von Dämonen, die der Gläubige auf die gleiche Art und Weise zerstören kann.

Auch in Ägypten sah man hinter mancherlei Unglück dämonische Einflüsse und die Heimsuchung durch böse Geister, wenngleich dies, wie Wallis Budge dazu bemerkt, durch nicht allzu viele Quellen belegt ist. Wir wissen jedoch von einer Stele aus dem Tempel des thebanischen Chons, daß den Ägyptern eine Geheimwissenschaft zugeschrieben wurde, die der Heilung von Krankheiten diente. So kam zu König Ramses II. ein Bote, der im Auftrag des Fürsten von Bachtan bat, einen Weisen zu senden, da die jüngere Tochter des Fürsten, die Schwester der königlichen Gemahlin, schwer erkrankt sei. Die Wahl fiel auf Thoth-em-heb, den königlichen Schreiber. Als der Weise die Prinzessin untersuchte, fand er heraus, daß die Kranke von einem Geist besessen war, einem Feind, mit dem man kämpfen konnte. Der Prinz bat erneut den König um Hilfe, der den Gott Chons-den-Wohltäter veranlaßte, sich nach Bachtan zu begeben, um den Dämon auszutreiben. Dieser heilte die Prinzessin auf der Stelle, und der Geist, der in ihr gewesen war, unterwarf sich dem Gott und ging seiner Wege.[2]

Sogenannter Zauberstab mit Bilden von Dämonen. Ägyptisch. London. (M. R.) (Aus: Proceedings of the Society of Biblical Archaeology, *1905, Taf. 3.)*

[2] *Altägyptische Märchen*, bearb. von E. Brunner-Traut, 8. verb. Aufl. München 1989, S. 163 ff.

Die hebräische und die jüdische Tradition

Die Religion des Alten Testaments gibt eine der Vorlagen für die Gestalt des christlichen Teufels ab; sie wurde schon sehr früh vom Christentum dämonisiert. Nach einem weit verbreiteten Darstellungsmuster wird hier die Synagoge zur Linken der Kirche in Gestalt der Dame zur Rechten des vom Kreuz gekrönten Baumes aus dem Garten Eden gegenübergestellt. Ein Jude wird mit gehörntem Kopf gezeigt. (Aus: Historia Helvetica, *Stadt- und Hochschulbibliothek Bern, X 50, 15. Jahrhundert.)*

Der Teufel in der Bibel und im Judentum

In der alten hebräischen Religion, das heißt, vor der Zerstörung des Tempels, finden sich die historischen Prämissen, die zur Teufelsvorstellung im Christentum hinführen werden, in einer ganzen Reihe von Texten, die in grundsätzlichem Widerspruch zueinander stehen, da sie zum einen rigoros theologischer, zum anderen mythischer Natur sind.

Der vorherrschende Grundgedanke in der alttestamentarischen Dämonologie ist der: der Teufel ist keine Gestalt, die sich in einem Dualismus iranischen Typs Gott entgegensetzt, sondern Gott selbst hat ihn gewollt und geschaffen, um den Menschen auf die Probe zu stellen. Nach der jahwistischen Darstellung steht im Paradies der Baum der Erkenntnis des Guten und des Bösen. Seine Früchte dürfen auf ausdrückliches Gebot Gottes hin vom ersten Menschen nicht gegessen werden, da er sonst sterben müßte. Dieser Baum befindet sich in der Mitte des Gartens Eden und bringt eine Frucht hervor, die zwar verboten, aber schmackhaft und schön ist, und der Baum vermittelt dem, der die Frucht ißt, Einsicht und Erkenntnis. Am Ende der Erzählung, die von der Vertreibung es ersten Paares aus dem Paradies spricht, wird hingegen der Baum des Lebens erwähnt. Auf dem Weg dorthin, östlich von Eden, stehen die Cherubime mit Flammenschwertern, um den Baum zu bewachen und den Zugang zu ihm zu verwehren. Der Bezug zwischen diesen beiden Bäumen ist nicht klar, und man vermutet, daß sich hier zwei verschiedene Traditionen miteinander vermischt haben, wobei jene, die sich auf den Baum des Lebens bezieht, im mesopotamischen Umkreis gut dokumentiert ist. Auf jeden Fall finden sich beide Bäume in der späteren Überlieferung wieder, da der kosmische Baum, von dem Hesekiel (31) spricht, sowohl die Merkmale des lebensspendenden, im Leben verwurzelten Baumes besitzt, als auch die Kraft, Erkenntnis zu verleihen.

Die Sünde des ersten Paares besteht darin, daß es ein Verbot mißachtet (das Verbot, die Früchte des Baumes der Erkenntnis anzurühren) und die verbotene Frucht gegessen hat. Daraus folgt nicht nur die Vertreibung des ersten Paares aus dem Paradies, sondern auch der Verlust eines Zustandes der Vollkommenheit und der Seligkeit, der Zwang für den Menschen, sich von nun an seinen Lebensunterhalt mit harter Arbeit verdienen zu müssen, das

Gewahrwerden der eigenen Nacktheit und das Gefühl der Scham, und der Schmerz, der die Frau fortan bei der Geburt begleiten wird. Es handelt sich hier um die detaillierte Beschreibung des Zusammenbruchs eines Urzustandes, des Verlusts der Unsterblichkeit (»von den Früchten des Baumes mitten im Garten hat Gott gesagt: Esset nicht davon, rühret's auch nicht an, daß ihr nicht sterbet«, 1. Mose 3,2) und des Beginns der menschlichen Zeit. Als Gott die Welt erschafft, setzt er dem ersten Paar ein Gebot, das willkürlich übertreten werden kann, dessen Übertretung aber Sünde und die Verletzung des Paktes bedeutet.

Viele Gelehrte sind der Meinung, die Übertretung, symbolisiert durch den Verzehr des Apfels und die Berührung des Baumes, sei im Grunde eine sexuelle Sünde: der erste Mann habe sich sexuell mit der ersten Frau vereinigt, und erst nach diesem Sündenfall pflanzt sich der Mensch auf sexuelle Weise fort. Diese Deutung ist sehr alt, sie findet sich schon bei Clemens von Alexandrien, demzufolge die Sünde darin bestanden habe, die sexuelle Vereinigung vor dem erlaubten Zeitpunkt vollzogen zu haben[1]; der gleichen Interpretation schließen sich viele Gelehrte der rabbinischen Epoche an. Vgl. dazu M. Schoebel.[2]

Einer gängigeren Interpretation zufolge besteht die Sünde des ersten Paares in Stolz oder Hybris, einer Art Auflehnung gegen Gott, die sich im Verzehr der verbotenen Frucht manifestiert. Der Mensch wendet sich in hochmütiger Herausforderung gegen Gott und hört auf die Einflüsterung der Schlange: »... und werdet sein wie Gott und wissen, was gut und böse ist« (1. Mose 3,5). Auch bei Hesekiel (28,11–15) kehrt die Interpretation wieder, die Sünde des ersten Paares sei eine Sünde der Hybris. Der Mensch fällt aus seinem Zustand der Vollkommenheit heraus, weil ihn plötzlich ein Irrtum überkommt, er verkennt seinen göttlichen Ursprung und schreibt ihn sich selber zu: »Du bist ein reinliches Siegel, voller Weisheit und über die Maßen schön. Du bist im Lustgarten Gottes ... und ich habe dich auf den heiligen Berg Gottes gesetzt, daß du unter den feurigen Steinen wandelst. Du warst ohne Tadel in deinem Tun von dem Tage an, da du geschaffen wurdest, bis sich deine Missetat gefunden hat.« (Dieser Text ist einer anderen Interpretation zufolge Luzifer zuzuschreiben.) In seinem Orakel

[1] Stromata III, 14.

[2] M. Schoebel, *Le mythe de la femme et du serpent*. Paris 1876.

über den Sturz des Königs von Babel stellt auch Jesaja (14,12–15) diesen Vergleich mit dem ersten aus dem Himmel herausgefallenen Menschen an und zeigt seine Sünde als den Versuch, sich des göttlichen Zustandes zu bemächtigen und den Göttern ähnlich zu werden: »Gedachtest du doch in deinem Herzen: ›Ich will in den Himmel steigen und meinen Stuhl über die Sterne Gottes erhöhen; ich will mich setzen auf den Berg der Versammlung in der fernsten Mitternacht, ich will über die hohen Wolken fahren und gleich sein dem Allerhöchsten.‹ Ja, zur Hölle fährst du, zur tiefen Grube.«

Wir haben hier schon zwei der grundlegenden Merkmale des christlichen Teufels: die zügellose Sexualität und den Hochmut, der ihn veranlaßt, sich mit Gott zu vergleichen. Die Schlange hingegen, die im biblischen Text als Versucherin auftritt und die Frau davon überzeugt, daß es nicht tödlich sei, sich der Frucht zu bemächtigen, scheint schwieriger zu interpretieren. Erst in der späteren Entwicklung der jüdischen und der christlichen Lehre wird sie mit dem Teufel und mit dem Satan gleichgesetzt. In der Erzählung der Genesis (1. Mose 3,1) ist sie »listiger als alle Tiere auf dem Felde, die Gott der Herr gemacht hatte«, und da sie das Paar verführt hat, trifft sie ihrerseits ein Fluch: »Da sprach Gott der Herr zu der Schlange: ›Weil du solches getan hast, seist du verflucht vor allem Vieh und allen Tieren auf dem Felde. Auf deinem Bauch sollst du gehen und Erde essen dein Leben lang, und ich will Feindschaft setzen zwischen dir und dem Weibe, und zwischen deinem Samen und ihrem Samen. Derselbe soll dir den Kopf zertreten und du wirst ihn in die Ferse stechen‹« (1. Mose 3,14–15). Nach Ringgren[3] ist es nicht auszuschließen, daß der Mythos in seinem Ursprung eine unausgesprochene Polemik gegen die Verwendung von Schlangen im Baal-Kult darstellt, so daß der kanaanitische Gott Baal, symbolisiert durch die Schlange, mit dem gemeint wäre, der die Rebellion gegen den wahren Gott veranlaßt.

Aber die Schlange ist nicht der einzige Ahn des christlichen Teufels, der den Menschen verführt und zum Aufbegehren gegen Gott anstiftet. Der christliche Teufel hat bemerkenswert zahlreiche hebräische Vorfahren, allen voran Satan, dessen Name sich von der hebräischen Wurzel *stn* »feindlich sein«, »bekämpfen«, ableitet. In den kanonischen Texten erscheint er nicht als eine Gott dualistisch

[3] Helmer Ringgren, *Die Religionen des Alten Orients*. Göttingen 1979.

Die Engel, die sich gegen Gott aufgelehnt haben, werden aus dem Himmel vertrieben. Holzschnitt aus dem Seelenwurzgarten, *anonym, Ulm 1483.*

entgegengesetzte Gestalt, wie in der vermutlich von iranischem Einfluß geprägten späteren Mythologie. Bei Hiob (1,6; 2,1 ff.) wird er noch mit dem Artikel *ha-satan*, »der Feind«, »der Gegner« benannt, und er steht tatsächlich im Dienst Gottes, in dessen Gefolge er auftritt, und zwar nicht gegen Gott, sondern gegen die Menschen gerichtet. Ebenfalls als Feind der Menschen erscheint er beim Propheten Sacharja (3,1 ff.). Erst im ersten Buch der Chronik[4] wird er ohne Artikel (*satan*) genannt und treibt Israel dazu, wider den Willen Gottes zu handeln. In der auf das Exil folgenden Periode erfährt die Beschreibung Satans als Ursprung allen Übels eine neue Ausprägung, wobei es sich noch nicht um einen absoluten Dualismus handelt. Der Satan-Mythos wird in Beziehung zur Sünde von Adam und Eva gesetzt und darüber hinaus zur Rebellion der Engel, wie sie in der Genesis (1. Mose 6,1 ff.) angedeutet wird. In der neuen Mythologie steht der Teufel am Ursprung allen Übels, wie man der schon klar entwickelten Vorstellung in *Die Weisheit Salomons* entnehmen kann: »Denn Gott hat den Menschen geschaffen zum ewigen Leben, und hat ihn gemacht zum Bilde, daß er gleich sein soll, wie er ist. Aber durch des Teufels Neid ist der Tod in die Welt gekommen; und die seines Teils sind, müssen ihn schmecken.« (*Die Weisheit Salomons, 2,23–25.)* Satan wird auch mit Luzifer gleichgesetzt, dem Morgenstern, der, nach einer umstrittenen Andeutung bei Jesaja, gefallen sein soll: »Wie bist du vom Himmel gefallen, du schöner Morgenstern!« (14,12). Vielleicht ist hiermit der gleiche Luzifer wie in dem bereits zitierten Text des Hesekiel (28,12 ff.) gemeint, den die meisten Exegeten auf Adam beziehen.

Man muß sich dabei auch vor Augen halten, daß die alte hebräische Religion, wie sie vor dem Exil bestand, unheilvolle, dämonische Gestalten kannte, die alten kanaanitischen Gottheiten entsprachen oder sehr häufig in direkter Beziehung zur Wüste und zu den Gefahren standen, die von ihr ausgingen. Von den *seirim* wird gesagt, daß ihnen Opfer dargebracht werden, aber diese »Feldteufel« sind mit Gewißheit bocksbeinige Dämonen, deren Name »die Haarigen« bedeutet (3. Moses 17,7; 2. Chronik 11,15). Die *sedim* hingegen sind die »schwarzen Dämonen«, denen die Israeliten widergesetzlich »ihre Söhne und ihre Töchter opferten« (5. Mose 32,17). Ein einziger Passus (Jesaja 43,13) spricht von *Lilith*, dem »nächtlichen Gespenst«, das in der Wüste wohnt und

4 *Chronik* 21,1, Vulgata (gilt nicht für die Luther-Bibel, Anm. d. Ü.).

Im Mittelpunkt der in der Genesis erzählten Geschichte von der Vertreibung des ersten Paares aus dem Paradies steht die Schlange als Versucherin, die erst in christlicher Zeit mit Luzifer und dem Dämon gleichgesetzt wird. (Holzschnitt von Albrecht Dürer aus: Die kleine Holzschnittpassion, 1511.)

der babylonischen Dämonin *Lilitu* entspricht, ursprünglich eine Dämonin des Unwetters, die später zur Dämonin der Wollust wurde. Im Sühneritual taucht der Dämon *Azazel* auf, dessen Name eine Verbindung zum Ziegenbock andeutet (*azaz* bedeutet »stark und hochmütig« sein. 3. Mose 16,8). Diesem Dämon wird, an den Rand der Wüste, ein Sündenbock geschickt. Die Wüste gilt in der Regel als der bevorzugte Aufenthaltsort der dämonischen Kräfte.

Was das alte Judentum nach dem Exil angeht, so wird in den Texten von Qumran ein allerdings immer noch nicht absoluter Dualismus deutlich: Gott erschafft zwei Geister, einen guten und einen bösen, die über den Verlauf der Geschichte und auch über das Weltende und den Anbruch einer neuen Zeit bestimmen.

Die jüdische Dämonologie, die richtungweisend war für die christliche, schwankt also zwischen zwei verschiedenen Positionen: in der einen wird das Vorhandensein mehr oder weniger klar umrissener dämonischer Gestalten anerkannt, die jedoch immer Gott unterstehen; die andere erklärt das kosmische und historische Böse nicht im Zusammenhang mit diesen Gestalten, sondern als direkten Ausdruck des entschiedenen Willens Gottes. In diesem Sinne beinhaltet Gott einen bösen Geist, *ruah ra'ah*, der von Gott selbst zwischen Abimelech und die Männer zu Sichem geschickt wird (Richter 9,23) und auch zu Saul (1. Samuel 16,14). Dieser böse Geist kommt über Saul und treibt ihn um. Im 1. Buch von den Königen nimmt die Beschreibung eines anderen Geistes, des Geistes der Lüge, geradezu mythologische Züge an: Der Herr schickt ihn als selbständiges Wesen auf die Erde, damit er den Propheten die Lüge in den Mund lege (1. Könige 22,19 ff.). Die allgemeine theologische Auffassung, die solchen Darstellungen zugrundeliegt, besagt, daß der Ursprung des Guten wie des Bösen in Gott selbst liegt; damit weist sie, in der ältesten Sicht, jeden kosmologischen oder ontologischen Dualismus zurück. Was jedoch *ruah ra'ah*, den bösen Geist angeht, ist eine Beziehung zu der mesopotamischen Auffassung vom Ursprung der physischen Leiden nicht auszuschließen: Der physische und moralische Verfall, Krankheit und Tod werden durchweg damit erklärt, daß Gott seine Gläubigen verlassen hat. Und indem er sich abwendet, setzt er den Menschen den Angriffen anderer Geister und Mächte aus, die in ihn eindringen und sich seiner bemächtigen können.

Es ist zweifellos schwierig, in den kultischen Strukturen der altisraelitischen Religion eine genaue Grenze zwischen religiöser und magisch-exorzistisch-abwehrender Haltung zu ziehen. Ganz abgesehen von dieser Abgrenzung existiert eine Fülle von Zeugnissen für Zauberei, Hexerei und Wahrsagerei, Aktivitäten, die aufgrund ihrer besonderen Beschaffenheit nicht dem religiösen Bereich angehören, sondern die für den Glauben stehen, daß bestimmte Handlungen und Verhaltensweisen automatisch eine Wirkung zeitigen. Die wichtigsten magischen Formen, die im alten Testament Dämonenglauben und Hexerei beinhalten, sind:

a) Die Nekromantie, die in der Anrufung und der Befragung der Geister der Toten besteht, um von ihnen die Zukunft und verborgene Dinge zu erfahren. Die Termini, die sich auf solche Praktiken beziehen, sind *shoel 'ov*, »derjenige, der 'ov befragt«, das heißt das Gespenst, den Doppelgänger, den Geist, und *doresh el ha-metim*, »derjenige, der die Toten befragt«. Die Gesetzestexte enthalten das ausdrückliche Verbot, sich an Wahrsager und Zeichendeuter zu wenden (3. Mose 19,31; 5. Mose 18,11). Das hindert aber nicht, daß die Nekromantie ein wirksames Mittel sein kann, den Willen Gottes zu erfragen. Tatsächlich sieht sich derselbe Saul, der zuvor Vorkehrungen gegen die Wahrsager ergriffen hatte, gezwungen, sich an sie zu wenden, da ihm die erlaubten Mittel keine brauchbaren Orakelantworten geliefert hatten (1. Sam. 28,6).

b) Die mit der Wurzel *kshf* verknüpften Termini, die in den meisten Fällen eine zerstörerische, besonders gefährliche Zauberei bezeichnen, die in mancherlei Hinsicht unserer heutigen Hexerei entspricht. Da gibt es die Hexe, *mekashshefah*, deren Tun angeprangert (Hes. 13,17 ff.), und den Hexer, *mekhashshef*, der aus der Gemeinschaft ausgeschlossen wird (5. Mose 18,12). *Kshf* scheint ursprünglich all das bezeichnet zu haben, was versteckt und dunkel ist, was im Geheimen getan wird. Es wird im Griechischen in negativer Bedeutung mit *pharmakon*, »Verzauberung«, wiedergegeben, da die *erga pharmakeion*, »Werke der Hexerei«, verabscheuungswürdige Dinge waren, die von den Bewohnern des Heiligen Landes praktiziert wurden (Weish. 12,2).

c) *Qin'ha,* die »Eifersucht«, der »Neid«, aber auch der böse Blick, als der unrechte Wunsch, den Wohlstand anderer zu erlangen, zu übertreffen, sich anzueignen. Den Besitz anderer (die physische Gestalt, die Tiere, das Haus etc.) mit einem solchen Begehren anzusehen, ist eine Tat, die Böses verursachen kann, wie man aus der direkten Beziehung zwischen dem Auge und der unheilvollen Kraft, die von ihm ausgehen kann, weiß. So tauchen *'ajin ra'ah*, das »böse Auge« oder *'ajin ra'a,* das »Auge des Bösen«, tatsächlich ständig als Hinweise auf jenen archaischen Glauben an den bösen Blick wieder auf (5. Mose 28,54). Der Mensch, der Böses bewirkt hat, hat »bösen Blick«, d. h., er ist neidisch: »Iß nicht Brot bei einem Neidischen und wünsche dir von seinen feinen Speisen nichts« (Sprüche 23,6); »Wer eilt zum Reichtum und ist neidisch, der weiß nicht, daß Mangel ihm begegnen wird« (Sprüche 28,22).

Der Höllengott Moloch, der wahrscheinlich aus einer irrigen Bibelinterpretation entstanden ist. Er hat die Form eines Ofens, in dem die Phönizier die Kinder verbrannten. Zur Rechten Gehinnom, die Hölle (Athanasius Kircher, Oedipus Aegyptiacus, *Rom 1652.)*

Zur Abwehr der dämonischen Kräfte und der Zauberei bediente man sich verschiedenster Amulette. Einige von ihnen wurden im nachhinein institutionalisiert, als die Priesterschaft Teile des vor allem in der Zeit nach dem Exil im Volk verbreiteten Aberglaubens aufgriff und legalisierte. In der Jakobsgeschichte sind die Ohrspangen ganz sicher Amulette, die ursprünglich dazu dienen sollten, das

Gehör zu schützen, oder die noch andere apotropäische Funktionen hatten. Sie werden begraben, als das Haus Jakobs den Götzen entsagt (1. Mose 35,4). In der langen Liste der Dinge, die der Herr den Töchtern Israels fortnehmen wird (die Flitter, die Gebräme, die Schnürlein, die Bisamäpfel, die Ohrenspangen, die Ringe, die Haarbänder ... die Koller etc. etc.) werden die *lehashim* (Jes. 3,20ff.) erwähnt, ein Begriff, der gemeinhin mit »Amulette« übersetzt wird und der, nach dem Kommentar Ibn Ezras zu Jesaja, ursprünglich apotropäische Gegenstände bezeichnete, die mit abwehrenden Zeichen oder Buchstaben in Gold oder Silber versehen waren. *Shaharonim* (Jes. 3,18) hingegen müssen halbmondförmige Amulette gewesen sein, die wahrscheinlich im Zusammenhang mit Mondkulten standen und zur Zeit Gideons von den Führern der Midianiter und ihren Kamelen ins Land gebracht wurden (Richter 8,21ff.). A. R. S. Kennedy[5] weist noch auf den »Stein der Gnade« hin, den »Stein der Gunst« oder den »Edelstein« (Sprüche 17,8), den man wahrscheinlich als Mittel der Abwehr oder als Glücksbringer bei sich trug. Der Gebrauch setzt sich fort und steigert sich wahrscheinlich noch in späterer Zeit, denn Judas Makkabäus fand unter den Tuniken der toten Soldaten »Kleinode von den Götzen aus Jamnia, welches den Juden im Gesetz verboten ist« (2. Makk. 12,40).

Im Judentum – dieser Begriff sei der einfacheren Einordnung halber für die Form verwendet, in der die israelitisch-jüdische Religion sich nach der Zerstörung des Tempels konsolidierte – sind vom Mittelalter bis in die heutige Zeit beachtliche Hinweise auf Dämonologie und Hexerei auszumachen. Die Mehrzahl der Quellen, die uns zur volkstümlichen jüdischen Magie überkommen sind, greifen Themen auf, die charakteristisch sind für die nachbiblische Zeit, und sie zeugen von dem synkretistisch-magischen Denken, das typisch ist für die Gnosis. Die pragmatische Natur der Formeln und ihre ungesetzliche oder doch zumindest dem orthodoxen Glauben nicht gemäße Verwendung gehen unmittelbar aus der in den Anweisungen enthaltenen Thematik hervor. Formeln, die »Schrecken verbreiten« oder »eine Epidemie erzeugen« sollen, zeigen an, daß die bösen Angriffe auf magische Mittel übertragen

[5] A. R. S. Kennedy, *»Charms and Amulets Hebrew«*, in: *Encycolopaedia of Religion and Ethics*, ed. J. Hastings. Edinburgh 1908–1921, Neuauflage. 1951.

wurden. »*The Sword of Moses*«[6], ein klassischer Text, zeigt eine ganze Reihe unheilvoller Situationen auf: »Um die Berge und die Hügel zu zerstören... um die Könige zu wählen und abdanken zu lassen, um die Augen blind zu machen, um den Mund zu verschließen und mit den Toten zu reden, um die Lebenden zu töten, um niederzuschlagen und zu erheben, um die Engel zu beschwören, um erhört zu werden, um alle Geheimnisse dieser Welt zu sehen, schreibe die Formeln... auf eine Untertasse und lege sie zwischen die Wurzel des Genipa-Baumes.« Oder auch: »Um deinen Schrekken über das Geschlecht der Menschen auszustreuen, schreibe die Formel... auf eine Bleiplatte und begrabe sie rechts neben der Synagoge.«[7]

Zur gleichen Zeit entwickelt sich eine Engelslehre, die gnostischen Einfluß aufweist. Hier tauchen dämonenähnliche Gestalten auf, deren Namen in magischen und zerstörerischen Praktiken als Machtworte verwendet wurden. In der Regel bestehen sie aus einem spezifischen Beinamen, dem die Endung *'el* (der Herr, Gott) angehängt wird; sie beziehen ihre Wirksamkeit aus der Anwesenheit eines der zahlreichen göttlichen Namen und sind, zumindest in ihrer ursprünglichen Form, Manifestationen der Gottheit, die später als Boten, Diener und Vollstrecker des allerhöchsten Willens vermenschlicht wurden. Nicht selten verfließen Engel und Dämonen miteinander. Sicher einer der ältesten Texte, der der jüdischen Gnosis ein erstes Verzeichnis wirksamer Namen geliefert hat und in der Folge zu einem der meistbenutzten Texte in den Praktiken der Zauberei und der Hexerei wurde, ist das 6. Kapitel des ersten Buches Henoch, das auf das 2. Jahrhundert v. Chr. zurückgeht.[8] Darin werden die Namen von neunzehn Dekurien unter den zweihundert Engeln genannt, die sich gegen Gott auflehnten und zur Erde herabstiegen, wo sie sich mit den Menschentöchtern vereinigten und die Riesen zeugten. Lange Aufzählungen finden sich in *The Sword of Moses*.[9] Hier werden auch die Namen der Erzengel oder der Anführer der himmlischen Heerscharen genannt, von denen jeder mit einem besonderen Aspekt negativer Macht

[6] Moses Gaster (Hrsg.), *The Sword of Moses*. London 1896.

[7] M. Gaster, *Studies and Texts in Folklore, Magic, Medieval Romance, Hebrev Apocrypha and Samaritan Archaeology*, Bd. 3. S. 319. London 1952.

[8] E. Langton, *La Démonologie. Etude de la Doctrine juive et chrétienne. Son origine et son développement*, Übers. ins Franz. Paris 1951, S. 131.

[9] M. Gaster, ebd., Bd. 1, S. 31 und Bd. 3., London 1952, S. 329.

verknüpft ist; Mzpopiasaiel, Führer der Engel des Ärgers, Zkzoromtiel, Führer der Engel der Wut, Kso'ppghiel, Führer der Engel der Raserei, N'mosnikttiel, Führer der Engel des Zorns. Die nichtdämonischen Engel wiederum werden gegen eben jene Kräfte des Bösen angerufen. So der Engel Raphael, der Engel, der »heilt«; *Die Weisheit der Chaldäer* gibt die Anrufungsformel für diese Gestalt an, die den ersten Tag der Woche beherrscht: »Über den ersten Tag regiert Raphael. Seine Gestalt ist die eines Mannes, der auf einem Thron sitzt, mit ausgestreckten Armen und Beinen. Zu seiner Rechten dient Rahabiel, zu seiner Linken Faniel, über seinem Kopf Ariel, unter seinen Füßen Lahabiel. Ihre Aufgabe ist es, alle Arten von Krankheiten zu heilen, den Menschen vor allen abwegigen Shiddim und vor allen bösen Geistern zu bewahren, die dem Menschen Krankheit verursachen können. Willst du einen Menschen von einem Zauber oder einem bösen Geist oder vom Wahnsinn oder von irgendeinem der erwähnten Dinge heilen, zeichne mit beiden ausgestreckten Händen das Bild eines Menschen auf ein reines Pergament. Unter seine rechte Hand zeichne einen kleinen Mann und auf seine Schulter schreibe: Ariel. Zu seinen Füßen zeichne das Bild eines anderen Mannes, aber führe es mit roter Tinte aus, denn dies ist ein Engel, der über das Feuer herrscht, und schreibe auf seine Schulter: Lahabiel. Und darunter die folgenden Beschwörungen: Ich beschwöre dich, o Raphael, dich und deine Diener ...«[10]

Ein Grenzbeispiel dafür, daß die Engelslehre der Gnosis ins Judentum einging, zeigt die Verwendung des Namens eines besonderen Engels. Obwohl er den Wohnsitz Gottes auf Erden verkörpert, ist er zugleich ein dämonisches *tremendum*. Dieser Engel mit Namen Avzhia wird angerufen, damit er besondere Kraft verleiht, und er gilt als der gefährlichste und feurigste von allen Engeln der Zerstörung.[11] Zum Schutz und zur Verteidigung vor den Dämonen wurde auch der geschriebene Text benutzt, um zum Beispiel auf zwingende Weise den bösen Blick abzuwehren. In einer Formel ruft der Verfasser die Engel und die Heiligen an und fordert sie dazu auf, das Mädchen, dem das Amulett gilt, vor jeder bösen Krankheit zu bewahren, vor der Pest, vor Seuchen, vor dem Schwert und vor dem Hunger, vor einem unnatürlichen Tod und vor Diphterie, vor

[10] M. Gaster, ebd., Bd. 2, S. 348.
[11] M. Gaster, ebd., Bd. 3, S. 332.

Epilepsie, vor der Fallsucht, vor Gespenstern, vor männlichen und weiblichen Zerstörern, vor männlichen und weiblichen Liliths und vor dem bösen Blick. »Wie Joseph, der Gerechte, von dem geschrieben steht: ›Joseph wird wachsen, wird wachsen wie ein Baum an der Quelle, daß die Zweige emporsteigen über die Mauern.‹ Möge Gott, der Herr Israels, sie für nun und immer vor allen diesen Dingen bewahren.«[12] Der in der Formel verwendete Bibelvers ist 1. Mose, 49,20 entnommen.

Unter den volkstümlichen Quellen sind die Texte samaritanischen Ursprungs hervorzuheben, in denen gnostische und hellenistische Einflüsse im eigentlichen Sinne nur sehr begrenzt auszumachen sind. Sie wurden von Moses Gaster[13] veröffentlicht. Gaster war es gelungen, sie nach und nach von der einzigen verbliebenen samaritanischen Gemeinde in Nablûs zu bekommen. Der Gelehrte betont, daß die auffallende Modernität einiger der Abschriften nicht ausschließt, daß diese Formelsammlung sehr alten Ursprungs ist und daß die ersten Vorbilder mit einiger Wahrscheinlichkeit auf das 1. Jahrhundert n. Chr. zu datieren sind. Die besagten magischen Texte bestehen aus einer Reihe von Schutzformeln, die auf die Gebetsriemen (Phylakterien) zu übertragen waren: auf Pergamentröllchen, metallene Plättchen oder Kegel oder auch auf Steine. Sie waren natürlich unerlaubt und bedienten sich des Namens Gottes zur Abwehr des dämonischen Bösen. Hier einige Formeln als Beispiele: »Kein Zauberer unter dem Himmel soll gegen den anstehen können, der diese Schrift bei sich trägt ... Der Herr ist sein Name und Ya ist sein Name« – »Wer diesen Gebetsriemen trägt, sei frei von jedem Dämon, von jedem Geist und von jeder verderbten Kreatur und von jeder Gefahr und von jedem Tier. Amen, amen, amen. Erhebe dich, o Herr, kehre zurück, o Herr, zu dem, der diese Schriften an sich trägt.«[14]

---

[12] W. L. Nash, »A Hebrew amulet against disease«, in: *Proceedings of the Society of Biblical Archaeology*. London 1878–1918, Nr. 26, 1906, S. 182–184.

[13] M. Gaster, »Samaritan Philacteries and Amulets«, in: *Proceedings of the Society of Biblical Archaeology*, Nr. 27, 1915. SS. 96–107, 135–144, 163–174; Nr. 38, 1916, S. 70–79, 96–104, 202–222; Nr. 39, 1917, S. 16–26, 45–50.

[14] M. Gaster, ebd., Nr. 37, 1915. S. 101; Nr. 38, 1916, S. 207.

Ähnlich lautende Formelreste finden sich auch im babylonischen und im Jerusalemer Talmud. Sie zeugen von Volks- und Aberglauben unterschiedlichen Ursprungs, den die rabbinischen Schulen zwischen dem 2. und 5. Jahrhundert n. Chr. nicht übergehen konnten: sie fällten dazu entweder doktrinäre Entscheidungen oder Verdammungsurteile, oder sie nahmen einige der vermutlich am meisten verbreiteten Praktiken in den orthodoxen Kanon auf. Der Rückgang des religiösen Denkens und die Abwendung Gottes vom Volk Israel wird magischen Praktiken angelastet: »Als sich die vermehrten, die sich der Zauberei bedienten, um sich vor dem Urteil Gottes zu schützen, kam der Zorn Gottes in die Welt«[15], »Unsterblichkeit und Hexerei haben alle Dinge zerstört«[16].

Zahlreich sind die Textstellen, die von einer weit fortgeschrittenen Dämonologie und exorzistischen Praktiken zeugen, die das eine Mal abgelehnt, ein anderes Mal als wirksam angeraten werden. In seinem wichtigen Beitrag über den im Talmud enthaltenen Volksglauben hat A. Cohen[17] sorgfältig die in diesem Zusammenhang bedeutsamen Texte zusammengestellt, die zeigen, daß die Juden der ersten Jahrhunderte des Christentums sich von unzähligen Dämonen umlauert fühlten. Diesbezüglich ist ein Text aus dem Talmudtraktat Berakhot von Bedeutung, der im Hinblick auf die Dämonen eine dreifache rabbinische Lehre vermittelt: »Abba Binjamin sagt: ›Wäre dem Auge die Nacht verliehen worden, Alles zu sehen, so könnte kein Geschöpf bestehen vor (dem Anblick der) Gespenster. Abajje sagt: Sie sind zahlreicher als wir; sie stehen um uns herum wie eine Furche um das Beet. Rabbi Hona sagt: Ein jeder von uns hat deren Tausend an seiner Linken und Myriaden an seiner Rechten. Raba sagt: Dieses Gedränge bei der Vorlesung rührt von ihnen her, daß die Knie matt werden, rührt von ihnen her, daß die Kleider der Rabbanan schäbig werden, rührt von ihrer Reibung her.‹«[18] Und an anderer Stelle: »›Die ganze Welt ist voll von bösen Geistern und schädlichen Dämonen‹, sagte ein Rabbiner. Ein anderer erklärte: ›In einem Viertel-*Kab* in dieser Welt befinden sich mindestens neun *Kab* Dämonen.‹«[19] Sie weilen vorzugsweise an unreinen Orten und in dunklen Schlupfwinkeln; es gibt Dämonen

[15] Tosefta Sota, 14,3.
[16] Ebd., 9,13
[17] A. Cohen, *Le Talmud,* Übers., ins Franz. Paris 1958.
[18] *bT, Ber. I,* 1, 6a.
[19] *Tanchuma Mishpatim* 19.

der Ruinen[20], der Aborte[21] und der finsteren Orte[22]. Aber es gibt auch Dämonen, die sich die Gewässer und die Quellen zum ständigen Wohnsitz erwählen, daher rühren die zahlreichen Vorschriften, die sich auf das Trinken und den Gebrauch von Wasser beziehen. Ein apotropäisches Ritual garantiert zum Beispiel dem, der samstag- und mittwochnachts Wasser verwendet, Schutz vor dem Angriff der Dämonen. Der Gläubige kann die Dämonen entfernen, indem er den 29. Psalm rezitiert oder auch andere besondere Formeln wie zum Beispiel: »Lul, Šhaphan, Anigron und Anirdaphon, ich sitze zwischen den Sternen, ich wandle zwischen Magern und Fetten. Oder aber, man wecke jemand, wenn ein solcher gerade anwesend ist, und spreche zu ihm: N., Sohn der N., ich habe Durst. Alsdann trinke man. Oder aber, man klappere mit dem Deckel auf die Mündung des Krugs und trinke dann. Oder aber, man werfe etwas hinein und trinke dann.«[23] Der weibliche Dämon Lilith, die ins Hebräische übertragene babylonische Lilitu, nutzt die Nacht, um Kinder und Erwachsene anzugreifen. Sie zeigt sich als eine Frau mit Flügeln und langem Haar.[24] Der blutsaugende Dämon 'Aluqua kommt über den, der unvorsichtigerweise Wasser aus einem Teich oder einem Fluß trinkt.[25] Satan selbst, diesmal als Todesengel, bietet dem Sterbenden einen Tropfen Galle auf der Spitze seines Schwertes dar.[26]

Die Hauptabwehr gegen die Dämonen wird auch in den Texten des Talmuds den Formeln und den Amuletten zugeschrieben, die den Namen Gottes oder einige besonders wirksame Verse der Heiligen Schrift enthalten. Das hinderte nicht, daß man sich ritueller Praktiken zur Umgehung des Wassertabus bediente oder auf die schwarze Magie zurückgriff, um die Gespenster zu sehen: »Wer von ihnen Kenntnis haben will, der nehme gesiebte Asche und streue sie um das Bett; am Morgen wird er Fußspuren wie von einem Hahne bemerken. Wer sie sehen will, der nehme die Nachgeburt einer Katze, einer schwarzen, von einer schwarzen Katze geboren, einer erstgeborenen, von einer erstgeborenen geboren,

[20] *bT, Ber. 1*, 1, 3a–b.
[21] *bT, Ber.* 62a.
[22] *Pesahim* 111b.
[23] *Pesahim X*, 1, f. 112a.
[24] *bT, Er*, 100b, *Hiddah* 24b.
[25] *bT, AZ*, 12b.
[26] *bT, AZ*, 20b.

man verbrenne sie im Feuer, zerreibe sie und streue sich davon etwas in die Augen, dann wird er sie sehen. Man schütte sie dann in ein eisernes Rohr und versiegle es mit einem eisernen Siegelring, sie (die Gespenster) könnten sonst davon etwas stehlen; man soll aber auch den Mund schließen, damit man nicht beschädigt werde.«[27]

Zuflucht zur schwarzen Magie nimmt man auch, wenn man den Dämon ausfindig machen will, der die Tollwut eines Hundes bewirkt hat, und um die tödlichen Folgen des Bisses abzuwenden.[28] Eine Reihe bedeutender Talmudpassagen bezieht sich auf den bösen Blick und die entsprechenden Abwehrmaßnahmen. Er wird als die Kraft beschrieben, die die natürliche und soziale Ordnung bedroht und die in der Regel an ihrer Wirkung zu erkennen ist; zum Beispiel trifft sie die Pferde[29] und die Getreideernte[30], setzt die materiellen Güter der Gefahr der Zerstörung aus[31], weckt den Wunsch nach dem Besitz anderer[32]. Aber der Talmud bringt auch den Gedanken ein, daß von bestimmten Personen, die Umgang mit dem Göttlichen pflegen, unheilvoller Einfluß ausgeht. Die Rabbiner vor allem hätten diese Aura: »Wo die Weisen ihren Blick richten, da kommt entweder Tod oder Armut.«[33] Alle Bereiche der Erde, auf die Rabbi Simeon ben Jokhi und sein Sohn ihre Augen richten, werden von plötzlichem Feuer verzehrt[34], und der Blick Rabbi Eleazars hat den gleichen Effekt.[35] Rabbi Judah löst die Hungersnot allein dadurch aus, daß er seinen Blick zwei Männern zuwendet, die sich gegenseitig Brotkrumen zuwerfen.[36]

Man kann die Analyse der jüdischen Ausformungen der Dämonologie nicht abschließen, ohne daran zu erinnern, welche Entwicklung sie innerhalb der *Qabbalah* genommen hat, insbesondere in der sogenannten *qabbalah ma'asith,* der Kabbala der praktischen magischen Anwendung, in der die mystischen jüdischen Lehren einen ungeheuren Verfall der philosophischen Werte erlitten haben, sich aber zugleich im Sinne eines bemerkenswerten

[27] *bT, Ber.,* I, 1, 6a.
[28] *bT, Joma VII,* 6, 84a.
[29] *Tosefta,* Schab. 4,5.
[30] *bT, BM,* 107a.
[31] *bT, Taan.* 8b.
[32] *bT, Ber.,* 20a.
[33] *bT, Chag.,* 5b.
[34] *bT, Schab.,* 33b.
[35] *bT, BM,* 59b.
[36] *bT, Taan.,* 24b.

Als direkte Erben der jüdischen Theologie und Dämonologie schlagen die Christen einen zweifelhaften Weg ein: Sie grenzen das Judentum aus und überhäufen es mit Anschuldigungen. Zu den absurdesten Motiven, die seit den ersten Jahrhunderten immer wiederkehrten, gehört die Entheiligung der geweihten Hostie, die hier von den satanischen Juden durchbohrt wird. Holzschnitt des 15. Jahrhunderts.

historisch-religiösen Interesses weiterentwickelten. Die klassische Kabbala nimmt eine klar umrissene theoretische Stellung ein, was die »Weisheit« oder »äußere Disziplin« betrifft, die wundertätige und magisch-praktische Verwendung der Geheimnisse einer solchen Praktiken entgegenstehenden inneren Weisheit. Sie beurteilt die Zauberei negativ, weil sie eine umgekehrte Theosophie ist, die einen mystischen Weg von dämonischem Charakter und eine

Perversion des erkennenden und geistigen Weges darstellt. Am Rande der erlaubten und philosophischen *qabbalah* entwickelt sich eine komplexe Disziplin rund um die »Welt der Linken«, jenen Bereich der Wirklichkeit, der mit dem soharischen Begriff »Goldrest« beschrieben wird. Er ist der astralen Tätigkeit der Sonne unterworfen, während die Welt, in der Gott gegenwärtig ist, zum Einflußbereich des Mondes gehört. Der Topographie des Göttlichen steht hier eine Topographie des Dämonischen gegenüber, die nicht die schattenhafte Projektion der ersteren, sondern ihr metaphysischer Gegensatz ist.

Auch hier hat die dämonische Welt die mythologische Bedeutung von »die linke Seite«, der Zusammenbruch der Ordnung, das kosmische und moralische Böse, aber sie steht für den Gegensatz, den Gott selbst erschaffen und eingesetzt hat, um ihn in der einst stattfindenden Erlösung wiederaufzuheben.

Das *Sefer ha-Sohar,* der Grundtext der *Qabbalah* des späten Mittelalters, der frühere mündliche Überlieferungen wiederaufnimmt, erklärt den Dämon oder Geist der Unreinheit ausdrücklich als die Anwesenheit einer zügellosen Sexualität, die jeglicher Perversion die Tore öffnet. »Im Buch der Hexerei, aus dem Asmodäus die Lehren zog, die er König Salomo weitergab, steht geschrieben, daß, wer den Geist der Unreinheit von sich abwenden und bezwingen will, im Austausch für die Erfüllung seiner Wünsche bereit sein muß, alles zu bezahlen, was von ihm verlangt wird. Denn der Geist der Unreinheit versucht das Herz des Menschen mit vielen Verlokkungen, um Besitz von ihm zu nehmen.«[37] Diese Gefahr, vom Geist der Unreinheit besessen zu werden, rührt vom Drama der Erbsünde und der Versuchung durch Satan her. Der Sündenfall wird hier neu interpretiert als Tat der Schlange, die an die Stelle des unmittelbar von Gott selbst erschaffenen Menschen die Vermehrung durch sexuelle Vereinigung setzt – alle instinkthaften und unreinen Triebe inbegriffen. Sie ist Ausgangspunkt für alle Magie und Hexerei. Unter den zahlreichen Textstellen im Sohar, die dieses Thema behandeln, findet sich auch ein Hinweis, daß es unreiner Handlungen und der magischen Opferung der Schlange als propädeutischer Mittel bedarf, um die Beziehung zur Welt des Bösen herzustellen: »Wir erlernen hier die mystische Lektion, daß sich jegliche Art der

[37] *Sefer ha-Zohar,* Traktat *Terumah,* 128 a. Vgl. auch *The Zohar,* translated by Harry Sperling et. al., 5 Bde. London und New York 1933, Bd. 3, S. 363 f.

Hexerei von der Schlange der Versuchung ableitet, die der Geist der Torheit und der Unreinheit ist. Deshalb werden alle Hexereien *n'hashim*, Schlangen, genannt. Und wer auch immer sich ihnen hingibt, besudelt sich, muß sich zuerst besudeln, um den unreinen Geist an sich zu ziehen ... Eben aus diesem Grund, um den unreinen Geist der Urschlange auf sich zu ziehen, befleckte sich der böse Balaam des Nachts, indem er sich mit seinem Esel paarte und konnte sodann seinen Wahrsagereien und Hexereien nachgehen. Zu Beginn soll er sich eine der normalen Schlangen genommen, sie festgebunden und ihr den Kopf zerquetscht und die Zunge herausgezogen haben. Dann soll er sich Kräuter genommen und sie als Weihrauch verbrannt haben. Er habe sodann den in vier Teile geteilten Kopf der Schlange genommen und als zweites Opfer dargebracht. Schließlich zeichnete er einen Kreis um sich, murmelte einige Worte und machte einige Gesten, bis die unreinen Geister über ihn kamen, die ihm alles sagten, was sie von dem himmlischen Drachen wußten; und so fuhr er fort mit seinen magischen Praktiken, bis die Urschlange Besitz von ihm nahm.«[38]

Der Sohar und die Kabbala ganz allgemein bezeichnen die Zauberei auch als »Weisheit des Ostens«, in Anlehnung an die anderslautende Überlieferung von den Engeln, die sich aufgelehnt hatten, unter die Menschen in den Bergen des Ostens herabgestürzt waren, wo sie sie die unerlaubten Praktiken lehrten: »Denn diese Berge sind der Wohnsitz der Engel 'Uzza und 'Azael, die der Heilige aus dem Himmel vertrieben hat und die dort mit Eisenketten gefesselt waren. Sie vermitteln den Menschensöhnen die Kenntnis der Zauberei.«[39]

[38] Traktat *Haye Sarah*, 125b–126a, *The Zohar*, Bd. 2, S. 11.
[39] Ebd., S. 12.

Die christliche Tradition

Die Sünder unter der Höllenfolter. Holzschnitt von Nicolas Le Rouge, Troyes 1469.

Der Teufel im Neuen Testament

Die Vielfalt des Dämonenglaubens, wie sie uns vom Mittelalter bis in die heutige Zeit überkommen ist, hat ihre Grundlagen im Neuen Testament. In seinen Texten zeichnet sich in jener Zeit des höchst lebendigen Synkretismus', der für die erste Verbreitung des Christentums kennzeichnend war, mit großer Deutlichkeit ein bedrükkendes und bedrängendes Bild des Bösen ab, das auf die unterschiedlichsten historischen Quellen zurückgeht. Schon die spätjüdische Engelslehre weist eindeutig Einflüsse iranischer Tradition auf, die auf den neutestamentarischen Teufel übergehen, wobei sich hier ein gemäßigter Dualismus herausbildet, den die alte hebräische Kultur nicht kannte. Neben dieser Komponente wirkt aber an der Bildung des dämonologischen Systems im Neuen Testament das gesamte biblische Erbe mit, das sich nun noch mit Elementen spätantiker mediterraner Prägung und – vor allem in den Paulus zugeschriebenen Texten – mit aus der Gnosis übernommenen Texten vermischt (Theorie von den Äonen und dem Fürsten dieser Welt).

J. Smit[1] weist darauf hin, daß der griechische Terminus *daimonion,* der allein für Fälle von teuflischer Besessenheit benutzt wird, in den Evangelien 52mal auftaucht und daß es fast keine Seite in den Erzählungen vom öffentlichen Wirken Jesu gibt, die nicht von einer dämonischen Besessenheit spricht oder in irgendeiner Weise darauf anspielt. Satan, im Neuen Testament als Satanas bezeichnet, entspricht dem alttestamentarischen Satan, dem Gegner und Verleumder schlechthin, der hier als mythischer Träger des Bösen eine eindeutig persönliche Physiognomie annimmt. Er wird mit der Schlange gleichgesetzt, die Christus wie einen Blitz vom Himmel fallen sieht (Luk. 10,18). Hier beginnt sich nun die Identifizierung der Schlange mit Luzifer zu konsolidieren, die im Alten Testament noch sehr vage und ungewiß war. Sowohl die Jünger als auch die Apostel haben Macht über Satan (Luk. 10,19). Ähnlich dem iranischen Ahriman raubt er das vom Evangelium verbreitete gute Wort, indem er es zerstört (Mark. 4,15). Er versucht Jesus (Matth. 4,10; Mark. 1,13); er bewirkt körperliche Leiden (Luk. 13,16); er verfolgt die Anhänger des Evangeliums, um sie zu sichten, wie man den Weizen sichtet (Luk. 22,31); er hat sein eigenes Reich, im räumlichen wie im zeitlichen Sinn (Matth. 12,26; Mark. 3,26); er bemächtigt sich der Seele und der Gefühle des Judas' (Luk. 22,3; Joh. 13,27).

Beelzebub, abgeleitet vom hebräischen *Ba'al zevuv*, ist der Name, der vorwiegend in den den Pharisäern zugeschriebenen Reden verwendet wird. Die ursprüngliche Bedeutung ist ungewiß,

[1] J. Smit, *De daemoniacis in historia evangelica.* Rom 1913.

da er im 2. Buch von den Königen (2. Könige 1,2–13) als Götze der Philisterstadt Ekron erscheint, an den sich König Ahasja wendet, aber andernorts wird er auch als »Fliegengott« oder »Gott der Fliegen« bezeichnet, der seine Gläubigen vor den Fliegen schützt, analog zu Zeus Apomnios, von dem Pausanias spricht[2], und zu dem römischen Gott Deus Myagron di Solino. Er wird auch als »Gott der Stadt Sebub« interpretiert. Im Judentum wird er zu Ba'al zvul, »Herr des Hauses«, »Herr der Wohnstatt«, und als solcher wird er in der griechischen Übersetzung des Neuen Testamentes als Beelzebub wiedergegeben, und in der Vulgata-, der Italica- und der Syriaca-Ausgabe der Bibel wird die letztgenannte Form beibehalten. Auch hier ist der Ursprung ungewiß, obwohl man ihn mit einer ihm geweihten Kultstätte in Zusammenhang bringen könnte oder, allgemeiner, mit dem unterirdischen Aufenthaltsort der Toten und der Dämonen, oder schließlich auch mit der semitischen Wurzel *zvl,* »Misthaufen«, die im arabischen *zibl,* »Misthaufen«, im syrischen *zebla* und im talmudischen *zabal*, »schmutzig«, wiederauftaucht und sich auf die Opfer beziehen dürfte, die das Volk den Götzen darbringt.

In den Evangelien wird dieser Name ganz offenbar von den Pharisäern benutzt. Eine bezeichnende Stelle in diesem Zusammenhang ist Matthäus 10,25, die besagt: »Haben sie den Hausvater Beelzebub geheißen ...« In den Anschuldigungen der Pharisäer heißt es, daß der so benannte Dämon Jesus die Macht verleihe, die anderen bösen Geister auszutreiben. Mehr noch: daß er selbst von ihm besessen sei (Mark. 3,22).

Der Teufel, *diabolos,* »der sich quer stellt«, und, im geläufigeren Sinn, »der Ankläger«, »der Verleumder«, »der Feind«, ist der im Griechischen gebräuchliche Name für Satanas, dem fast immer der Artikel vorausgeht, wenn der Fürst der Dämonen gemeint ist. Er versucht die Menschen und ist darauf aus, ihnen Böses anzutun (Matth. 13,25; Luk. 8,12; Joh. 13,2); er ist der Vater der Sünder (Joh. 8,44); ihm und seinen rebellischen Engeln ist das ewige Feuer bereitet (Matth. 25,41 ff.).

Wenn in den Evangelien vom Wirken der Dämonen, deren Macht durch Gott eingeschränkt wird (Matth. 12,28; Mark. 5,7 ff.; Luk. 8,28), die Rede ist, so handelt es sich fast immer um Fälle von Besessenheit, das heißt Satanas oder ein dämonischer Geist hat die

[2] Pausanias, 5, 14,2. Übers. von J. H. Chr. Schubart in 9 Bänden, 1857/63.

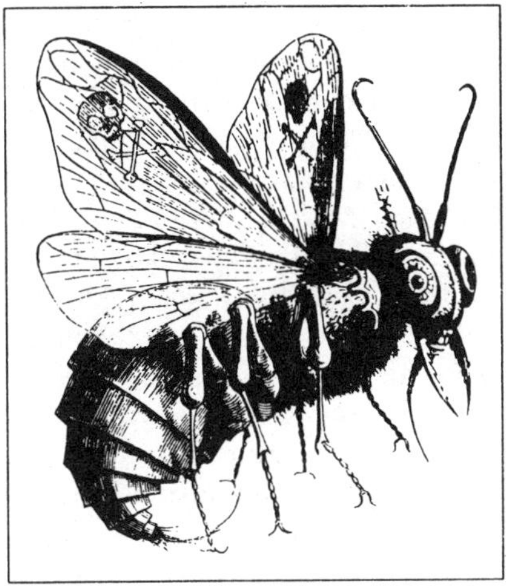

Beelzebub, der Herr der Fliegen. (Aus: J. A. S. Collin de Plancy, Dictionnaire infernal. *Paris 1863.)*

Seele in Besitz genommen. Die ausgetriebenen Dämonen irren an verlassenen Orten ruhesuchend umher, und wenn sie keine Ruhe finden, kehren sie machtvoller als zuvor in diesen Menschen zurück (Matth. 12,43 f.; Luk. 11,24). Jesus wird von den Pharisäern beschuldigt, Dämonen mit Hilfe Beelzebubs, des Fürsten der Dämonen, aus den Körpern der Kranken zu vertreiben. Er erwidert aber darauf, wie absurd es wäre, sich zur Abwehr der Dämonen unter den Schutz des Teufels zu stellen, und erklärt, daß ihm seine Kraft vom Heiligen Geist komme (Matth. 12,22; 12,32; Mark. 3,22–30; Luk. 11,14–23).

Als unreiner Geist kann der Dämon Besitz von einem Menschen ergreifen und durch ihn sprechen, wie etwa in der Geschichte von dem Besessenen in der Synagoge in Kapernaum, der Jesus wütend angreift und dann von diesem Geist befreit wird. Als der Geist aus dem Körper austritt, reißt er ihn hin und her und schreit laut (Mark. 1,23–28; Luk. 4,33–37). Der von Dämonen besessene Mensch hat die Neigung, sich abzusondern, ein wildes Leben zu führen, wie die Besessenen bei den Gerasenern, die aus den Grabhöhlen kommen und Jesus entgegenlaufen (Matth. 8,28; Mark. 5,1 ff.). Der Besessene legt seine Kleider ab, lehnt es ab, in einem Haus zu wohnen, hat außergewöhnliche Kräfte, die sowohl Fesseln als auch Ketten sprengen (Luk. 8,27; 8,29), verletzt sich selbst und schlägt sich mit Steinen (Mark. 5,5). Sichtbar verlassen die Dämonen den Körper des Besessenen und können auf Tiere übertragen werden, wie in der bereits zitierten Gerasener-Episode, in der Jesus sie in die Schweine fahren läßt. Die Besessenheit manifestiert sich in epileptischen oder der Epilepsie ähnlichen Anfällen; der Besessene fletscht die Zähne, fällt zu Boden, ins Feuer oder ins Wasser, hat Schaum vor dem Mund und erstarrt, wie in der Geschichte von dem mondsüchtigen Kranken (Matth. 17,14–21; Mark. 9,18–29; Luk. 9,3–42). Die Macht, die Dämonen auszutreiben, ist den Jüngern gegeben (Matth. 10,1; Mark. 3,10; 6,7), die ausdrücklich im Namen Jesu handeln (Mark. 16,15–18) und so die Befugnis begründen, die später die Kirche für sich beanspruchen wird.

Der historisch-kosmische Konflikt, der charakteristisch für das iranische Schrifttum ist, findet sich, angereichert durch Elemente aus dem späten Hebräismus, in der dem hl. Johannes zugeschriebenen *Apokalypse* wieder, in der der Antichrist und die verschiedenen Gestalten, die ihn begleiten, wirkliche und wahrhaftige Teufelsdarstellungen sind, die später in die Dämonologie des Mittelalters und der Renaissance eingehen.

Der Antichrist steht in Opposition zu Gott und zu Christus, dem Heilsbringer. Die ganze Vision des Johannes' zeigt eine ständig anwachsende Macht der dämonischen Erscheinungen, die am Ende von Gott besiegt werden. Der Dämon insbesondere wird beschrieben als »das Tier, das aus dem Abgrund aufsteigt«: es wird die letzten Gerechten überwinden und töten (Offenb. 11,7). Aber er taucht auch als großer roter Drache auf mit sieben Köpfen und zehn Hörnern und sieben Kronen auf seinen Häuptern, und sein Schwanz fegt ein Drittel der Sterne des Himmels hinweg und schleudert sie auf die Erde. Er versucht das eben geborene Kind einer Frau, die mit der Sonne bekleidet ist, zu verschlingen, aber Michael und seine Engel stürzen ihn. Die Übereinstimmung mit den verschiedenen Erscheinungsformen des Dämons im Neuen Testament ist deutlich: »Und es ward gestürzt der große Drache, die alte Schlange, die da heißt Teufel und Satan, der die ganze Welt verführt« (Offenb. 12,9). Bemerkenswert in dieser visionären Schrift ist auch der Rückgriff auf die Dämonen in Tiergestalt, ein Motiv, das ebenfalls großen Einfluß auf die Entwicklung der späteren dämonologischen Bilderwelt hat. Bei der Öffnung des vierten Siegels erscheint »ein fahles Pferd. Und der darauf saß, des Name war Tod, und die Hölle folgte ihm nach« (Offenb. 6,8). Als der fünfte Engel posaunt, öffnet sich der Brunnen des Abgrunds: »Und aus dem Rauch kamen Heuschrecken auf die Erde, und ihnen ward Macht gegeben, wie die Skorpione auf Erden Macht haben« (Offenb. 9,1 ff.). Sofort tauchen auch jene Traumbilder auf, die typisch sind für die Teufelserfahrung des Mittelalters: »Und die Heuschrecken sind gleich den Rossen, die zum Krieg gerüstet sind, und auf ihrem Haupt ist's wie Kronen, dem Golde gleich, und ihr Antlitz gleicht der Menschen Antlitz; und hatten Haare wie Weiberhaare, und ihre Zähne waren wie die der Löwen« (Offenb. 9,7–8). Macht über sie hat der Engel des Abgrunds, »dessen Name auf hebräisch Abbadon ist, auf griechisch aber Apollyon, was lateinisch heißt der Verderber«.[3]

Schon hier zeigt sich die in den späteren Dokumenten reichlich dokumentierte Tendenz, die Benennungen der dämonischen Gestalt zu vervielfachen. In der gleichen, Johannes zugeschriebenen Apokalypse wird der Dämon eindeutig mit der Macht Roms identifiziert (bezeichnet als Babylon). Hier nimmt eine Tradition ihren Ausgang, wonach in späteren Epochen gegnerische Nationen, Volksgruppen und Religionen dämonisiert werden. Rom wird zur »großen Hure«, die der Visionär als eine diabolische Erscheinung beschreibt: »Und er brachte mich im Geist in die Wüste. Und ich sah ein Weib sitzen auf einem scharlachroten Tier, das war voll lästerlicher Namen und hatte sieben Häupter und zehn Hörner. Und das Weib war bekleidet mit Purpur und Scharlach und übergoldet mit Gold und edlen Steinen und Perlen und hatte einen goldenen Becher in der Hand, voll Greuel und Unflat ihrer Hurerei, und an ihrer Stirn war geschrieben ein Name, ein Geheimnis: ›Das große Babylon, die Mutter der Hurerei und aller Greuel auf Erden‹« (Offenb. 17,3 ff.). Der kosmische Kampf endet mit dem Sieg Gottes: »Und der Teufel ... ward geworfen in den Pfuhl von Feuer und Schwefel, da auch das Tier und der falsche Prophet war, und werden gequält werden Tag und Nacht von Ewigkeit zu Ewigkeit« (Offenb. 20,10).

Verstärkt erscheinen diese Motive in den apokryphen Apokalypsen. In der Petrusapokalypse, die um das Jahr 135 n. Chr. entstand, wird eine von verschiedenerlei Dämonen beherrschte Hölle beschrieben. Die Hölle ist ein Fluß aus alles verschlingendem Feuer,

---

[3] Offenb. 9,11, zitiert nach: Die Heilige Schrift des Alten und Neuen Testamentes. Mit dem Urtext der Vulgata, Übers. und mit erklärenden Anmerkungen versehen von Augustin Arndt S. J., Bd. 3. Regensburg, Rom, u. a., 5. 1910.

in dem »die Unrechten, die Sünder und die Heuchler in den ewigen dunklen Abgründen bleiben werden, und ihre Strafe ist das Feuer, und die Engel werden ihnen ihre Sünden aufzeigen und den Ort der immerwährenden Bestrafung vorbereiten, für einen jeden seinen Vergehen entsprechend... Ezrael, der Engel des Zorns, wird die Männer und die Frauen, deren Körper zur einen Hälfte brennt, davontragen und in einen Ort der Finsternis werfen, der die Hölle der Menschen ist. Und ein Geist des Zorns wird sie mit jeglicher Folter bestrafen, und der Wurm, der niemals schläft, wird ihre Gedärme verschlingen«.[4] Im *Pastor Hermae*, »Hirt des Hermas«, der um 150 n. Chr. zu datieren ist, zeigt sich der Dämon als »ein riesengroßes Tier, ähnlich einem Wal, und aus seinem Maul kamen brennende Heuschrecken... und das Tier hatte einen vierfarbigen Kopf, schwarz, rot wie Feuer und Blut, golden und weiß«.[5] In der *Paulusapokalypse*, einer Apokryphe aus dem 3. Jahrhundert n. Chr., die um 431 ergänzt und überarbeitet wurde, wird der Dämon als »der Wurm, der niemals ruht« beschrieben, und er teilt sich in ellenlange Teile mit jeweils zwei Köpfen.[6] In der *Thomasapokalypse*, von der wir einen um etwa 450 n. Chr. eingeschobenen Text besitzen, ist der Dämon der apokalyptische König des Kosmos' und wird mit dem Antichrist gleichgesetzt.[7]

In den Paulusbriefen und in den Briefen, die Paulus zugeschrieben werden, folgt die Gestalt des Dämons einer besonderen Entwicklungslinie dualistischer Art, wobei es sich um einen verinnerlichten Dualismus handelt: Der Konflikt zwischen »dieser Welt«, die von Satan beherrscht wird, und der Welt Gottes findet in erster Linie im Wissen um die Sünde und in der Versuchung zur Sünde in unserem Inneren statt. Natürlich kommen bei Paulus auch Passagen vor, in denen sich ein Dämonismus mythologischer Ausprägung findet. Etwa wenn von den Mächtigen und Gewaltigen, den Herren der Welt, die in dieser Finsternis herrschen, und den bösen Geistern unter dem Himmel die Rede ist (Eph. 6,12). Es bleibt auch die Erinnerung an die »Schlange, die Eva verführte mit List« (2. Kor. 11,3). Alles verlagert sich aber auf die Ebene eines Kampfes zwischen dem Universum der Sünde und dem der Erlösung,

4 »Petrusapokalypse«, in: *Apocalissi aprocrife*, hrsg. von A. M. di Nola, Mailand 1978. S. 37.
5 Ebd. S. 50.
6 Ebd., Kap. 42. S. 83.
7 Ebd. S. 109 ff.

In der Apokalypse betet die Menge der Mächtigen dieser Erde die Hure Babylon an, Verkörperung der Hurerei und des Pfründenhandels, sowie den Drachen mit den sieben Häuptern, den Luther in seiner Polemik mit der katholischen Kirche gleichsetzt. (Aus der illustrierten Lutherbibel, Wittenberg 1534.)

zwischen dem Zusammenbruch und dem Erleben der Gnade. Der Teufel ist noch außerhalb von uns, aber er schleicht sich in die verborgenen Winkel unseres Bewußtseins ein. Die Christen, die Bekehrten, werden zum Kampf aufgerufen: »Seid stark in dem Herrn und in der Macht seiner Stärke. Ziehet an die Waffenrüstung Gottes, daß ihr bestehen könnt gegen die listigen Anläufe des Teufels« (Eph. 6,10–11). Dem Apostel scheint die ganze Menschheit in zwei entgegengesetzte Lager geteilt: »Ihr aber ... seid nicht in der Finsternis ... denn ihr seid alle Kinder des Lichtes und des Tages. Wir sind nicht von der Nacht, noch von der Finsternis (Thessal. 5,4); »und uns errettet hat von der Macht der Finsternis und hat uns versetzt in das Reich seines lieben Sohnes« (Kol. 1,13). Dieser Konflikt ist unversöhnlich, und er wird von Paulus im Hinblick auf den Gegensatz Christen/Heiden neu gedeutet: die Heiden werden als die Gefährten Satans gesehen. »Zieht nicht am selben Joch wie die Ungläubigen! Denn was hat die Gerechtigkeit zu schaffen mit der Ungerechtigkeit? Was hat das Licht für Gemeinschaft mit der Finsternis? Wie stimmt Christus mit Belial? Oder was für ein Teil hat der Gläubige mit dem Ungläubigen? Was hat der Tempel Gottes gemein mit den Götzen?« (2. Kor. 6,14–16). Der zentrale Punkt der Unterscheidung ist in dem Gegensatzpaar Götzen/wahrer Gott angesiedelt, und eben hier verwirklicht der Dämon, der sich der Götzen bedient, seinen üblen Plan: »Nein, sondern was die Heiden opfern, das opfern sie den bösen Geistern und nicht Gott. Nun will ich nicht, daß ihr in der Teufel Gemeinschaft sein solltet. Ihr könnt nicht zugleich trinken des Herrn Kelch; ihr könnt nicht zugleich teilhaftig sein des Tisches des Herrn und des Tisches der Teufel« (1. Kor. 10,20).

Der Höllendrachen verschlingt die Ruchlosen. Holzschnitt aus: Livre de la Diablerie, *Paris 1568.*

Der Dualismus manifestiert sich darüber hinaus in dem Widerspruch zwischen »dieser Welt« als dem Reich Satans und der Welt Gottes und derer, die von der Gnade erleuchtet sind. So hat der Begriff »diese Welt« in der Theologie des Paulus die Bedeutung »Satanas und seine Werke«: »Ist nun unser Evangelium verdeckt, so ist's denen verdeckt, die verloren werden, den Ungläubigen, denen der Gott dieser Welt den Sinn verblendet hat, daß sie nicht sehen das helle Licht des Evangeliums, von der Herrlichkeit Christi (2. Kor. 4,3–4). Die Analogie zur dualistischen iranischen Auffassung ist hier offenkundig: der Gegensatz zwischen Finsternis und Licht und der Kampf zwischen den Anhängern des schlechten Wortes und denen des guten Wortes.

Auch die mythologischen Reste in der Dämonologie des Paulus zeigen einen intensiven, existentiellen Kampf gegen die Sünde als eine Erscheinungsform des Teufels im Herzen der Menschen. Der Teufel indessen versucht die Seelen, um sie in die Sünde zu stürzen: »... und dann kommt wiederum zusammen, auf daß euch der Satan nicht versuche, weil ihr euch nicht enthalten könnt« (1. Kor. 7,5); »auf daß wir nicht übervorteilt werden vom Satan; denn uns ist nicht unbewußt, was er im Sinn hat« (2. Kor. 2,11). Als Herr dieses Zeitalters ist der Teufel unablässig bemüht, das menschliche Bewußtsein zu hintergehen: »er (der Novize) muß aber auch ein gutes Zeugnis haben von denen, die draußen sind, auf daß er nicht geschmäht werde und falle in des Teufels Stricke« (1. Timoth. 3,7); »Denn die da reich werden wollen, die fallen in Versuchung und Stricke und viele schändliche und törichte Lüste, welche die Menschen versinken lassen in Verderben und Verdammnis« (1. Timoth. 6,9). Genau wie im alten Iran endet der Kampf jedoch schließlich mit dem Sieg der Welt des Lichts über die der Finsternis, mit dem Sieg der Anhänger des Evangeliums über die Anhänger der teuflischen Versuchung. In der Endzeit werden die Jünger Jesu aufgerufen, auch über die Dämonen zu richten (1. Kor. 6,3). Paulus selbst wird von Satanas gequält, aber er besiegt ihn vor der Endzeit mit Hilfe der Gnade: »Und auf daß ich mich nicht der hohen Offenbarung überhebe, ist mir gegeben ein Pfahl ins Fleisch, nämlich Satans Engel, der mich mit Fäusten schlage, auf daß ich mich nicht überhebe ... Und Er (Gott) hat zu mir gesagt: ›Laß dir an meiner Gnade genügen‹« (1. Kor. 12,7ff.). Und mit Hilfe der Gnade besiegt ihn jeder Gläubige: »Der Gott des Friedens wird den Satan treten unter eure Füße« (Röm. 16,20).

Die Dämonologie der ersten Jahrhunderte des Christentums

Die umfassende Untersuchung, die J. B. Russell[1] über die ersten fünf Jahrhunderte des Christentums angestellt hat, erlaubt es, einige Betrachtungen zu der eindrucksvollen Entwicklung der Mythologie des Dämonischen anzustellen, die zuerst bestimmt war durch die Apostolischen Väter und die Apologeten und danach durch die bedeutsamen Abhandlungen des Tertullian und des Augustinus. Vor allem für die ersten drei Jahrhunderte gewinnt man den Eindruck, daß die Mythologie, die hier und da durch gnostische Elemente beeinflußt ist, außerhalb des rein mythischen Rahmens gezielte politische und historische Wirkungen gezeitigt hat. Die oftmals bis zum Überdruß wiederholten Themen werden keineswegs in den Bereich der reinen Spekulation verwiesen, sondern bestimmen weitgehend das konkrete Vorgehen der Kirche in den folgenden Jahrhunderten. Zugleich zeigt sich darin der zunehmende Konflikt zwischen der spätantiken Gesellschaft und der neuen religiösen Botschaft: ein historischer Prozeß, in dem die politischen Überzeugungen und Institutionen des Heidentums allmählich durch die politische Macht des Christentums ersetzt werden.

Der Teufel, mit aller ihm anhaftenden Negativität, entwickelt sich in zwei parallele Richtungen, die sich häufig auch überlagern. Die Christen entdecken ihn als Trug und Chaos im Universum der heidnischen Gottheiten, die allgemein als konkrete Erscheinungsformen des Bösen in der Welt betrachtet wurden. Der Märtyrer, der nach dem Klischee von Bekenntnis und Hingabe aufgefordert oder gezwungen wird, den Göttern zu opfern, weigert sich, wählt Folter und Tod, weil er weiß, daß er sonst dem Teufel opfern würde. Genau in diesem Punkt versucht die christliche Welt die spätantike Sicht von Geschichte und Welt auszulöschen, wenngleich sie viele Einflüsse daraus in Kultus, Glaubenssätzen und Heiligenbeschreibungen übernimmt; sie folgt damit einer ambivalenten Haltung von Haß – Liebe, Anziehung – Abwehr, die für die ersten Jahrhunderte bezeichnend ist.

[1] J. B. Russell, *Satan. The Early Christian Tradition.* 1981.

In der gleichen Zeit entwickelt sich die folgenschwere Verteufelung der Ketzer, vor allem der Gnostiker. Damit beginnt eine Tradition nachträglicher theologischer Rechtfertigung für Ausgrenzung und Verfolgung, die bis in unsere Tage andauert. Auch hierin zeigt sich eine grundsätzliche Ambivalenz: während der größte Teil der christlichen Bewegungen, die von den Lehren der einen Mutter Kirche abwichen, verfolgt und mit dem Bann belegt wurde, nahm die herrschende Theologie durchaus einige gnostische Einflüsse auf, so daß spätere Klassifizierungen gar von einer »christlichen Gnosis« sprechen.

Belial vor der Hölle unterhält sich mit Teufeln. Holzschnitt aus: Jacobus de Theramo, Consolatio Peccatorum, Seu Processus Belial *(Das Buch Belial), Augsburg 1473.*

Die zentrale Frage in diesen ersten Jahrhunderten bleibt die nach der Natur, dem Ursprung und dem Sinn des kosmischen und menschlichen, des natürlichen und moralischen Bösen, das angesichts eines von Grund auf guten Gottes auf den ersten Blick unerklärlich erscheint. Die Gnostiker hatten, in Anlehnung an die iranische Tradition, diese Ausweglosigkeit mit Hilfe des Mythos' gelöst: sie gingen davon aus, daß die Schöpfung ein übles oder entartetes Werk der Demiurgen sei, die sich an die Stelle des guten

Gottes gesetzt und sein Werk verdorben hätten. Sie folgen damit einer pessimistischen Auffassung, die die ganze gegenwärtige Welt ablehnt und alles in die Wiederherstellung der ursprünglichen Vollkommenheit verlagert, die durch den Einbruch des Bösen auseinandergefallen ist. Für die apostolischen Väter ist es das Nächstliegende, sich an die biblischen Erzählungen von den Sünden der Urahnen zu halten, vom Fall der aufrührerischen Engel und von der satanischen Versuchung der neuen Theologien. Was sich unter Überwindung enormer exegetischer Schwierigkeiten daraus ergibt, ist ein mythisches Bild – sieht man einmal ab von Augustinus, der das Problem des Bösen auf die Ebene höchster philosophischer Spekulation erhebt, obwohl es auch hier mit dem Mythologem des Satan gleichgesetzt wird.

Die Werke der Apologeten und der Apostolischen Väter der ersten Jahrhunderte hatten also vor allem den praktischen Zweck, polemisch auf die Attacken und die Verhöhnungen der letzten Denker der antiken Welt zu antworten; vor allem aber sollten sie den Gläubigen Schutz sein gegen die religiösen heidnischen Bräuche, die als Götzendienst betrachtet wurden.

Teufel verhöhnen Gott Vater. Letzte Textseite aus dem Buch Belial.

Deshalb erscheint schon in dem *Brief an die Christen von Korinth*, den Clemens I., Bischof von Rom, um die Jahre 94/97 an die in heftigem Streit liegenden Gläubigen schrieb, der Teufel als Anstifter der Sünden und der Kämpfe innerhalb der Gemeinden. Beim heiligen Ignatius, Bischof von Antiochia, der 107 den Märtyrertod starb, zeigt sich ein starker Einfluß der dualistischen Gnosis. Der Teufel ist der Fürst dieser Welt, und er steht mitten in dem Kampf zwischen alten und neuen Äonen oder kosmischen und menschlichen Zeiten. Dem für die Gnosis typischen Pessimismus folgend, geht Ignatius davon aus, daß der gegenwärtige Äon, das heißt die Welt, in der wir leben, infolge von Adams Fall unter die Herrschaft Satans geraten ist und daß Satan durch die Ankunft Christi zwar erschüttert, aber nicht vernichtet ist. Was die Zukunft betrifft, wird das neue Zeitalter, die Wiederkehr Christi, dem Bösen ein Ende setzen, aber die gegenwärtige Welt bleibt weiterhin in der Gewalt eines Archonten, dem geistigen Prinzip des Bösen.

Es war dies eine der Methoden, mit deren Hilfe die Apologeten und die Theologen versuchten, den Widerspruch zwischen dem Andauern des Bösen, dem Fortbestehen von Krankheit und Tod und dem Wort des Evangeliums zu überwinden, das besagt, der Fürst dieser Welt sei von Christus für immer besiegt und vernichtet worden. Es existieren also himmlische Heerscharen, die aufgrund ihrer Rebellion gegen Gott zu dämonischn Heerscharen geworden sind und die unter den Menschen ihr Unwesen treiben; sie bringen sie in Versuchung und säen Zwietracht und Feindschaft unter den Gläubigen. Hier ist ein moralischer Dualismus mit Ansätzen zu einem kosmischen Dualismus verknüpft, den die Apostolischen Väter von dem sehr ausgeprägten Dualismus der essenischen und qumranitischen Gemeinden übernommen hatten. Die Antwort auf die teuflischen Einflüsterungen und die Herrschaft des Dämons über die Welt ist das christliche Märtyrertum, ein glorreiches Zeugnis, das die verfolgenden Heiden nicht zu verhindern vermögen. In jedem Fall wird die Herrschaft des Teufels über diesen Äon nicht von langer Dauer sein, da man im ersten Jahrhundert die Wiederkehr Christi, die durch das Wort Christi, wie es in den Evangelien niedergelegt ist, versprochen worden war, schon sehr bald erwartete.

Der unbekannte Verfasser des *Barnabasbriefes*, der um 117/119 wahrscheinlich in Alexandrien, im Umfeld des Juden-Christentums verfaßt wurde, nimmt bemerkenswert viele Einflüsse aus dem

Asmodi, der Erzteufel. (Aus: J. S. A. Collin de Plancy, Dictionnaire infernal, *Paris 1863.)*

griechischen Judentum auf. Hier zeigt sich erneut der Mythos von den beiden Reichen und den beiden Wegen, die in Opposition zueinander stehen.

Das gegenwärtige Zeitalter wird vom Dämon beherrscht, dessen aggressive Kraft durch die Fleischwerdung und die Leidensgeschichte geschwächt worden ist. Er übt jedoch bis zur triumphalen Wiederkehr Christi am Ende aller Zeiten seine Macht über die Welt aus. Die Engel des Lichts führen ihren Kampf gegen die der Dunkelheit – ein Motiv qumranitischen Ursprungs –, und der Dämon versucht sie dem Licht zu entreißen, um sie in die Finsternis zu stürzen. Er wird mit der Farbe schwarz identifiziert, die ihm für immer anhaften und später der Grund für die Ausgrenzung der farbigen Völker sein wird. Der Dämon wohnt im Herzen des Menschen, wenn dieser sich dem Götzenkult zuwendet und den Versuchungen des eigenen Willens erliegt.

Polykarp, Bischof von Smyrna, der im Jahre 156 den Märtyrertod starb, sieht die Dämonen als Engel, die gegen die Märtyrer kämpfen. Sie haben jedoch keine Macht über die Seele des von Grund auf reinen Menschen, und sie sind der Geist des Bösen in uns selbst, die Neigung zur Schlechtigkeit, von der schon in der Bibel die Rede ist. Der kosmische und menschliche Kampf zwischen Gott und dem Teufel wird auch zum Konflikt zwischen den Anhängern Christi und den Ketzern.

Der apostolischen Zeit wird auch noch die um 140 entstandene anonyme Schrift *Hirte des Hermas* zugerechnet. Darin werden beide Themen behandelt: das des inneren Konflikts und das des kosmischen Konflikts. In unserem Herzen widersetzt sich der Geist des Guten dem Geist des Bösen, und der Engel des Bösen, der in uns wohnt, treibt uns zur Sünde. Wir tragen somit eine Unentschiedenheit in uns, eine Ambivalenz in Gestalt von zweierlei Seelen, einer engelsgleichen und einer dämonischen, aber der Dämon wird nicht siegen, wenn wir uns Gott überlassen und Christus anvertrauen, der uns den Bußengel schickt und uns mit Hilfe des Strafengels erzieht und leitet. Parallel dazu findet sich der Gegensatz zwischen den beiden Wegen und den beiden Städten, eine Symbolik, die man beim heiligen Augustinus wiederfindet. Auch in diesem Text ist schwarz die Farbe des Bösen.

Eine ausgeprägte Weiterentwicklung erfährt die Dämonologie zur Zeit der Apologetischen Väter, deren Theologie in erster Linie darauf abzielt, die Christen vor den Angriffen der Heiden zu schützen und gegen die alte Religion zu polemisieren. Justin, der Märtyrer, der um 100 in Samaria geboren wurde und zwischen 163 und 167 in Rom den Märtyrertod starb, verfaßte zwei *Apologien* (die erste um 152/154, die zweite um 154/160), deren Hauptinteresse die Widerlegung der Gnosis ist. Justin hatte in seiner Jugend eine vom griechischen Denken geprägte Erziehung genossen, deshalb wird bei ihm die schwerfällige Mythologie zu einem Diskurs von theologischer Würde erhoben, in dem nur hier und da auf die unerläßlichen Mythen vom Sündenfall Bezug genommen wird. Die Gemeinschaft der Christen befindet sich in einem kosmischen Kampf gegen Satan. Die Dämonen, die die Gläubigen angreifen, sind gefallene Engel mit schwereren und gröberen Körpern als sie die Engel Gottes besitzen. Sie wohnen in der Luft, zwischen Himmel und Erde, und ernähren sich vom Rauch der heidnischen Opfer. Gott hat den Engeln die Aufsicht über die einzelnen Länder

Der dualistische Konflikt zwischen dem siegreichen Guten und dem unterlegenen Bösen, ausgedrückt in dem Kampf zwischen dem Erzengel Michael und Luzifer in Gestalt des Drachens. Stich von Albrecht Dürer, aus: Die Apokalypse, *Nürnberg 1498.*

anvertraut, und die Wächter sind dämonische Engel, die ihrer Aufsichtspflicht nicht nachgekommen sind. Durch sie entsteht die Sünde der Wollust, da sie sich zur Zeit Noahs mit den Töchtern der Menschen vereinigten und Söhne mit ihnen zeugten: Wir haben deshalb zwei Kategorien von Dämonen, die gefallenen Engel und die von ihnen gezeugten Söhne. Satan, der mit dem Dämon und der Schlange gleichgesetzt wird, ist zu Beginn ein vollkommenes Engelswesen, das aber der Sünde verfällt, als es Adam aus Neid und Eifersucht versucht. Er ist von nun an aus dem Paradies vertrieben, und seine Macht und sein Wissen sind eingeschränkt seit der Ankunft Christi, der ihn bei seiner Wiederkehr auslöschen wird. Folglich ist die erste Ankunft Christi lediglich der Beginn eines neuen Zeitalters, und man lebt in der Erwartung, daß es sich am Tage des Jüngsten Gerichts vollendet, wenn die gefallenen Engel dem ewigen Feuer übergeben werden. Unterdessen trügt uns der Dämon in dieser Welt mit seinen Zaubereien: die Gnosis, Krankheiten, Ketzerei und Verfolgungen sind sein Werk. In seiner scharfen Polemik gegen die antike Welt bezeichnet Justin die Götter als von den Dämonen geschaffene Inkarnationen, die die Menschen auf den Pfad des Bösen führen sollen, und die alten Mythen sind für ihn Erzählungen, die die Heilsgeschichte Christi nachahmen, um sie zu verhöhnen, so etwa der Mythos von Attis, der wie Christus stirbt und wiederaufersteht.

Tatian, um 120 in Assyrien geboren und im Jahr 180 gestorben, wurde wie sein Lehrer Justin im Geiste der griechischen Philosophie erzogen, aber er verabscheute die antike Religion. In seiner 177 verfaßten *Rede gegen die Griechen* vermischen sich Reste der dualistischen Kosmologie der Gnosis mit den neuen christlichen Elementen. Der Kosmos ist bevölkert von zahllosen Dämonen mit schwerem, plumpem Körper, der aus Materie und nicht aus Fleisch besteht. Sie werden mit den gefallenen Engeln gleichgesetzt; der Teufel ist der Erstgeborene unter ihnen, ihr Anführer und ihr Fürst, da er der erste war, der gesündigt und seinen Urzustand verwirkt hat. Die Dämonen, die im Grunde genommen die heidnischen Götter sind, bedienen sich aller möglichen Tricks, sie sagen den Gang der Gestirne voraus, bringen uns dazu, an den Einfluß der Sterne zu glauben, bewirken Visionen und Träume und haben die Medizin erfunden, die Tatian mit der Zauberei gleichsetzt. Früheren theologischen Thesen folgend, erkennt Tatian Christus als den an, der die Macht der Dämonen zwar geschwächt hat, doch werden wir auch

Die Dämonen fischen mit ihren Haken die Betrüger aus der Pechgrube (Hölle, 21. Gesang). Stich von G. Doré für eine Ausgabe der Göttlichen Komödie.

weiterhin von diesen verfolgt. Tatian, der dem enkratistischen Denken, das zur Enthaltsamkeit auffordert, anhängt, lehnt die eheliche Verbindung als rein fleischlich und daher als Werk des Teufels ab.

In seinem 177 verfaßten *Bittgesuch für die Christen* teilt Athenagoras die bösen Geister in drei Kategorien ein: den Teufel, die verderbten Engel und die Riesen, die aus der Verbindung der Engel mit den Frauen entstanden. Der Teufel trägt wie alle Engel auch das Gute in sich, aber er ist, da er sich von Gott abgewendet hat, der Sünde verfallen; er ist zusammen mit den anderen Engeln vom Himmel gestürzt, zu dem er nicht mehr aufsteigen kann.

Wir kommen nun zu den reicheren und komplexeren Vorstellungen des Irenäus, der um 140 in Kleinasien geboren wurde und um

202 als Bischof von Lyon starb. Obwohl er selbst einige Einflüsse der Gnostiker aufgenommen hat, polemisierte er in seiner Schrift *Adversus hareses* gegen die gnostische These, das gegenwärtige Böse erkläre sich dadurch, daß die Welt von einem bösen Schöpfer erschaffen wurde. Für Irenäus hingegen ist das Universum das Werk des Logos. Die Engel sind von Gott erschaffen und von guter Natur, wie auch der Teufel gut war, bevor er aus dem Himmel gestürzt wurde. Der Fall habe nach der Erschaffung Adams stattgefunden, da die Sünde Luzifers vor allem eine Sünde des Neides und der Eifersucht gegenüber dem ersten erschaffenen Menschen war, der ihn des Privilegs beraubte, die erste Kreatur Gottes zu sein. Die Menschen haben die Sünde des Hochmuts ererbt, die Adam begangen hat. Damit sind wir zu Sklaven der Erbsünde und zugleich des Teufels geworden, unfähig, uns davon zu befreien; wir sind der Vollkommenheit des Bildes und der Ähnlichkeit mit ihm verlustig gegangen. Allein der Kreuzestod Christi hat uns aus der Sklaverei erlöst, wenn auch – nach dem bereits angedeuteten Leitmotiv – die von Christus besiegten Dämonen ihr Treiben fortsetzen und uns zum Heidentum, zum Götzendienst, zur Gottlosigkeit, zur Hexerei, zum Ketzertum und zur Abtrünnigkeit anstiften.

Der erste große Theologe lateinischer Sprache ist Tertullian, geboren um 170 in Karthago und nach seiner Bekehrung bis zu seinem Tod um 220 Bischof von Karthago. In seinen zahlreichen Werken polemisiert er gegen den gnostischen Dualismus zugunsten eines moralischen oder inneren Dualismus', der sich in dem Kampf zwischen der Neigung zum Guten und der zum Schlechten äußert, ein ursprünglich pharisäischer Gedanke, wonach die wahre Abwehr des Dämons in einem rigoros moralischen Verhalten bestehe. Deshalb wendet er sich dem Montanismus, der in sittlicher Hinsicht rigidesten christlichen Strömung zu. Die Heiden gehören dem alten Äon an und sind die Soldaten Satans. Die Schöpfung ist ursprünglich gut (Antignosis), aber sie wird von der Sünde durchkreuzt. Diese Sünde ist kein autonomes, Gott entgegengesetztes, Prinzip, sondern geht von Satan und seinen Anhängern aus, weshalb auch der Teufel lediglich eine verderbte Kreatur ist und kein Demiurg oder Schöpfer, wie es in der Gnosis heißt. Gott hat ihn gut und vollkommen erschaffen, nachdem aber Neid und Eifersucht ihn zu Fall gebracht haben, hat er sich in ein böses Geschöpf verwandelt. Während Gott die Welt gemacht hat, suchte er sie zu zerstören, und in dieser zerstörerischen Rolle ist er der Herr dieser Welt als Anführer der gefallenen Engel, der Riesen, der verderbten Männer und Frauen und trägt den Namen Satan. Er schmeichelt sich als böser Geist und Versucher in die Seelen ein, und zu seinem Gefolge gehören auch die Wächterengel, die den Frauen die Zauberei beibringen. Satan und seine Anhänger bewirken Naturkatastrophen und Unwetter, die die Ernte zerstören; Gott gibt ihnen die Befugnis dazu, um den Menschen für seine Sünden zu strafen. Sie stiften auch an zu Ketzerei und haben die heidnischen Mythen und Rituale erfunden. Oder sie quälen die Menschen mit ihren Einflüsterungen von Luxus und Reichtum, Spielen und Spektakeln. Der Kreuzestod Christi hat sie geschwächt, aber sie werden ihre Heimsuchungen fortführen bis zum Jüngsten Gericht. Allerdings kann sich der Mensch durch das Bekenntnis des Glaubens an Jesus Christus, durch Taufe und Exorzismus gegen sie schützen.

Ihren Höhepunkt erreichen diese dämonologischen Ausführungen in dem reichen und überaus komplexen Werk des heiligen Augustinus', der 354 in Tagastos geboren wurde und 430 als Bischof von Hippo Rhegius starb. Auch bei Augustinus tauchen einige mythische Motive auf, indem er zum Beispiel einen ursprünglich vollkommenen Zustand Adams und Satans annimmt. Doch mit einer Intensität und Kraft der Reflexion, die die gesamte christliche Theologie der nachfolgenden Jahrhunderte bestimmen wird, überdenkt und interpretiert Augustinus jedes dämonologische Thema neu.

Von Kindheit an quält ihn die Frage nach der Existenz und dem Ursprung des Bösen. Er glaubt, daß es den Teufel gibt und daß Gott ihm erlaubt, diese Welt unter seiner Kontrolle zu regieren, weshalb sich das Menschengeschlecht in seiner Hand befindet. Aber der Kosmos ist das gute und vollkommene Werk Gottes.

An dieser optimistischen Grundauffassung hält der große Denker bis zu den Zerstörungen und Verheerungen fest, die den Fall Roms im Jahre 410 begleiten; von nun an sieht er die Problematik des dämonischen Bösen in einem düstererenLicht. Der Kosmos ist für ihn nach wie vor von Grund auf gut, und Gott schickt Schmerzen und Zerstörung nach seinem geheimen erzieherischen Plan. Das Böse hat keine eigenständige Wurzel, sondern es ist

[2] Augustinus, *Enchiridion 11.*

privatio boni, die Abwesenheit Gottes, des grundsätzlich Guten: »*malum nihil est aliud quam naturalium privatio bonorum*[2] (das Böse ist nichts anderes als die Ermangelung der natürlichen guten Eigenschaften); und auch der Körper ist grundsätzlich gut, durch Verführung und Verkommenheit wird ihm jedoch das Gute entzogen: »*non corpus aggravat animam, sed corpus quod corrumpitur. Ergo carcerem facit non corpus, sed corruptio*«[3] (der Körper beschwert die Seele nicht von sich aus, sondern nur, wenn er verdorben ist. Deshalb ist nicht der Körper ein Gefängnis, sondern die Verdorbenheit). Es existieren in Entsprechung zu den dämonischen Mächten natürliche Übel (Unwetter, körperliche Leiden etc.), die keine wirklichen Übel, sondern bedingt sind durch unsere Schwachheit und unser Ausgesetztsein in dieser Welt. Das wirkliche ist das moralische Übel, das heißt die Sünde, die von unserer freien Entscheidung, unserem freien Willen abhängig ist. Eben dieser freie Wille, das höchste Geschenk an die Kreatur, befreit Gott von der Verantwortung für das moralische Übel, das allein der Entscheidung des Menschen zuzuschreiben ist. So waren auch Satan und Adam in ihrem Urzustand von Grund auf gut; sie brachten die Sünde durch ihre freie Entscheidung in die Welt. Die Erbsünde hat den Willen des Menschen verändert, hat ihn dem Bösen geneigt gemacht, während die Sünde Satans den Menschen auf ewig Unheil bringt, solange Christus sie nicht erlöst.

[3] *In ps.* 141, 18–19.

Der Teufel in der Wüste

Die Wüste ist ein charakteristischer, von schwer greifbarer Ambivalenz begleiteter Topos der Bibel und der übrigen christlichen Literatur. Hier sahen die Juden bei ihrem Auszug aus Ägypten Gott »von Angesicht zu Angesicht«, eine unmittelbare Gotteserfahrung, die sich als »Heimweh nach der Wüste« in der Geschichte Israels oftmals wiederfindet, bis hin zur Bewegung der Rechabiten, deren Bestreben es war, dorthin zurückzukehren. Aber die Wüste ist auch der Ort, wo Jesus vom Teufel versucht wird und wo sich, dem Text des Evangeliums zufolge, die Dämonen bevorzugt aufhalten. Hier scheinen auch die Gründe für die große klösterliche und eremitische Bewegung zur Wuste zu liegen: der Rückzug in die Wüste wird als Möglichkeit gesehen, sich den Versuchungen einer Zeit und einer Kultur zu entziehen, die man ablehnt. Gleichzeitig ist sie der Ort, sich aus freiem Willen zu prüfen, indem man sich den teuflischen Versuchungen aussetzt. Die Mönche und Eremiten sind Erben einer reichen Tradition mystisch-religiösen Einsiedlerdaseins: bekannte Beispiele finden sich in den spätjüdischen und jüdisch-hellenistischen Bewegungen der Essener, der Therapeuten und der Sekte von Qumran, die ihrerseits in späterer Zeit Einfluß auf die Gemeinden von Nag' Hammadi ausstrahlten.

Die Wüste stellt sich so als die Negation der spätantiken Kultur dar, »dieser Welt«, die im Sinne des Evangeliums als Gegensatz zum Reich Gottes verstanden wird, Inbegriff des Bösen und der Sünde, beherrscht von Satan und seinen Anhängern. Dadurch, daß die Mönche sich der heidnischen, von ihnen abgelehnten Kultur entziehen, die den Dämon als Gottheit verehrt, bilden sie eine neue Kultur, die wesentlich bestimmt ist durch das Verhältnis zu Gott und die von den Eremiten oder den klösterlichen Gemeinschaften praktizierte Askese.

Im Mittelpunkt vieler Erzählungen, die uns aus dieser Epoche des orientalischen Christentums überkommen sind, das in der Folge maßgeblich das abendländische Mönchtum beeinflußt hat, stehen zum einen die Prüfungen, denen der Asket von Seiten des Dämons ausgesetzt ist, und zum anderen die Mittel der Abwehr und der Verteidigung. Für eine wissenschaftliche und theologische Betrachtung der Dämonologie sind diese Erzählungen allerdings kaum relevant, da sie sich aus fantastisch-schauerlichen Elementen

Der hl. Honofrius, eines der Urbilder des Eremitendaseins. (Civica raccolta stampe Bertarelli, Mailand.)

zusammensetzen, die einen Hang zu den mythischen Welten des personifizierten Bösen enthüllen, von dem der Mensch sich in seiner Vorstellung umgeben glaubt. Dieses Böse, das auf die Gestalt des Dämons und der Dämonen projiziert wird, umschleicht den Einsiedler, beleidigt ihn, versucht ihn mit den raffiniertesten oder gröbsten Lügen, läßt ihn aufgrund seiner inneren Disposition den Zugriff der Sünde unter Qualen erleiden. Aber dem Eremiten gelingt es immer, das teuflische Chaos zu überwinden – das ein Chaos in der Ordnung der Natur und in der inneren Ordnung ist. Mit Hilfe der konsequenten Askese und des Vertrauens in die Macht Christi geht er siegreich aus dieser Prüfung hervor.

Wir stehen hier Quellen gegenüber, die vorwiegend deskriptiver und nicht theologischer Art sind. Sie leiten das gewaltige Schauspiel vom Kampf zwischen Gott und dem Teufel ein, das in die Vorstellungswelt und vor allem in die Beschreibungen der Heiligenleben der späteren Jahrhunderte eingehen wird: Die Heiligkeit kann nur über die Demütigung und Kasteiung erreicht werden, durch die man die teuflischen Impulse besiegt. Selbst Luther erlebt Augenblicke, deren bedrängende Bilder an die Erfahrung der Kirchenväter in der Wüste erinnern.

Die zentrale Gestalt in dieser Welt quälender Einsamkeit ist der heilige Antonius Eremita, um 250 in Coma in Mittelägypten geboren und 356 als über Hundertjähriger gestorben. Von Antonius' Kampf gegen die Dämonen wissen wir aufgrund der Biografie *(Vita Antonii)*, die sein Schüler Athanasius in Form von Briefen an die Mönche im Westen schrieb. Ursprünglich auf Griechisch verfaßt, fand sie durch eine 388 von Evagrios von Antiochien angefertigte Übertragung ins Lateinische und durch zahlreiche Übersetzungen in orientalische Sprachen rasche Verbreitung.

In zahlreichen Episoden werden die vielfältigen Erfahrungen des Antonius mit dem Teufel geschildert. Kaum hat er sein asketisches Leben begonnen, zeigt sich der Versucher: »Der Teufel, Feind alles Guten und voller Neid, ertrug es nicht, bei einem jungen Menschen einen solchen Entschluß zu sehen. Was er schon immer eifrig betrieben hat, nahm er auch gegen Antonius in Angriff. Zuerst versuchte er, ihn von der Askese abzulenken, indem er ihn arglistig an seinen Besitz denken ließ ... das Verlangen nach Geld und Ehre, die vielfältige Lust am Essen und Trinken und die anderen Freuden des Lebens ... da(nn) setzte er seine Zuversicht auf die Waffen am Nabel seines Bauches, und voller Stolz auf sie (denn dies waren seine ersten Nachstellungen gegen junge Männer) ging er auf den jungen Antonius los ... Der Teufel gab ihm schmutzige Gedanken ein, Antonius vertrieb sie durch Gebete; er kitzelte ihn mit Wollust, Antonius aber, gleichsam errötend, schützte seinen Leib durch Glauben, Gebete und Fasten wie mit einer Mauer. Der unglückliche Teufel ging sogar soweit, nachts die Gestalt einer Frau anzunehmen und sie auf jede Art nachzuahmen ... Dies alles wurde nun zur Schande für den bösen Feind. Denn er, der geglaubt hatte, Gott gleich zu werden, wurde jetzt von einem jungen Mann dem Spott preisgegeben.«[1] Antonius entzieht sich dem Dämon, indem er sich einer überaus harten Lebensweise unterwirft: »Er wachte so lange, daß er oft sogar die ganze Nacht hindurch nicht schlief ... Er aß einmal am Tag nach Sonnenuntergang; zeitweise nahm er nur alle zwei, oft sogar alle vier Tage etwas zu sich. Seine Nahrung bestand aus Brot und Salz, und sein einziges Getränk war Wasser ... Zum Schlafen genügte ihm eine Binsenmatte; meistens lag er sogar auf bloßer Erde.«[2] Der Asket beschließt, sich in eine Grabhöhle zurückzuziehen, aber »da suchte er ihn eines Nachts mit einer Menge Dämonen heim und versetzte ihm solche Schläge, daß er stumm vor Qualen am Boden lag«.[3] In der gleichen Höhle verfolgte der Dämon ihn mit Getöse und mit Erscheinungen, so daß sich seine Grabesbleibe mit dämonischen Trugbildern in Gestalt von Tieren bevölkert: Löwen, Bären, Leoparden, Stiere, Schlangen, Vipern, Skorpione und Wölfe, und alle greifen sie ihn an. Später zieht sich der Heilige in die Wüste zurück, aber auch hier ist er neuerlichen Angriffen des Dämons ausgesetzt, die er mit dem Zeichen des Kreuzes abwehrt. Die diabolischen Mächte, so berichtet Athanasius, sind zahllos: »Scharenweise sind sie im uns umgebenden Luftraum und nicht weit entfernt von uns; sie sind freilich untereinander sehr verschieden«.[4] Einer solchen Invasion muß man die »Unterscheidung der Geister« entgegensetzen, eine asketische Praxis, durch die man, mit Hilfe des Heiligen Geistes, die Dämonen zu durchschauen und zu unterscheiden vermag, welche von ihnen böse sind und in welcher Weise man sie vertreiben kann. Wenn es ihnen nun nicht gelingt, das Herz des Menschen mit unreinen Lüsten zu

---

[1] Athanasius, *Vita Antonii*, hrsg. von Adolf Gottfried. Graz 1987. S. 29f.
[2] Ebd., S. 32.
[3] Ebd. S. 34.
[4] Ebd. S. 48.

trügen, »greifen sie auf andere Art an; sie täuschen Erscheinungen vor in der Absicht, Angst einzujagen, sie wechseln ihre Gestalt, ahmen Frauen, wilde Tiere und Schlangen nach und verwandeln sich in gewaltige Leiber und Legionen von Soldaten«.[5]

Sie können sich sogar als Träger der göttlichen Macht und als Anhänger der Askese darstellen. Einmal erschien Antonius ein riesenhafter Dämon, der erklärte, die Macht Gottes und die Vorsehung zu sein, aber der Heilige schlug ihn im Namen Christi, und er verschwand sofort mitsamt all seinen Gefährten. Bei einer anderen Erscheinung »trat irgend jemand an die Tür und zupfte am Band seines Flechtwerkes; er fertigte nämlich Speisekörbe an und gab sie seinen Besuchern als Gegengabe für das, was sie ihm brachten. Er stand auf und sah ein Ungetüm, das zwar bis zu den Schenkeln einem Menschen glich, aber Beine und Füße wie ein Esel hatte«.[6] Der Heilige vertrieb die Bestie mit dem Kreuzzeichen, und sie floh zusammen mit ihren Dämonen in solcher Hast, daß sie zu Boden fiel und starb.

Die Dynamik der teuflischen Angriffe ist sehr klar: »Der Ansturm und die Erscheinung der bösen Geister aber bringt Verwirrung mit sich und ist mit Getöse, Lärm und Geschrei verbunden... Daraus entsteht sogleich die Furcht in der Seele, Verwirrung und Unordnung in den Gedanken, Niedergeschlagenheit, Haß auf die Asketen, Sorglosigkeit, Trauer, Erinnerung an die Verwandten und Furcht vor dem Tod; und dann Begierde nach dem Bösen, Geringschätzung der Tugend und Charakterlosigkeit.«[7] Aber es ist klar, daß die Dämonen keine Macht haben über den, der sich stark macht im Namen des Herrn, auch weil der Feind durch die Ankunft Christi besiegt wurde: »Deswegen ist er zwar machtlos; dennoch gibt er auch nach seinem Sturz keine Ruhe, wie ein Tyrann, sondern droht, obgleich nur mit Worten.«[8]

Sexuelle Versuchungen als Angriffe auf die Entscheidung für das eng mit dem Enkratismus, dem Verzicht auf jeglichen Genuß verknüpfte Mönchtum, Visionen und Halluzinationen, Aggressionen, die bis zu schweren körperlichen Mißhandlungen gehen, ziehen sich durch die gesamte Geschichte der Teufelserfahrungen in der Wüste. Makarios wird von einem Schwarm kleiner schwarzer

5 Ebd. S. 49.
6 Ebd. S. 78.
7 Ebd. S. 62.
8 Ebd. S. 54.

Versuchung des hl. Antonius von Padua. Holzschnitt von Jacobus de Voragine, Leben der Heiligen, *Nürnberg 1488.*

Dämonen angegriffen[9], und die Prüfungen, von denen Rufino in seinem Werk erzählt, gelangen über die *Legenda aurea* zur Kenntnis der Frommen des Mittelalters.[10] Hier wiederholt sich das Muster von der Geschichte des heiligen Antonius'. Makarios schläft in einer Grabhöhle und benutzt als Kopfkissen die Leiche eines Heiden, in die ein Dämon einfährt. Die Teufel erschrecken ihn und laden ihn mit eindeutig lüsternen Absichten zum Bade ein. Er kämpft gegen die Versuchungen an, indem er sich langen Fußmärschen durch die Wüste mit einem Sandsack auf den Schultern unterzieht. Satan treibt seinen Schabernack mit ihm: als Makarios in Meilenabständen Stöcke aufstellt, um den Rückweg zu markieren, entfernt der Dämon sämtliche Stöcke, und der Heilige hat alle Mühe, zu seiner Klause zurückzufinden.

Hilarion von Gaza, geboren 291, ein Schüler des Antonius', zog sich ebenfalls in die Wüste zurück, wo er heftigen Versuchungen ausgesetzt war, die der heilige Hieronymus in der zwischen 382 und 391 verfaßten Lebensbeschreibung des Hilarion wiedergibt. Pachomius wird plötzlich von einem Dämon gequält, der ihm in Gestalt eines schwarzen Mädchens erscheint und ihn zu verführen sucht, aber er vertreibt ihn mit einem Schlag seiner Hand, die noch zwei Jahre danach stinkt.[11]

[9] Rufino, *Historia monachorum.*
[10] Jacobus de Voragine, *Legenda aurea.*
[11] Hl. Hieronymus, *Historia lusiaca.*

Der hl. Hieronimus in der Wüste. Stich von Hans Baldung Grien (1485–1545). Herzog-August-Bibliothek, Wolfenbüttel.

Ein ebenfalls in der Linie des heiligen Antonius' stehender und von Satan besonders heftig verfolgter Asket ist Evagrius Ponticus, um 356 in Ibora im Pontusgebirge geboren und um 400 in der Wüste gestorben. Sein geistiger Lehrer war Makarios. Um dem städtischen Leben von Konstantinopel zu entfliehen, zog er sich in die Nitria-Berge zurück und wählte später die noch herbere Einsamkeit der »Cella«. Er führte ein so rigoroses Büßerdasein, daß er erst in seinen letzten Lebensjahren seine Nahrung mit gekochten Kräutern, wenigen Gemüsen, Gerstentrünken und Brot anreicherte. Als Anhänger der Lehre des Origines (vgl. nächstes Kapital) verdammt und vom Laterankonzil zum frevelhaften Ketzer erklärt, stellte Evagrius eine eigene Theorie zum Mönchsleben auf: Danach ist das aktive oder »praktische« Leben die Vorbereitung für die höhere kontemplative oder gnostische Ebene. So muß der Asket in diesem praktischen Leben die Loslösung von der Unruhe und den Gütern dieser Welt erreichen, indem er die Dämonen abwehrt.

Da die Werke des Evagrius origenesische Thesen enthielten, wurden sie 533 vom 5. Konzil von Konstantinopel verdammt. Wie J. B. Russell[12] in einer neuen Würdigung dieser Werke schreibt, verspürt Evagrius nach eigener Beschreibung in seinem *Tractatus practicus* die Allgegenwärtigkeit der diabolischen Kräfte, die in der Luft wohnen, sich winzig klein machen, um in die Körper einzudringen, und die uns täuschen können, indem sie uns als Engel des Lichts erscheinen. Sie greifen unseren Körper über den Geist an, setzen ihn Trugbildern aus, die Ängste und Versuchungen in uns heraufbeschwören. Am stärksten gefährdet sind die Mönche: die Dämonen überfallen sie, um sie zur Unkeuschheit zu verleiten und sie der Versenkung in Gott zu entreißen, oft auch durch physische Gewalt. Zum Beispiel jucken sie an der Nase, kratzen an den Ohren, drücken auf den Magen, verleiten zum Schlaf während des Gebets, erfüllen den Betenden mit Blähungen, schicken Krankheiten, schlagen und mißhandeln die Mönche. Es gibt acht dämonische Heerscharen, die den acht Todsünden entsprechen, die in unseren gefühlsmäßigen Neigungen *(logismoi)* verwurzelt sind: die Völlerei, der Hochmut, die Unkeuschheit, der Geiz, die Verzweiflung, der Zorn, die Trägheit und die Eitelkeit. Wenn der Mönch von den Dämonen angegriffen wird, muß er sich jener Unterscheidungspraktik bedienen, die schon von Athanasius in der *Vita Antonii*

[12] J. B. Russell, *Satan. The Early Christian Tradition.* 1981.

Die sieben Todsünden in Gestalt von Dämonen. Stich von Joh. Geiler von Kaisersberg, Das Buch Granatapfel, *Straßburg 1510.*

angeraten wurde. Sobald sie sich bemerkbar machen, darf man nicht passiv bleiben, sondern muß sie aus dem Geist verscheuchen, indem man sich ablenkt: so soll sich der Mönch, der im Bett vom Dämon der Unkeuschheit überfallen wird, erheben und einen Krankenbesuch machen oder andere Akte der Barmherzigkeit und der Frömmigkeit vollbringen.

Evagrius betont in seiner Dämonologie vor allem eine Sünde, der in der Einschätzung ihrer dämonischen Einwirkung auf den Menschen besondere Bedeutung zukommt. Es handelt sich um die Sünde der Trägheit, die vom Dämon des Mittags hervorgerufen wird, der den Mönch zwischen der vierten und der achten Stunde quält, das heißt zwischen zehn und vierzehn Uhr. Der Mittagsdämon[13] macht glauben, daß alles in einen verlangsamten Rhythmus verfällt, daß die Sonne sich nicht bewegt, er versetzt den Mönch in ungeduldige Erregung, gibt ihm Haß auf das Leben und auf die Arbeit ein und verführt ihn, seine Zelle zu verlassen.[14] Dieser Zustand wird mit dem Satan selbst gleichgesetzt und scheint im Kern dem *taedium vitae* und der Schwermut in späteren Ausführungen zu entsprechen. Tatsächlich ist für Cassianus »*taedium et anxietas cordis quae infestat anachoretas et vagos in solitudine monachos*« eine Sünde, die sich wie eine Art innere Leere, Erschlaffung und tödliche Langeweile darstellt.[15] Anders als die *pigritia*, die Faulheit, wird sie zum Hauptaspekt der teuflischen Versuchung, da sie gleichbedeutend ist mit der Verzweiflung am göttlichen Guten.[16]

[13] Evagrios, *De octo vitiosis cogitationibus, PG XI.*
[14] Evagrios, *Tractatus practicus.*
[15] Cassianus, *Collatio.*
[16] Thomas von Aquin, *Summa theologica.*

Der erlöste und errettete Teufel

Ein ideologischer Zweifel, der bei Origines offen behandelt wird, betrifft die eigentliche Natur des Bösen und dessen Verbindung zur ewigen Höllenverdammnis. Man fragt sich inzwischen nicht mehr, warum Gott, der Spender des Guten, das Böse in die Welt geschickt hat. Nachdem die Frage nach der Bedeutung und Funktion des Bösen gelöst ist, verlagert sich der Diskurs auf eine andere Frage: Ist die traditionelle Auffassung, nach der die Sündigen – und dazu gehören natürlich auch jene Sünder par excellence, ja, nachgerade Urbilder der Sünder: die gefallenen Engel und somit auch die Dämonen – die ewige Strafe erwartet, tatsächlich stichhaltig? Kann es wirklich der Wille Gottes in seiner Ewigkeit und in seiner unendlichen Güte sein, daß für alle mögliche Zukunft, wenn keine Welt und keine Menschen und keine Geschlechter mehr sein werden, die Hölle als ewiges Zeugnis der Bestrafung von Sünden, die in der Zeit begangen wurden, weiterbesteht? Zeigt sich nicht in einem solchen Glauben, der zudem von vielen Texten des Neuen Testaments gestützt wird, ein auffälliger Widerspruch, der in dem Gegensatz Paradies–Gott und Hölle–Satan erstarrt ist? Und Satan, zu Fall gekommen durch seine aus freiem Willen begangene Sünde, die in ihrer Dynamik im Grunde analog zur Sünde der Menschen ist, verdient nicht auch er eine endliche Erlösung durch die Gnade Gottes, der doch auch die anderen Sünder erlöst?

Diese Problematik, die sich nun immer vielgestaltiger am Rande der offiziell vorherrschenden eschatologischen Linie präsentiert, findet sich bereits in den neutestamentarischen Texten. Im Gegensatz zu dem Grundthema von der ewigen Höllenverdammnis Satans zeichnen sich, mehr oder weniger deutlich entzifferbar, Hinweise auf eine neue Position ab: die Hypothese von einer endgültigen und allumfassenden Erlösung, einer Neuordnung von Gut und Böse in Gott, ohne daß jedoch ausdrücklich Bezug auf eine eschatologische Erlösung des Dämons genommen wird, der ebenfalls am Ende aller Zeiten errettet werden wird.

Die These von dieser Erlösung führt zu der Aussage, daß schließlich alles, was ist, Gott unterworfen sein wird, und daß daher die Sünde nicht als eine Realität fortbestehen kann, die sich ihm entzieht. Schon im *1. Brief an die Korinther* heißt es: »Der letzte Feind, der vernichtet wird, ist der Tod. Denn ›alles hat er unter seine Füße getan‹ (Ps. 110,1). Wenn er aber sagt, alles sei untertan, ist's offenbar, daß ausgenommen ist der, der ihm alles untergetan hat. Wenn aber alles ihm untertan sein wird, alsdann wird auch der Sohn selbst untertan sein dem, der ihm alles untergetan hat, auf daß Gott sei alles in allem.« (1. Kor. 15,26–28.)

Noch stärker betont wird die These einer letztlichen Rückkehr aller Dinge zur ursprünglichen Herrlichkeit, die durch die Sünde verlorenging. Auch der Natur, als der Wirklichkeitsordnung, in der sich das Böse nach dem Zerfall der ursprünglichen Vollkommenheit konkretisiert und manifestiert, ist die Rückkehr zum verlorenen Urbild bestimmt. Paulus erklärt im *Brief an die Römer*: »Denn ich halte dafür, daß dieser Zeit Leiden der Herrlichkeit nicht wert sei, die an uns soll offenbart werden. Denn das ängstliche Harren der Kreatur wartet, daß Gottes Kinder offenbar werden. Es ist ja die Kreatur unterworfen der Vergänglichkeit – ohne ihren Willen, sondern um des willen, der sie unterworfen hat – auf Hoffnung; denn auch die Kreatur wird frei werden von der Knechtschaft des vergänglichen Wesens zu der herrlichen Freiheit der Kinder Gottes. Denn wir wissen, daß alle Kreatur sehnet sich mit uns und ängstet sich noch immerdar. Nicht allein aber sie, sondern auch wir selbst, die wir haben des Geistes Erstlingsgabe, sehnen auch bei uns selbst nach der Kindschaft und warten auf unsers Leibes Erlösung.« (Brief an die Römer 8,18 ff.) Dieser Passus bei Paulus erlaubt somit Interpretationen, die von der orthodoxen Eschatologie abweichen: die Schöpfung kann mit der Materie selbst gleichgesetzt werden, deren erklärter Herr Satan ist; ihr Leiden und ihre Erwartung dürfen als ein Zustand gesehen werden, der auf eine letztliche Erlösung gerichtet ist.

Diese Hypothesen gewinnen klare Ausformung bei Origenes, einem der größten Denker der christlichen Welt, der 185 in Alexandria geboren wurde und im Jahr 250 starb. Als Gegner des gnostischen Dualismus' und jeder anderen manichäischen Tendenz ist er stark von Clemens von Alexandrien beeinflußt, der für die Endzeit die Reue Satans und seine Erlösung nicht ausschloß. Der Teufel behielt also seinen freien Willen und damit die Fähigkeit zu bereuen, sobald Gott seine Herrlichkeit und Güte auf alle Dinge ausdehnen würde. Diese von Clemens noch vage formulierten Ideen[1], werden von Origenes in ein präzises dämonologisches

[1] Clemens von Alexandrien, *Stromata* 1,17.

System eingebunden. In dem Werk *De principiis*, das zwischen 220 und 225 verfaßt wurde und uns nur in der von Rufinus erstellten lateinischen Übersetzung des griechischen Originals überliefert ist, besteht zu Anfang eine völlige Gleichheit aller von Gott geschaffenen sichtbaren und unsichtbaren Wesen. Diese Gleichheit wird, nach ihrem Zusammenbruch, durch eine Hierarchie ersetzt: Den ersten Rang nehmen die verschiedenen Kategorien von Engeln ein (Erzengel, Thronengel, Fürstengel, Oberengel, Cherubime etc.). Im zweiten Rang befinden sich die Menschen, die Tiere und die Pflanzen, während im dritten, unterirdischen Rang die von Satan angeführten Dämonen stehen. Diese mythische Geographie, die der höchsten göttlichen Ordnung die unterirdische dämonische Ordnung gegenüberstellt, wirft im Denksystem des Origenes andere Probleme auf, die diesmal theologischer Natur sind. Die Welt ist Ausdruck der absoluten Güte Gottes, und sie selbst ist immer gut, nach dem Ausspruch: »und er sah, daß es gut war«, mit dem Gott in der Genesis jeden Schöpfungsakt begleitete. Doch die mit Verstand begabten, von Gott geschaffenen Wesen genießen eine Freiheit des Willens und der Entscheidung, woraus sich erklärt, daß sich einige Engel unter der Führung Luzifers oder Satans der Sünde der Auflehnung gegen Gott schuldig gemacht haben. Diese Dämonen mischen sich in die Welt der Natur und der Menschen ein und lösen Unheil und Katastrophen aus. Die Folge ist, daß sich die natürliche Ordnung von Gott entfernt hat, daß sie vom Tod beherrscht und von den Menschen konditioniert wird. Christus hat durch seinen Kreuzestod die Macht des Dämons gebrochen, aber noch immer treiben die teuflischen Mächte ihr Spiel in der Welt; sie stören das Gleichgewicht in der Natur und schleichen sich mit Schmeicheleien und Versuchungen in die Herzen der Menschen ein. Endgültig verschwinden werden sie erst bei der Wiederkehr Christi zum Jüngsten Gericht, dem die vom Antichrist – gleichzusetzen mit dem Dämon – verursachten Grauen vorausgehen werden. Die Teufel werden dann zur Hölle verurteilt.

Genau an diesem Punkt seiner Lehre[2] bringt Origenes die Theorie von der Apokatastasis ein: die eschatologische Errettung, die nach dem Jüngsten Gericht die ganze Schöpfung umfassen wird. Tatsächlich ist das in der Welt vorhandene und durch Satan verkörperte Böse lediglich die Abwesenheit des Guten, und daraus

[2] Origenes, *Contra Celsum, De principiis.*

entstehen Krankheiten, Schmerzen und Leiden, die für Origenes einen erzieherischen und heilenden Zweck haben und dem Menschen helfen sollen, wieder auf die Stufe der Engel emporzusteigen. Sobald aber erst einmal Gott und Christus die Herrschaft über den gesamten Kosmos übernommen haben, wird das Böse noch nicht einmal mehr als die Abwesenheit des Guten existieren können. Damit lehnt er die ewige Fortdauer der Höllenstrafe ab, die nach orthodoxer Lehre als Entzug des Anblicks Gottes auch nach dem Jüngsten Gericht weiterbestehen wird. In der Apokatastasis kehren alle Dinge in Gott zurück.[3] Daraus ergibt sich also auch – zumindest als Möglichkeit – eine endgültige Erlösung Satans, die ihm aus seinem freien Willen und der Fähigkeit zur Reue erwächst. Um 225 schreibt Origenes ganz explizit, daß Satan »nicht deshalb vernichtet werden wird, um nicht mehr zu sein, sondern um nicht mehr der Feind und der Tod zu sein«.[4] Mit anderen Worten: Satan in seiner negativen, bösen Gestalt wird ausgelöscht und gewinnt durch die Reue seine ursprüngliche engelhafte Herrlichkeit zurück. Die Theorie von der Apokatastasis wird 543 von Justinian verurteilt und in den *Neun Anathema*, die Justinian gegen Origenes richtet, zur Ketzerei erklärt. 553 wird sie vom 5. Konzil zu Konstantinopel verdammt.

Die Vorstellungen des Origenes tauchen im 4. Jahrhundert in verschiedenen theologischen Strömungen wieder auf. In der Frage der Erlösung des Teufels geht zum Beispiel Didimus von Alexandrien mit ihm einig. Gregor von Nissa (335–379) erklärt in eindeutiger Anlehnung an den Text des Origenes zur Apokatastasis: »Das Feuer wird nach einer langen Zeit das Böse in der Natur auslöschen, und der Erfinder des Bösen selbst wird einstimmen in die Dankeshymne an Gott.«[5] Das Thema wird ins Mittelalter, bis hin zu dem bedeutenden Denker Johannes Scotus Eriugena weitergetragen (etwa 810–877), der eine pantheistische Theodizee entwirft: alles geht schließlich ins Göttliche ein, der Tod, das Böse, das Elend lösen sich am Ende im Guten auf:[6] »Alle Dinge werden am Ende auf die Ursache zurückgeführt, aus der sie hervorgegangen sind.«[7]

[3] Origenes, *De principiis*.
[4] Ebd.
[5] Gregor von Nissa, *Orat cathec*.
[6] Johannes Scotus Eriugena, De divisione naturae.
[7] Ebd.

Der Engel mit dem Schlüssel zum Abgrund. Holzschnitt von Albrecht Dürer, aus: Die Apokalypse. *Nürnberg 1498.*

Die Apokatastasis und die eschatologische Erlösung des Teufels ziehen sich wie ein Faden durch die Lehren vieler häretischer Strömungen und Randgruppen des Christentums. Im Jahr 1530 vertreten die Wiedertäufer in der *Confessio Augustana* (Art. XVII) die Auffassung, daß »es für die verdammten Menschen und die Teufel ein Ende der Qualen geben wird«. Melchior Rink, ein Wiedertäufer aus Thüringen, schreibt: »Glücklich, wer Gott nahe ist, niemand kann auf Ewigkeit fern von Gott sein, und deshalb müssen alle Verdammten und Teufel am Ende zu Gott kommen, um glücklich zu sein.«

Der sogenannte Universalismus, der die allumfassende Errettung zur Doktrin erhebt, findet sich in England bereits im 14. Jahrhundert. Dies läßt sich aus einem Erlaß des Simon Langham, Bischof von Canterbury, vom 5. November 1368 folgern.[8] Die Auffassungen, die darin als ketzerisch verdammt werden, reichen von der möglichen Erlösung auch für die Juden, Sarazenen und Heiden bis zu der Behauptung, ohne gegenwärtige Sünde könne niemand für die Erbsünde verdammt werden; und selbst die Natur der Dämonen müsse nicht grundsätzlich irreparabel sein. Der Universalismus organisiert sich in Form von Erneuerungsbewegungen in den Vereinigten Staaten auch in Kirchengemeinden. Ein Bändchen ursprünglich deutschen Ursprungs, das Paul Siegvolk zugeschrieben wird, findet in englischer Sprache Verbreitung: *The Everlasting Gospel.* Schon im erweiterten Titel[9], wie er 1743 erscheint, wird auf die Errettung und Erlösung aller Kreaturen hingewiesen: Der Teufel, die Sünde, die Hölle und der Tod werden am Ende vernichtet sein und die gesamte Schöpfung wird in ihre ursprüngliche Reinheit zurückversetzt. Diese Erneuerungsbewegungen existieren in den Vereinigten Staaten noch heute.

[8] D. Wilkins, *Concilia Magnae Britanniae et Hiberniae.* London 1737.
[9] G. P. Siegvolk, *Das von J. C. allen Creat. zu predigen befohlene Evangelium v. d. ewigen Erlösung.* Frankfurt 1743.

Der Antichrist
und die
kosmische Katastrophe

Das Jüngste Gericht. Stich von H. Schedel, Liber Chronicarum, *Nürnberg 1492.*

Die Gesichter des Antichrists

Die Vorstellung vom Dämonischen hat in einem anderen christlichen Mythos machtvoll Gestalt angenommen: im Antichrist. Ausgehend von der Apokalypse des Neuen Testaments, bestimmte er die Ängste und Beklemmungen und die ideologischen und ausgrenzenden Gewaltsamkeiten ganzer Epochen, in denen aufgrund der harten Zeitläufte die eschatologischen Erwartungen und das Gefühl des Zusammenbruchs des herrschenden Zeitalters besonders lebendig waren.

Die Definition des Antichrists ist vieldeutig: Er wird in den Texten als der Teufel selbst dargestellt oder als Sohn des Teufels (*filius diaboli*), als ein Mächtiger der Erde erfüllt vom Bösen (*rex iniquus*), als eine gegen den Messias und den beim Jüngsten Gericht triumphierenden Christus stehende Gestalt oder als ein Mensch, in dem sich der Teufel inkarniert. Auf jeden Fall wird er in den kritischen wie in den volkstümlichen Texten zum Träger des Bösen, das am Ende der gegenwärtigen Welt erscheint oder deren Ende ankündigt. Und nach der These vom Sieg des Guten, wie sie bereits mehrfach als die iranische Wurzel der christlichen Dämonologie aufgezeigt wurde, folgt darauf der endgültige Sieg Christi.

Für die mittelalterliche Tradition gewinnen neben den Texten der ersten Jahrhunderte die der tiburtinischen Sybille zugeschriebenen Orakel Vorbildcharakter im Sinne von häufig wiederholten Motiven. Von ihnen existiert noch eine lateinische Version aus dem 4. Jahrhundert n. Chr., die auf einem griechischen Original beruht: Es handelt sich um die Erzählung von einem Traum, den hundert Senatoren in Rom träumen und der die Zukunft Roms und der Welt enthüllen soll. Hier ist die Rede vom kosmischen Kampf in der Endzeit und dem Beginn der neuen Welt. Auf die Endzeit im Zeichen des Antichrists folgt ein Herrscher, der eine neue Weltordnung bringt.

Dieses Motiv bewirkt, daß in späteren Schriften nicht nur den unterschiedlichsten historischen Persönlichkeiten die Funktion des angekündigten neuen Herrschers zugeordnet wird, sondern daß auch anderen Persönlichkeiten die Funktion des Antichrists zugewiesen wird.

In der Handschrift der *Orakel* aus dem Jahr 1047, die im Escorial aufbewahrt wird, ist dieser Herrscher Heinrich III. (1039–1052);

Die Geburt des Antichrists. Volkstümlicher Druck.

der Hinweis auf den Anfangsbuchstaben C des erwarteten Retters hingegen veranlaßte andere, ihn in Constantin (Konstantin Africanus, ca. 1018–1087) zu sehen.

Ebenfalls von Bedeutung für die weitere Entwicklung der Eschatologie wurde der Pseudo-Methodios, der in drei griechischen und einer lateinischen Fassung erhalten ist sowie in zahlreichen späteren Ausgaben. Der Pseudo-Methodios, der nach der Geburt des Islam verfaßt wurde, spricht vom Antichrist, der dem endgültigen Erscheinen eines Herrschers vorangehen wird, worauf dieser, aus seinem hundertjährigen Schlaf erweckt, den Islam zerschlagen und die Herrschaft über die Welt übernehmen wird.

Den Arbeiten von Cohn, Preuss und Wadenstein sind die komplexen Entwicklungsphasen dieser Gestalt und ihre dämonologische Einordnung zu entnehmen, die im Laufe des Mittelalters zur Begründung für die Gewalt gegen verschiedene gesellschaftliche Gruppen und Völker wird. Die Gestalt des Antichrists, wie sie dann in die bildlichen Darstellungen eingeht, wird eindeutig mit dem Teufel gleichgesetzt. Im 12. Jahrhundert beschreibt die Nonne Hildegard von Bingen (1098–1179) in ihren *Enthüllungen* den Antichrist als eine Bestie mit riesengroßem kohlschwarzen Kopf, mit Augen, die Flammen werfen, mit Eselsohren und mit weit aufgerissenem Maul voller eiserner Stoßzähne.

Dieses phantasmagorische Teufelsbild steht in engem Zusammenhang mit den zahlreichen chiliastischen Bewegungen[1] des Mittelalters und verschiedenen historischen Ereignissen. Zur Zeit der ersten Kreuzzüge verhindert der Antichrist die Befreiung des Heiligen Grabes, und die Sarazenen sind seine Gefolgsleute. So berichtet Guibert de Nogent von einer Rede Papst Urbans, in der jener erklärt haben soll, der christliche Glaube sei eben deshalb in Jerusalem wieder aufgeblüht, weil die christlichen Heere in diesen dem Jüngsten Gericht nahen Zeiten den Endkampf gegen den Antichrist unterstützen mußten.[2] Der heilige Bernhard mahnte, die Stunde des zerstörerischen Ungeheuers sei nahe, und sah während des 2. Kreuzzuges in den Sarazenen, die Jerusalem bedrohten, das zum Endkampf bereite Heer des Antichrists.[3] Mohammed selbst ist nun der Antichrist, und die Muselmanen sind seine Werkzeuge.

Im Islam wiederum entwickelten sich gleichzeitig – anknüpfend an ältere Traditionen – die Gestalt des Daggial (»der Lügner«) und des Dabbat al-ard (»die irdische Bestie«) zum Antichrist, wobei dem Koran der Antichrist eigentlich fremd war. Auch dieser Antichrist ist Satanas als historischer und eschatologischer Feind, und als die muselmanischen Heere sich zurückziehen und die Kriegsbeute teilen, die ihnen in Konstantinopel zugefallen ist, erscheint ihnen eben dieser Dämon. In den islamischen Texten ist er von roter Farbe, hat krauses Haar, einen riesigen Schlund, ein

[1] Chiliasmus: der Glaube an ein tausendjähriges Reich nach der Wiederkehr Christi (Anm. d. Ü.).

[2] Guibert de Nogent, »Gesta dei per Francos, sive Historia Hierosolymitana«, *RHC*, IV, S. 138.

[3] Hl. Bernhard, *Epistola ad episcopum, clerum et popolum Spirensem,* in *Opera omnia.* Paris 1606.

einziges Auge mitten auf der Stirn, trägt den Namen *kafir* (der »Ungläubige«, wie auch die Christen bezeichnet werden) auf der Stirn und ist ein großer Versucher. Er wird auf der Erde erscheinen, sie mit Ausnahme von Mekka und Medina völlig erobern und wird in Syrien sterben, nachdem er 40 Tage oder 40 Jahre lang die Macht inne gehabt hat.[4]

Und so taucht, verbunden mit der Ankunft der schrecklichen Völker (Gog und Magog), parallel auch die Legende vom Antichrist in Gestalt eines Juden auf. Schon nach einem sehr alten Text des Irenäus'[5] soll er ein Jude aus dem Stamme Dan sein. Dieser antijüdische Mythos wird sich über lange Zeit halten, indem er nicht zuletzt vom Pseudo-Hippolyt[6] über Thomas von Aquin und seine Epigonen in *Protokolle der weisen Alten von Sion* bis hin zur antisemitischen Ideologie der Nazis wiederholt wird.

In der Mitte des 10. Jahrhunderts widmet der Hagiograph Adson von Montier, Mönch und Abt seit 967, der im Jahre 954 verstorbenen Königin Gerberga, Gemahlin des französischen Königs Ludwig IV., ein kleines Werk, das für alle späteren Abhandlungen über den Antichrist von Bedeutung sein wird[7] und das im 11. Jahrhundert von Albuin de Gorge überarbeitet wurde. Adson stellt seine Geschichte aus einer Vielzahl früherer Quellen zusammen – unter anderem dem Orakel der tiburtinischen Sybille – und zeigt uns einen weiteren Aspekt der Legende vom Antichrist, der jetzt von Seiten der armen chiliastischen Massen und der Armenorden mit den Priestern und Mönchen als seinen Erfüllungsgehilfen identifiziert wird. Die Sektierer, so Adson, glaubten, der Antichrist sei der Sohn eines Bischofs und einer Nonne und das Jahrtausend würde sich nur dann vollenden, wenn die Kleriker zuvor ausgerottet seien. Cohn weist darauf hin, daß auch der heilige Bernhard in seiner Polemik gegen die Verderbheit der Zeit viele Mitglieder des Klerus den Heerscharen des Antichrists zurechnete. Caesarius von Heisterbach[8] spricht von Wilhelm dem Goldschmied, einem Handwer-

4 A. J. Wensink und B. Carra de Vaux in *Shorter Encyclopaedia of Islam.* Leiden 1961, S. 67.

5 Irenäus, *Adv. haer. PG VII.*

6 Pseudo-Hippolyt, *De consummatione mundi ac de Antichristo, PG X.*

7 Adson von Montier, *Epistola ad Gerbergam reginam de ortu et de tempore Antichristi.*

8 Caesarius von Heisterbach, *Dialogus miracolorum,* 1. Bd. Köln 1851, S. 304 ff.

Das von der kanonischen Apokalypse für das Weltende angekündigte siebenköpfige Ungeheuer ist die visionäre Vorstellung vom Antichrist und kosmischen Dämon, dem die Menschen hier auf Knien ihre Ehrerbietung erweisen. Stich von Lucas Cranach.

ker, der aufgrund seiner Prophezeiungen 1209 in Paris verbrannt wurde: Er hatte binnen fünf Jahren das Ende der Welt kommen sehen und den Papst als den Antichrist und die Prälaten als seine Gefolgsleute bezeichnet.

Eine andere Anklage, die in den Predigten, in den Prophezeiungen und in der Polemik der Armenorden zum Ausdruck kam, beschuldigte die reichen Laien als Repräsentanten des zweifachen Lasters des Antichrists – Geiz und Unkeuschheit – die Dämonen auf der Erde zu sein und den Prasser zu verkörpern, der im Evangelium dem Lazarus gegenübergestellt wird.

Die Eschatologie des Antichrists erscheint auch im Kommentar zur Apokalypse des Gioacchino da Fiore: da die Geschichte dieser Welt in drei Phasen ablaufe, biete sich die Möglichkeit, die Ankunft der Bestie chronologisch zu bestimmen. Und danach verfahren dann auch seine indirekten Schüler, die Spiritualen, allen voran Pietro Giovanni Olivi, der den Antichrist in Johannes XXII. sieht. Die zunehmende Verbreitung der Anschuldigung macht den Antichrist im 12. und 13. Jahrhundert zu einem oft und gern benutzten Vorzeichen. Die römische Kurie verwendet es gegen den Kaiser (zum Beispiel gegen Friedrich II.), die Kaiserlichen verwenden es gegen den Papst, die Guelfen gegen die Ghibellinen, die Spiritualen gegen die reformierten Franziskaner, und überdies findet das Motiv einen ungeahnt vielfältigen Niederschlag in der Malerei und Plastik, in Dichtung und Theater (*Ludus de Antichristo*), um schließlich in die Reformation einzumünden.[9]

[9] N. Cohn, *I fanatici dell'Apocalisse,* ital. Übers. Mailand 1976; sehr wichtig als Synthese: Tommaso Malvenda, *De Antichristo.* Rom 1604; E. Wadenstein, *Die eschatologische Ideengruppe, Antichrist, Weltsabbat, Weltende und Weltgericht.* Leipzig 1896.

Der Teufel und der Antichrist bei Luther und in den vorreformatorischen Strömungen

Luther hatte allerlei schreckliche Erfahrungen im Umgang mit dem Teufel. Berühmt ist die Episode von der Wartburg im westlichen Thüringen: Der Reformator wurde vom Teufel angegriffen, der Nüsse aus einem Sack auf den Boden streute. Luther bewarf ihn mit dem Tintenfaß – auf der Burg werden heute noch die Flecken an der Wand gezeigt.

Doch ganz abgesehen von diesem Ereignis, das den Einfluß des damaligen Volksglaubens deutlich macht, hat Luther vom Dämon ein eher inneres, psychologisches Bild: In seinem tiefsten Wesen ist er der gefallene Engel, der nicht erst in der Endzeit, beim Jüngsten Gericht in Aktion tritt, sondern uns ständig als innerer Dämon plagt in Form von Gewissensbissen, Ängsten, fleischlichen Versuchungen, all den Anfechtungen, von denen der Reformator selbst sein ganzes Leben lang gequält wurde. Der Teufel handelt aber mit der Erlaubnis Gottes; von Christus wird er gerichtet und vernichtet.

In den *Tischreden* kommt die Lage des Christenmenschen auf besonders dramatische Weise zum Ausdruck: Der Mensch ist durch die Rettung in Christo zur Seligkeit aufgerufen, aber zugleich den subtilen Verführungen des dämonischen Bösen ausgesetzt ist: »Wir sollen uns ... in Christus freuen, so daß wir vor Freuden ganz fröhlich und gesund wären und vor Freuden weder traurig noch krank werden könnten. Aber der leidige Satan hindert solche Freude, wo er kann ... und ängstigt uns ...«[1] – »Christus ist kein Gott der Traurigkeit und des Todes, aber der Teufel ist es« – »Es ist sehr nützlich für uns, die Künste Satans zu kennen. Er bemächtigt sich der kleinsten Sünden und kann sie auf eine solche Weise vergrößern, daß man nicht mehr weiß, wohin flüchten, um sich vor ihnen zu schützen.« In den *Tischreden* wird der paulinische Konflikt zwischen den fleischlichen und den geistigen Neigungen des Menschen klar formuliert: »In der Versuchung bin ich oft zu weit gegangen, bis Gott mich wieder zurückrief.«

Diese verinnerlichten Erfahrungen des Bösen schließen, wie bereits erwähnt, die mythisch-kosmische Sicht des Dämons in der

[1] Kurt Aland (Hrsg.), *Die Werke Martin Luthers,* 10 Bde., Tischreden Bd. 9. Stuttgart 1960, S. 69.

Eschatologie nicht aus. In der *Confessio Augustana* aus dem Jahre 1530, einem für die Position Luthers grundlegenden Dokument, verurteilt er nicht etwa die Überzeugung der Wiedertäufer, sondern zitiert sie: Christus wird am Weltende erscheinen und die Gottlosen und die Teufel verurteilen, auf daß sie gequält werden ohne Ende. Aber Luther setzt den Teufel vor allem mit dem Antichrist gleich, den er im römischen Pontifex inkarniert sieht. Gegen die Bulle *Exsurge Domine* vom 15. Juni 1520 verfaßt er *Adversus execrabilem Antichristi bullam,* in der die Identifikation Dämon-Antichrist-Papst nunmehr deutlich zum Ausdruck kommt. Und 1537 bestätigen die *Artikel von Schmalkalden* diese These: *»papam esse verum Antichristum, qui supra Christum extulit et evexit«*[2] (der Papst ist der wahre Antichrist, weil er sich über Christus erhebt und nicht nach seinem Vorbild lebt). Diese Auffassung war bald so weit verbreitet, daß Melanchton, der die Thesen der *Artikel von Schmalkalden* durch andere ersetzen sollte, da sie als zu aggressiv erschienen, in seinem *Tractatus de potestate et primatu papae* Luthers Erklärungen nicht zurückweist, sondern bestätigt. Der Papst, so sagt er, ist der wahre Antichrist, und die Christen sind nicht verpflichtet, ihm zu gehorchen: *»ideo papam cum suis membris tamquam regnum Antichristi (christiani) deserere et exsecrari debent«* (weil sie den Papst und seine Anhänger als das Reich des Antichrists im Stich lassen und verfluchen müssen).

Dieser dualistische Gegensatz zwischen der christlichen und der dämonischen Welt zeigt sich auf eine allgemeinere Weise in den Quellen zu den Wiedertäufern und den deutschen Bauernkriegen. Im vierten der sieben Artikel von Schlatt auf dem Randen vom 24. Februar 1527 erklären die Wiedertäufer aus der Schweiz und aus Süddeutschland: »Wir sind uns einig, daß wir uns abtrennen müssen von den Bösen und den Traurigen, die der Teufel in die Welt gesetzt hat, auf daß wir keinerlei Vertrautheit mit ihnen haben und uns nicht mit ihnen in ihren Lastern vermischen ... Es gibt in der gesamten Schöpfung nichts als Gute und Schlechte, Gläubige und Ungläubige, Licht und Schatten, und diejenigen, die Belials Welt angehören, können nicht zugleich an der Welt der anderen teilhaben.«

Luther hat den Glauben an den dämonischen Charakter des römischen Papstes, den er für den Antichrist hält, eindeutig aus der

[2] Martin Luther, *Artikel von Schmalkalden, Art. IV, de papatu.*

In der Auseinandersetzung zwischen den christlichen Konfessionen identifizierten die Lutheraner und in Frankreich die Hugenotten den Papst mit dem obersten Fürsten der Dämonen. Französischer Stich aus dem 15. Jahrhundert.

vorangegangenen Epoche übernommen. Wyclif (1328–1384), der sich an die spätmittelalterliche Tradition anschloß, wie sie in den Schriften der Fratizellen und der Spiritualen enthalten ist, hatte eine sehr entwickelte Vorstellung vom Dämonismus der römisch-katholischen Kirche, den er vor allem in den weltlichen Sünden und in der Habgier des Klerus' sieht: »Der Dämon beneidete Christus und die, die ihm folgten, und er versuchte die Priester zur weltlichen Herrschaft ... Mit List und Betrug hat er dem Klerus die Herrschaft gegeben, so daß nun ein großer Teil dieser Welt für den Antichrist Partei ergreift, denn viele beteuern, der Papst müsse der weltliche Herrscher über die ganze Welt sein. Das Werk des Dämons ist in dieser Hinsicht so gewaltig und durch so viel Täuschung überdeckt, daß nur wenige Menschen es wagen, hervorzutreten und zur Verteidigung Gottes zu sprechen ... Der Dämon hat im Papst alle weltlichen Eigenschaften zusammengefaßt, die der Macht und die der eitlen Weltlichkeit«. – »Er (der Papst) ist in Wahrheit der Antichrist und nicht der Stellvertreter Gottes auf Erden.«

Michael Parvey, ein Schüler von Wyclif, ist höchstwahrscheinlich der Autor einer Schrift zur Apokalypse, die Luther 1528 herausgab und die auch Hus beeinflußt hat.

Die Vorstellung vom Papst als dem Antichrist übte einen starken Einfluß auf die Hussiten und auf die Reformatoren, die ihnen in Böhmen vorangingen, aus. Von den Franziskanern gingen wahrscheinlich auch die folgenden Schriften aus, die den Abfall der Kirche in die Dämonie und die Identität von Papst und Antichrist bekräftigen: *Libellus de Antichristo*, verfaßt von Jan Milič (gest. 1374) im Jahre 1369; *Regulae veteris et novi Testamenti* von Matthias von da Janow (etwa 1350/1353–1394), worin erneut die These vom Unterschied zwischen den wahren Christen und dem Samen des Antichrists vorgebracht wird; das tschechische Traktat *Von der Bestie und ihrer Erscheinung* von Petr Chelčický (etwa 1390–1460), einem Denker der hussitischen Zeit, auf dessen Lehren sich die böhmische Brüdergemeinde stützte, die alle vorangegangenen Ideen aufnahm und die katholische Kirche als die Kirche des Antichrists bezeichnete.

Dieselben Gedanken fließen in noch radikalerer Form in jene extreme hussitische Bewegung ein, die sich Taboriten nannten – nach dem Namen Tabor, den man 1420 während des hussitischen Aufstandes einem befestigten Dorf gegeben hatte. Die Taboriten, die die Ankunft eines Jahrtausends der völligen Gleichberechtigung

Die Göttin Haeresie auf einem antireformatorischen Flugblatt von Anton Eisen, Paderborn, Ende des 16. Jahrhunderts.

verkündeten, erhoben wütende Anklagen gegen die Kirche. Enormen Zulauf durch die Massen hatte Jan Milič in Prag, der ähnlich wie Wyclif gegen den Reichtum des Klerus' predigte und die Heraufkunft des Antichrists ankündigte. Die gleichen Themen kehren in der böhmischen Bewegung der Picarden wieder, Chiliasten, die von der Lehre der Freiheit des Geistes beeinflußt waren. Sie

In der katholischen Schmähliteratur schließt der Pastor der lutherischen Kirche (Mitte) einen Pakt mit einem Gaukler oder Verrückten und mit dem Teufel. (Holzschnitt aus dem Werk des Franziskaners Thomas Murner, Von den Großen Lutherischen Narren, *1522.)*

lebten in absoluter Armut und bezeichneten in ihren Predigten gegen die Kurie die Kirche als Hure und als Babylon und beschuldigten den römischen Pontifex, der Antichrist zu sein.[3]

[3] H. Preus, *Die Vorstellungen vom Antichrist im späteren Mittelalter bei Luther und der konfessionalen Polemik.* Leipzig 1906; P. Schütz, *Der Antichristus.* Berlin ³1949; H. Obendiek, *Der Teufel bei M. Luther.* 1931; H. Cohn, *fanatici dell'Apocalissi.* Mailand 1976.

Der Teufel bei den Mormonen, den Zeugen Jehovas, den Siebenten-Tags-Adventisten und bei den Giurisdavidici

Es soll hier auch auf die Teufelsmythologie einiger christlicher oder dem Christentum nahestehender Bewegungen hingewiesen werden, die von der katholischen Kirche als Sekten bezeichnet werden und in der ganzen Welt starke Verbreitung gefunden haben.

Die Mormonen oder Jünger der Kirche Jesu Christi der Heiligen der letzten Tage (Church of Jesus Christ of Latter-Day Saints) leiten ihren Namen von einem mythischen Propheten Mormon ab, der im 4. Jahrhundert n. Chr. gelebt und die biblische Tradition von Juden übermittelt haben soll, die vor Christi Geburt nach Amerika kamen. Die Offenbarungen sind im *Book of Mormon*, dem Buch Mormon, enthalten, das auch die Bibel umfaßt. Joseph Smith (1805–1844), der Begründer dieser Gemeinschaft, war von Neuengland in den Staat New York gekommen und hatte von Kindheit an göttliche Visionen gehabt. Am 21. September 1823 erscheint ihm eine weißgekleidete, von Gott selbst gesandte Gestalt namens Moroni, die ihm verkündet: Er wird »ein auf goldenen Tafeln geschriebenes Buch« finden, das ihm die endgültige Wahrheit offenbart. Smith erzählt, er habe die Kiste mit den Tafeln auf dem Hügel von Cumorah gefunden, sie aber erst nach vier Jahren an sich nehmen können. 1827 übersetzt er den Text aus der Sprache, in der er geschrieben ist (wahrscheinlich einer Sprache des Nahen Ostens) ins Englische und veröffentlicht ihn 1830 unter dem Titel *Book of Mormon*. Das Werk besteht aus fünfzehn Büchern, von denen jedes einem mythischen Autor zugeschrieben wird.

Im Buch Mormon verschmelzen in einem visionären Synkretismus Elemente der biblischen Tradition mit mutmaßlichen Offenbarungen, und die Dämonologie speist sich aus beiden Quellen. Der Teufel ist vor allem ein gefallener Engel: »Und ich, Lehi, muß nach den Dingen, die ich gelesen habe, vermuten, daß ein Engel Gottes vom Himmel gefallen ist, so wie da geschrieben steht; daher ist er ein Teufel geworden, weil er gesucht hatte, das zu tun was Gott mißfällig war. / Und weil er vom Himmel gefallen, und auf ewig unglückselig geworden war, suchte er auch das Unglück der ganzen Menschheit herbeizuführen.«[1] – Dieser »Engel (...) welcher von dem Angesicht des ewigen Gottes abfiel, und Teufel wurde, um nie

Das Ende der Welt, dargestellt in 14 Bildern, von Hans Sebald Beham, Speculum Humanae Salvationis, *Basel 1476. Hier: Die Wasser des Meeres steigen über die Gebirge.*

Die Meere vertrocknen.

mehr emporzukommen.«[2] Der Teufel versucht vor allem, die Reinheit unserer Seelen in die Unreinheit seines Zustandes zu ziehen: »Und unsere Geister würden ihm gleich werden und wir würden Teufel sein, Engel eines Teufels, vom Angesichte unseres Gottes, ausgeschlossen, um wie er selbst, bei dem Vater der Lügen in Elend zu wohnen; ja bei dem Wesen, welches unsere ersten Eltern betörte.«[3] Von ihm geht das Böse aus: »... und Übel kommt vom Teufel.«[4] – »... von dieser Zeit an aber wurden Lügen unter dem Volke ausgebreitet, um ihre Herzen zu verstocken.«[5] – »Daher

[1] Das Buch Mormon, in der engl. Übers. von Joseph Smith jun.; aus dem Engl. von John Taylor und G. Parker Dykes, hrsg. von Hugh J. Cannon. Berlin 1902, II *Nefi* II, 17–18..

[2] Ebd., II Nefi, IX, 8.

[3] Ebd., II Nefi, IX, 9.

[4] Ebd., Buch Omni, 25.

[5] Ebd., III Nefi, I, 22.

Die Meereswesen entsteigen den Wassern.

Das Meer und die anderen Gewässer beginnen zu brennen.

kommen alle guten Dinge von Gott, und was böse ist, kommt vom Teufel; denn der Teufel ist der Feind Gottes und streitet beständig gegen ihn, ladet ein, und verführt zur Sünde und stets das zu tun, was böse ist.«[6] – »Dann werden die Geister der Bösen, welche schlecht sind, in die äußerste Finsternis hinausgeworfen werden – denn diese haben keinen Teil vom Geiste des Herrn (...) da wird Weinen, Wehklagen und Zähneknirschen sein; und dies ihrer eigenen Bosheit halber, da sie nach dem Willen des Teufels gefangen geführt werden.«[7] Der Dämon ist zu unablässigen Verwandlungen fähig: »... welcher beinahe das Ansehen eines Engels des Lichts annahm und die Menschenkinder zu heimlichen Handlungen verführt, daß sie sich zu Mord und allerlei heimlichen Werken der Dunkelheit vereinigen.«[8] – »Und sie hatten auch geheime Verschwörungen, wie zu Zeiten der Alten, in Übereinstimmung mit den Verschwörungen des Teufels, denn er ist der Grund des Mordens, und der Werke der Finsternis; ja, und er leitet sie am

[6] Ebd., Moroni, VII, 12.
[7] Ebd., Alma, XL, 13.
[8] Ebd., II Nefi, IX, 9.

Die Vögel versammeln sich.

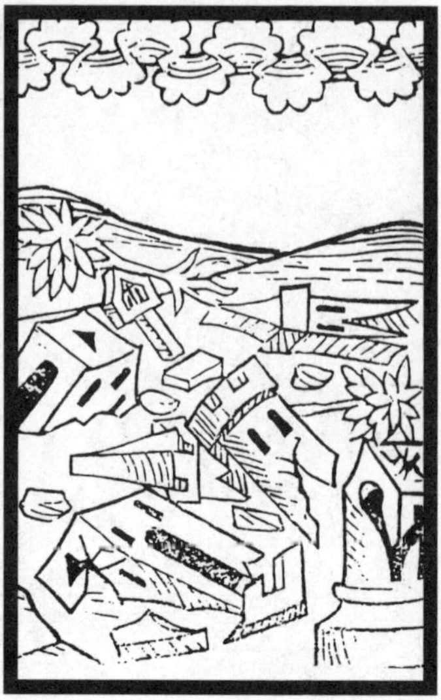

Bäume und Gebäude stürzen um.

Halse mit einem Bindfaden, bis er sie endlich mit starken Stricken für immer gebunden hat.«[9] Er inkarniert sich in den institutionalisierten und reformierten Kirchen: »Und der Engel sagte zu mir: Siehe, die Gründung einer Kirche, welche die abscheulichste von allen Kirchen ist; welche die Heiligkeit Gottes erschlägt, martert und bindet und sie unter ein eisernes Joch wirft und in die Gefangenschaft hinunter bringt. / Und ich sah, daß der Teufel die Grundlage dieser großen und abscheulichen Kirche war. / Und ich sah auch Gold und Silber, Seide und Scharlach, und fein gewebte Leinwand, und alle Arten kostbarer Dinge, und auch viele Huren.«[10] – »Und die große Grube, die für sie von der großen und abscheulichen Kirche gegraben worden, welche vom Teufel und seinen Kindern begründet wurde, daß er die Seelen der Menschen in die Hölle hinunter führe; ja, die große Grube, welche zum Verderben der Menschen gegraben worden...«[11] Zusammen mit dem Teufel muß »jene große und abscheuliche Kirche, die Hure der

[9] Ebd., II Nefi, XXVI, 22.
[10] Ebd., I Nefi, XIII, 5–7.
[11] Ebd., I Nefi, XIV, 3.

Die Steine schlagen gegeneinander.

Das Erdbeben bringt die Menschen zu Fall.

ganzen Erde, zur Erde fallen, und groß muß ihr Fall sein. / Denn das Königreich des Teufels muß erschüttert und die, welche dazu gehören, müsse notwendigerweise zur Bekehrung aufgeregt werden, oder der Teufel wird sie mit seinen ewigen Ketten fassen, und sie zum Zorn reizen, daß sie umkommen.«[12] Alles findet seinen Abschluß mit dem endgültigen Erscheinen des Teufels – Antichrists: »der in den Herzen der Menschenkinder wüten, und sie zum Zorn gegen das, was gut ist, aufregen wird. / Und Andere wird er beruhigen, und sie in eine fleischliche Sicherheit einwiegen (...) Und Andere schmeichelt er hinweg und sagt ihnen, es gibt keine Hölle, und er sagt ihnen auch, Ich bin der Teufel, denn es gibt keinen.«[13]

Eine zentrale Funktion hat der Teufel für die chiliastische Sekte der Zeugen Jehovas. Diese Bewegung, die um 1872 in den Vereinigten Staaten entstand, hat in der ganzen Welt auf beeindruckende Weise Verbreitung gefunden. Im Jahr 1931 nehmen die Anhänger dieser Sekte die Bezeichnung *Jehova's Witnesses*, Zeugen Jehovas

[12] Ebd., II Nefi, XXVIII, 18–19.
[13] Ebd., II Nefi, XXVIII, 20–22.

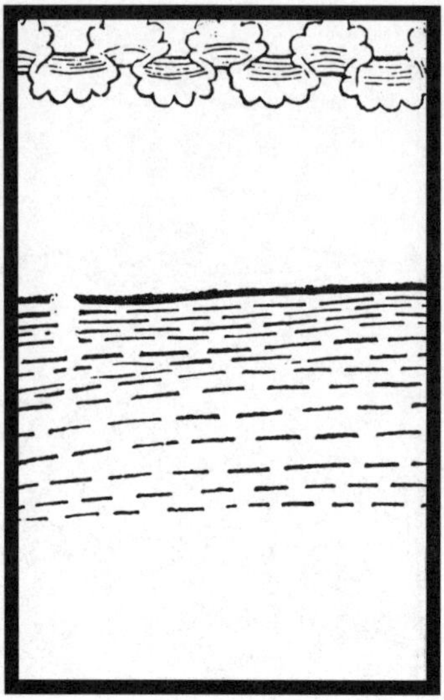

Die Erde wird eingeebnet.

Das Volk ist hilflos.

an; in ihrer ursprünglichen Bezeichnung »Millenial Dawnists« kommt ihr apokalyptischer Glaube an das »Millenium«, das tausendjährige Reich Christi zum Ausdruck. Ihre Dämonologie stützt sich auf bestimmte apokalyptische Interpretationen, die der Begründer der Bewegung, Charles Taze Russell (1852–1916), der den Anbruch des Milleniums für 1914 ankündigte, und sein Nachfolger J.F. Rutherford (1869–1942) dem Alten wie dem Neuen Testament zum Teil etwas gewaltsam unterlegten. Folglich ist ihre Dämonologie in erster Linie in den zahlreichen Werken dieser beiden Bibelinterpreten zu suchen und nicht zuletzt in der stattlichen Anzahl von Büchern und Broschüren (Traktate), die heute von den Zeugen Jehovas verbreitet werden[14] und die sich ihrerseits auf die zuvor genannten Interpretationen stützen.

Wenn die Zeugen Jehovas die Frage nach den bösen Geistern stellen, beziehen sie sich in erster Linie auf die biblischen Erzählun-

[14] Eine kritische Zusammenfassung ihrer Methode der Bibelinterpretation findet sich in A. Aveta, *Analisi di una setta: I Testimoti de Geova,* Altamura 1985 und G. Marinelli, *I Testimoni di Geova. Storia, dottrina, prassi,* Ferrara 1983.

Die Toten erheben sich aus ihren Gräbern.

Die Sterne fallen vom Himmel.

gen und die Evangelien. Satan ist der gefallene Engel, der Adam und Eva versuchte und die Menschen in die Sünde stürzte. Aber die verführerische Schlange sprach nicht mit eigener Stimme: »Eine Schlange, die über keine Sprechorgane verfügt? Nein, hinter der Schlange stand jemand, der den Anschein erweckte, die Schlange spreche. Wir wissen, daß es besonders geschickte Menschen gibt, die ohne den Mund zu bewegen, Worte hervorbringen können, so daß ein Tier oder eine Puppe zu reden scheint. Wieviel leichter ist es für eine übermenschliche, unsichtbare Person, diese Wirkung hervorzurufen! (...) In Eden war es Satan, der die Schlange auf diese Weise benutzte.«[15] Der Teufel war nicht die einzige körperlose Kreatur, die sich dem Ungehorsam und der Bosheit zuwandte. Die Zeugen Jehovas, die immer daran interessiert sind, die biblischen Quellen auf numerische Aussagen zu reduzieren, interpretieren eine Textstelle bei Daniel[16], wo von einer unendlich großen Zahl von Engeln die Rede ist, die der Prophet vor dem Thron Gottes sieht, als

[15] *Die Wahrheit, die zu ewigem Leben führt,* hrsg. von der Wachturm-Bibel- und Traktat-Ges. Wiesbaden 1968, S. 57.

[16] *Daniel 7,10.*

Die Menschen sterben.

Himmel und Erde brennen.

100 000 000 heiliger, von Gott geschaffener Engel.[17] Vor Noahs Zeiten materialisierten sich einige dieser Engel, nahmen eine fleischliche Gestalt an, vereinigten sich mit den Töchtern der Menschen und zeugten so die Dämonen. Um geschlechtliche Beziehungen aufnehmen zu können, bedurften sie eines menschlichen Körpers. »Ihre Handlungsweise zeitigte üble Folgen, zu denen auch abnorme Nachkommen gehörten, ›Mächtige‹ oder ›Nephilim‹ genannt.

Diese Geistsöhne Gottes wurden dadurch, daß sie sich gegen Gott auflehnten, zu Dämonen und stellten sich auf die Seite des Teufels, des ›Herrschers der Dämonen‹.«[18] Der Dämon regiert diese Welt mit Hilfe aller politischen und staatlichen Organisationen (die Zeugen Jehovas verfolgen eine rigoros antipolitische und antistaatliche Linie): »Das ›wilde Tier‹ (von dem die Offenbarung spricht) stellt somit die ganze politische Organisation des Teufels dar, die all die Jahrhunderte hindurch eine tierische Herrschaft über die Erde ausgeübt hat.«[19]

[17] *Die Wahrheit, die zu ewigem Leben führt,* S. 8.
[18] Ebd. S. 9.
[19] Ebd. S. 61.

Die Teufel führen die Menschen irre mit Hilfe des Spiritismus', dem freiwilligen Kontakt mit bösartigen Wesen: »Eine der üblichen Methoden, die böse Geister anwenden, um die Menschen irrezuführen, besteht darin, entweder durch ein spiritistisches Medium oder durch eine »Stimme« aus dem unsichtbaren Reich mit ihnen zu sprechen. Die »Stimme« gibt vor, ein verstorbener Angehöriger oder ein guter Geist zu sein ... In Wirklichkeit ist es ein böser Geist, der spricht!«[20] Diese feindselige Einstellung zum Spiritismus ähnelt der Position der katholischen Kirche. Aber die Gegenwart des Teufels manifestiert sich auch und vor allem in den anderen Religionen: »Falsche Religionen mögen zwar ehrwürdig erscheinen; wir sollten uns aber darüber im klaren sein, daß der Teufel ähnlich vorgeht wie die heutigen Unterweltkönige oder Gangsterchefs, die den Schein erwecken, achtbare Personen zu sein.«[21] Gott hat das Böse in der Welt zugelassen, fast so, als wollte er das Menschengeschlecht auf die Probe stellen, aber er hat den Menschen zugleich einen Zeitraum von sechstausend Jahren zugestanden, um den Kampf mit dem Dämon auszufechten: »Er hat diese Zeit eingeräumt, nicht nur, um seinen treuen Geschöpfen zu ermöglichen, ihre Liebe zu ihm und ihre Treue zu seiner Herrschaft zu beweisen, sondern auch, damit der Beweis erbracht würde, daß sich jede andere Herrschaft nur übel auswirkt.«[22] Jehova hat zugelassen, daß das Böse bis zu diesem Zeitpunkt andauert, aber nicht darüber hinaus. Die sechstausend Jahre bezeichnen das Scheitern Satans, seiner Dämonen und der Menschen, die versucht haben, unabhängig von Gott zu handeln. In ihrer apokalyptischen Erwartungshaltung glauben die Zeugen Jehovas, daß »es nur noch kurze Zeit dauert, und Jehova wird dieses böse System der Dinge vernichten.«[23] er wird die gegenwärtige Zeit vollständig zerstören und nur eine begrenzte Zahl von Auserwählten retten, nur eine »kleine Herde« – wie es in der Offenbarung heißt – genau 144 000 (die Zeugen Jehovas glauben nicht an die Unsterblichkeit der Seele, deshalb stellt sich ihnen nicht das eschatologische Problem, was mit denen geschieht, die keine Aufnahme in die »kleine Herde« finden). Das Millenium wird von der Wiederkehr Christi und einer von ihm

[20] Ebd. S. 62.
[21] Ebd. S. 63 ff.
[22] Ebd. S. 68.
[23] Ebd. S. 74.

beherrschten Epoche eingeleitet werden. Der Abschluß des gegenwärtigen »Systems der Dinge« wurde angezeigt durch ein »Zeichen«, d. h. das Jahr 1914 und den ersten Weltkrieg. Dieses Jahr bezeichnete nur den »Anfang der Bedrängniswehen«[24], die bis heute andauern. Satan und seine Anhänger wissen genau, daß das Ende nahe ist, da für die Erwählten 1914 das tausendjährige Reich begann. Das eschatologische Ende wird »auch das ganze politische System, durch das die Menschen bedrückt worden sind«[25] vernichten. Es wird ein Endkampf stattfinden, der Krieg von Harmagedon, der Ort, an dem sich nach der Offenbarung[26] die Könige dieser Welt versammeln werden, um gegen den wahren Gott anzukämpfen. Nach der Endschlacht wird die Hölle verschwinden, und der Teufel wird besiegt sein (die Zeugen Jehovas verneinen kategorisch die Ewigkeit der Strafe), und es wird ein neues Reich der Gerechten und der Unsterblichen errichtet werden. Gemäß dieser chiliastischen Vorstellung zeigt sich die Gegenwart des Teufels auch in der Weltlichkeit der gegenwärtigen Kirche, in der Aufteilung der Welt in zwei Blöcke, in der atomaren Auseinandersetzung: all dies sind die Zeichen des nahenden Endes.

Einer chiliastischen Glaubensvorstellung hängen auch die Siebenten-Tags-Adventisten an, die sich so nennen, weil sie aufs Strengste den Samstag, den Sabbat, einhalten, abweichend von den anderen christlichen Gemeinschaften, die den Sonntag feiern. Im eschatologischen Klima seiner Zeit begann der Baptistenpfarrer William Miller (1782–1849) 1831 in den Vereinigten Staaten – ganz in der langen chiliastischen Tradition der Reformierten – die bevorstehende Ankunft des Herrn zu predigen, und setzte sie, nach seiner persönlichen Interpretation des Buches Daniel[27], auf 1843 bis 1844 fest. Als die Prophezeiung nicht eintraf und die Sekte dadurch in eine schwere Krise geriet, erklärte die adventistische Lehrmeinung das Jahr 1844 lediglich zum Beginn einer Epoche, die die Wiederkehr Christi vorbereite; erst dann sei das tausendjährige Reich zu erwarten. Dieses wird mit der endgültigen Zerstörung der Welt enden und in ein neues Reich der Vollkommenheit einmünden, das der Offenbarung und den Briefen der Apostel zufolge aus neuen Himmeln und Erden gebildet sein wird. Die ideologische

[24] Ebd., S. 87.
[25] Ebd. S. 99.
[26] *Offenbarung 16,14–16.*

Ausarbeitung dieser und anderer Thesen leistete die Visionärin Ellen Goulden White (1827–1915) in über 50 Werken, übersetzt in mehr als hundert Sprachen, wobei sie sich in ihrer Interpretation rigoros an die eschatologischen Bibeltexte hält. In dieser Zeit des Wartens auf das Ende der gegenwärtigen Welt ist Satan für die Adventisten, die einen rigorosen Moralismus vertreten, ein finsterer Intrigant, der die Menschen und vor allem die Gläubigen des wahren Evangeliums bedroht. Das Wirken der Dämonen »besteht darin, die Motive einer jeglichen edlen und aufrichtigen Tat zu verfälschen und im Geist der Unwissenden Verdacht zu erwekken«.[28] Sie haben Personen und Institutionen zu ihrer Verfügung, vor allem die institutionalisierten Kirchen, die katholische wie die reformierten, die das Wort Gottes falsch interpretieren und die vor allem den Sonntag anstelle des Samstags heiligen. Daraus ergibt sich für die adventistische Kirche eine stark antipäpstliche Haltung: »Wenn die Menschen die Einhaltung dessen (des Samstags) ablehnen, was Gott als das Zeichen seiner Autorität gesetzt hat, und statt seiner das ehren, was Rom sich zum Zeichen seiner Vorherrschaft erwählt hat, akzeptieren sie die Unterwerfung unter das Papsttum, das heißt das ›Schandmal der Bestie‹.«[29] Zwar haben sich die reformierten Kirchen von Rom abgetrennt, doch sind einige der im katholischen Glauben enthaltenen heidnischen und dämonologischen Züge bewahrt.[30] Die Folge ist ein abgrundtiefer menschlicher Konflikt zwischen Gerechten und Ungerechten, zwischen den Anhängern Christi und den Anhängern Satans, der in der kosmischen Auseinandersetzung zwischen den beiden Mächten gipfeln wird. In der gegenwärtigen Zeit der Prüfung durch den Dämon nimmt die römisch-katholische Kirche eine entscheidende Stellung ein, da eben sie es ist, in der sich der Dämon inkarniert: »Wollen wir die entschlossene Grausamkeit Satans begreifen, die sich durch Hunderte von Jahren hindurch gezeigt hat... genügt es, einen Blick auf die Geschichte der römischen Kirche zu werfen. Mittels dieses gewaltigen Systems der Verführung hat der Fürst der Finsternis sein Ziel verwirklicht, Gott Schande und dem Menschen Leiden zu bereiten.«[31] In der letzten apokalyptischen Katastrophe, die das

[27] *Daniel* 9,24.
[28] Ellen Goulden White, *Il gran conflitto*. S. 379.
[29] Ebd. S. 328.
[30] Ebd. S. 281.
[31] Ebd. S. 415.

tausendjährige Reich beendet, werden »die Sünden des Volkes Gottes Satan aufgeladen, der für alles Böse, was er veranlaßt hat, für schuldig erklärt werden wird... Wie der Sündenbock weit fort, in eine verlassene Gegend geschickt wurde, so wird Satan auf die menschenleere Erde verbannt werden, die zu einer finsteren und bedrohlichen Wüste geworden ist«.[32]

Ein von stark apokalyptischen Tendenzen bestimmter Teufelsglauben zeigt sich auch bei der Chiesa Giurisdavidica, die auf den Visionen des David Lazzaretti (geb. 1834) basiert. Lazzaretti verkündete den Anbruch des Dritten Reiches, das den beiden vorhergehenden Reichen, dem des Gesetzes (Judentum) und dem der Gnade (Christentum) ein Ende setzen würde. Aber dieser eschatologische Ausblick verschwamm in einer utopistischen, weltlichen und irdischen Apokalypse-Vision, in die Ideen aus dem religiös betonten französischen Sozialismus eingeflossen waren. Das Dritte Reich bedeutet nicht, daß Zeit und Geschichte darin enden: Es ist die Errichtung einer vollkommenen, vom Tod und von der Sünde geheilten Gesellschaft, was bedeutet, daß die überweltlichen Strafen nicht ewig sind. Lazzarettis These, die zumindest in einigen Formulierungen die Essenz dieser neuen Botschaft darstellt, besteht darin, daß Christus Führer und Richter ist, sich somit die Zeit vollendet und er die neue Menschheitsgeschichte begründen wird.

Innerhalb dieses ideologischen Rahmens ist die Dämonologie Lazzarettis zu sehen, die wie die katholische von der Vertreibung der Engel aus dem Himmel ausgeht. Die zu Dämonen gewordenen Engel handeln noch immer gegen Gott: »Ich (Gott in Lazzarettis Visionen) handelte und handle in aller notwendigen harten Gerechtigkeit und furchtbaren Strenge gegen die Hochmütigen, die starrsinnig ihre Pflichten verletzen... ich schlug sie und ich schlage sie, verfluche sie in alle Ewigkeit und vernichte sie im Reich der Finsternis, der Schmerzen und der Tränen.«[33] Nach Zeiten des Todes und der Zerstörung, berechnet nach einem visionären Zahlensystem, »wird Frieden an jedem Ort der Erde herrschen« und werden die »Zeiten der Seligkeit« beginnen, in denen den Menschen eine Halbsterblichkeit verliehen wird.[34]

[32] Ebd. S. 478.
[33] David Lazzaretti, *La mia lotta con Dio, ossia il Libro dei Sette Sigilli.* Rom 1955. S. 29.
[34] Ebd. S. 39.

Teufelsglauben und Hexenwesen in der westlichen Welt

Hexen kehren Vorbereitungen für den Hexensabbat. Kupferstich von Hans Baldung Grien, 1510. (Kupferstichkabinett der ETH Zürich.)

Die große Epoche des katholischen Teufelsglaubens

Die Texte der Evangelien und des Neuen Testaments und die Schriften, die sich auf die Kirchenväter bezogen, waren das ganze Mittelalter hinurch Gegenstand theologischer Spekulationen, um schließlich in den anerkannten Aussagen des heiligen Thomas von Aquin zu gipfeln. Im *Tractatus de angelis* der *Summa Theologica* (Fragen L–LXIV) werden die Eigenschaften, Natur, Attribute und der Handlungsspielraum der Dämonen sowie ihre Funktion innerhalb der Vorsehung erörtert. Man kann die thomistischen Prinzipien, die bereits von Petrus Lombardus und vom hl. Augustinus vertretene Thesen wiederaufnahmen und die die ganze spätere katholische Lehre zu dieser Thematik beeinflußt haben, folgendermaßen zusammenfassen:

1. Mit dem Augenblick, da die Dämonen, wie in der Genesis berichtet, Gott gleich sein wollten, machten sie sich der Sünde des Hochmuts und des Neids schuldig.
2. Die Dämonen sind nicht von Natur aus bösartig, sie werden es alle erst in der Ausübung ihres freien Willens.
3. Der Fall des Teufels geschah nicht gleichzeitig mit seiner Erschaffung, denn wäre es so gewesen, dann wäre Gott die Ursache des Bösen. Es gab somit einen zeitlichen Abstand zwischen der Schöpfung und dem Fall der Dämonen.
4. Der Teufel war ursprünglich der höchste unter den Engeln, und seine Sünde war die Ursache für die Sünde der anderen gefallenen Engel, die unter Verführung, aber nicht unter Zwang handelten.
5. Die Zahl der gefallenen Engel ist kleiner als die Zahl jener, die an ihrer Treue zu Gott festgehalten haben.
6. Der Geist der Dämonen ist verdunkelt, weil ihm das Wissen von der letzten Wahrheit fehlt, aber er besitzt das natürliche Wissen.
7. So wie die guten Engel in der Seligkeit zum Guten bestimmt sind, so ist der Wille der bösen Engel auf das Böse gerichtet.
8. Die Dämonen erleiden Qualen, die jedoch nicht wesentlicher Natur sind.
9. Die Dämonen haben zweierlei Aufenthaltsorte: die Hölle, in der sie die Verdammten quälen, und die Luft, von wo aus sie die Menschen zum Bösen treiben.

COMPENDII MALEFICARVM

LIBER SECVNDVS.

In quo agitur de diuerſis generibus Maleficiorum, & de quibuſdam alijs ſcitu dignis.

De Maleficio Somnifico. *Cap. I.*

Doctrina !

COnſueuere Sagæ, & Malefici, alios potione, malo carmine, & certis ritibus ſoporare, vt interea illis venenum infundant, vel infantulos rapiant, aut necent, vel furto quid ſubtrahant, vel ſtupro, adulterioue contaminent, & hoc fieri poteſt naturalibus venenis ſoporiferis, vt erit videre per exempla. Et hæ non ſunt fabulæ, quia ſi multa ſunt, quæ naturaliter, vel infuſa, vel admota, non ſomnium aut ſoporem tantum, ſed etiam ſtuporem

Die erste Seite des Zweiten Buches des Compendium maleficarum *des Paters Francesco Maria Guaccio, erschienen 1608 in Mailand.*

In der Zeit der katholischen Inquisition gegen das Hexenwesen, als eine vertiefte Kenntnis der dämonischen Welt unerläßlich wurde, um die vielen Fälle von Teufelspakten und Interaktionen zwischen den bösen Geistern und den Menschen zu diagnostizieren und um den Gläubigen wirksame Mittel der Abwehr zu liefern, erlebten diese theologischen Leitsätze eine enorme kasuistische Ausweitung und wurden mit den unglaublichsten Zusätzen angereichert. Die Werke zur Dämonologie, die in den ersten Jahren des Buchdrucks erscheinen, werfen genau diese alten Fragen wieder auf, mit dem praktischen Ziel, das große ketzerische und schismatische Übel der Hexerei näher zu erkunden.

Aus dem frühen 15. Jahrhundert stammt der *Formicarius seu dialogus ad vitam christianam exemplo conditionum formicae imitativus*[1], der 1437 unter dem Titel *Myrmecia bonorum seu Formicarium ad exemplum sapientiae de formicis* neu aufgelegt wurde, ein Werk des Dominikaners Johannes Nider.[2] In dem Buch *De maleficiis* des Werkes werden in Form eines Dialogs zwischen dem Theologen und dem Unkundigen die Hexenbündnisse und die Wirkung des Dämons auf die Menschen ausführlich erörtert. Der Dominikaner Jakob Sprenger[3], unter Sixtus IV. Inquisitor in den Diözesen Mainz und Salzburg, veröffentlicht als Gemeinschaftswerk zusammen mit Heinrich Institor[4] den *Malleus Maleficarum*, den Hexenhammer, der bis ins 18. Jahrhundert Kodex und Hauptwerk der Dämonologie bleiben sollte. Das Werk besteht aus drei Teilen, wobei die ersten beiden, die die Theorie abhandeln, nochmals zweifach unterteilt sind.[5] Nicolas Remy (Remigius), von 1576 bis 1590 Richter am Gerichtshof von Nancy und von 1591 bis 1606 Generalankläger von Lothringen, einer der extremsten und erbittertsten Hexenankläger, legt seine dämonologischen Auffassungen in den *Demonolatriae libri tres*[6] dar.

Eine Stimme, die sich von der inquisitorisch theologischen

---

[1] Augsburg.

[2] Geb. 1380 in Isny/Schwaben, gest. 1438 in Colmar.

[3] Basel zwischen 1436 und 1438 – Straßburg 1495.

[4] Von Kramer, deutscher Inquisitor, geb. 1432 in Schlettstadt, gest. 1505 in Mähren.

[5] Vier nicht datierte Auflagen vor 1487, dem Jahr der Straßburger Ausgabe; 29 Folgeausgaben bis zu der Lyoner aus dem Jahre 1669; dt. Übers. von J. W. R. Schmidt, Berlin 1906, unveränd. Nachdruck München 1982.

[6] Lyon 1595.

Einmütigkeit in Sachen Dämonologie abhebt, ist die des Arztes Johannes Wier (Weyer, 1515 Grave in Brabant – 1588 Tecklenburg). Er schrieb *De praestigiis Daemonum et incantationibus ac veneficiis. Libri V*[7], *De Lamiis*[8] und *Pseudomonarchia daemonum*[9], Werke, die für das Thema Dämonologie sehr bedeutsam sind, weil sie im Gegensatz zu den Thesen der Inquisitoren den Volksglauben der Epoche widerspiegeln.

Der Franziskaner Girolamo Menghi (Menghus), der gegen Ende des 16. Jahrhunderts lebte, veröffentlichte das *Compendio dell'arte essorcista et possibilità della mirabili et stupende operationi delli Demoni, et de i Malefici*[10], *Fuga Daemonum*[11], *Flagellum Daemonum*[12]. Francesco Maria Guazzo, Guazzi oder Guaccio (Guaccius) vom Orden des heiligen Ambrosius (geb. um 1570 in Mailand), bringt 1608 das *Compendium maleficarum*[13] heraus. Wir kommen so zu dem großen inquisitorischen Werk des belgischen Jesuiten Martin del Rio (1552–1608): *Disquisitionum magicarum libri sex*[14], der alle früheren Doktrinen zusammenfaßt und in kasuistischer Form die dämonologischen Thesen wiederaufnimmt, wobei er sich auf die theologischen Autoritäten und die Urteile der Richter beruft.

Diese Angaben zur dämonologischen Literatur zeigen, wie groß das Interesse war, das sich rund um dieses Thema rankte und welch weite Kreise die Diskussion darüber zog. Die Dämonologie dieser Epoche steht in unmittelbarem Zusammenhang mit der Aktivität der Kirchengerichte und der Zielsetzung der Inquisitoren. Diese Werke, die im wesentlichen einen ganz bestimmten strafrechtlichen Zweck verfolgten und die nur einige bedeutsame Beispiele aus der Masse der »Flagelli«, »Mallei«, »Escorcistari« und anderer Exorzistenwerke sind, tragen in sehr starkem Maße zur Entwicklung der dämonologischen Vorstellungen bei: zum einen, weil sie den gesamten doktrinären Bestand der vergangenen Jahrhunderte wie-

7 Basel 1563; dt. Übers. Basel 1567; franz. Übers. Paris 1569.
8 1577.
9 Basel 1580.
10 Bologna 1582; Venedig 1595; am 17. Januar 1707 auf den Index gesetzt; am 4. März 1709 von der Kirche verurteilt wegen der Irrtümer in bezug auf den Ritus.
11 Bologna 1577.
12 Bologna 1586; unter Anfügung des zweiten Teils *Fustis Daemonum*, Venedig 1587.
13 Ital. Übers. Mailand 1967.

deraufnehmen, zum anderen, weil sie ihn mit anderen Elementen anreichern, die nicht der Doktrin entstammen, sondern der Folklore und den volkstümlichen Überlieferungen. Die Dämonologen stützen sich nicht allein auf die früheren Texte, in denen die Theologen ihre Thesen auf abstrakter Ebene diskutiert hatten, sondern auch auf die Prozesse, in denen die Erklärungen und Geständnisse der Verdächtigen und der Verurteilten gehört und zu Protokoll gebracht wurden. Tatsächlich waren zwischen dem 15. und 17. Jahrhundert die Dämonologen sehr häufig von den gerichtlichen Autoritäten eingesetzte Inquisitoren oder Berater der Inquisitoren.

Die Teufelshierarchien

Vom 15. bis zum 17. Jahrhundert galt das Interesse der Dämonologen auch der Gestalt, den äußeren Aspekten, den Namen, den spezifischen Aktivitäten der Dämonen. Sie trugen dazu eine Reihe von Auffassungen aus der Antike zusammen, übernahmen aber auch volkstümliche Überlieferungen und solche, die sich von der halbvolkstümlichen Tradition der *grimoires*, der Zauberbücher, ableiten. Um den blutigen Hexengeschichten entgegenzuwirken, gab der Arzt Johannes Wier (Weyer) in der *Pseudomonarchia daemonum* eine aufschlußreiche Auflistung der Teufel. Es ging ihm darum, wie er sagte, *»ne Sathanicae factionis monopolium usque adeo porro detilescat«*, d. h., er wollte das satanische Monopol zerstören, indem er das Geheimnis durchbrach. Die Veröffentlichung dieser Liste brachte ihm scharfe Angriffe von seiten der orthodoxen Dämonologen ein (zum Beispiel von Del Rio und von Bodin). Man warf ihm vor, er habe unter dem Vorwand, der Wahrheit einen Dienst erweisen zu wollen, in Wirklichkeit den Anhängern der Satanskulte eine neue Waffe in die Hand gegeben.

Nach dem Schema, das der Pseudo-Dionysius auf die Engel angewandt hatte, teilt Wier die Dämonen in Hierarchien ein. Jeder von ihnen hat eine Schar oder mehrere Scharen von Unterdämonen zu seiner Verfügung, die als Legionen bezeichnet werden (der Terminus »Legion« findet sich bereits in den Evangelien auf die Dämonen angewandt). Wier hatte genau 68 Dämonenfürsten ausgemacht, die jeweils eine unterschiedliche Anzahl von Legionen zu ihren Diensten haben. König der Dämonen ist Baal mit 66 Legionen; weiter ist Agares mit 31 Legionen zu nennen; Barbatos, Graf und Herzog, mit 30 Legionen; Pursan mit 22 Legionen; Eligor oder Abigor mit 60 Legionen; Naberus oder Cerberus mit 19 Legionen; Zepar mit 26 Legionen; Forneus mit 29 Legionen; Astaroth mit 40 Legionen; Furfur mit 26 Legionen; Sydonai oder Asmoday mit 70 Legionen; Murmur ohne Legionen; Gomory mit 26 Legionen; Decarabia mit 30 Legionen; Oze ohne Legionen; Balam mit 40 Legionen; Stolas mit 26 Legionen.

Jeder Würdenträger hat besondere Stunden des Tages, die für seine Beschwörung günstig sind: die Könige von der dritten Stunde bis Mittag und von der neunten Stunde bis zum Abend, die Markgrafen von der ersten Stunde bis Mittag; die Herzöge von der

Satan lehrt seine Schüler. F. M. Guaccio, Compendium maleficarum, *Mailand 1626.*

ersten Stunde bis Mittag; die *Praeses* in der Dämmerung; die Grafen zu jeder Stunde.

Noch bemerkenswerter sind Wiers bildliche Beschreibungen der einzelnen Dämonen samt ihrer besonderen Attribute. Sie sind Ausdruck einer äußerst lebhaften Fantasie, ganz in der Tradition der älteren Texte (zum Beispiel der Apokalypse). Um nur einige Beispiele anzuführen: Byleth ist ein großer und schrecklicher König; er reitet ein Pferd von fahler Farbe und wird von Trompeten, Dudelsäcken und allen erdenklichen Musikinstrumenten angekündigt. Sytry, auch Bitru genannt, ist ein großer Fürst; er hat das Gesicht eines Leoparden und die Flügel des Greifs; er ist fähig, sich in einen strahlend schönen Mann zu verwandeln, der die Frauen in Liebe zu sich entbrennen läßt, um sie dann in Lüsternheit zu besitzen. Bune ist ein Großherzog in Gestalt eines Drachens mit drei Köpfen, von denen einer menschlich ist; er spricht mit stummer Stimme, läßt die Toten sprechen und versammelt die Dämonen über den Gräbern der Menschen; er schenkt den Menschen jede Art von Reichtum, Beredsamkeit und Weisheit. Caym ist ein großer

Praeses in Gestalt einer Amsel, aber er verwandelt sich, sobald er beschworen wird, in einen Menschen, spricht durch eine lodernde Flamme und hält ein überaus scharfes Schwert in der Hand; er verleiht die Fähigkeiten sämtlicher Tiere: das Muhen der Rinder, das Gekläffe des Hundes oder auch das Geräusch des Wassers. Orias ist ein mächtiger Markgraf in Löwengestalt, der auf einem besonders kraftvollen Pferd mit Schlangenschwanz reitet; er hält zwei große zischende Schlangen in der Rechten; er kennt die Geheimnisse der Astrologie; er verleiht Würden, Prälaturen und Macht. Gomory, mit einer Herzogskrone, hat die Gestalt einer wunderschönen Frau, die auf einem Kamel reitet; sie hilft, verborgene Schätze zu entdecken; sie schenkt die Liebe der Frauen und besonders der jungen Mädchen. Balam ist ein großer und schrecklicher König, mit einem Stier-, einem Menschen- und einem Widderkopf, er hat Flammenaugen und einen Schlangenschwanz, reitet auf einem Bär und trägt einen Geier auf dem Kopf; er sieht die Gegenwart, Vergangenheit und Zukunft; er macht den Menschen unsichtbar und besonnen. Zaleos ist ein machtvoller Graf, der in Gestalt eines prächtigen Soldaten ein offenbar friedliches Krokodil reitet, das eine Herzogskrone trägt.[1]

Hiermit scheint der Prozeß der Ausgestaltung des Dämonischen abgeschlossen. Das ursprünglich *eine* Bild vom Bösen ist in eine ungeheure Menge von sichtbaren und greifbaren Darstellungen zersplittert, zu einer klaren Hierarchie geordnet, die ihre Entsprechung nicht nur bei den Engeln, sondern auch im Adel findet. Greifbar und ausgeformt bis ins Detail präsentieren die Dämonen sich nun farbig, erotisch, tier- oder mehrgestaltig, und alle versprechen sie dem, der sich auf sie einläßt, den Erwerb übernatürlicher und außergewöhnlicher Kräfte.

[1] J. Wier, *Opera omnia.* Amsterdam 1660, S. 649–663.

Die dämonischen Zeichen

Das Interesse der Dämonologen richtete sich vor allem darauf, jene Besessenheit zu diagnostizieren, von der schon die Evangelien in eindeutigen Worten sprechen. Der Priester, der den Teufel austreibt, war (und ist) sowohl diagnostisch als auch therapeutisch tätig. Dabei folgt er einem Muster, das vielen Religionen gemeinsam ist und das seinen stärksten Ausdruck im Schamanismus findet. Da die enorme Materialfülle zu diesem Thema hier unmöglich dargelegt werden kann, erscheint es sinnvoll, ein Beispiel für ein Vorgehen dieser Art herauszugreifen.

Francesco Maria Guaccio behandelt es unter dem Titel *Dei segni per conoscere i demoniaci e le persone colpite da semplice maleficio*[1] (die Zeichen, an denen man die vom Dämon Besessenen und die von einem simplen Zauber betroffenen Personen erkennt). Guaccio schickt voraus, daß es überaus schwierig sei, die besonderen Anzeichen für eine Besessenheit zu erkennen, die durch Zauberwerk der Dämonen den Körper eines Menschen befallen hat, vor allem, wenn der Dämon sich mit anderen unreinen Substanzen vermischt, die ebenfalls in den Körper des Opfers eingegangen oder durch eine Krankheit entstanden sind. Es ist deshalb unerläßlich, sich in der Diagnose absolute Gewißheit über die Anzeichen zu verschaffen, um die eigentlichen Symptome der Besessenheit von denjenigen zu unterscheiden, die von harmloser natürlicher Ursache sind und eventuell gleichzeitig auftreten können. Unter Berufung auf Buch III des Werkes *De Morbis venefic.* des Arztes Giovanni Battista Codronchi (Imola 1547–1628) zählt der Dämonologe hierfür immerhin 47 Symptome auf. Diese Symptome sind zwei Kategorien zuzuordnen: 1) die sensorischen und physiologischen Zeichen und 2) die paranormalen oder außergewöhnlichen Zeichen.

Zur ersteren Sorte gehören: ein unerklärliches Kribbeln, »fast so, als verspürte der Besessene krabbelnde Ameisen unter der Haut«; Pochen in einzelnen Körperteilen; unangenehme, unerklärliche Stiche; Hitze, die von den Füßen zum Kopf hochsteigt und vom Kopf zu den Füßen geht; eine oder mehrere Blasen, die sich plötzlich auf der Zunge zeigen und »die darauf schließen lassen,

[1] Kapitel II des *Compendium maleficarum.*

Hexer und Hexe verwandelt in Wolf und Katze. Der Glaube daran ist noch heute in den ländlichen Gegenden Italiens lebendig. Holzschnitt von F. M. Guaccio, Compendium maleficarum, *Mailand 1626.*

daß eine Vielzahl von Geistern in den Körper eingedrungen ist«; ein Knoten im Hals, der sich aufbläht und dann trocken wird; eine aus dem Mund heraushängende Zunge, die anschwillt; das Gefühl von kaltem Wasser auf dem Rücken verspüren; sich für sieben oder mehr Tage der Speisen und Getränke enthalten; einen kalten Wind an Armen und Nieren verspüren; das Gefühl haben, das Gehirn sei durchbohrt; das Anschwellen des Kopfes oder auch des ganzen Körpers; sehr hohes Fieber, verbunden mit Kopfschmerzen und körperlicher Schwäche, das nur kurz anhält und verschwindet, sobald der Exorzismus ausgeführt wird; das Gefühl zu ersticken; am Mageneingang einen Knoten verspüren wie von lauter Ameisen, Würmern oder Fröschen; übermäßig heftiges Erbrechen; sehr starker Schmerz in den Eingeweiden; aufgeblähter Bauch; Herzbeklemmungen; eine zitronengelbe Gesichtsfarbe (Gelbsucht?); die Unfähigkeit, die Augen zu öffnen und die Glieder zu bewegen; Stiche in der Herzgegend; die Unfähigkeit zum Samenerguß; das Gefühl, ein sehr heißer oder sehr kalter Wind führe durch den

Magen; Verdauungsstörungen, gegen die keine Arznei hilft; heftiges Pulsieren der Halsarterien.

Zur zweiten Gruppe von Symptomen gehören: die Fähigkeit, unbekannte Sprachen zu sprechen oder sie zu verstehen, wenn andere sie sprechen; hohe und sublime Dinge zu erörtern, obwohl man ungebildet ist; okkulte, vergessene, zukünftige, geheimnisvolle Dinge zu offenbaren, wie zum Beispiel die Sünden und die Gedanken der Anwesenden; eine anfallartige Erregung, der nicht einmal fähige und kräftige Männer Herr zu werden vermögen; eine innere Stimme zu vernehmen, ohne daß es einem gelänge, die Bedeutung der Worte zu erfassen; alles vergessen zu haben, was man getan oder gesagt hat, während man sich in einem der erwähnten Zustände befand; die Unfähigkeit, am Gottesdienst teilzunehmen oder der vergebliche Wunsch, es zu tun, da man von einer übermächtigen Kraft zurückgehalten wird; das plötzliche Schwinden physischer und psychischer Kraft; vorgetäuschte Idiotie und Dummheit, vor allem, wenn man vom Priester aufgefordert wird, die Gebete zu sprechen; anständig und kultiviert zu sprechen, wenn man ungebildet ist, oder nach Noten zu singen, ohne die Kenntnis davon zu besitzen; sich von innen heraus in einen Abgrund oder in den Selbstmord gestoßen zu fühlen; plötzlich dumm, blind, lahm, taub, stumm, verrückt, gelähmt zu sein; von plötzlichen Ängsten befallen zu werden, die sofort wieder verschwinden; Verstörung zu zeigen, wenn die Exorzismusformeln gelesen werden; die auf den Kopf aufgelegte Hand des teufelsaustreibenden Priesters als unerträgliches Gewicht verspüren.

Das Hexenwesen im Lichte der Anthropologie

Man kann den Hexendämonismus in der christlichen Welt nicht isoliert von dem in allen Kulturen vorhandenen Phänomen der Hexerei betrachten. Da der Begriff des Hexendämonismus' im allgemeinen vorzugsweise an der besonders ausgeprägten Geschichte des Hexenwesens in der westlichen Welt und vor allem in Europa festgemacht wird, handelt es sich somit darum, ihn aus diesen engen Grenzen zu befreien. Andererseits gestattet die Betrachtung der ethnologischen Zusammenhänge ein besseres Verständnis der Wirkkräfte, die dieser Erscheinung im Westen zugrunde liegen. Man könnte das Hexenwesen als einen mythisch-rituellen Gesellschaftsvertrag definieren, in dem, innerhalb jeder Kultur, die aggressive Reaktion von Außenseitergruppen und Randexistenzen zum Ausdruck kommt, die aus den verschiedensten Gründen nicht oder nur teilweise in die Kultur ihrer Umgebung integriert sind oder sie völlig ablehnen. Solche Aggressionsbereiche, innerhalb derer sich das Phänomen der Hexerei bildet, entstehen sicher in einem sehr komplexen Prozeß, so daß die Dynamik ihrer Entstehung im Kontext der jeweiligen Kulturen und unter Berücksichtigung ihrer spezifischen Konflikte zu sehen und zu analysieren ist. So scheint die Hexerei zum Beispiel in zahlreichen Kulturen mit der aggressiven, asozialen Kraft von Gruppen gleichgesetzt zu werden, die von der Mehrheit zurückgestoßen und an den Rand verwiesen werden, weil man sie – der typischen Dynamik des Vorurteils folgend – als andersartig, als Fremde, als »Ausländer« abqualifiziert. Man hält die Randgruppen in solchen Fällen für Träger eines mythologischen und rituellen Erbes, das in zerstörerischem Gegensatz zu den Modellen der Mehrheit steht und deshalb als Hexerei angesehen wird. Diese Situation ist zum Beispiel charakteristisch für die Zigeuner in den modernen westlichen Kulturen, die Falascha in der äthiopischen Kultur; die Jeziden in der islamischen Kultur, die Triballier und die Illyrer in bezug auf die griechische Kultur.

In anderen Fällen zeichnet sich ein solcher Aggressionsbereich innerhalb einer bestimmten Kultur ab, ohne daß er sich aus dem Gegensatz zwischen dem geltenden Kulturmodell und einer fremden, ethnisch bestimmbaren oder andersartigen Gruppe erklären ließe. So kann es vorkommen, daß eine ökonomisch abgedrängte

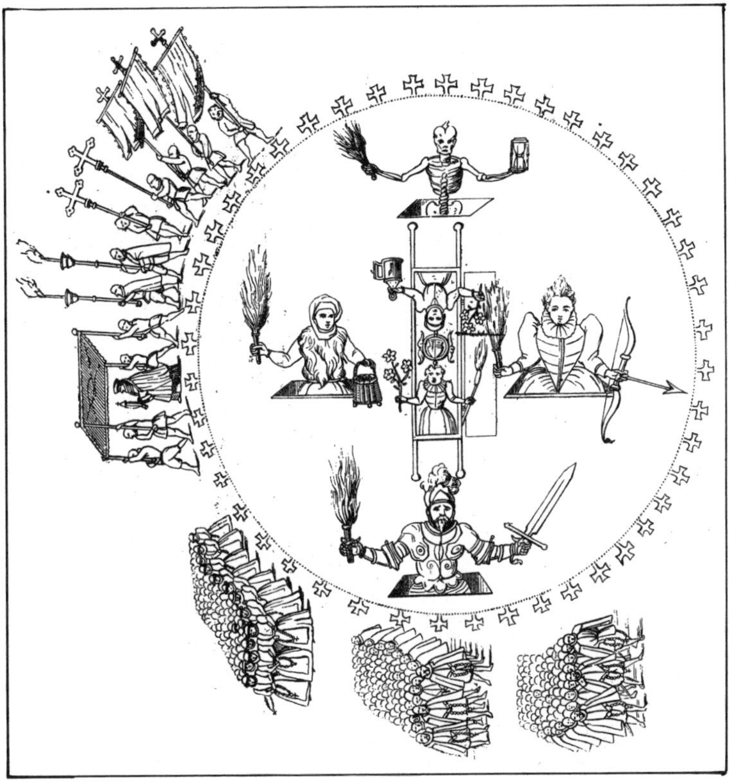

Magischer Kreis, im Jahr 1601 von einem Hexer gezeichnet. (Aus: Magasin pittoresque, *1848.)*

oder unterdrückte Gruppe (zum Beispiel die armen Bauern in der feudalen oder postfeudalen Gesellschaft) die religiösen Auffassungen der sie unterdrückenden Mehrheit ablehnt als Ausdruck eines ihr grundlegend fremden ideologischen Bildes, das keine für sie bedeutsame Heilsbotschaft übermittelt. Eine solche Gruppe verneint dann in ihren eigenen Verhaltensformen und in ihrer eigenen Mythologie die herrschenden Glaubensvorstellungen oder stellt sie auf den Kopf. Sie vertraut sich einer eigenen »Religion« an, die sich als die »Umkehrung« der traditionellen Religion begreift. In einigen Fällen schöpft eine solche autonome »Religion« einen Teil ihrer Anschauungen aus den volkstümlichen Überlieferungen vergangener Epochen, die in die offizielle Auffassung nicht integriert wurden. Dies gilt zumindest teilweise für die hinreichend bekannte Geschichte des Hexenwesens vom 15. bis zum 18. Jahrhundert in bezug auf die christliche Gesellschaft, die die heidnischen Überlieferungen nicht vollständig integriert hatte.

Schließlich zeigen andere, auch für unsere heutige Gesellschaft belegbare Beweise (Hexenbünde oder Satanssekten in den Vereinigten Staaten und in Europa), daß eine satanische Aggression aus einem Zusammenspiel historischer und sozialer, sich gegenseitig bedingender Ereignisse entstehen kann. Sie kann sich in der explizit kritischen und revolutionären Einstellung einzelner Gruppen äußern, die ihre Gesellschaft als unerträglich und unmenschlich empfinden, oder in unreflektierten Abirrungen in Okkultismus und Dämonismus, bis hin zur Entstehung regelrecht psychopathischer und krimineller Triebhaftigkeit (wie zum Beispiel im Fall Manson in den Vereinigten Staaten).

Es sei hier vermerkt, daß die gängige Aggressivitätsthese das Phänomen ihrer Entstehung nicht ausreichend und überzeugend abdeckt. Auf Anhieb zeigt sich, daß sich hinter dem Begriff »Aggressivität« eine bedeutsame Ambivalenz verbirgt, da die aggressiven Impulse sich nicht nur in eine, nämlich die oben angegebene Richtung bewegen (Außenseiterbereiche, die in bestimmten Gesellschaften im Gegensatz zum herrschenden Kulturmodell stehen).

Umgekehrt können auch die Mehrheiten, die das jeweils geltende Kulturmodell tragen, ihrerseits die eigenen Aggressionen auf die Randgruppen richten, indem sie sie ins Dämonische abdrängen; sie benutzen diese Gruppen, um ihre eigenen Konfliktsituationen zu lösen, indem sie sie verfolgen und ihnen ihr eigenes Versagen anlasten. Mit anderen Worten: Der Teufel übernimmt die Funktion eines Sicherheitsventils in Form eines Fantasiegebilde, das die Macht garantiert. Diese Ambivalenz der aggressiven Kräfte tritt, zumindest in der Geschichte des westlichen Hexenwesens, ganz offenkundig in Erscheinung, da es einigen (katholischen und reformierten) Institutionen die historische Möglichkeit verschafft, unter Zuhilfenahme des Teufels die Ursachen für das eigene Unbehagen, den eigenen Kultur-Schuld-Sünde-Komplex auf Randgruppen (Hexen und Hexer) abzuwälzen und sich durch die Verfolgungen die falsche Sicherheit zu verschaffen, daß man sich mit den Hexen zugleich von den Wurzeln des eigenen Unbehagens befreit hat.

Die Aggressionsthese allein reicht aber nicht aus, weil die zum Ausbruch kommenden Aggressionen häufig lediglich Symptome sind – und auch das nur zu einem Teil – für eine wesentlich vielschichtigere historische Situation der Irrationalität und der Verweigerung von Realität. Das Phänomen der Hexerei tritt in der Tat verstärkt in Epochen auf, die eine ausgeprägte Unzufriedenheit mit den Strukturen der eigenen Zeit aufweisen und in denen eine Lösung nicht in rationalen Veränderungen, sondern in einer Flucht ins Abseitige gesucht wird. Die satanistischen Bewegungen, Hexerei und Schwarze Magie, wie sie innerhalb der konsum- und technologieorientierten Gesellschaften auftreten, sind – anhand der Beispiele, die uns aus den Vereinigten Staaten, Schweden, der Schweiz und auch aus Italien bekannt sind – auf der Ebene der Aggressionsätiologie[1] anzusiedeln; doch eine historische Erörterung darf den Gesichtspunkt nicht außer acht lassen, daß der Mensch die Geschichte als entfremdet und zufällig empfindet. Er versucht deshalb, sie mittels irrationaler Fiktionen (der Suche nach satanischen und damit dominierenden Kräften), die sich als Umkehrung der vorhandenen sozio-kulturellen Strukturen darstellen, wieder beherrschbar zu machen.

Darüber hinaus bleibt zu untersuchen, ob und in welchem Maße die hier vorgebrachten anthropologischen und psychosoziologischen Hypothesen auf die Phänomene der Hexerei in den archaischen und primitiven Gesellschaften anwendbar sind. In solchen Gesellschaften wird die Hexerei zwar mitsamt ihren aggressiven Inhalten als Negation des kulturellen und religiösen Modells gesehen, doch wird sie als notwendige, kulturell unvermeidliche und nicht unterdrückbare Gegebenheit begriffen. Die völkerkundlichen Darstellungen bezeugen durchweg das Vorhandensein von Hexerei betreibenden Randgruppen, die – parallel zu den Strukturen der offiziellen Religion und Zauberei – mit eigenen Befugnissen, eigenen Riten, Initiationen und Mythologien ihren traditionell anerkannten Platz haben, die als quasi unabwendbare Andersartigkeit akzeptiert werden. Hier zeigt sich erneut, daß in diesem Zusammenhang jede verallgemeinernde und vereinfachende Erörterung der Modelle menschlichen Verhaltens und der historisch gewachsenen Strukturen eine unkritische Einschränkung darstellt. Folglich empfiehlt sich auch für die Untersuchung des dämonischen

[1] Lehre von den Ursachen (Anm. d. Übers.).

Hexenwesens, eine Methodologie, die sich ausschließlich durch die Erforschung des jeweiligen historischen und kulturellen Umkreises ausweist.

Die Erkenntnis, daß die Hexerei ein integrierter Bestandteil vieler primitiver Kulturen ist – in dem oben vermerkten Sinn, daß es sich dabei um eine unveränderbare, historisch akzeptierte »Fremdheit« handelt – veranlaßte B. Malinowski, in Ergänzung der Aggressionsthesen, die Hypothese einer sozio-kulturellen Funktion dieses Phänomens aufzustellen: Der gesamte mythisch-hexerische Bereich biete in diesen Kulturen eine Möglichkeit, das Böse sowie grundlegende Existenzkrisen mit negativem Ausgang (Tod, Krankheiten, Verlust der Zeugungskraft, Mißerfolg in Unternehmungen etc.) zu erklären.[2] Überträgt man Malinowskis Hypothese auf die allgemeinen Theorien über Religion und Mythos, wäre die Hexerei ein spezielles Mittel, um akzeptierbar zu machen, was existentiell möglich ist, aber nicht akzeptiert wird (Tod, Krankheiten etc.), indem man den Ursprung des Übels einer feindlichen dämonischen Kraft zuweist, die im Gegensatz steht zu jener, die sich im Mythos als Ursprung des Guten und der Fülle darstellt. Eine solche Hypothese findet ihre Bestätigung im Grunde auch in unserer Gesellschaft, in der bestimmte Gruppen, die nicht fest in der Religion verankert sind oder die einem rationalen Zugang zur Realität eher fernstehen, die negativen und zerstörerischen Geschehnisse dem Einfluß bestimmter Vorgänge und Personen mit besonderer Macht zuschreiben, die einer anderen Welt als jener der Religion angehören (Zauberei, Zaubertränke, böser Blick und, parallel dazu, Dämonen, Hexen, Hexer, Schwarze Magier, Personen, die »Unglück bringen«).

Was die Terminologie anbetrifft – die wiederum reale Inhalte bezeichnet – so sind hier einige Klarstellungen angebracht. Es gilt die gängige Verwechslung von Magie und Hexerei zu vermeiden – eine Verwechslung, wie sie beispielsweise auch in dem eben zitierten Werk von Malinowski auftaucht. Der Hexendämonismus ist ein areligiöses Phänomen, da er sich – in Form von Ablehnung – den religiösen Modellen der Kultur entgegensetzt, aus der er hervorgegangen ist. Er unterscheidet sich wesentlich von der Magie, insofern als es sich dabei um eine Dimension handelt, die

[2] B. Malinowski, »The Group and the Individual in Functional Analysis«, in: *The American Journal of Sociology*. Chicago, XLIV, 6, 1939

sich parallel zur Religion entwickelt und vor allem durch ihre automatisch wirksamen Mechanismen und ihre machtvollen rituellen Handlungen charakterisiert ist. Im Prinzip kann sich die Magie, wobei sie zu trennen ist von der religiösen Haltung der Ergebenheit und der Hingabe, innerhalb einer geschichtlichen Religion formieren, ja sie geradezu charakterisieren (hier sei als Beispiel der Vedismus genannt, eine Religion, die auf der magischen Wirkkraft des Opfers beruht); auch einige Aspekte der katholischen Sakramente kann man als magisch und damit das menschliche Handeln äußerst wirksam ergänzend bezeichnen. Die Hexerei dagegen befindet sich immer außerhalb der Religion und steht von Grund auf in Opposition zu den religiösen Strukturen, macht sie sich aber gelegentlich den eigenen Zwecken zunutze (zum Beispiel die Schwarze Messe als hexerische Umkehrung des Rituals der katholischen Messe).

Es gibt allerdings einen Aspekt der Magie, der typologisch als Schwarze Magie bezeichnet wird und der mit Gewißheit hexerische Elemente enthält; diese Art der Zauberei wird aber aus den religiösen Bereichen verwiesen und als Hexerei im eigentlichen Sinne angesehen.

Und schließlich gehört zur gängigen Terminologie der Begriff des Satanismus'. Ideologisch äußerst vage, wird er in neuester Zeit aber im Zusammenhang mit Fällen von Hexerei in den Vereinigten Staaten und in einigen europäischen Ländern wieder gern verwendet. Der Satanismus war ursprünglich eine literarische Richtung der westlichen Kultur, der Milton, Blake, De Sade und die französische Dekadenz zuzurechnen sind.[3] Da er einige antiklerikale Aspekte und Freimaurermotive übernahm, wurde er in der zweiten Hälfte des 19. Jahrhunderts zum Symbol der Rebellion gegen die katholische Tradition im Namen der Eigenständigkeit des Menschen und seiner kreativen Kraft, die in der mythologischen Gestalt Satans symbolisiert ist (vgl. zum Beispiel *Inno a Satana* / *Hymne an Satan* / von Giosue Carducci).

Er geht in die Ideen einiger parareligiöser Gesellschaften ein, so der Palladisten und der Luziferianer, die eine echte »Teufelskirche« zu gründen gedachten. Heutzutage versteht man darunter:

[3] Die Hauptexponenten waren Barbey d'Aurevilly, J. Peladan, Huysmans, Verlaine, Barrès. Zu der Bewegung vgl. V. M. Praz, *La carne, la morte e il diavolo nella letteratura romantica*. Rom 1930.

a) die Hexerei und die dazugehörigen Ideologien im allgemeinen;

b) die umstürzlerischen Kräfte, die unsere Gesellschaft aufs heftigste kritisieren, die etablierten Strukturen völlig ablehnen und jene Elemente zu Werten zu erheben, die innerhalb der etablierten Strukturen als Unwerte gelten (Gewalt, absolute Freiheit im Sexualleben, unmoralisches Verhalten etc.).

Der Hexendämonismus in der kirchlichen Doktrin

Alle dämonologischen Traktate aus der Zeit der Inquisition definieren die Hexe letztlich als eine Person, die nicht nur auf Dauer vom Teufel besessen ist, sondern die mit dem Dämon auch einen Pakt abgeschlossen hat, der gegen das Wohl der Gemeinschaft gerichtet ist. Dadurch unterscheidet sich die Hexe von dem unfreiwillig und nur rein zufällig Besessenen. Sie ist nicht Opfer des riesigen Heeres von Dämonen, das die schwache menschliche Kreatur umlauert; vielmehr ist sie Protagonistin eines gefährlichen und verabscheuungswürdigen Unternehmens, denn sie sucht eine persönliche Beziehung zur Welt des Bösen und stellt, aus Haß auf die Welt und auf ihre Mitmenschen, Körper und Seele in den Dienst des Teufels, um so in den Besitz einer vergänglichen, aber schrecklichen Macht zu gelangen.

Aus dieser Grundauffassung erklärt sich das Prinzip, nach dem die Theologen ab dem späten Mittelalter gegen die Hexen vorgingen: Man war überzeugt, daß in diesen Fällen die gängigen exorzistischen oder therapeutischen Mittel, die man bei den nur einfach Besessenen anwandte, nicht ausreichten, sondern daß das Böse im Schoß der Gesellschaft mittels Prozeß und Todesurteil mit Stumpf und Stiel auszurotten sei. Die Hexe verbündet sich also freiwillig mit dem Teufel und lebt im Umgang mit ihm in einem Zustand, der ihr gefällt und den sie genießt, indem sie daraus die bösen und zerstörerischen Kräfte bezieht, die Gegenstand der inquisitorischen Kasuistik sind. Eine Durchsicht der *Disquisitionum Magicarum libri sex* des Jesuiten Martin del Rio, das die Summe aller antidämonischen katholischen Lehrmeinungen des 15. und 16. Jahrhunderts darstellt, zeigt, daß nach Abhandlung der Modalitäten des Pakts und der Umgangsgepflogenheiten mit dem Teufel sofort die sexuellen Aspekte der Beziehung zwischen Hexe und Teufel im Mittelpunkt der Betrachtungen stehen. In den theologischen Ausführungen zum Thema Hexen nimmt die Sexualität einen vorrangigen Platz ein, da man davon ausgeht, daß am Anfang der Beziehung eine sexuelle Sünde oder das Bedürfnis der Frau nach zügellosem Geschlechtsverkehr steht und daß dieses sie dazu treibt, die Vereinigung mit dem Teufel zu suchen oder seinem Liebeswerben nachzugeben und damit der ewigen Verdammnis anheimzufallen. Nach den Thesen von Del Rio[1] kann der Dämon sich als Sukkubus mit dem Hexer und als Inkubus mit der Hexe sexuell vereinigen und den Koitus vollziehen. Was die Gestalt angeht, die er in solchen Fällen annimmt, so fügt del Rio hinzu: »Die Dämonen können sich des Körpers eines Toten bedienen oder sich aus Luft oder anderen Elementen einen neuen formen und diesem die Eigenschaften eines greifbaren Körpers verleihen, ihn erwärmen und beweglich machen, ihn künstlich mit dem männlichen oder weiblichen Geschlechtsorgan ausstatten, das sie von Natur aus nicht besitzen... und mit dem kalten, anderweitig entwendeten Samen einen natürlichen Erguß vortäuschen.« Aus solchen Vereinigungen können Kinder hervorgehen – wenngleich diese These nicht ausreichend nachgewiesen ist –, aber in jedem Fall müssen die Dämonen sich das Sperma bei einem Menschen beschaffen; sie entwenden es ihm im Schlaf, da sie »nicht wie lebende Wesen aus eigener Kraft und mit eigenem Samen zeugen können«.

Zwar ist in diesem Zusammenhang auch von Männern die Rede, die Hexerei ausüben, doch geht die kirchliche Doktrin ganz überwiegend davon aus, daß Frauen leichter dem Bösen unterliegen. In seinem *Malleus Maleficarum*, dem »Hexenhammer«[2], begründet der Dominikaner Jakob Sprenger die stärkere Verbreitung der weiblichen Hexerei folgendermaßen: »Der erste (Grund) ist der, daß sie (die Weiber) leichtgläubig sind; und weil der Dämon hauptsächlich den Glauben zu verderben sucht, deshalb sucht er lieber diese auf. (...) Der zweite Grund ist, weil sie von Natur wegen der Flüssigkeit ihrer Komplexion leichter zu beeinflussen sind zur Aufnahme von Eingebungen durch den Eindruck gesonderter Geister; (...) Der dritte Grund ist, daß ihre Zunge schlüpfrig ist, und sie das, was sie durch schlechte Kunst erfahren, ihren Genossinnen kaum verheimlichen können und sich heimlich, da sie keine Kräfte haben, leicht durch Hexenwerke zu rächen suchen. (...) Also schlecht ist das Weib von Natur, da es schneller am Glauben zweifelt, auch schneller den Glauben ableugnet, was die

[1] Martin del Rio, *Disquisitionum Magicarum libri sex.* Köln 1657, 2. Buch, Quaestio XV, S. 190.

[2] Heinrich Institoris und Jakob Sprenger, »Der Hexenhammer« (*Malleus Maleficarum*), 1487, dt. v. J. W. R. Schmidt, 3 Bde. Berlin, 1906, unveränderter reprografischer Nachdruck, München 1982 Bd. I, S. 97 ff.

In der zutiefst frauenfeindlichen Strömung des Christentums wird die Frau mit dem Dämon gleichgesetzt, oder sie hintergeht den Mann mit seiner Hilfe, wie auf diesem Stich von G. Mitelli aus dem Jahr 1690. (Civica raccolta stampe Bertarelli.)

Grundlage für die Hexerei ist. Was endlich die andere Kraft der Seele, den Willen betrifft, so schäumt das Weib infolge seiner Natur, wenn es den haßt, den es vorher geliebt, vor Zorn und Unduldsamkeit; und wie die Meeresflut immer brandet und wogt

(...) Alles geschieht aus fleischlicher Begierde, die bei ihnen unersättlich ist. (...) Darum haben sie auch mit den Dämonen zu schaffen, um ihre Begierden zu stillen.«[3]

Wenn Sprenger nun im weiteren Verlauf eine Aufstellung der aus theologischer und juristischer Sicht relevanten von den Hexen begangenen Verbrechen vornimmt und damit einen allgemeingültigen Kanon der Schandtaten aufstellt, der den Inquisitoren in der Folge überaus dienlich sein wird, nennt er als die drei »Hauptlaster« den fehlenden oder mangelhaften katholischen Glauben, den Ehrgeiz und die Wollust (»Üppigkeit«) – doch letztlich führt er alles auf den entfesselten Sexualdrang zurück: »... darum weil es (das Weib) unerstättlich ist, deshalb sind auch diejenigen unter den Ehrgeizigen mehr infiziert, die für die Erfüllung ihrer bösen Lüste mehr entbrennen; als da sind Ehebrecherinnen, Huren und Konkubinen der Großen: und zwar aus siebenfacher Hexerei, wie in der *Bulle (Summis desiderantes)* berührt wird, indem sie den Liebesakt und die Empfängnis im Mutterleibe mit verschiedenen Behexungen infizieren: *Erstens*, daß sie die Herzen der Menschen zu außergewöhnlicher Liebe etc. verändern; *zweitens*, daß sie die Zeugungskraft hemmen; *drittens*, die zu diesem Akte gehörigen Glieder entfernen; *viertens* die Menschen durch Gaukelkunst in Tiergestalten verwandeln; *fünftens*, die Zeugungskraft seitens der weiblichen Wesen vernichten; *sechstens*, Frühgeburten bewirken; *siebentens*, die Kinder den Dämonen opfern.«[4]

Die sexuellen Fragen werden so zum zentralen Argument in den theologischen Traktaten, weil sie einen der wesentlichen körperlichen Aspekte der bäuerlichen Welt darstellen, in der das Problem der Hexerei sehr häufig auftaucht. Die ehemals düstere, gespenstische Gestalt des Teufels verwandelt sich nun in einen unersättlichen Versucher, sündig und lüstern wie Priapos und die Satyrn der Klassik. Überdies lassen die Darstellungen keinen Zweifel daran, daß die Verfasser durchaus ihr Vergnügen an dem Thema hatten. Sprenger, selbst einer der grausamsten Inquisitoren, untersucht in der neunten Frage die Richtigkeit der von der Inquisition aufgestellten These, wonach die Hexen mit Hilfe des Dämons die menschlichen Geschlechtsteile tatsächlich völlig weghexen können. Nach Ansicht des Dominikanerpaters ist auszuschließen, daß ihr Ver-

[3] Ebd., Teil I, S. 100.
[4] Ebd., Teil I, S. 107f.

»Hexen bereiten ihre Salbe aus Kinderleichen«. Holzschnitt von F.M. Guaccio, Compendium maleficarum, *Mailand 1626.*

schwinden nur Schein und das Werk einer wirkungsvollen diabolischen Täuschung ist, da, selbst wenn der Teufel nur auf die Vorstellung des Verhexten einwirkt, die Auswirkungen der Impotenz durchaus real sind. Der Betroffene kann in seiner Zeugungskraft verhindert sein, durch »Aufzwang eines Fremdkörpers gleicher Farbe und gleichen Aussehens« wie der, der durch Hexenzauber verschwunden ist. In der ersten Frage des zweiten Teils gibt Sprenger ein Beispiel, auf welche Weise Hexen das männliche Glied entfernen und dem Mann die Impotenz anhexen können. Er erzählt, daß in der Stadt Ravensburg ein junger Mann, der ein Mädchen zur Geliebten hatte, sein männliches Glied verlor, als er sie verlassen wollte; wenn er danach griff oder sich ansah, fand er nur eine glatte Fläche vor. Als er zufällig die Hexe traf, die den bösen Zauber bewirkt hatte, gelang es ihm, mit Hilfe von Todesdrohungen zurückzuerlangen, was er verloren hatte.

Teufel und Hexen beim Sabbat

Der Sabbat oder die nächtlichen Versammlungen, deren die Hexen in den Prozessen beschuldigt wurden, ist ein weiteres bevorzugtes Thema der Hexenankläger. Del Rio überprüft sämtliche Thesen, die bis zur Abfassung der *Disquisitiones Magicae* von den Theologen und den Juristen vorgebracht worden waren, und er widerlegt sie, eine nach der anderen, um schließlich die Existenz des Sabbats und der dort vollzogenen dämonischen Handlungen als physisch real hinzustellen. Nach einer früheren These, so Del Rio, seien Luftfahrt und nächtliche Versammlung teuflische Vorspiegelungen und spielten sich lediglich in der Fantasie dieser Frauen ab. Diese These sei als falsch zurückzuweisen, da Alciato[1] bezeuge, daß die Hexen vom Sabbat verschwinden, sobald der Name Jesu ausgesprochen wird; sie täten dies aber nicht etwa, weil sie Trugbilder wären, die sich verflüchtigen, sondern weil der Teufel, der sie zur Versammlung gebracht hat, sie forttrage.

Del Rio gelangt so hinterrücks zur zweiten These, nach der die Hexen rittlings auf den Teufeln, die körperlich an den Treffen teilnehmen, zum Sabbat gebracht werden – oder auch auf einem Ziegenbock oder einem anderen Tier, auf einem Stock oder einem Besenstiel, den der Teufel aus Luft oder aus natürlichen Elementen geformt hat. Ein oder zwei Tage vor der nächtlichen Versammlung, die als *congregatio* oder *synagoga* bezeichnet wird, erhält die Hexe von einem Dämon, der eigens dazu abgeordnet ist, die Aufforderung zur Teilnahme; sie kann sich ihr nur entziehen, wenn sie einen triftigen Grund angibt. Sobald die Stunde der Versammlung gekommen ist, wird die Frau von einer menschlichen Stimme gerufen: es ist die des Dämons, der Magisterius oder Magister, Martinettus oder Martinellus genannt wird. Sie reibt nun verschiedene Stellen ihres Körpers mit einer Salbe ein, verläßt das Haus und trifft Magisterius selbst in Gestalt eines Ziegenbocks oder eines Widders. Sie steigt auf seinen Rücken, und in kürzester Zeit erreichen sie den Versammlungsort. Aber die Hexenfahrt (*corporalis delatio, equitatio, ascensio*) kann auch auf einem Stock, einem Besen, einer Stange, einem Stier oder einem Hund vonstatten gehen. Dem Hexenritual, das nun zelebriert wird, sitzt der Teufel vor, und

[1] Andrea Alciato (1491–1550), Jurist und Humanist.

zwar auf einem Thron, in Gestalt eines Ziegenbocks oder eines Hundes. Die Teilnehmer huldigen ihm, aber sie flehen ihn nicht auf Knien an, sondern nähern sich ihm rückwärts, den Kopf gesenkt oder zum Himmel gerichtet; sie bringen ihm pechfarbene Kerzen oder den Nabel eines Neugeborenen dar und küssen ihm den After (*osculatio ani*). Bisweilen wird die katholische Messe in verkehrter Form zelebriert. Die Traktate berichten von Fällen, in denen Menschenopfer, vorwiegend Kinder und Neugeborene, dargebracht wurden, oder menschlicher Samen, vermischt mit geweihtem Chrisam, geopfert wurde. Manchmal bringt einer der Teilnehmer eine geweihte Hostie mit, die er bei der Kommunion im Mund behalten hat, und zertrampelt sie vor dem Teufel. Nachdem dieses Ritual vollzogen ist, nehmen die Hexen an einem reichen Bankett teil, bei dem die Speisen verzehrt werden, die vom Teufel selbst stammen oder die die Hexen mitgebracht haben. Die Tische können ganz unterschiedlich mit mehr oder weniger köstlichen Speisen gedeckt sein, entsprechend der Bedeutung der um den Tisch versammelten Persönlichkeiten. Jedem Tisch steht ein Teufel vor, der vor dem Verzehr der Speisen einen verkehrten Segen spricht, in dem Beelzebub zum Spender und Schöpfer aller Dinge erklärt wird. Nach dem Bankett nimmt jeder Teufel seine Lieblingsschülerin bei der Hand und tanzt mit ihr Rücken an Rücken, genau umgekehrt wie in der menschlichen Welt. Die Tänzer tragen brennende Pechfackeln in den Händen, singen die obszönsten Lieder zu Ehren der Teufel und vereinigen sich mit ihnen auf frevelhafte Weise.

In *De natura daemonum* erörtert der Rechtsgelehrte Johannes von Anagni das Thema des *ludus Dianae ac Herodiadis*, wie nach seinen Werken der Hexensabbat im Volksmund heißt, und berichtet von einigen Varianten: Die Hexen töten Kleinkinder und bereiten aus ihrem Fett die Salbe, mit der sie die Stöcke einschmieren, auf denen sie fliegen. Bei Satan angelangt, der majestätisch auf seinem Thron sitzt, nähern sie sich ihm nicht nach dem katholischen Anbetungsritus, sondern mit dem Rücken und vollziehen auch jede andere Handlung genau entgegengesetzt der Norm (das Motiv der Umkehrung der Welt oder der »verkehrten Welt«). So tanzen die Frauen am Rücken der Männer hängend, und sie vereinigen sich mit ihren Teufelsgeliebten auf widernatürliche Weise.

Der Inquisitor Paolo Grillando di Castiglion Fiorentino berichtet in *Utilissimus Tractatus de sortilegiis eorumque poenis*, wie ein von

Hexensabbat auf dem Blocksberg. Holzschnitt von J. Praetorius, Blockes-Berges Verrichtung, *Leipzig 1669.*

einer Hexe verleitetes sechzehnjähriges Mädchen aus der Diözese Sabina zum Sabbat gebracht wurde und ihr in Gegenwart des Teufels, der »mit goldenen und purpurnen Gewändern bekleidet war« der Ausruf entfuhr: »Jesus, was ist denn das?«, worauf alles ringsum auf der Stelle verschwand. Die Lichter, die den Ort erleuchtet hatten, erloschen, und sie blieb verlassen im Dunkel zurück, wo sie von Jesus und der Heiligen Jungfrau errettet wurde. Der gleiche Grillando erwähnt an anderer Stelle seines Werkes eine Reihe von Einzelheiten über den Sabbat, die sich aus einem inquisitorischen Verhör ergaben, das er 1524 in dem Dorf Nazzano Romano im Latium abhielt, das zur Domäne des römischen Klosters San Paolo gehörte. Die befragte Hexe gesteht: sie habe, nach entsprechender Unterweisung durch ihre Lehrmeisterin, gegenüber dem auf seinem Thron sitzenden Teufel insbesondere die Taufe und alle Wahrheiten der christlichen Religion verleugnet; sie habe sodann alle Sakramente der Kirche von sich gewiesen und das Kreuz und die Bilder der Heiligen Jungfrau und der anderen Heiligen zertrampelt; sie habe dem Höllenfürsten ewige Treue und Gehorsam versprochen und geschworen; auf ein großes Buch mit schwarzen Seiten schwörend, habe sie ihm Gefolgschaft gelobt; auf die gleiche Weise habe sie sich verpflichtet, wann immer sie gerufen würde, an den nächtlichen Versammlungen teilzunehmen. Als Belohnung habe der Höllenfürst der Frau unendliches Glück, grenzenlose Wonnen und alle Genüsse versprochen, die man sich auf der Welt wünschen kann. Zu ihrem Schutz sei ihr ein Dämon an die Seite gegeben worden, der sie niemals verlassen und ihr als ständiger Diener zur Erfüllung aller Wünsche zur Verfügung stehen sollte; insbesondere aber hatte er die Aufgabe, sie *more uxorio* (als Ehefrau) zu behandeln und damit den Platz des legitimen Ehemannes einzunehmen.

Was die Beschreibungen weiterer Sabbatrituale anbelangt, soweit sie aus den Geständnissen hervorgingen, wiederholt Grillando die Angaben von Sprenger. Er fügt noch hinzu, daß es den Teufeln sehr darum zu tun sei, ihre Anhänger vor Anbruch der Dämmerung und vor dem Morgenläuten wieder nach Hause zu begleiten, denn falls die Glocke ertöne, während sie sich noch auf dem Flug befinden, müßten sie die Frauen an der Stelle absetzen, an der sie das Läuten hören, und dürften sie dann nicht mehr anrühren.

Auch wenn die offizielle Doktrin der Inquisitoren stets davon ausgeht, daß der Sabbat real stattfindet und sich die Hexen körperlich zum Versammlungsort begeben, fehlt es doch seit frühesten Zeiten nicht an entschiedenem Widerspruch aus kirchlichen Kreisen. So entsteht eine gewaltige Debatte über die Macht des Teufels und die Grenzen seiner Aktionsmöglichkeiten. Die kontro-

Dieser französische Holzschnitt aus dem 16. Jh. zeigt mehrere Sabbat-Elemente: Nachdem die Hexen sich eingerieben haben, fliegen sie eine nach der anderen auf dem Besen reitend durch den Kamin. Der Mann, wahrscheinlich ein Denunziant, beobachtet sie durch die Tür. (Thomas Erastus, Dialogues touchants le pouvoir des sorcières, *1570.)*

versen Positionen werden übrigens so lebhaft diskutiert, daß selbst ein so herausragender Theologe wie der Dominikaner Bartolomeo Spina in *Quaestio de Strigibus*[2] nicht umhin kann, nach scholastischer Manier die Argumente für und wider die Realität des Fluges zu erörtern. Wobei er zum guten Schluß notgedrungen die These von der Realität akzeptiert, denn zahllos sind die Urteile der Inquisition gegen Hexen, die am Sabbat teilgenommen haben, und »sollten alle diese Dinge nicht wahr sein und lediglich Träumen entsprungen, müßten die Richter der Inquisition als höchst ungerecht angesehen werden, da sie so viele Menschen zum Tode verurteilt haben. Und es kann sich nicht um Träume handeln, wenn die Kirche diese Prozesse mit vollem Wissen duldet und ihnen zustimmt und obendrein von den Fürsten und vom Volk die Einsetzung von Inquisitionsgerichten verlangt«.

[2] Bartolomeo Spina, *Quaestio de Strigibus.* Ausgabe Rom 1576, S. 4ff.

Die Verurteilung der Exzesse der Inquisitionsgerichtsbarkeit und des Glaubens an die physische Realität des Sabbats setzt schon sehr früh ein; sie gründet sich entweder auf rechtliche Aspekte oder auf medizinische Argumente, die bereits den psychopathischen Charakter der Teufelsbesessenheit anklingen lassen.

Gerolamo Cardano[3] stellt zwar die theologischen Grundlagen, die die Inquisition rechtfertigen, nicht in Frage, verweist jedoch ausdrücklich auf die zahllosen Lügen, das Gerede und den Klatsch des Volkes, welche häufig zu Anklagen und Prozessen führten. Die Phänomene, mit denen die Richter sich beschäftigten, seien häufig lediglich krankhafter Natur, sie rührten von pathologischen Befunden her, wie Schwachsinn, ausbleibender oder schmerzhafter Regelblutung (Amenorrhö, Dysmenorrhö) oder auch von mangelhafter Ernährung. Die Salben, die die Hexen verwendeten, wirkten erregend, weil sie aus Kinderfett, blauem Eisenhut, Teufelskirsche, Sellerie und Ruß bestanden und besondere körperlich-seelische Empfindungen eingebildeten Genusses auslösten.

Noch stärker von den theologischen Ideen seiner Zeit distanziert sich Petrus Pomponatius.[4] Als Neu-Aristoteliker verneint er die Existenz der Teufel und ihren Einfluß auf die menschliche Welt und weist darauf hin, daß die in Aufgüssen und Salben verwendeten Pflanzen befremdliche und erregende Zustände hervorrufen können.

In seiner *Magia naturalis sive de miraculis rerum naturalium*[5] spricht der Neapolitaner Giovan Battista della Porta ganz offen von der halluzinatorischen Wirkung der Salben, die die Hexen verwendeten, um sich in einen Zustand von Bewußtlosigkeit zu versetzen, in dem es sehr leicht zu traumhaften, fantastischen Sinneswahrnehmungen kommen konnte, die dann zum Gegenstand ihrer Geständnisse wurden. Nach Della Porta vermischten die Hexen Kinderfett mit Wasser, erhitzten es und fügten der so gewonnenen Paste Eisenhut, Pappelblätter, Fledermausblut, Teufelskirsche und Öl hinzu. Mit dieser Mischung rieben sie ihren Körper ein, bis die Haut sich rötete und die Poren sich öffneten, so daß die Salbe tief eindringen konnte. Erst in diesem Zustand »glaubten sie zu fliegen, am Bankett teilzunehmen und sich mit wunderschönen jungen

[3] Gerolamo Cardano, *De rerum varietate*. Basel 1557, Buch XV.
[4] *De naturalium effectuum causis sive de in cantionibus*. Basel 1556.
[5] Neapel 1589, II. Buch.

Männern zu treffen, deren Umarmung sie glühend ersehnten«. Deshalb sei der Sabbat lediglich Ausdruck einer Art Krankheit, einer Verwirrung der Fantasie oder Störung der Vorstellungskraft, unter deren Einfluß nicht wirklich geschehene Dinge real erschienen. Della Porta konnte die Wirkung und die Symptome persönlich an einer alten Hexe studieren, die, nachdem sie sich in seiner Gegenwart ausgezogen und eingesalbt hatte, in einen tiefen Schlaf verfiel und nach dem Erwachen erzählte, sie sei übers Meer geflogen.

Unterdessen begannen sich in den deutschsprachigen Ländern, was den nächtlichen Flug anging, eine ähnliche Ratlosigkeit und ähnliche Thesen zu verbreiten. Auf Ersuchen des Erzherzogs Sigismund von Österreich veröffentlichte Ulrich Molitor (von Müller) 1489 in dem Werk *De lamiis et phitonicis mulieribus*[6] seine Ansichten zu dieser Frage. In einer Gegend, wo die Inquisition insbesondere unter der Leitung Institors den Kampf gegen die Hexen besonders erbittert geführt hatte, stellt es ein beachtliches Beispiel von Ausgewogenheit dar. Als im Dialog zwischen Sigismund und Ulrich unter anderem die Frage aufgeworfen wird, »ob die Hexen sich auf einem Wolf oder einem anderen Tier reitend zum Sabbat begeben können, wo sie ihre Orgien feiern und sich mischen und sich vereinen«, vertritt Molitor nachdrücklich die Ansicht, daß es sich hierbei um Träume und die Folgen erregter Fantasie handele: »Ihr wißt, daß im Traum wie im Wachzustand Bilder erscheinen können, die so lebendig sind, daß der Mensch sie in Wirklichkeit zu sehen oder zu erleben glaubt. Ihr habt auch verstanden, daß der Teufel manchesmal die Augen und die übrigen Sinne der Menschen täuscht und verzaubert, die dann glauben, dies oder das zu sehen oder zu tun... Diese Trugbilder und Vorstellungen sind Zauberwerk des Teufels, und so bilden die Menschen sich ein oder glauben, daß ihre Sinne Zeugen eines realen Geschehens geworden sind.«

Am entschiedensten äußert sich Johannes Wier in seinem Werk *De praestigiis daemonum.*[7] Wier versucht klarzustellen, daß die den Hexen angelasteten Verbrechen eingebildeter Natur sind; daß diese Frauen lediglich geisteskrank sind; daß sie von den Priestern und den Richtern weder abgeurteilt, noch eingesperrt, noch gefoltert oder auf dem Scheiterhaufen verbrannt werden dürfen, son-

[6] Von den Unholden und Hexen. Reutlingen 1489.

[7] Basel 1563, dt. Übers. Basel 1567.

Bildnis des Johannes Wier (Weyer) aus De lamiis liber, *Basel 1577.*

dern lediglich der ärztlichen Pflege zu überantworten sind. Um die Hexen vor ihrem tragischen Schicksal zu bewahren und um gegen Aberglauben und Unwissenheit anzugehen, bedient sich der Autor mit scharfsinnigem, voraufklärerischem Geist aller nur möglichen theologischen, philosophischen und medizinischen Argumente. Er attackiert aufs heftigste die Mönche, klagt die Ignoranz und den Geiz der Priester an und setzt sich der nicht unbeträchtlichen Gefahr einer Anklage durch die Inquisition aus. Der strengen Logik seiner Abhandlungen entsprechend, weist er vorab die Auffassung all jener Zeitgenossen zurück, die die Existenz des Teufels und seiner Zauberkünste verneinen. Es gibt, so Wier, Zauberer, denen der Pakt mit dem Teufel außerordentliche Kräfte verleiht, und diese verdienen die härtesten Strafen; aber daneben gibt es eine Vielzahl von Personen, vor allem Frauen, die weniger Komplizinnen des Teufels als seine Opfer sind. Krank, unglücklich, einsam, werden sie zur leichten Beute des Teufels, der mit Halluzinationen und Traumbildern ihren schwachen Geist erregt und sie glauben macht, Verbrechen begangen zu haben, deren sie absolut nicht schuldig sind. Bourneville, der die französische Übersetzung des Werkes[8] innerhalb einer bedeutenden wissenschaftlichen Reihe herausgegeben hat, bemerkt: »An die Stelle der gängigen Auffassung von einem aktiven teuflischen Handeln tritt die neue Einschätzung, daß es sich um einen Fall von passiver Teufelsbesessenheit handelt, um eine Wahnvorstellung, eine Obsession, ein Leiden, das des Mitgefühls bedarf.« Diese Theorie stellt einen medizinischen und juristischen Fortschritt dar. Obgleich Wier der Gegenwart und dem Treiben des Teufels noch breiten Raum zugesteht, bringt er einen zutreffenden und fruchtbaren Gesichtspunkt in die Diskussion ein, da er die mutmaßliche Hexerei mit der mutmaßlichen Besessenheit vergleicht, sie wie zwei Spielarten ein und derselben Wahnvorstellung sieht. In der Praxis jedoch erweist sich Wier in der Einforderung der Schlußfolgerungen aus diesen Erkenntnissen eher als schüchtern. Häufig verlangt er nur eine Umwandlung der Strafe, die öffentliche Verwarnung, den Einzug der Güter, die Verbannung. Vor allem möchte er Leben retten und vor Folter bewahren. Er verspürt großes Mitleid mit diesen Alten und Verrückten, die er als *misellae, aniculae, mulierculae, vetulae, dementatae, delusae* bezeichnet, und zieht in heftigen Worten gegen die Henker zu Felde.

Wiers Werk fand breite Zustimmung unter den intelligentesten und aufgeklärtesten seiner Zeitgenossen. Auf heftige Reaktionen stieß es hingegen bei allen, die aufgrund ihres Amtes oder als überzeugte Vertreter der konservativen Theologie in Wiers Darlegungen die Vorzeichen einer neuen Epoche geistiger Verderbtheit und der endgültigen Vorherrschaft des Bösen in der Welt sahen. Wo Wier sich in seinem Text ausdrücklich mit dem Mechanismus auseinandersetzt, der seiner Meinung nach die teuflischen Trugbil-

[8] Paris 1883.

der auslöst und die Hexen an die Realität des nächtlichen Fluges glauben läßt, gibt er zahlreiche wichtige Hinweise: diese *vetulae*, so sagt er, können ohne jeden Zweifel mit Ekstatikern verglichen werden, die im Zustand der Entrückung, bar jeder Empfindung und jeder Bewegung wie tot daliegen und die, wenn sie aus ihrem tiefen Schlaf geweckt oder vom Tod ins Leben zurückgerufen werden, wieder in ihren Körper zurückkehren und seltsame, ganz außergewöhnliche Geschichten zu erzählen beginnen[9]; die Hexen verwenden häufig Salben und Aufgüsse, die ihnen, einmal auf die Haut aufgetragen, die Wahnvorstellung vermitteln, sie flögen durch den Kamin und würden an den Ort der Wonnen und der sexuellen Vereinigung gebracht. Während Cardano und Della Porta die Rezepte für die Salben angeben, fügt er ihnen noch ein weiteres hinzu: Opium, Schierling, roter und schwarzer Mohn, Lattich, Portulak und Beeren des Solanum somniferum (Kolbennuß, Krähenäuglein) in Öl aufgelöst.[10]

[9] J. Wier, *Opera omnia.* Amsterdam 1660, Band III, Kap. 11, S. 191.
[10] Ebd., Band III, Kap. 17, S. 222.

Teufel und Hexen vor Gericht

Das älteste und bedeutendste juristische Dokument zum Hexen- und Teufelsglauben ist in den *Libri de synodalibus causis et disciplinis ecclesiasticis*[1] des Regino von Prüm (gest. 915) enthalten. Es erteilt den Bischöfen genaue Richtlinien, was die Lehrmeinung gegenüber diesem Volksglauben anbetraf, mit dem sie bei ihren Besuchen offenbar sehr häufig konfrontiert wurden. Der Text des Regino geht im 11. Jahrhundert in die *Decreta* des Burchard von Worms ein und unter dem Titel *Canon Episcopi* 1147 in das *Decretum Gratiani.*

Der *Canon Episcopi* bildet die Grundlage für alle späteren juristischen Texte zu diesem Thema. Da er die Realität der nächtlichen Hexenversammlung grundsätzlich leugnet, zwingt er alle späteren Verfasser, eindeutig Stellung zu den darin geäußerten Prinzipien zu beziehen: je nach Autor werden sie akzeptiert, zurückgewiesen, modifiziert oder unter Einbeziehung von Kompromissen neu interpretiert. Vom Grundsatz her ist der Text des Regino ein kirchenrechtliches Dokument zu der Frage, wie weit die Macht der Teufel reicht und wie sie konkret auf die Hexen einwirken. Nachdem Regino die Pfarrer an ihre Pflicht gemahnt hat, all jene, die einem verwerflichen Glauben anhängen, aus der gesunden Gemeinschaft der Kirche auszuschließen, bezieht er sich ohne Umschweife auf »mancherlei ruchlose Frauen, die im Gefolge Satans, von diabolischen Täuschungen und Trugbildern verführt, glauben und verkünden, sie würden mit Diana, der heidnischen Göttin, und mit einer zahllosen Menge von Frauen in den Nachtstunden auf Tieren dahinreiten; sie würden in der tiefsten Stille der Nacht riesige Entfernungen zurücklegen, den Befehlen der Göttin als ihrer Herrin gehorchend, und würden in manchen Nächten zu ihrem Dienst einberufen«. Diese Frauen, so fährt Regino fort, sündigen nicht nur für sich selbst, sondern sie ziehen auch eine unendliche Zahl anderer Personen mit in ihre Verworfenheit hinein, indem sie sie glauben machen, es gäbe außer dem einzigen Gott noch andere Götter. Deshalb müssen die Priester dem Volk in

[1] Ed. Wasserschleben, 1940. S. 354; zitiert nach J. Hansen, *Quellen und Untersuchungen zur Geschichte des Hexenwahns und der Hexenverfolgung im Mittelalter.* Bonn 1901. S. 38.

Folter des Ausreißens der Brustwarzen. Holzschnitt von R. Ricciotti in La croce e il rogo *(Das Kreuz und der Scheiterhaufen) von E. Sogno, Mailand 1974.*

ihren Predigten ohne Unterlaß erklären, »daß alle diese Dinge vollkommen falsch sind und daß nicht der göttliche Geist, sondern der böse Geist den Ungläubigen solche Trugbilder eingibt; daß Satan selbst fähig ist, sich in einen Lichtengel zu verwandeln, sich der Seele jedweder Frau zu bemächtigen und sie zum Unglauben zu verführen vermag, und daß er selbst zusammen mit anderen Dämonen Gestalt und Aussehen verschiedenster Personen annimmt«. Diese erscheinen dem Opfer real, obgleich sie nur in seiner Vorstellung existieren. Solche Visionen teuflischer Natur sind im übrigen denen der Träume ähnlich oder den Trugbildern, wie sie auch im Wachzustand auftreten können. Folglich, so heißt es im *Canon*, ist die Schuld der mutmaßlichen Hexen, selbst wenn sie nicht physisch real an der Versammlung teilnehmen, ganz offenbar und besteht in der schwersten aller Sünden, denn sie haben den Glauben an den einzigen wahren Gott durch den Glauben an den Teufel ersetzt. Man erhebe deshalb die Anklage der *infedelitas* gegen sie, da sie es für möglich halten, daß der Wandel eines Menschen zum Besseren oder zum Schlechteren nicht durch den Gläubigen, sondern durch den Dämon bewirkt wird.

Während der ganzen folgenden Zeit bis zum 18. Jahrhundert bleibt der *Canon Episcopi* der richtungweisende Text für das kanonische Recht, aber er befaßt sich nur mit einem Aspekt des Teufelsglaubens: der Frage nach der körperlichen Teilnahme am Sabbat. Die juristischen Texte, die Prozeßhandbücher, die Stellungnahmen der Rechtsgelehrten geben uns einigen Aufschluß über die spätere Entwicklung. Die Anklage wegen des Verbrechens der Zauberei scheint häufig in Prozesse hineingebracht worden zu sein, die andere Arten von Ketzerei betreffen, und sie dienten dazu, im Volk den Haß gegen die Ketzer zu schüren. In den wichtigsten Prozessen, die in der Quellensammlung von Hansen veröffentlicht sind, wird die Hexerei im eigentlichen Sinne häufig mit Ketzerei gegen das kirchliche Dogma assoziiert: Der Teufel der Hexen ist auch der Teufel, der zur Abweichung vom orthodoxen katholischen Glauben verleitet. Die *Summa de officio inquisitionis*[2] enthält ein Formular für das Verhör von Götzenanbetern und der Hexerei verdächtigen Personen. Er zeigt, welche Verbrechen – vermutlich in Südfrankreich gegen Ende des 13. Jahrhunderts –

---

[2] Um 1270; ms. 1, plut. VII sin. Cod. 2 fol. 159 der Biblioteca Laurenziana in Florenz. Hansen, *Quellen*, S. 42.

denen zur Last gelegt wurden, die Hexerei betrieben: Der Inquisitor befragte den Verdächtigen, ob er kultische Handlungen zu Ehren des Teufels ausgeführt habe oder habe ausführen lassen oder ob er wisse, wer sie ausgeführt hat; ob er das Experiment mit dem Weissagespiegel oder mit dem Schwert oder mit dem Nagel oder mit der Kugel oder mit dem Elfenbeingriff gemacht habe; oder ob er die Dämonen mit Hilfe von Kräutern, Vögeln oder anderen Lebewesen beschworen habe; ob er Zaubereien vorgenommen habe, die Liebe bei Frauen oder bei Männern oder Zorn, Haß oder Zwietracht bewirken oder die dazu dienen, verborgene Schätze oder gestohlene Dinge aufzufinden oder Ehre und Reichtum zu verschaffen; ob er die Praktik des magischen Kreises oder des Kindes ausgeführt oder irgendein Opfer dargebracht habe, um eine Antwort vom Teufel zu erhalten; ob er mit den Köpfen toter oder lebender Menschen oder mit ihren Kleidungsstücken oder ihren Haaren Verwünschungen vorgenommen habe; ob er Formeln mit menschlichem Blut auf die heilige Hostie oder sonstwohin geschrieben habe; ob er aus den Eingeweiden oder den Knochen von Tieren die Zukunft gelesen habe; ob er zu Silvester Glücksbeschwörungen vorgenommen und Gaben erhalten oder übergeben habe; ob er Zaubertränke bereitet und Zauberpraktiken mit der geweihten Hostie, mit dem heiligen Chrisam oder mit dem Taufwasser vorgenommen habe. Das Verzeichnis selbst bestätigt, daß solche Prozeßbefragungen sowohl an die der Hexerei Beschuldigten als auch an »Götzenanbeter« oder Ketzer zu richten waren.

Daß in den Praktiken der Hexerei ebenso wie in den Irrlehren die geweihte Hostie häufig für bösen Zauber verwendet wurde, geht auch aus einem anderen juristischen Text hervor, der *Practica Inquisitionis haereticae Pravitatis* des Dominikanerpaters Bernard Guidonis, Inquisitor von Toulouse.[3] In der Sammlung ist ein bischöfliches Urteil wiedergegeben, das besagt, daß die Person, die sich der Zauberei mittels der geweihten Hostie oder anderer Sakramente schuldig gemacht hat, lebenslang lebendig im Kerker einzumauern sei, wobei sie auf dem Gewand – auf der Brust und auf den Schultern – runde Hostien aus gelbem Filz zu tragen habe. Der Mythos von der Entweihung der Hostie zu magischen Zwecken ist überdies eines der Elemente, die in jener Zeit zur Dämonisierung der Juden beitragen.

[3] Ca. 1261–1331; 1886 in Paris veröffentlicht; Hansen, *Quellen*, S. 47.

Ein Ketzer mit Mitra wird zum Galgen geführt. Holzschnitt von R. Ricciotti in La croce e il rogo *von E. Sogno, Mailand 1974.*

Nicht ausdrücklich vom Sabbat, aber von dämonischen Praktiken, die beim Sabbat üblich waren, ist die Rede in einer Stellungnahme, die der bedeutende Jurist Bartolus von Sassoferrato in den Jahren zwischen 1331 und 1342 zur Bestrafung einer Hexe aus Orta im Bistum Novara abgibt.[4] Sassoferrato antwortet, daß die Frau, die sogenannte *striga* oder *lamia*, »hingerichtet und lebendig verbrannt werden muß, da sie der Taufe und Jesus entsagt hat, denn in solchen Fällen sind die Worte des Johannes (Kap. 15) anzuwenden: ›Wer nicht in mir bleibt, der wird weggeworfen wie eine Rebe und verdorrt, und man sammelt sie und wirft sie ins Feuer, und müssen brennen‹«. Die gleiche Hexe, so der Ankläger, hat gestanden, sich ein Kreuz gemacht und es zertreten zu haben, und allein

[4] J. B. Zineti, *Consiliorum seu responsorum ad causas criminales*, I. Venedig 1556; Hansen, *Quellen*, S. 64.

Ketzerin auf dem Scheiterhaufen. Holzschnitt von R. Ricciotti in La croce e il rogo, *von E. Sogno, Mailand 1974.*

für dieses Verbrechen ist sie aufgrund der *Decretali*[5] zum Tode zu verurteilen. Sie hat gestanden, auf den Knien den Teufel angebetet zu haben, ein Verbrechen, das kraft der *Lex Cornelia de sicariis* gegen all jene, die dem Bösen opfern, mit dem Tode zu bestrafen ist; sie hat gestanden, Kinder verblendet und verhext zu haben, die darauf gestorben sind (ein Delikt, das von der gleichen *Lex Cornelia* verurteilt wird). Diese Stellungnahme ist deshalb interessant, weil sie beweist, wie geschickt man das Netz der gesetzlichen Rechtfertigungen um den Dämonenglauben knüpfte.

Die Vermischung der Anklagen wegen Hexerei und Ketzerei zeigt sich auch bei den Katharern, denen vorgeworfen wird, sie hätten die Neophyten nur unter der Bedingung aufgenommen, daß sie ihrem Glauben an Christus und die Taufe abschworen. Von etwa 1450 stammt ein anonymes Traktat, aufbewahrt in der Universitätsbibliothek Basel[6], in dem die Verfehlungen der Katharer untersucht werden: »*seu illorum qui scobam vel baculum equitare probantur*« (oder jene, von denen erwiesen ist, daß sie auf Feilen und Stöcken reiten). Darin heißt es, der Teufel erscheine das eine Mal in Gestalt einer schwarzen Katze, ein anderes Mal in Gestalt eines Mannes am Versammlungsort, *in loco synagogae*. Noch deutlicher findet sich die Aussage, der Glaube der Katharer sei vom Geist des Teufels, bei Alain de Lille.[7] Alain leitete den Namen der Katharer ab von »*a cato quia, ut dicitur, osculantur posteriora catti, in cuius specie, ut dicunt, apparet eis Lucifer*« (von der Katze, weil sie angeblich einer Katze das Hinterteil küssen, da ihnen, wie sie versichern, Luzifer in Gestalt einer Katze erscheint), jener Anklage, die in der Geschichte der Hexerei sehr häufig wiederkehrt. Nachdem der frisch in die katharische Sekte Aufgenommene dem Teufel die Treue geschworen hat, erweist er seinem neuen Herrn die Ehrerbietung und küßt ihn »*in culo vel ano, dando ei pro tributo unum membrun sui corporis post mortem*« (ins Hinterteil oder in den Arsch und vermacht ihm nach seinem Ableben einen Körperteil als Geschenk). Beim Bankett, das auf die Huldigung folgt, gibt der Teufel mit der Aufforderung »*Mestlet, mestlet!*« den Auftakt zu einer furchtbaren Orgie, in der »*simul carnaliter coniunguntur*

[5] Buch VI, L. 16,2.

[6] Ms. AII 34; Hansen, *Quellen*, S. 118.

[7] *Contra haereticos sui temporis*, I, 63, *PL ccx*, 366; G. Bonomo, *Caccia alle streghe*. Palermo 1959.

solus cum solo et aliquando pater cum filia, filius cum matre, frater cum sorore, et equo ordine nature minime observato« (bei der jeder mit jedem verkehrt, der Vater mit der Tochter, der Sohn mit der Mutter, der Bruder mit der Schwester, und in der auf die vernünftige Ordnung der Dinge überhaupt nicht geachtet wird). Es folgt eine lange Aufzählung der Delikte, deren die Ketzer vor allem beschuldigt werden:

Tötung von Kindern, um sich das nötige Fett zum Einschmieren des Besens oder des Stocks zu verschaffen; Bereitung von Pulver aus den Eingeweiden von Kindern und aus tierischen Ingredienzen, um es bei nebligem Wetter in die Luft zu streuen und damit Tod und Zerstörung heraufzubeschwören; Bereitung einer giftigen Salbe aus Kinderfett und anderen Ingredienzen, insbesondere der Flüssigkeit, die aus dem Leichnam eines rothaarigen, möglichst katholischen Mannes gewonnen wurde, den man durch die Bisse von Giftschlangen hat sterben lassen und der dann mit dem Kopf nach unten an einem Pfahl aufgehängt wurde; Beschwörung von Dürre und Hungersnot auf dem Lande durch Ausstreuen eines Pulvers, das man aus verschiedenen zermahlenen Gemüsen gewonnen und mit besonderen Zauberformeln besprochen hat; Beschwörung von Hagel und Sturm durch Unwetterzauber; nächtliche Entwendung von Speisen und Getränken aus den Lagerräumen und Kellern der Mächtigen, Adeligen, Prälaten, Bürger und anderen.

In Arras kommt im Mai des Jahres 1460 ein Prozeß gegen die Waldenser zum Abschluß, dessen Akteninhalte zum Teil in einer *Recollectio* aus dem Mai des gleichen Jahres wiedergegeben sind.[8] Bezeichnenderweise werden die Häretiker auch hier des Verbrechens der Hexerei bezichtigt nach dem Grundsatz der Gleichbehandlung von Ketzerei und Zauberei, die charakteristisch für die Rechtssprechung der gesamten Epoche ist. In den Einzelheiten, die der anonyme Verfasser der Prozeßberichte wiedergibt, wird die Legende vom Hexensabbat noch weiter ausgeführt. Sobald die Adepten sich eingesalbt haben, fliegen sie durch das Fenster oder durch den Kamin, »dessen Wände, soweit sie den allzu großen Körper des Hexers nicht passieren lassen können, sich durch Teufelswerk plötzlich weiten, um sich dann unmerklich wieder zusammenzufügen«. Die Teilnehmer am nächtlichen Flug nehmen

[8] Ms. der Nationalbibliothek in Paris, ms. lat. 3446, f. 36–57; Hansen, *Quellen*, S. 149.

die eingeölten Stöcke zwischen die Beine und sagen: »*Va per le dyable, va!*« oder »*Sathan, n'oublye pas ta mamye!*«; sie erreichen in schnellem Flug die mittlere Himmelsregion, die sehr kalt ist, und verspüren großen Frost und Starre in den Augen und in den Gliedern. Der Teufel, der dem Sabbat vorsitzt, »entblößt insbesondere dem großen Herrn der Welt zum Hohn sein Hinterteil und bietet es dem Himmel dar«. Der weibliche oder männliche Adept »huldigt auf Knien dem Teufel und bietet ihm, nachdem er ihm zuerst die Hand oder den Fuß geküßt hat, eine brennende Kerze aus schwarzem Wachs dar ... oder entrichtet eine Münze; sobald der Teufel sich umwendet, küßt er ihm das Hinterteil und übereignet ihm seine Seele, die der Teufel nach dem Tod an sich nehmen wird«. Zwischen dem Teufel und dem Adepten wird ein ausdrücklicher Pakt geschlossen, kraft dessen der Teufel der Hexe oder dem Hexer im Austausch gegen die versprochene Seele Geld, Kraft, Macht und Schönheit gewährt. Der Teufel bringt die Hexe anschließend in einen versteckten Wald, wo er sich körperlich mit ihr vereinigt; doch sagte die Angeklagte in dem Geständnis auch, sie habe »das Glied des Vorsitzenden berührt, das sich eisig und weich anfühlte, was häufig auch auf seinen ganzen Körper zutreffe, und er führte es zuerst in die Scheide ein, wo es verdorbenes, gelbliches Sperma zurückließ, das er sich beim nächtlichen Erguß eines Mannes oder anderswo geholt hatte. Anschließend führte er es ihr in den After ein und verkehrte mit ihr auf widernatürliche Weise«.

Soweit die Argumentationen in den Urteilen, den Stellungnahmen und den juristischen Traktaten. Die kirchlichen Autoritäten ihrerseits erließen ab dem beginnenden 14. Jahrhundert genaue Anordnungen und Urteile, wobei sie so gut wie nie auf die theologische Diskussion über die Realität dieser teuflischen Machenschaften eingingen, sondern lediglich die Schwere der Verbrechen aufzeigten und Art und Maß der Strafe angaben. Auf Verlangen der Kirchengerichte und der Fürsten einerseits und des Klerus' und des Volkes andererseits, begannen die Päpste ab dem 14. Jahrhundert durch Bullen und Verordnungen oder durch apostolische Briefe neue und präzisere Rechtsgrundlagen zu schaffen. 1326 oder 1327 erließ Papst Johannes XXII. in Avignon die Verordnung *Super illius specula*.[9] Sie bezieht sich auf die von vielen Seiten vorgebrachten Beschwerden über Personen, die einen tödli-

[9] Hansen, *Quellen*, S. 5.

chen Pakt mit den Höllenmächten schließen, die den Teufeln Opfer darbringen, die Bilder, Ringe, Spiegel, Ampullen und andere magische Gegenstände herstellen und die von den Dämonen Gegenleistungen erhalten, wenn sie sich ihnen zu schauerlicher Dienstbarkeit verpflichten. Solchen Ketzern droht der Erlaß mit Exkommunikation, und soweit nicht innerhalb von acht Tagen Reue und Geständnis vorliegen, macht er es den weltlichen Richtern zur Pflicht, die Güter einzuziehen und die körperlichen Strafen zu verhängen, die den Ketzern gebühren. Am 14. August 1374 sendet Gregor XI. aus Villeneuve bei Avignon dem Dominikanerpater Jacobus de Morerio, Inquisitor in Frankreich, den Brief *Super specula.*[10]

Unter Hinweis auf die Anzeigen, die ihm von vielen Seiten zu Vorgängen im Gebiet der Inquisitionsgerichtsbarkeit Morerios zugegangen seien, verpflichtet er den Empfänger, »*sine strepitu et figura iudicii*« gegen jene vorzugehen, die, ganz gleich ob Laien oder Geistliche, den Teufel anrufen, und je nach Schwere und Erfordernis die kanonischen Strafen des Verweises, des Fastens, des Verbots oder der Amtsenthebung anzuwenden. Diese päpstlichen Maßnahmen und andere von geringerer Bedeutung gipfeln in der berühmten Bulle *Summis desiderantes affectibus*, mit der Innozenz VIII. am 5. Dezember 1484 Heinrich Institor und Jakob Sprenger, die Verfasser des »Hexenhammer«, mit der Funktion betraut, als Inquisitoren gegen die ketzerische Verworfenheit der Hexen in den nördlichen Gebieten Deutschlands und vor allem in den Diözesen Mainz, Bremen, Köln, Trier und Salzburg vorzugehen. Tatsächlich ist das Dokument von 1484, wie Bonomo sehr richtig angemerkt hat, nicht der Ausgangspunkt für die Verfolgungen, sondern lediglich einer von vielen Akten päpstlicher Gesetzgebung, die richterliche und inquisitorische Gewalt und Autorität legitimieren, ohne zu irgendeiner dogmatischen Aussage über das Problem und die Realität des Teufelspaktes und des nächtlichen Fluges zu gelangen. Die Bedeutung dieser Maßnahme liegt vielmehr in ihren Auswirkungen, die wesentlich weitreichender und verhängnisvoller waren als andere vergleichbare päpstliche Akte. Darüber hinaus wird mit *Summis desiderantes* das Prinzip aufgestellt, daß die Rechtsgewalt des Vatikans, die in diesem Fall von Institor und Sprenger ausgeübt wurde, hinsichtlich Prozeßablauf, Ermittlung der Straftaten und

[10] Hansen, *Quellen*, S. 15.

Die Folter. Stich von Hans Burgkmair, 16. Jahrhundert.

deren Beurteilung samt der daraus resultierenden Überantwortung der durch Indizien oder Geständnis überführten Täter an die weltliche Gewalt die einzig zuständige auf dem Gebiet der Hexerei, auch innerhalb der Grenzen des Reiches, sei. In diesem Sinne bedeutet die Bulle eine Einschränkung der rechtlichen Unabhängigkeit der Richter und der weltlichen Organe des Kaiserreichs.

Ganz nach Art der kurialen Formulierungen, gibt Innozenz vorab zu verstehen, es sei zu seiner Kenntnis gelangt, daß »in einigen Gegenden des nördlichen Deutschlands … etliche Personen beiderlei Geschlechts, uneingedenk ihres eigenen Heils und abweichend vom katholischen Glauben unerlaubte Beziehungen mit Inkuben und Sukkuben haben und daß sie durch Zauberei, Sprüche, Beschwörungen und anderen schändlichen Aberglauben, Weissagungen und Ausschweifungen Frevel und Verbrechen begehen oder begehen lassen, die den Tod zur Folge haben, das Erwürgen oder den Raub von neugeborenen Kindern oder Tieren, die Zerstörung der Früchte der Erde, der Ernte der Weinberge und der Bäume, der Männer, der Frauen, der Zuchttiere, der Hoftiere, der Herden, der Tiere aller Art, der Obstgärten, der Wiesen, der Weiden, des Hafers, des Weizens und jeglicher anderen Feldernte. Diese Personen suchen die Männer, die Frauen, die Tiere, das Vieh, die Herden heim, und quälen sie mit furchtbaren äußeren und inneren Schmerzen, sie hindern die Männer an der Zeugung und die Frauen an der Empfängnis und verhindern, daß die Ehemänner mit ihren Frauen und die Ehefrauen mit ihren Männern den ehelichen

Agnes Bernauer, der »Engel von Augsburg«, wird in Straubing ertränkt. Stich von G. Dietrich, 19. Jahrhundert.

Verkehr vollziehen. Mit gotteslästerlicher Zunge verleugnen sie den Glauben, den sie mit der heiligen Taufe erhalten haben«.

Es folgen, in der gesetzgeberischen Bedeutung, die Maßnahmen von Alexander VI. und Leo X. 1501 setzt Alexander VI. den Dominikanerpater Angelus von Verona in der Lombardei als Inquisitor gegen solche Personen ein, die mittels teuflischen Zaubers vielerlei schändlichen Frevel verursachen, indem sie Menschen, Felder und Tiere vernichten.[11] Am 15. Februar 1521 legt Leo X. Verwahrung ein gegen den Versuch des Senats von Venedig, die Macht der Inquisition in Bergamo und Brescia einzuschränken.[12]

Es muß jedoch gesagt werden, daß auch Laien beträchtlichen Anteil an dieser Pervertierung der Vernunft hatten. Auf dem Gebiet der Rechtswissenschaft waren mit dieser Thematik der Teufels- und Hexenbekämpfung durchaus auch Persönlichkeiten befaßt, die in der juristischen Tradition verhaftet waren, zum anderen Denker, deren Einstellung einen in gewisser Weise von kirchlichen Einflüssen befreiten Geist verriet. Bartolus von Sassoferrato wurde bereits erwähnt. Die Position jedoch, die der weltlichen Vernunft am meisten Hohn spricht, wird durch Jean Bodin (1529 oder 1530–1596) repräsentiert, Professor für römisches Recht und Generalankläger des französischen Königs. Besonders offen für religiöse Toleranz, war er als Jurist und Lehrer stets bereit, sich der Unnachgiebigkeit der katholischen Kirche aktiv zu widersetzen. Sein *Colloquium heptaplomeres*[13] durchbricht die beschränkten religiösen Auffassungen des kirchlichen Mittelalters: In der Kühnheit seines Denkens und in seiner Auffassung von Toleranz, in der sich die Aufklärung ankündigt, gehört das Werk zu den modernsten des 16. Jahrhunderts. Dennoch veröffentlicht Bodin 1580 das schreckliche Traktat *De la Démonomanie des Sorciers*[14], in dem sich der Verfasser einerseits auf seine unmittelbaren Erfahrungen in einem Hexenprozeß beruft und andererseits auf die gesammelten vorliegenden Schriften zum Hexenwesen Bezug nimmt. Das Traktat erhebt den doppelten Anspruch, eine unanfechtbare Lehrschrift zur Rechtmäßigkeit der Hexenverfolgung durch die Justiz und ein praktisches Handbuch für Richter und Inquisitoren zu sein. Die

[11] Hansen, *Quellen*. S. 31.
[12] Hansen, *Quellen*. S. 32.
[13] *Collegium heptaplomeres*, hrsg. von L. Noack. Schwerin 1857.
[14] Lyoner Ausgabe 1593.

Folterszene. Anonymes Flugblatt, 16. Jahrhundert.

juristischen Spitzfindigkeiten, mit deren Hilfe Bodin sämtliche Sicherheiten, die das römische oder allgemeingültige Recht dem Verdächtigen zugestanden, außer Kraft setzt, interessieren hier nicht. Von Interesse ist dagegen die ganze Serie von Erklärungen, die beweisen, daß ein Laie in jenem Jahrhundert, im guten Glauben oder wider sein besseres Wissen, diese blutige Teufelsgeschichte akzeptierte. Die Hexen verleugnen Gott, lästern gegen ihn und verfluchen ihn, beten den Teufel an, huldigen ihm, bieten dem Dämon ihre eigenen Kinder dar und opfern sie ihm, bevor sie getauft worden sind, indem sie sie in die Luft werfen und ihnen große Nadeln in die Köpfe treiben; sie weihen dem Teufel die Embryos im Mutterleib; im Bund mit dem Teufel, verpflichten sie sich, ihm alle dienstbar zu machen, die den teuflischen Verlockungen unterliegen; sie vollziehen gewohnheitsmäßig den Inzest; sie morden Menschen und vor allem »Kinder im zarten Alter, um sie zu kochen und dann zu verzehren, um ihr Fleisch und ihre Säfte trinkbar zu machen«; sie essen das menschliche Fleisch und trinken gierig das Blut, wozu sie die Leichen aus den Gräbern oder vom Galgen stehlen; sie bewirken den Tod durch Gift oder durch Hexerei; sie lassen das Vieh sterben; sie lassen die Ernten verdorren und verursachen Dürre und Hungersnot in den Dörfern; sie

Die Wasserprobe; der Teufel ist anwesend in Gestalt einer Sau. (Aus: Witches Apprehended, Examined and Executed, *London 1613.)*

vollziehen die körperliche Vereinigung mit dem Teufel *»et bien souuent pres de mari«*[15] (»und nicht selten in Anwesenheit des Ehemannes«).

Daß Meinungen solcher Art das Vorgehen der weltlichen wie der kirchlichen Justiz laufend beeinflußten, geht auch aus dem kürzeren Traktat eines Henry Boguet hervor.[16] Der Verfasser, Großrichter des Gebietes von S. Oyan in Burgund, hat direkte Prozeßerfahrung und bezieht sich insbesondere auf ein von ihm selbst eingeleitetes Verfahren zu Vorfällen des Jahres 1598, in deren Verlauf ein achtjähriges Mädchen, eine gewisse Luise Maillat, die von Dämonen besessen war, durch entsprechende Exorzismen von ihnen befreit wird, während eine gewisse Françoise Secretain der krimi-

[15] Ebd. S. 432–437.

[16] *Discours des Sorciers, tiré de quelquez proces, faicts des deux ans en ça à plusieurs de la mesme secte, en la terre de S. Oyan de Ioux, dicte de S. Claude au Comté de Bourgogne, avec instruction pour un Iuge en faict de Sorcelerie.* Lyon 1603.

nellen Handlung für schuldig befunden wird. Nachdem man sie überführt hat, ihre Hexerei auf das kleine Mädchen übertragen zu haben, wird sie eingekerkert und zum Tode verurteilt. Die Secretain war zu Gast im Hause der Maillat gewesen, wo sie dem Mädchen mittels einer Brotrinde den Teufel eingegeben hatte. Der Richter ermittelt, daß die Secretain durch einen Teufelspakt geschützt ist, der ihr Schweigen begründet; offenkundiges Zeichen des Pakts ist das Kruzifix ihres Rosenkranzes, das mutwillig verstümmelt ist. Die Verdächtige wird strengen Befragungen unterzogen, in deren Verlauf sie nicht weint. Man schneidet ihr die Haare ab, und endlich gesteht die Frau, vier- oder fünfmal körperlichen Verkehr mit dem Teufel gehabt zu haben; sich mit dem Teufel vereinigt zu haben, der die Gestalt einer Katze, eines Hundes oder eines Huhns hatte; bemerkt zu haben, daß der Samen des Teufels immer kalt ist; mehrere Male am Sabbat teilgenommen zu haben, wo sie tanzte und das Wasser schlug, um Hagel und Regen zu beschwören; durch ein Stück Brot, das sie mit einem vom Teufel gelieferten Pulver bestreut hatte, den Tod eines Bauern bewirkt zu haben; mittels einer Zauberrute und geheimer Worte viele Kühe getötet zu haben; sich in einen Wolf verwandelt zu haben; dem Mädchen, das den Anlaß für den Prozeß gegeben hatte, fünf Dämonen zu schlucken gegeben zu haben.

Überdies soll sich der Richter Boguet, nach Angaben von Voltaire, gerühmt haben, in seinem Leben mehrere hundert Werwölfe auf den Scheiterhaufen geschickt zu haben. Die allgemeinen Prinzipien zur Beurteilung der Hexerei und die Verfahrensregeln, deren Grausamkeit die Bodins noch übertreffen, bezieht Bouguet aus seiner richterlichen Erfahrung. In Artikel 68 seines minutiösen Verzeichnisses vertritt er die Auffassung, daß es sich empfehle, die Todesstrafe auch über der Hexerei verdächtige Kinder zu verhängen, ob geschlechtsreif oder nicht, spiele dabei keine Rolle, wobei in diesem Fall der den Hexen normalerweise gebührende Scheiterhaufen durch den sanfteren Tod durch Erhängen zu ersetzen sei.

Die Hypothesen zu Ursprung und Natur des Hexen- und Teufelsglaubens

In seiner grundlegenden Studie zum Hexenphänomen zeigt Giuseppe Bonomo[1] die verschiedenen historisch-mythischen Komponenten auf, die zur Entstehung des uns hier interessierenden Komplexes von Glaubensvorstellungen führten. Untersuchungen von ähnlicher Bedeutung stellte zu Beginn des Jahrhunderts J. Français an.[2]

Um die Studien von Bonomo, Français und vieler anderer Wissenschaftler, die sich mit diesem Problem auseinandergesetzt haben, gewinnbringend zu nutzen, gilt es vorab, die beiden Grundtypen von Hexerei, mit denen sich die katholische Theologie und Rechtssprechung befaßt, klar gegeneinander abzugrenzen. Als Hexerei werden ganz allgemein die vielfältigen Praktiken der Zauberei, Weissagung, Beschwörung und Nekromantie bezeichnet, bei denen der Ausführende sich der Hilfe und Mitwirkung des Teufels bedient. Seit den ersten Jahrhunderten der Christenheit wurden solche Handlungen in den Kirchenschriften stets verurteilt, und sie enthielten auch die vorgesehenen Strafen und wirksame Mittel gegen das zauberische Treiben. Erinnert sei in diesem Zusammenhang an die Erlasse gegen Personen, die durch teuflischen Zauber den Tod verursachen (Konzil von Elvira, 340), die verbotene Wahrsagerei betreiben (Konzil von Ancira, 314) und an die Erlasse des IV. Konzils von Karthago (398).

Für die zweite Form der Hexerei steht der weitverbreitete Glaube an das Wirken gewisser *striges, lamiae, maleficae, mulierculae*, die einen Pakt mit dem Teufel geschlossen haben, die an nächtlichen Versammlungen teilnehmen und von denen zum erstenmal im 10. Jahrhundert im bereits erwähnten *Canon Episcopi* die Rede ist. Hier kommt nun auch die »Gesellschaft der Diana« ins Gespräch, der die Hexen angehören und der gegenüber sie sich in einem gotteslästerlichen Vertrag verpflichten, an den nächtlichen Treffen teilzunehmen. Fast zur gleichen Zeit erwähnt Ratherius von Lüttich, Bischof von Verona (890–974)[3], Frauen, die »*Herodiam illam*

---

[1] G. Bonomo, *Caccia alle streghe*. Palermo 1959.
[2] *L'Eglise et la Sorcellerie*. Paris 1910.
[3] *Praeloquiorum libri*, I, 10, *PL XXXIII*, 157, bei Bonomo.

Baptistae Christi interfectricem, quasi reginam, immo deam praeponant« (Herodias, die Mörderin Johannes des Täufers, wie eine Herrscherin, vielmehr Göttin, verehren). Der Hinweis auf eine Gesellschaft der Diana und der Herodias findet sich erneut in den *Decreta* des Burchard von Worms (11. Jh.), der den Text des Regino überarbeitet hatte. In den *Decreta* des Burchard[4] heißt es, daß die Schar der am Sabbat teilnehmenden Frauen Hollen genannt wird. Die Zahl der mythischen Namen nimmt weiter zu, Guglielmo von Alvernia[5] nennt als Anführerin der Hexenschar oder *dominae nocturnae* eine Domina Abundia oder Satia, die als Dame Abonde auch im *Roman de la Rose*[6] von J. de Meung in Erscheinung tritt. Glaubt man dem *Roman de la Rose*, so fliegen die Hexen, *lamies* oder *mascae*, des Nachts, und sie sind so zahlreich, daß sie ein Drittel der menschlichen Bevölkerung ausmachen. In den *Statuten des hl. Augerius II.*, Bischof von Conserans (1280), taucht der Name Bensoria auf.

Zu dieser Zeit werden die Frauen, die Hexerei praktizieren, noch nicht klar und eindeutig eines Verbrechens beschuldigt. Man spricht fast immer von *bonae feminae* und beharrt darauf, daß die nächtliche Reise eine Sinnestäuschung sei. Die Texte sind sich im übrigen darin einig, daß dieser Glaube auf Reste eines heidnischen Mythos' (Diana-Kult) und auf einen Sagenkern zurückzuführen sei, der sich im Mittelalter um den Namen Herodias gebildet hatte. Bonomo legt den komplizierten Prozeß dar, in dessen Verlauf sich die heidnische Göttin Diana, die Herodias der christlichen Überlieferung und die Holda/Holle der nordischen und germanischen Mythologie in einer einzigen Gestalt einer dämonischen Göttin, Herrin der nächtlichen Flüge, verdichtet haben, wobei die mittelalterlichen Sagen von der Wilden Jagd miteinfließen. Bonomo hält es für wichtig hervorzuheben, daß der Glaube an die »Gesellschaft der Diana« lange Zeit von dem Glauben an die unseligen Hexen und ihre verbrecherischen nächtlichen Streifzüge getrennt blieb. Erst im 12. Jahrhundert werden diese beiden Vorstellungen vermischt, und zwar in einem Text des Johannes von Salisbury[7], in dem die Teilnehmer an der nächtlichen Versammlung nicht mehr die *bonae*

---

[4] Buch XIX.
[5] *De universo creaturarum*, III, XII, 2,22, bei Bonomo.
[6] Vers 18427.
[7] *Polycraticus*, Ed. C. I. Webb. Oxford 1909, Bd. II, S. 17.

feminae oder die *mulierculae* sind, sondern Anhänger Satans im wahrsten Sinne: »Manch einer behauptet, daß eine Herrin der Nacht oder Herodias oder die, die über die Finsternis herrscht, nächtens Versammlungen und Zusammenkünfte einberuft; und daß dort Bankette verschiedenster Art veranstaltet und allerlei Handlungen vollzogen werden, die mit der Funktion eines jeden von ihnen zu tun haben, und daß, je nach ihrem Verdienst, den einen eine Strafe auferlegt wird und die anderen zum Ruhm erhoben werden. Außerdem heißt es von den Hexen, daß ihnen Kinder dargebracht werden, die sie grausam in Stücke schneiden und gierig verschlingen; wenn aber die, die ihnen vorsitzt, Erbarmen zeigt, legen sie sie in ihre Wiegen zurück«. Nach dem Text des Johannes von Salisbury veranstalten die Frauen also bei ihren Treffen, denen Herodias oder eine *nocticula* oder eine nicht benannte *octis domina* vorsitzt, Festmähler und erhalten Belohnungen und Strafen.

Dieser weitverbreitete Volksglaube wird von einer anderen, davon völlig unabhängigen Überlieferungslinie überlagert, die mit dem Glauben an Werwölfe zu tun hat: der Vorstellung, daß die Zauberer sich in Tiere verwandeln können, und der Angst vor jenen bösartigen nächtlichen Wesen, die schon in den lateinischen Texten der Antike als *striges* bezeichnet werden. In den klassischen Texten ist *strix* ein eulenähnlicher Nachtvogel mit großem Kopf und starrem Blick und mit dem Schnabel und den Krallen eines Raubvogels, der die Säuglinge in ihren Wiegen heimsucht und ihnen Blut und Eingeweide aussaugt. Bei Ovid[8] ist *strix* ein menschliches Wesen, das durch Zauber in ein unheilbringendes Nachttier verwandelt worden ist. Dieser Glaube geht über Plinius[9] in das Volksgut des Mittelalters über. Allgemein wird die Hexe plötzlich beschuldigt, Menschen umzubringen und sich von Menschenfleisch zu ernähren.[10]

Indem der Mythos vom Sabbat zwischen dem 14. und dem 18. Jahrhundert zu voller Entfaltung gelangt, überlagern sich diese beiden unterschiedlichen Entstehungslinien und verschmelzen miteinander: die nächtliche Versammlung, die seit dem 10. Jahrhun-

[8] *Fasti*, VI, 131.
[9] Plinius d. Ä., *Naturalis Historia*, XI, 30 u. 95.
[10] Salisches Gesetz, Edictus Rothari. Für die Karolingerzeit *Capitulare de part. Saxoniae* von 789.

Hexe in Begleitung ihres persönlichen Hilfsgeistes. Stich von Hans Burgkmair (Detail).

dert belegt ist, und der Mythos von den *striges*, der klassischen Ursprungs ist und sich im Mittelalter verfestigt.

Man hat auf vielfältige Weise zu erklären versucht, wie die Menschen jahrhundertelang an einen täglichen Umgang mit dem Teufel glauben und damit Verfolgungen und Gewalttätigkeiten rechtfertigen konnten. Die Vorgänge sind so zutiefst irrational, daß die Forscher seit frühester Zeit diese Phänomene aus ihrem historischen Kontext herausgelöst und sie allein unter klinischem Aspekt betrachtet haben, wobei sie die offensichtlich darin enthaltenen krankhaften und anomalen Elemente hervorhoben und die oft nur für eine psychiatrische Betrachtung nützlichen Erkenntnisse auf eine allgemeine Interpretation der Fakten ausdehnten.

Die These, daß die Erscheinung des Teufels ein reines Trugbild sei, mit anderen Worten auf einen Zustand der Sinnesverwirrung und getäuschter Wahrnehmung zurückgehe, findet sich bekanntlich schon im *Canon Episcopi*. Daß ein so hervorragender Arzt wie Johannes Wier mit schlagenden Argumenten den krankhaften Charakter dieser Erscheinungen unterstreicht, die allein der zerrütteten, exaltierten Fantasie dieser armen Frauen entsprungen seien, wurde bereits aufgezeigt. Das, was sie zu sehen, zu empfinden, zu tun glauben, ist lediglich die Folge eines halluzinatorischen Zustandes, der, so Wier, durch Einwirkung des Teufels oder durch den Gebrauch halluzinatorischer Substanzen ausgelöst wird: »Der Teufelspakt ist lediglich ein Wahn, verursacht durch irgendein Trugbild entweder der Fantasie oder eines eingebildeten Wesens, das auf den Geist einwirkt und ihm vorgaukelt... oder durch eine Täuschung der Sehnerven... oder durch ein Flüstern, ein Säuseln, Rauschen in den Ohren, eindeutige Symptome einer irregeleiteten Fantasie.«[11] Die Hexen versetzen sich bewußt in einen ekstatischen Zustand, in dem sie jedes im Geiste vorhandene Bild als real annehmen.[12] Sie stehen unter der Wirkung der Salben, die sie verwenden.[13] Und deshalb sollten die Hexen nicht von Inquisitoren, sondern von Ärzten befragt werden.[14]

Diese psychiatrische Interpretationsweise, die unter den älteren Autoren in Wier ihren bedeutendsten Vertreter hat, findet sich in

[11] *De praestigis daemonum*, III, 3, *Opera omnia*, Ed. Amsterdam 1660. S. 169.
[12] Ebd., III, 11. S. 191.
[13] Ebd., III, 17. S. 222.
[14] Ebd., IV, 10. S. 485.

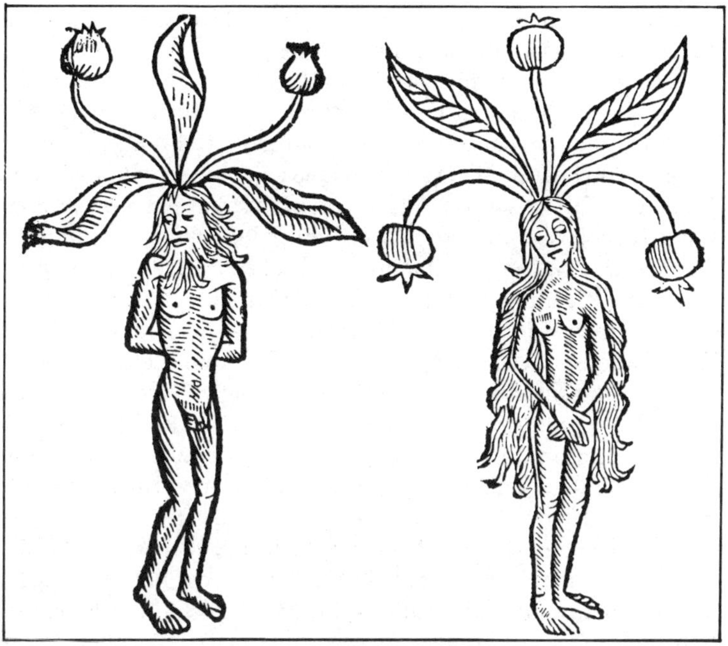

Die Mandragora in einem Stich des 14. Jahrhunderts.

moderner Zeit bei vielen Wissenschaftlern. Am Schluß seines Beitrags zum Stichwort *Sorcellerie* im *Dictionnaire Encyclopédique des Sciences Médicales*[15] setzt A. Chéreas die Dämonomanie klinisch wie terminologisch mit einer echten Dämonopathie gleich, »die sich in Formen aller Art zeigt und sehr viel häufiger bei Frauen als bei Männern anzutreffen ist«. Die Symptome, so der Gelehrte, äußern sich als Furcht vor der Gottheit, im Bedürfnis zu beten oder beten zu hören, in Schlaflosigkeit, in dem Bedürfnis zu schwören, obszöne Worte zu äußern oder Verwünschungen gegen den Nächsten auszustoßen; sie äußern sich ferner in Empfindungen im Unterleib, die der Gegenwart des Teufels oder mehrerer Dämonen zugeschrieben werden, in wiederholtem Irrereden, das den Eindruck vermittelt, die unreinen Geister sprächen aus dem Mund des Besessenen, in Erregungen im Genitalbereich, anhaltenden visuel-

[15] Paris, serie III, vol. X. S. 480.

len Halluzinationen, die menschliche Trugbilder von unzüchtigen Tänzen und lasziven Bewegungen zeigen.

Auf eine noch spezifischere Weise, mit Beweistechniken, die allerdings durch neuere Forschungsmethoden auf diesem Gebiet überholt sind – nicht zuletzt aufgrund der Erfahrungen mit der Drogenproblematik – hat S. Marzalkowicz die toxikologischen Aspekte der Teufelsvision untersucht, die sich für ihn reduziert auf »ein toxisches Delirium psychisch labiler Individuen, das in einer besonderen Atmosphäre abläuft, die das besagte Delirium in ganz bestimmte Richtungen lenkt«.[16] Nach Ansicht des Autors enthalten die von den Hexen verwendeten Drogen, die zudem auf eine zarte Konstitution einwirken, Alkaloide, die fast immer erschreckende halluzinatorische Zustände auslösen; in einigen Fällen verstärken sie auch aufgrund eines synergetischen Effekts die Wirkung des Alkaloids, das in einem anderen Bestandteil der Salbe enthalten ist. Der Einwand, es gäbe keine Droge, die stets eine ganz bestimmte, immer das gleiche Motiv wiederholende Halluzination auslöst – im Fall der Hexerei das Erscheinen Satans und die Teilnahme am Sabbat – ist hier nicht relevant. Tatsächlich hat der Betreffende, der in einem bestimmten Umfeld lebt, die Möglichkeit, die Halluzination, die nach Anwendung der Droge auftritt, nach Belieben in eine bestimmte Richtung zu lenken. Die Gifte, die die Hexen verwendeten, bewirkten – soweit sie uns aus den alten Texten bekannt sind – eine Trübung der Wahrnehmung und des Bewußtseins und regten zugleich die wesentlichen Körperfunktionen an. Von den veränderten psychischen Funktionen hängt die Koordination der Bilder ab und auch, ob sie angenehmer oder unangenehmer Natur sind; um welches Thema die Halluzinationen kreisen, wird von den Eindrükken bestimmt, die der Drogenanwendung vorausgingen.

Die wirkkräftigsten der verwendeten Pflanzen gehören zur Gruppe der Nachtschattengewächse. Neben *Atropa belladonna*, Tollkirsche oder Wolfskirsche, und *Hyoscyamus niger*, Bilsenkraut, die beide Tropinalkaloide enthalten, auch *Solanum dulcamara*, bittersüßer Nachtschatten oder Wolfsbeere, die das Glykoalkaloid Solanin mit weniger halluzinatorischer Wirkung enthält.

[16] »L'elemento tossicologico nella stregoneria e nel demonismo medioevale«, in: *Lavori di storia della Medicina compilati nell'anno accademico 1936–1937*, R. Istituto di storia della medicina della R. Università di Roma, 1938, S. 90–93.

Atropa belladonna, auch »Tollkraut« oder »Teufelskirsche« genannt, ist eine immerwährende Pflanze, die in schattigen Berggegenden Mittel- und Südeuropas wächst; sie enthält zwischen 0,30 und 0,80 % Atropin, das motorische und psychische Erregung und Trübung der Wahrnehmung und des Bewußtseins hervorruft. *Datura stramonium*, Stechapfel oder Dornapfel, bekannt auch unter den Beinamen »Rauhapfel«, »Krötenmelde«, »Igelskolben«, »Stachelnuß«, »Tollkraut«, bewirkt neben Sinnestäuschungen und Erregungszuständen psychischen Stupor, begleitet von Bewußtlosigkeit und Wahnzuständen, die denen der Schizophrenen ähneln, oder einen luziden Rauschzustand. *Hyoscyamus niger* ist eine zweijährige, in Europa beheimatete Pflanze, die aufgrund ihrer halluzinatorischen und erregenden Wirkung schon in der Antike unter dem Namen *Apollinaris* bekannt war; nach altem Glauben verlieh sie Sehergabe. Die Wirkung der *Atropa mandragora*, Alraune, unterscheidet sich nicht erheblich von der der oben beschriebenen Pflanzen. Zu den Nachtschattengewächsen, die in den Hexendrogen verwendet wurden, gehören auch *Solanum dulcamara*, bittersüßer Nachtschatten, rote Hunds- oder Wolfsbeere, und *Solanum nigrum*, Hühnertod, Hunds-, Gift-, Tinten-, Tollbeere, deren Wirkstoffe (Solanin) Angstzustände, Unruhe, Kopfschmerzen, Rauschgefühl, wahnhafte Erregung, Nymphomanie, Alpträume und Schlaflosigkeit verursachen. Opium, das aus den unreifen Köpfen des Schlafmohns, *Papaver somniferum*, gewonnen wird, verursacht aufgrund seiner Morphinwirkung Halluzinationen häufig erotischer Natur, Wahnzustände und darauffolgende Müdigkeit und Schlaf.

Der wohl interessanteste Interpretationsversuch wendet sich dem schamanischen Charakter des Hexenphänomens zu. Er ist Gegenstand eines Beitrags von E. Stiglmayr unter dem Titel *Hexen*[17]; C. Ginzburg scheint sich in seiner Untersuchung über die »Benandanti«[18] seiner Meinung anzuschließen.

Stiglmayr erklärt: »Religionsgeschichtlich gesehen läßt sich mit ziemlicher Sicherheit behaupten, daß sich der Begriff Hexe in erster Linie aus den Vorstellungen über den Schamanismus entwickelt

[17] *Die Religion in Geschichte und Gegenwart.* Handwörterbuch für Theologie und Religionswissenschaft, 3. völlig neu bearb. Auflage, Tübingen 1959, Bd. III, S. 307–308.

[18] *I Benandanti. Ricerche sulla stregoneria e sui culti agrari fra Cinquecento e Seicento.* Turin 1966.

hat.« Wir wären hier also insbesondere mit der »linken« oder schwarzen Form des Schamanismus' konfrontiert, denn obwohl die typischen Komponenten – der schamanische Flug, die Fähigkeit, sich in Tiere zu verwandeln, die durch besondere Techniken bewirkte Ekstase – vorhanden sind, fehlt die für die Gruppe nützliche Absicht (wie beim weißen Schamanismus), das heißt, es fehlt die heilende, seherische Kraft; hingegen sind der asoziale Charakter und die Beziehung zum negativen dämonischen Element sehr ausgeprägt (Nekromantie, Schwarze Magie, Dämonismus, Gebrauch von Leichen, Vampirismus etc.).

Nachdem die eindeutig bestehende Verbindung zwischen dem europäischen Hexenwesen und dem Schamanismus religionshistorisch erkannt ist, stellt sich das Problem – und es ist keineswegs einfach zu lösen – die Wege herauszufinden, über die schamanische Tradition und Techniken in die kulturellen Strukturen Südeuropas eindringen konnten.

Was die europäischen Quellen angeht, so sind Erscheinungen von Hexerei schamanischen Typs im slawischen wie im germanischen Bereich erwiesen. Bei Russen und Tschechen scheint es unbestreitbare Einflüsse aus dem finnischen Volksglauben mit offenkundigen asiatischen Einflüssen gegeben zu haben. Nach einer Chronik aus dem 13. Jahrhundert, die in der Quellensammlung von Mayer[19] enthalten ist, wird das polnische Heer 1209 von einer Hexe angeführt, die in der Lage ist, mittels eines Siebes Wasser aus einem Fluß zu holen, ohne einen Tropfen daraus zu verlieren, und die so ihre Macht beweist. Im *Omiliario von Opatovic* ist von Frauen die Rede, die Gifte bereiten, Kinder töten, mit Unwetterzauber Regen heraufbeschwören, den Samen ihrer eigenen Ehemänner unter die Nahrung mischen, um Liebeszauber zu bewirken, oder die Mann und Frau an der Zeugung hindern. Ähnliches ist über den Dämonismus bei den Germanen überliefert. Dennoch bleiben die Beweise für eine Verbindung zwischen dem europäischen Hexenwesen und dem nordischen Schamanismus recht zweifelhaft. Im 16. Jahrhundert berichtet Olaus Magnus, daß es in Livland, in Norwegen und in den anderen nordischen Ländern mehr Hexen gäbe als in der gesamten übrigen Welt. In Einzelheiten beschreibt er die Einfälle und die Untaten der Werwölfe in Litauen, Samogitien

[19] *Fontes Historiae Religionis Slavicae.* Berlin 1931. S. 61.
[20] Geschichte der Goten, engl. Übers. London 1658, S. 139ff.

und Livland.[20] In den Sabbatgeschichten erscheinen die nordischen Namen Helda, Berta, Brechta als die der Königinnen oder der *dominae*, die die nächtliche Reise der Frauen zur Teufelsversammlung anführen.

Gelingt es uns auch nicht, die möglichen Wege nachzuzeichnen, über die der Schamanismus von Norden her vordrang, können wir doch mit größerer Genauigkeit schamanistische Komponenten in der Tradition des Mittelalters und der Renaissance aufzeigen. Häufig wiederkehrende Angaben in den Quellen lassen darauf schließen, daß die Hexen die besonderen Techniken kannten, um bewußt eine Ekstase, ein charakteristisches Merkmal des Schamanismus', herbeizuführen. Sie verwenden die Kräuter und die Salben zu diesem Zweck auch unabhängig vom nächtlichen Flug. Bodin berichtet, Informationen des Gerichtspräsidenten de la Tourette zufolge sei in der Dauphinée eine Hexe, die neben dem Feuer ruhte, im Zustand der Entrückung entführt worden, während ihr Körper im Hause verblieb.[21] Zwischen der Hexe und dem Teufel wird mittels des Paktes eine ganz ähnliche Beziehung hergestellt wie in den schamanistisch geprägten Religionen zwischen dem Schamanen und seinem Schutzgeist, dessen Führung er sich anvertraut. Sobald der Teufelspakt geschlossen ist, nimmt diese Beziehung im allgemeinen stark sexuelle Züge an, da der Teufel – so sieht es die theologische Kasuistik – als Inkubus oder als Sukkubus auftritt und die Hexe persönlich zu den nächtlichen Versammlungen bringt. Im *Tractatus de haereticis et sortilegis* (1536) des Paolo Grillando[22] wird ausdrücklich gesagt, daß der Fürst der Dämonen, nachdem ihm die am Sabbat teilnehmende Hexe ihre Ehrerbietung erwiesen hat »einen Schutzteufel für die Frau einsetzt, der sie niemals verlassen, sondern ihr in allen Dingen, die sie sich wünscht, zu Diensten sein soll, und jedesmal, wenn der Sabbat einberufen wird, teilt er ihr dies mit, und sie wird sich dorthin begeben ... und dieser Teufel vereinigt sich mit der Frau wie ihr Ehemann«.

Abgesehen von dieser Übereinstimmung zwischen persönlichem Teufel und schamanischem Schutzgeist sind der Hexenflug und die Verwandlung in ein Tier weitere analoge Elemente, die sich ständig in den Sagen von den *striges* und den Werwölfen wiederfinden. Die *Discours des Sorciers* von Henry Boguet liefern zahlreiche Beispiele

[21] *De la Démonomanie des Sorciers*. Lyon 1593, Buch 2, Kap. 5. S. 208.
[22] *Malleus Maleficarum*. Lyon 1669, Bd. II, S. 269.

für Geständnisse von Hexen, die sich in Werwölfe verwandelten, während Petrus Marmorius, nach einem in *De Sortilegiis* enthaltenen Bericht, auf den sich Bodin bezieht, versichert, er habe persönlich der Verwandlung von Menschen in Wölfe beigewohnt.

Somit gestatten es die genannten Angaben, die Hexerei mit einem gewissen Sicherheitsvorbehalt in den schamanischen Bereich einzuordnen, doch betrifft dies allein die allgemeine Typologie des Phänomens und bietet noch keine Interpretationsmöglichkeit in bezug auf seine kulturelle Entstehung. Unsere heutigen, recht weitreichenden Erkenntnisse zum Schamanismus allgemein erlauben es uns, mit weit größerer Präzision, als es noch vor einigen Jahrzehnten möglich gewesen wäre, die wesentlichen Merkmale der Hexerei (Flug, Ekstase, Verwandlung in Tiere etc.) entsprechend zu bewerten, aber es bleibt noch immer die Frage zu klären, ob und in welcher Form das Hexenwesen innerhalb der abendländischen Zivilisation Überreste sehr viel älterer kultureller Strukturen darstellt.

M. Murray[23] bediente sich bei seiner Untersuchung des Hexenglaubens der Thesen von J. G. Frazer und stellte gleich zu Beginn die Hypothese auf, daß in der Hexerei Reste eines archaischen, vorchristlichen Erd- und Fruchtbarkeitskultes enthalten seien. Die nächtlichen Treffen, die wir aus den Berichten und Prozessen kennen, waren reale Zusammenkünfte der Anhänger dieses Kultes. Diese These wurde in der Folge von E. W. Peuckert[24] und dann von A. Mayer[25] aufgenommen, der sein Augenmerk auf die Gottheiten der Vegetation (Herodias, Diana, Perchta, Holda etc.) richtete, die in den Dokumenten zum Hexenglauben aufscheinen und erst dann zu Anführerinnen und Königinnen der teufelsbündnerischen Scharen werden, als der sehr viel ältere Erdkult zur teuflischen Hexerei erklärt wird. Mehr oder weniger zu der gleichen Auffassung gelangte A. Runeberg.[26] C. Ginzburg, der seine Untersuchung auf ein präzises geographisches und historisches Umfeld begrenzte – eine Gegend des Friauls und die Prozesse, die dort um 1570 stattfanden –, hat dort eindeutig einen echten Fruchtbarkeitskult ermittelt, dessen Anhänger, die sogenannten »Benandanti«, sich

23 *The Witch-cult in Western Europe. The God of the Witches.* London 1926.
24 *Geheimkulte.* Heidelberg 1951.
25 *Erdmutter und Hexen. Eine Untersuchung zur Geschichte des Hexenglaubens und zur Vorgeschichte der Hexenprozesse.* München 1936.
26 *Witches, Demons and Fertility Magic.* Helsinki 1947.

»Der verhexte Stallknecht«. Kupferstich von Hans Baldung Grien, 1544.

ursprünglich als Beschützer der Ernten und der Fruchtbarkeit der Felder darstellen und erst später in Hexer verwandeln. Damit werden auch ihre kultischen Zusammenkünfte zum Teufelssabbat. Die von Ginzburg untersuchten Fakten gelten im übrigen für ein sehr viel größeres Gebiet als das Friaul, das Gegenstand dieser speziellen Studie war, denn es lassen sich Verbindungen zu Traditionen ziehen, die sich im nördlichen Europa im Elsaß, in Hessen, in Bayern, in der Schweiz und selbst in Litauen wiederfinden.

Da die Hypothese, daß die Ursprünge des Hexenwesens auf einen Naturkult zurückgehen, besonders faszinierend und dank Ginzburgs Arbeit inzwischen gut dokumentiert ist, versuchen die Wissenschaftler, sie zu stützen, indem sie die mythologische Bedeutung der verschiedenen Gestalten abklären, die am Ursprung der Legende von den nächtlichen Versammlungen stehen. Es verschmelzen in diesen Gestalten eindeutig teuflisch-dämonische mit bäuerlich-chtonischen Zügen, eine Vermischung, die im übrigen für viele Gottheiten der Fruchtbarkeit und der Fülle typisch ist. In den untersuchten Dokumenten werden Diana, Herodias, Holda, Perchta oder Perhta mehr oder weniger miteinander identifiziert, da sie, obgleich drei verschiedenen Kulturkreisen angehörend, viele gemeinsame Charakteristika aufweisen. In den Urteilen zu den Prozessen, die zwischen 1385 und 1389 vor dem Inquisitionsgericht in Mailand stattfanden und die von E. Verga[27] veröffentlicht und von Bonomo eingehend geprüft wurden, wird der Glaube an diese Gottheiten oder zumindest an einige von ihnen noch nicht als teuflisch, sondern als ein Überrest heidnischer Kulte angesehen. In der Aussage vom 26. Mai 1390 gesteht die Angeklagte, von Kindheit an zum »Spiel der Diana«, *ad ludum Dianae*, gegangen zu sein, die auch Herodias genannt wird, ihr gehuldigt zu haben, indem sie den Kopf beugte und sagte: »Bene stage, madonna Horiente.« In einem anderen Prozeß gegen eine gewisse Pierina de' Bugatis wiederholen sich solche Aussagen. Auch sie nahm am Spiel der Diana oder der Herodias teil, die auch Oriente genannt wird und über außerordentliche magische Kräfte verfügt. Sie vermag mit ihrem Stab getötete Tiere zum Leben zu erwecken, sie lehrt die Wirkkraft der Pflanzen, sie spürt Krankheiten und gestohlene Dinge auf und ist Herrin ihrer Gesellschaft wie Christus Herr der Welt ist.

[27] »Intorno a due documenti inediti di stregheria milanese del secolo IV«, in: *Rend. R. IST. Storico lombardo di scienze e lettere*. S. 2, 32. 1890.

Was Diana angeht, ist es relativ schwierig, anhand der mittelalterlichen Quellen eine Verbindung zu den Agrarkulten nachzuweisen. Diana-Hekate, die unumstrittene Gottheit der Toten und der Kreuzwege, Herrin der Nekromantie und des Mondlichts, findet sich hingegen unter den Gottheiten, die das Heer der Toten anführen, die »Wilde Jagd« der mittelalterlichen Tradition, und es ist leicht vorstellbar, daß ihr – vor allem in den gelehrten Ausarbeitungen über die Hexensagen – die Rolle der Anführerin der an den nächtlichen Zusammentreffen teilnehmenden Frauen zugeschrieben wurde. Auch bei Herodias fehlt jegliche mit Sicherheit nachweisbare Verbindung zu Agrarkulten. Herodias ist die Tochter des Herodes, eigentlich Salome; sie trägt den Namen ihrer eigenen Mutter, mit der sie in der mittelalterlichen Legende verschmolzen wird. Als Tänzerin und Verantwortliche für den Tod Johannes des Täufers, dessen Kopf sie auf einer Platte gefordert hatte, wird sie zur Gefährtin Dianas in der Wilden Jagd. Sie wird mit Holda identifiziert, und im *Reinardus*, einem Epos des 12. Jahrhunderts[28], mit Pharailds. Nach der von den Brüdern Grimm überlieferten Volkssage[29] soll sie, als das ihr dargereichte Haupt des Täufers von einem furchtbaren Windstoß in die Luft erhoben wurde, ihre Tat bereut haben. Es fehlt jedoch sowohl bei Diana als auch bei Herodias die Verbindung zu einem Erdmythos, der die hier dargestellte These rechtfertigen würde. Eine Verehrung im Zusammenhang mit Erdkulten oder doch zumindest mit Fruchtbarkeitskulten, wird diesen beiden Frauengestalten erst zuteil, als sie sich mit der Holda und Perchta des germanischen Kulturkreises überlagern. Schon die Bedeutung der Namen Abundia und Satia weist auf Reichtum und Überfluß hin, die durch Zauberei bewirkt werden; sie scheinen der frühesten Schicht jener Sage vom nächtlichen Flug zu entstammen. In der Tat stillen die Teilnehmer an den Versammlungen ihren Hunger ja in üppigen Banketten und streifen des Nachts umher, um sich in den Häusern der Menschen die bereitgestellten Speisen zu holen. Solcherart ist auch die germanische Perchta: »Während des Dreikönigsfestes lassen viele für den Besuch der Perchta und ihres Gefolges in ihren Häusern nach dem Essen Brot und Käse, Milch, Fleisch, Eier, Wein und Wasser und andere Speisen auf den Tischen, dazu Löffel, Teller, Gläser, Messer.«[30]

[28] I, vv. 1139–1164.
[29] *Deutsche Mythologie*, I, S. 262.

Noch deutlicher zeigt sich dieser ambivalente Charakter (unterirdisch-dämonische Funktion, erdhaft-befruchtende Funktion) bei Holda oder Frau Holle, die die dämonische Geisterschar durch die Lüfte anführt, die aber auch eine chtonische Gottheit der Erde und der Fülle ist.[31] Das Bild vom Teufel erfährt in dieser Phase besonders bemerkenswerte Anreicherungen. Der alttestamentarische und christliche Satan trifft sich mit ambivalenten Schutzgottheiten der Erde und wird selbst zum Träger einer grundlegenden Ambivalenz: des Reichtums und der Fülle und des Todes und der Nacht.

Im übrigen zeigt sich gerade in der Tradition der nächtlichen Zusammenkünfte eine Wurzel für den Teufelsglauben und die dämonische Herausforderung: Die Bauern und die Armen, jahrhundertelang Opfer des Hungers, suchten ihren Trost in einer auf den Kopf gestellten Welt, die eine Kirche der Gewalttätigen und der Satten ablehnte.

---

30 *Thesaurus pauperum*, 15. Jh., in: J. de Vries, *Altgermanische Religionsgeschichte*. Berlin 1956, Bd. I, S. 240 Anm.

31 Ebd., Bd. I. S. 239, Bd. II, S. 321.

Besessenheit
und
Exorzismus

Der hl. Antonius treibt einen Teufel aus. (Aus: Richard Cavendish, Hrsg., The Encyclopedia of the Unexplained. Magic, Occultism and Parapsychology. *London 1974.)*

Der Dämon in den Besessenheitsreligionen

Die dämonische Energie äußert sich in ganz besonderen Erscheinungsformen bei den willentlich, aus kultischen Gründen Besessenen, wie sie in Religionen vorkommen, deren wesentliches Charakteristikum die Besessenheit durch eine fremde Macht ist.

M. Leiris[1] hat bei den Äthiopiern von Gondar, das heißt mitten in einer zutiefst christianisierten Kultur, ein erstaunliches schamanistisches Phänomen untersucht und dokumentiert. Es handelt sich hier um den Kult, der um einen krankhaften psychischen Zustand, den *zâr*, entstanden ist, der sich bei einzelnen Menschen spontan äußerte und in der Folge künstlich hervorgerufen wurde.

Im *zâr*-Kult manifestiert sich die Besessenheit in Personen, die von den Geistern psychisch prädisponiert wurden. Einige *zâr* werden als die Geister alter Zauberer angesehen; so zum Beispiel die weiblichen *zâr* Šašitu, Enqwelâl, Dirâ, Töchter des Kaisers Yâsu (1680–1704), eines großen *dabtara* und Geisterbeschwörers; oder die drei Geister Zaba Esraêl, Zaba Dâwit und Zaba Estifânos, Söhne des Kaisers Kâlêb von Aksoum (6. Jh. n. Chr.), die als »Söhne der Nacht« in Gestalt von *zâr* ihre unsichtbare Herrschaft ausübten, während ihr Bruder, Gabra Masqual, »Sohn des Tages«, sein Volk in menschlicher Gestalt regierte. Neben den *zâr*, die auf historische Persönlichkeiten der Region zurückgehen, entstammen andere der islamischen Welt, die auch auf diesen christlichen Kulturkreis weitreichenden Einfluß ausgeübt hat. Dies trifft zu für die *wâley*, moslemische Asketen, die zusammen mit den *zâr* angerufen werden.

Die Einführung in den Kult erfolgt über eine Initation, die jedoch keine vorbestimmten zeremoniellen Regeln kennt. Sie setzt sich aus verschiedenen Praktiken zusammen, denen der besessene Kranke sich auf Anweisung seines Heilers unterzieht. Der Heiler, dem eine wesentliche Rolle in diesem Ablauf zukommt, stellt eine ständige Verbindung zu dem Besessenen für die Dauer des Initiationsvorgangs her. Initiation bedeutet in diesem Fall, daß das Phänomen der Besessenheit von der krankhaften, zwanghaften auf eine bewußte, willentlich kontrollierte Ebene verlagert wird. Der Heiler befindet

[1] Michel Leiris, *La possession et ses aspects théâtraux chez les Ethiopiens de Gondar*. Paris 1958.

sich in seinem Verhältnis zum Kranken in der Position des Eingeweihten, der den Neuling unterweist, denn die Krise, die er diagnostiziert, analysiert und dirigiert, entwickelt sich, begleitet von bekannten und stereotypen Symptomen, die immer wieder die gleichen Mittel und Praktiken erfordern. So sind viele Ratsuchende nicht Besessene im eigentlichen Sinn des Wortes, sondern Kranke, die ihre Leiden der Gegenwart und dem Wirken böser Geister zuschreiben. Daraus erklärt es sich auch, daß sich der Besessenheitsausbruch nicht von selbst im Laufe der Krankheit ereignet, sondern erst wenn der Heiler in Funktion tritt, der ihn mit Hilfe seiner Techniken bewußt auslöst, um den Geist zu finden, der das Leiden bewirkt hat.

Im übrigen besteht die Aufgabe des Heilers darin, den neuen *zâr* zu unterweisen, das heißt dem Patienten beizubringen, den *gurri* auf die richtige Weise auszuführen. Dieser Begriff leitet sich von *agworrâ* ab, welches die stereotyp sich wiederholenden Manifestationen des Besessenheitsausbruchs bezeichnet: heulen, brüllen, laut weinen, heftige Bewegungen ausführen, den Atem ausstoßen. Überdies zeigt der Heiler dem Initianden, wie er ohne allzu große Heftigkeit zu tanzen und sich zu bewegen hat, damit er sich im Zustand der Trance nicht wehtut oder gar verletzt. Der *gurri* bezeichnet somit das typische Vorgehen, um bewußt eine Trance auszulösen, über die der Adept in Verbindung mit der Welt der Geister und insbesondere mit seinem *zâr*-Geist gebracht wird. Die Tätigkeit des Heilers ist damit jedoch nicht beendet; seine Beteiligung ist unerläßlich, wenn der Neuling zum erstenmal an einem *wadaga* teilnimmt; bei solchen nächtlichen Versammlungen werden die *zâr* mit Gesängen, begleitet vom Schlagen der Trommeln, angerufen. Dem Neuling gelingt es oft noch nicht, den *gurri* spontan herbeizuführen, deshalb muß der Heiler ihn antreiben: er stößt ihn leicht gegen die Schulter, versetzt ihm Fußtritte und zwingt seinem Kopf mit Hilfe einer um den Hals geschlungenen Peitsche die richtigen Bewegungen auf.

Die Heiler und die Besessenen gehören Bruderschaften an, die viele Merkmale der afrikanischen Initiationsgesellschaften aufweisen. Der Besessene, der selbst das Amt des Heilers bekleiden und den Titel *bâla-gandâ*, »Herr der Tränke«, annehmen möchte, muß grundsätzlich von einem bereits praktizierenden Heiler dazu ermächtigt werden. Innerhalb der Bruderschaften bildet sich eine Hierarchie, die ein Abbild der Hierarchie ist, in der die jeweiligen

Woduistisches Symbol (vevé) für den Schlangengott Damballah-wedo. (Aus A. Métraux, Le Vaudou haïtien, *Paris 1958.)*

zâr zueinander stehen. Somit hängt die Stellung eines jeden Mitglieds der Bruderschaft von dem Rang ab, den sein *zâr* in der unsichtbaren Welt innehat. Jeder Besessene betrachtet sich als das »Pferd« (*faras*) eines *zâr*, und aus dieser Beziehung erklärt sich auch der Titel »Herr der Tränke«, den der Leiter des Heilhauses führt.

Der Besessene bietet seinem *zâr* ein Opfer (*derqâ*) dar, um ihn günstig zu stimmen, und durch sein »Pferd« trinkt der *zâr* selbst bei diesem Anlaß einen Teil des Blutes und ißt einen Teil des Fleisches. Dieses Opfer, das unterschiedlichster Art sein kann, bestimmt auch über den Rang des Patienten in der Bruderschaft, denn von seiner Bedeutung hängt es ab, welcher Geist angezogen wird. So wird der Adept, der »in den *morâ* eingetreten ist«, das heißt den Geistern ein Rind, ein Schaf oder eine Ziege geopfert hat und sich damit das Recht erworben hat, seinen Kopf mit dem Bauchfell (*morâ*) des Opfers zu bedecken, einen *zâr* hohen Ranges anziehen. Der Initiand hingegen, der »in die *sêrâ* eingetreten ist«, der somit lediglich ein Huhn geopfert hat, wird nur einen »Pagengeist« anziehen. Der so erworbene *zâr* wird zum persönlichen Titel, unter dem der Adept sich bei den anderen Bruderschaften bekannt macht.

Die Zuweisung des *zâr* ist ein kontrollierter ritueller Vorgang, der den Besessenen für immer charakterisiert. Zudem entsteht zwischen Patient und Heiler ein ständiges Abhängigkeitsverhältnis: Der Besessene muß sich in regelmäßigen Zeitabständen zu seinem Meister/Heiler begeben, um ihm Geschenke zu bringen oder, ersatzweise, ihm Dienste zu erweisen. In der zeremoniellen Zuweisung des *zâr* an den Initianden offenbart sich die große Kunstfertigkeit des äthiopischen Schamanismus', der die ursprünglich vorhandene Besessenheit als ein »Einimpfen« der Geister in den Körper von Personen erklärt, die als ihre »Pferde« angesehen werden. Der Heiler weist seinem Patienten im allgemeinen einen der Geister zu, von denen er selbst besessen ist und den er für fähig erachtet, den Patienten gegen die unruhigeren Geister zu schützen. Manchmal läßt er auch den *zâr* einer anderen Person in den Patienten eingehen, wenn er glaubt, daß dieser für sein neues »Pferd« weniger gefährlich ist als er es für den früheren Patienten war. Innerhalb der Bruderschaften bedient man sich einer kodifizierten Geheimsprache. Die gerade erst Eingeweihten und die Initianden niedrigen Ranges müssen sich in einem verballhornten Amharisch ausdrükken, das die Kindersprache imitiert. Zudem bedient man sich der Mimik und absichtlich entstellter Formen geläufiger Ausdrücke, denen besondere Bedeutung untergelegt wird. Die eigene Sprache der Besessenheit, die feste Beziehung zwischen Heiler und Patient, der provozierte Ausbruch, die dem *zâr* dargebrachten Opfer, all dies sind Elemente, die diese Bruderschaften, nach Leiris, als echte Geheimgesellschaften ausweisen.

Rein äußerlich manifestiert sich die Besessenheit im allgemeinen in den Jahreszeiten, in denen sich die sozialen Beziehungen intensivieren, während sie in den Zeiten der Ruhe und der begrenzten wirtschaftlichen Tätigkeit zurückgeht oder völlig ausbleibt. Der Kranke wird an den Festtagen kuriert, vor allem am Neujahrstag, während die Aktivität der Bruderschaften in der Regenzeit, von Ende Juni bis September, fast völlig brachliegt. Dazu heißt es in der Darstellung, die Wolf Leslau von einem seiner eingeborenen Informanten erhielt[2]: »Im allgemeinen befällt der *zâr* die Frauen, die Mädchen und die Sklavinnen. Man weiß auch genau, wann sie befallen werden: es ist die Zeit um das Kreuzfest (27. September), die schöne Jahreszeit... Während der Regenzeit findet man nicht eine einzige Person, Mann oder Frau, die vom *zâr* besessen ist«. Es besteht also eine enge Verbindung zwischen den schamanischen Abläufen und der sozialen Aktivität der Gruppe. Die Besessenheit intensiviert sich in den Augenblicken verstärkter produktiver Anspannung oder festlicher Entspannung, und das Phänomen würde sich somit vor allem mit dem Hang der Besessenen zur theatralischen Darbietung erklären, die nur während der Zusammenkünfte möglich ist.

Wolf Leslaus eingeborener Informant in Tigré, der der Echtheit der Besessenheitsphänomene skeptisch gegenübersteht, erklärt, daß die Besessenen vorwiegend Frauen sind. Der *zâr*-Kult böte den Frauen, die für gewöhnlich dem abgeschiedenen, vom Ehemann kontrollierten Leben im eigenen Haus unterworfen seien, die Möglichkeit, sich auf eine eruptive Weise zu äußern, die sie in den Mittelpunkt der allgemeinen Aufmerksamkeit rückte und sie in den Zustand einer privilegierten, da religiös geschützten Freiheit versetzte: »Im Ort Tigré gingen früher die Frauen und die jungen Bürgerinnen niemals alleine aus. Sie gingen in Begleitung oder gefolgt von Sklaven. Deshalb hatten sie nicht viele Möglichkeiten, sich zu vergnügen... Wenn sie (die vom *zâr* besessene Frau) sich in diesem Zustand befindet, sagt man: ›Der *zâr* hat sie gepackt!‹ Alle gehorchen ihr und tun, was sie will... Sobald der Weihrauch ins Feuer geschüttet worden ist, atmet sie ihn ein und beginnt zu tanzen. Sagt ›der und der ist mein Pferd‹, beugt sich zurück und singt.«

[2] Wolf Leslau, *Documenta Tigrigna*. Paris 1941, S. 202ff., zitiert nach M. Leiris, a.a.O., S. 31f.

Dieses Beispiel von Besessenheit aus Äthiopien weist viele Analogien mit der dämonischen Besessenheit christlichen Typs auf. Tatsächlich wird der Zustand der Besessenen bisweilen mit dem sexueller Anspannung verglichen: »Wenn der *zâr* über den *gurri* sein Pferd besteigt, ist er wie ein Ehemann, der sich mit seiner Frau körperlich vereinigt.«[3] Die gleichen Symptome sind uns aus der Besessenheit im Katholizismus bekannt. Im *gurri* ist der Patient wie bewußtlos, wie ein vom *zâr* beherrschter lebloser Körper: »Aber die Frau ist ein Pferd, sie spürt nichts; sie ist ein lebloser Körper, ihr Herz weiß von nichts.«[4] Es tritt hier auch ein Symptom auf, das im abendländischen Hexenwesen häufig vorkommt: Die Besessene hat anfangs das Gefühl, ihr Körper würde von Ameisen oder Bienen durchlaufen. Nachdem die Gesänge des *wadaga* den Körper dann in einen Zustand verminderter geistiger und nervlicher Tätigkeit versetzt haben, geht er in einen Zustand der völligen Beherrschung durch den *zâr* über; die geistige Klarheit ist getrübt oder kommt völlig abhanden: »Wenn die Sache beginnt, überfällt sie mich mit Tausenden und Abertausenden von roten Ameisen«. – »Wenn sie uns überkommt wie die Ameisen und *werrer, werrer* macht, sind wir bei Bewußtsein; aber dann, wenn sie uns hebt, wenn sie uns schüttelt, spüren wir nichts mehr.«[5] Wenn aber der Ausbruch des *gurri* tatsächlich ein Zustand völliger geistiger Abwesenheit wäre, so wendet Leiris ein, dann dürfte keine Erinnerung an die gelebte Erfahrung zurückbleiben, die jedoch immer in der ersten Person erzählt wird: »Es macht Spaß, als säßen wir in einem Regierungspalast«. – »Wenn er, der Herr, sich salbt, schlägt er stärker. Es ist, als würde er innen alles niederschlagen.«[6] Schließlich treten, wie bei der Besessenheit im Katholizismus, epileptische Symptome auf: »Man sagt, daß der Mensch, über den der *zâr* kommt, sich folgendermaßen verhält, wenn die Besessenheit beginnt: Er öffnet die Augen, reißt sie weit auf, verdreht sie, und dann fällt er nieder. Dann sagt man: ›Der *zâr* hat ihn gepackt.‹ Und nachdem er die Augen verdreht hat, tritt ihm Schaum vor den Mund, und dann sagt man: ›Der *zâr* hat ihn gepackt.‹«[7]

---

[3] M. Leiris, *La possession et ses aspects théâtraux chez les Ethiopiens de Gondar*. Paris 1958.
[4] Ebd. S. 82.
[5] Ebd. S. 83.
[6] Ebd. S. 84.
[7] Wolf Leslau, *Documenta Tigrigna*, a. a. O.

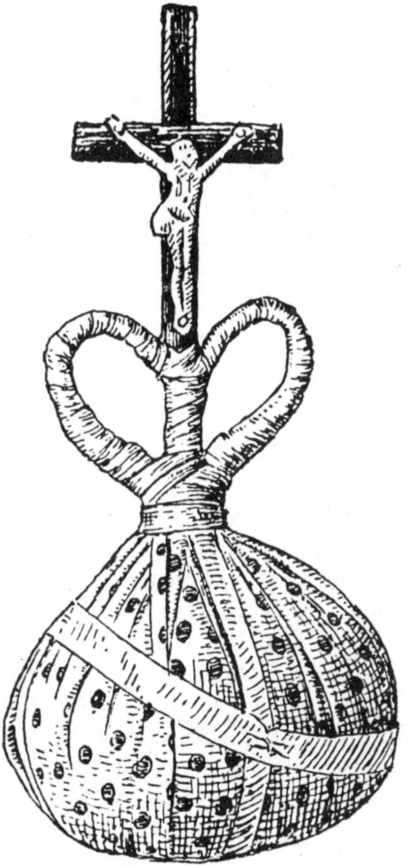

Ein paquet, *woduistischer Talisman. Seine Kraft wird verstärkt durch das Symbol der Totengeister, Guedé. (Aus: A. Métraux,* Le Vaudou haïtien, *Paris 1958.)*

Ähnliche Beispiele von Besessenheit durch Geister, die ebenso wohlwollend wie böse sein können, finden sich bei den afrikanisch geprägten Religionen in Brasilien. Sie sind aus einer synkretistischen Vermischung von westafrikanischen Kulten, die von den Sklaven ins Land gebracht wurden, mit katholischen Ritualen entstanden. In der Nacht von Samstag auf Sonntag versammeln sich die Gläubigen im Catimbò und erwarten gemeinsam die Ankunft der Geister. Die Geister inkarnieren sich in der Person, die den Vorsitz führt, oder in einem der Anwesenden, lösen Besessenheitsphänomene aus und gehen dann zur Heilung der verschiedenen Krankheiten über. Zum Abschluß der Zeremonie nehmen die Teilnehmer den *jurema* zu sich, einen Likör, der aus der Rinde, den Früchten und den Wurzeln eines Baumes aus der Familie der Mimosengewächse gewonnen wird. Sie treten damit in den halluzinatorischen Zustand der Welt der »Verzauberten« (*enchantés*) ein. Im Catimbò oder Candomblé (wie es in der Gegend von Bahia heißt) zeigt sich die typisch schamanistische Erfahrung vom Abstieg eines Gottes in den Körper des Gläubigen.

Ähnliche Erscheinungen sind in den dahomeianischen Wodun-Kulten in der Region Maranhao zu beobachten. Die Wodun, das heißt die Gottheiten afrikanischen Ursprungs, steigen nicht zum bloßen Vergnügen und um sich anbeten zu lassen auf ihre »Pferde« herab, sondern sie gehen in den leidenden Menschen ein, um ihm zu helfen.

Hingegen zeigen sich Elemente dämonischer Besessenheit in den dahomeianischen Kulten Nordbrasiliens, wo die Wodun vielfach mit katholischen Heiligen verschmolzen sind, vor allem mit der hl. Barbara und dem hl. Sebastian. Diese Kulte weisen auch wesentliche Einflüsse des europäischen Spiritismus' auf; so die Methode, über ein Medium in Kontakt mit den Toten zu treten.[8]

Im Wodu-Kult auf Haiti zeichnet sich deutlich die Vermischung von dämonisch-negativen mit positiven Aspekten in einem mythischen und kultischen Bild ab, in dem sich die bedrohliche und die segensreiche Seite in einer einzigen Gottheit vereinigen können. Die *Loa*, übersetzt »Geheimnisse« – und im Norden Haitis als »Heilige« oder »Engel« bezeichnet – sind ursprünglich afrikanische Gottheiten, vorwiegend aus Dahomey, die mit den Sklaven ins Land kamen und im Laufe der Zeit durch Elemente aus der christlichen und eingeborenen Tradition angereichert wurden. Schon in ihrer Unterscheidung zeichnet sich der ethisch-kosmische Dualismus von Gut und Böse ab. In den *loa rada (rada* leitet sich von Allada, Arada, einer Stadt in Dahomey ab), spiegelt sich reinste afrikanische Tradition. Sie sind gütig, väterlich, »sanft« und erinnern in gewisser Weise an die olympischen Götter der Griechen. Die *loa petro* hingegen verdanken ihren Namen einer historischen Persönlichkeit, Don Pedro, einem Neger spanischer Abstammung,

[8] Vgl. hierzu R. Bastide, *Les religions Africaines au Brésil*, 1960.

der, nach Angabe von Saint-Méry, 1768 begann, einen Kult mit konvulsivischen, ekstatischen Tänzen unter Verwendung von Schießpulver zu verbreiten. Der Ursprung ist historisch nicht geklärt: Don Pedro könnte auch einen afrikanischen Stamm bezeichnen, dessen Kult durch seine Verbreitung im 18. Jahrhundert das ursprüngliche religiöse Erbe wiederaufleben ließ. Nach einer anderen Interpretation sind die *loa petro* keine afrikanischen Gottheiten, sondern gehen auf Gottheiten der alten Kariben zurück. Woher auch immer ihr Name kommen mag – in jedem Fall umfaßt die Gruppe der *loa petro* zahlreiche afrikanische Gottheiten, vorwiegend nichtdahomeianischen Ursprungs, und später hinzugekommene »eingeborene« Geister mit kreolischen Namen. Dabei entsprechen die *loa petro* chtonischen Gottheiten voll magischer Kraft, befruchtend, äußerst schwierig im Umgang, cholerisch, gewalttätig; sie besitzen Reichtümer, die sie nur zu einem hohen Preis gewähren. Der Gegensatz zwischen *rada* und *petro*, diesen beiden grundverschiedenen Göttergruppen, ist jedoch nicht als absoluter Dualismus zu sehen, da die *rada* auch als jähzornige Bestrafer auftreten können, wo die *petro* sich mit Erfolg besänftigen lassen. Im übrigen stellt der Kult die *rada* in den Vordergrund, denn an die *petro* wendet man sich nur, wenn die auf die *rada* bezogenen Rituale erfolglos geblieben sind. Die *petro* sind die eigentlichen *loa* all jener, die Hexerei praktizieren oder die den furchterregenden Kontakt zum Numinosen suchen.

Die wichtigsten *rada*-Gestalten des woduischen Pantheons weisen jene furchterregenden Aspekte auf, die charakteristisch für den Dämonismus sind. Der dahomeianische Gott Legba der Zeugung, der Befruchtung und der Potenz, der von gütigem und beschützendem Wesen ist, wird als ein Greis mit einem Sack auf den Schultern dargestellt, mit langsamen Bewegungen, hinkend, mit einer Krücke, aber er ist von einer alles umstürzenden Macht, die sich in den Personen manifestiert, von denen er Besitz nimmt. Agau, Gottheit der Erdbeben, die durch ihren Zorn ausgelöst werden, bewirkt ganz besonders heftige Besessenheit und zwingt ihre Anhänger, das Grollen des Donners und das Wüten des Sturms nachzuahmen. Erzulie, Erzulie Freda, Ezili-Freda-Dahomey gehörte ursprünglich einer Gruppe böser Geister an, von der sie sich völlig abgelöst hat, um zur Göttin der Liebe zu werden.

Die Guedé, Ghedé sind *loa* oder Totengeister; in den kultischen Abläufen haben sie nur eine Randfunktion, doch können sie kraft ihrer gewaltigen Macht die anderen Geister beherrschen und erschrecken. Typisch für sie ist nicht nur die Furcht, die sie auslösen, sondern auch ihr Zynismus, ihre lautstarke Heiterkeit und oft auch die Komik, durch die sie ihre Gegenwart kundtun. Durch den Mund der Besessenen sprechen sie eine nasale Sprache, in der die Worte künstlich zu obszöner Bedeutung verdreht, verändert und reduziert werden (so wird *lunettes*, »Brille«, zu *doubles lunettes*, »doppelter Klitoris«). Ihr bevorzugter Tanz ist die *banda*, die sich durch wilde, obszöne und laszive Bewegungen auszeichnet. Die Personen, derer sie sich bemächtigen, führen eine Besessenheit von solcher Heftigkeit und Ausdauer vor, wie es Menschen, die von anderen *loa* besessen sind, nicht vermögen. Sie trinken eine Mischung aus einundzwanzig verschiedenen Pimentarten und waschen sich damit auch das Gesicht. Die Guedé sind demnach ambivalenter Natur, sie sind schrecklich und lächerlich zugleich. Sie verkleiden sich bevorzugt als Leichen, mit Watte im Mund und in den Nasenlöchern, und tragen eine Brille.

Métraux berichtet auch von jenen *petro*, die aufgrund ihrer dämonischen Eigenschaft im Kult von besonderer Wichtigkeit sind. Unter diesen *loa*, die die Bezeichnung »Teufel« angenommen haben, sind zahlreiche Ezili zu nennen: Ezili-jé-rouge (rote Augen), Kannibalin mit der Fähigkeit, sich in einen Werwolf zu verwandeln, und ihr Mann Simi-yandézo, der noch schrecklicher ist als sie; Ezili mapang, auch sie mit roten Augen und Menschenfresserin; Ezili-cœur-noir; Ezili-bumba; Ezili-kokobe; Ezili-kanlikan, von der es in einem Lied heißt, sie äße »Schweine mit zwei Beinen« (Menschen). Bei diesen *loa* ist zu beobachten, daß ihre Namen sich aus einem Eigennamen der *rada*-Gruppe (Ezili) und einem diabolisch-negativen Beinamen der *petro*-Gruppe zusammensetzen.

Marinette-bwa-chech, »Marinetta mit den trockenen Armen« ist eine Dämonin, die Kita, Kita-démembré, der bösen Hexe der *loa*, in all ihren Unternehmungen zu Diensten ist. Ihr Symboltier ist die Eule; die Personen, in die sie einfährt, beugen den Kopf, lassen die Arme wie Vogelflügel hängen und sehen, wie sich ihre Finger in Krallen verwandeln. Marinette, für Deren[9] die schrecklichste aller *petro*-Gottheiten, schützt in Werwölfe verwandelte Frauen, die sie um Hilfe angehen. Sie streift in verlassenen Waldgegenden umher.

[9] M. Deren, *Divine Horseman. Living Gods of Haiti.* London und New York 1953.

Ihr Kult ist nicht in ganz Haiti verbreitet, sondern vorwiegend im Süden – das gilt zumindest für die Zeit, zu der Métraux seine Forschungen anstellte. Durch den Mund der Besessenen gesteht die Göttin all ihre Verbrechen und zählt die Personen auf, die sie »gefressen« hat. Marinette ist die Frau von Ti-Jean-pied-sec, »Onkel Johannes Trockenfuß«, einem kleinen, rotgekleideten Mann; er bewegt sich auf nur einem Fuß springend voran, und wenn er Nahrung braucht, klettert er auf die Spitzen der Palmen und wirft sich auf Vorübergehende, um sie zu töten.

Zu den *loa petro* gehören im allgemeinen auch die Götter kreolischen Ursprungs. Der große *loa* der Region Jacmel, Taureau-trois-graines, »Drei-Hoden-Stier«, ist von schrecklichem Aussehen; die Personen, in die er einfährt, werden vom Zerstörungswahn ergriffen und richten Verheerungen an, wenn man sie nicht mit Gaben von Fett beruhigt, das sie auf der Stelle kauen. Selbst die Marassa, »Zwillinge«, im Prinzip wohltätige *loa*, sind, da sie in Beziehung zu Regen und Sturm stehen, voller Jähzorn, Gewalttätigkeit und Rachsucht. Sie werden mit den Heiligen Kosmas und Damian gleichgesetzt und gelten als die Söhne des hl. Nikolaus und der hl. Klara. Der Volksglaube sieht in ihnen vor allem zauberische und gefährliche Mächte.

Im Wodu ist die Besessenheit das zentrale Element der religiösen Erfahrung; sie ist hier nicht, wie in anderen Religionen, eine gelegentliche Randerscheinung. Die gesamte Mythologie, die gesamte kultische Struktur, die große Zahl komplexer Rituale, sind letztlich alle auf das Ziel gerichtet, den Zustand der Besessenheit zu lenken. Nach dem Wodu-Glauben auf Haiti birgt jeder Mensch zwei Seelen in sich: die eine ist der Gros-bon-ange, der große gute Engel, Schutzengel und Schirm des Menschen und der leuchtende Rand, der den Schutzschirm umgibt. Die andere Seele ist der Ti-bon-ange, der »kleine gute Engel«. Im Akt der göttlichen oder dämonischen Besessenheit fährt ein guter oder böser *loa* in den Gläubigen ein, entfernt den Gros-bon-ange aus seinem Kopf und setzt sich für die ganze Zeit des Anfalls und der Trance an seine Stelle. Die Vertreibung des Gros-bon-ange kann man in etwa so erklären, als würde eine atavistische, vergöttlichte, positive oder negative Seele zeitweise den Platz der sonst im Gläubigen anwesenden Seele einnehmen.

Der Gläubige verfällt in konvulsivisches Zucken, wird von Zittern, Schwindel und dem Gefühl vollkommener Leere ergriffen;

dies sind die hervorstechendsten Anzeichen für seine »Reise« und seine »Verwandlung«, das heißt nachdem er sich von Intellekt und Emotion befreit hat (vom Gros-bon-ange), wird er zur körperlichen Hülle und zum Träger des eingefahrenen *loa*. Der *loa* »besteigt« oder »reitet« den Besessenen, der zu seinem *chual*, seinem »Pferd« wird. Und unter Bezugnahme auf die Tänze, in denen dieser neue Zustand sich ausdrückt, pflegt man die Redewendung: der Geist »tanzt im Kopf seines Pferdes«. Sobald der Ausbruch beendet ist, was bei Personen, die diese Besessenheitsrituale gewohnheitsmäßig ausüben, sehr schnell vonstatten geht, tritt der Besessene in den Trancezustand ein, in dem der nun gegenwärtige *loa* durch sein »Pferd« spricht, sich ausdrückt und bewegt. Der Besessene, der aus der Trance erwacht, hat keine Erinnerung an das, was er getan, gesagt, gesehen hat; allenfalls erinnert er sich an die anfänglichen Krampfzustände. Typisch für das Verhalten des Besessenen bereits im anfänglichen Krampfzustand ist die Tatsache, daß er sich völlig an die Gestalt des göttlichen oder dämonischen *loa* angleicht, der ihn überkommen hat.

Im Wodu ist es überaus schwierig, eine genaue Grenze zwischen Zauberei und religiöser Handlung zu ziehen, da auch die Rituale innerhalb der offiziellen Religion reich an magischen Elementen sind. Auch die Praktiken Schwarzer Magie sollen hier nicht unerwähnt bleiben, die unerlaubte Anwendung des mythologischen und zeremoniellen Wissens durch die *hungan*-Priester. Wegen ihres Mißbrauchs der heiligen Mittel, über die sie verfügen, werden sie *boko*, »Hexer«, oder *hungan* genannt, »die mit beiden Händen dienen«, *sert des deux mains*, oder auch als »Männer mit zwei Gesichtern«, *nègre mazimaza*. Die Zauberei als ein Verlangen nach Macht, das in allerlei hexerischen Praktiken zum Ausdruck kommt, wird mythologisch auf die Welt der *petro* projiziert, die, wie bereits erwähnt, im Gegensatz zur Welt der *rada* steht. Der oberste Herr über Zauberer und Hexer ist Legba-petro, der gewalttätige, chtonische, unheilvolle Gegenspieler des Legba-rado. Er wird auch Maître-Carrefour, »Herr der Kreuzwege« genannt. Zu den Praktiken der Schwarzen Magie gehört beispielsweise die Entsendung der Toten (*envoi des morts, expéditions*): Mittels dieser Technik wird ein Lebender einem oder mehreren Verstorbenen zur Beute überlassen, und zwar mit Hilfe eines Zaubers, der bei der betroffenen Person Abmagerung, Blutungen, Blutspucken und schließlich den Tod bewirkt. Mit einer an den hl. Espedito (der Name bezieht sich auf die Formel *expédiez* der Aufforderung an den Heiligen, jemandem die Toten entgegenzu»schicken«) gerichteten Beschwörungsformel, die vor seinem auf den Kopf gestellten Bild auszusprechen ist, werden die Toten »entsandt«. Bei einer der geläufigsten Formen dieser Praktik muß der *boko* oder Hexer sich zuvor der Gunst des Baron-Samedi, des Herrschers über die Toten, versichern. Er hat dann einen Besessenheitsausbruch, in dessen Verlauf Baron-Samedi der Person, die die Hexerei bestellt hat, befiehlt, bestimmte rituelle Handlungen zu vollziehen (sich um Mitternacht auf den Friedhof zu begeben, dem Kreuz, das Baron-Samedi darstellt, eine Opfergabe von Bananen und Kartoffeln darzubringen etc.). Die Krankheiten, die durch die *expéditions* ausgelöst werden, sind äußerst schwer zu heilen.

Ein anderer Aspekt der Hexerei ist die Verwandlung der Seele eines Verstorbenen in einen *zombie*, ein lebendes Gespenst. Nach dem Volksglauben verfügen einige *hungan*, die Hexerei betreiben, über die Fähigkeit, dem Toten ein Schattendasein zu verleihen. Sie verwandeln ihn in einen Untoten, der, was Geisteszustand und Empfindungsvermögen angeht, einem Idioten gleicht. Der *zombie*, der handelt, ohne sich seines Zustandes bewußt zu sein, ist seinem Herrn, der ihn jede beliebige unheilvolle Handlung ausführen lassen kann, blind hörig. Besteht die begründete Angst, daß ein Toter in einen *zombie* verwandelt werden könnte, töten die Familienangehörigen den Leichnam ein zweites Mal: in der Regel durch Einspritzen von Gift oder durch Erdrosseln, oder sie treiben ihm einen Nagel in die Schläfen.

Wanga schließlich ist die Bezeichnung für alle Objekte (einschließlich solcher, die zum Katholizismus gehören; zum Beispiel die geweihte Hostie), die für Schwarze Magie verwendet werden. Viele *wanga* werden von den Hexern speziell behandelt und präpariert – in erster Linie, um Krankheiten hervorzurufen.[10]

Bei den Swahili auf der Insel Mafia vor der Küste Tansanias zeigt sich ein ähnliches Phänomen wie im *zâr*-Kult in Äthiopien; die Besessenheit wird zu einer Art sozialer Bestätigung und Rache für eine gesellschaftliche Randgruppe. Die Pokomo sind in dieser

[10] M. Deren, *Divine Horseman. Living Gods of Haiti*. London und New York 1953; M. Bach, *Vaudou, religion, sorcellerie, magie*. Paris 1955; M. Marcelin, *Mythologie vodou*. Port-au-Prince 1949–1950, 2 Bd.; A. Métraux, *Le Vaudou haitien*. Paris 1958.

arabisch geprägten Gesellschaft die afrikanischen Außenseiter. Sie sind aus dem politischen und kultischen Leben ausgeschlossen und finden ihren religiösen Ausgleich in einem hoch entwickelten spiritistischen Kult, den sie dazu benutzen, um einen beträchtlichen Einfluß auf den Rest der Gruppe auszuüben. Die Besessenheit kommt durch das Eingreifen von Erd- und Waldgeistern zustande, die ausdrücklich als »Teufel« (*shaitane*) bezeichnet werden. Sie bewirken Krankheiten, die sich entweder direkt oder durch Zauber der Hexer des Körpers bemächtigen. Die Krankheiten können von Schamanen geheilt werden, die Macht über die Geister haben.

Ebenfalls bei den Pokomo ist ein weiblicher Besessenheitskult zu beobachten, der dem äthiopischen sehr ähnlich ist. Die Frauen höheren Standes werden von gewissen Anfällen heimgesucht: Geister, die von jenseits des Meeres kommen, dringen in sie ein und lassen ihre Opfer arabisch sprechen. J.M. Lewis stellt fest: »Die Wirkung des von ihnen verursachten Ausbruchs ist der, die wir in anderen Fällen angetroffen haben, genau gleich. In schwierigen familiären Situationen erliegen die Frauen diesen Geistern, die ein ganz besonderes Interesse an gewissen weiblichen Zuständen wie Frigidität, Sterilität und Schwangerschaft zeigen. Die Kur erlegt dem Ehemann und seinen Verwandten kostspielige Zahlungen auf, und sie endet für gewöhnlich mit der Initiation in eine Gruppe des Besessenheitskultes. Die Zeremonie findet regelmäßig am Freitag statt, und sie ist zweifellos eine Parodie auf die religiösen islamischen Riten, die von den Männern beherrscht werden und von denen die Frauen ausgeschlossen sind.«[11]

Diese Beispiele zeigen den ambivalenten Charakter der dämonischen Besessenheit, die sich mit der Besessenheit durch positive Geister vermischt. In manchen Fällen sind die besitzergreifenden Dämonen positive Gottheiten besiegter Volksstämme oder unterdrückter Randgruppen: typisch sind in diesem Zusammenhang die Ablehnung und Dämonisierung der Gottheiten des Altertums durch das Christentum. Aber die widersprüchliche, ambivalente Beurteilung dieses Phänomens rührt wohl auch daher, daß der Besessenheit jeglicher Art, sei sie nun göttlich oder teuflisch, stets erschreckende und aufwühlende Züge anhaften.

[11] J.M. Lewis, *Le religioni estatiche*, ital. Übers. Rom 1972, S. 89; A.P. Caplan, *Non-Unilineal Kinship on Mafia Island, Tanzania*. Ms. London 1968.

Die Besessenheit in der abendländischen Tradition

Das Phänomen der Besessenheit steht – nach christlich-katholischer Auffassung – im Mittelpunkt der Teufelsbunderfahrungen, wie auch im Mittelpunkt der Beziehungen, die der Teufel zu Menschen und Tieren unterhält. Rein wissenschaftlich betrachtet ist die Besessenheit eine wahnhafte, schizoide Krankheit: der Leidende hat das Gefühl, »beherrscht zu sein«, »geführt zu sein«. Die fremde, ihn dominierende Gewalt bewirkt eine leib-seelische Störung seiner Beziehung zur Realität und hält den Geist des Kranken besetzt wie eine fixe Idee. Im besonderen Fall der christlichen Dämonologie ist es der Teufel in seinen vielfältigen Erscheinungsformen, der sich des Menschen bemächtigt. Um nun diese Besessenheit, die ganz unmittelbar in der mythologischen Tradition des Christentums wurzelt, zu begreifen und zu erklären, muß man etwas weiter ausholen.

Die Besessenheit ist ohne Zweifel ein ganz besonderer persönlicher oder kollektiver Zustand: Geist oder Körper werden von fremden Realitäten besetzt, die als unpersönliche oder persönliche Mächte auftreten (Götter, Dämonen, Geister, Wiedergänger, Naturgeister, Tiergeister etc.). Typisch für dieses Phänomen ist die Tatsache, daß das Trugbild, auf das sich die Besessenheit bezieht, immer durch die jeweilige Kultur bestimmt ist, daß es also mit dem kulturellen und mythologischen Umfeld verbunden ist, dem die betroffene Person oder die Gruppe angehören. Eine Erscheinung, die phänomenologisch wie funktional bei vielen Völkern und in vielen religiösen Traditionen auf ganz ähnliche Weise zum Ausdruck kommt, äußert sich jeweils in kulturspezifischen Elementen: so mußte im Zentrum der christlichen Besessenheit notwendigerweise der Teufel stehen.

Besessenheit und Ekstase, die häufig parallel auftreten oder miteinander verschmelzen, müssen genau voneinander unterschieden werden. Die Ekstase ist in ihrer reinsten Form ein »Austritt« der Seele, des Geistes, der Lebensgeister und kann zu ganz unterschiedlichen Erfahrungen führen: einer »Reise der Seele« zum Himmel und zu den Göttern oder in die Unterwelt und zu den Höllengestalten oder einer einfachen Seelenwanderung, während es im Schamanismus und in der Mystik zu einer Vereinigung mit der persönlichen Gottheit kommt. Der Körper des Ekstatikers, um hier einen Ausdruck zu gebrauchen, der den Zustand der Ekstase genau beschreibt, wird »entleert« und seines Lebensgeistes beraubt, fast so, als wäre er vorübergehend tot. Das zeigt sich auch an den physiologischen Symptomen des Ekstatikers: während seine Seele »reist« oder sich mit dem Göttlichen vereint, bleibt er unbeweglich, verfällt in eine Starre, die an Katalepsie erinnert.

Bei der Besessenheit wird der Körper hingegen von einer anderen Realität, einer konkreten Macht besetzt, die heftige körperliche Reaktionen, Unruhe und Erregung hervorrufen kann, bis der Besessene schließlich in einen Zustand der Bewegungslosigkeit verfällt, der jedoch nicht wie im Fall der Ekstase Abwesenheit, Katalepsie, Scheintod ist. Im Zustand der Bewegungslosigkeit handelt, spricht, offenbart, bewegt sich die fremde Gegenwart und bestimmt den Körperausdruck des besessenen Individuums. Im Grunde genommen ist die Ekstase ein »Aufstieg der Seele«, die sich auf einen Punkt außerhalb ihrer selbst hinbewegt, während die Besessenheit ein positiver oder negativer »Abstieg der Macht« in die Seele ist. Die Tatsache, daß viele Wissenschaftler Ekstase und Besessenheit nicht klar voneinander scheiden, ist auf den Umstand zurückzuführen, daß diese beiden Phänomene auf einer Ebene außerhalb der normalen Erfahrung anzutreffen und in der Regel nur relativ vage dokumentiert sind, unter Verwendung einer häufig nur annähernden Terminologie. Zum anderen entwickeln sich diese beiden Phänomene häufig parallel in der gleichen religiösen Person oder im gleichen kulturellen Umfeld, und sie können sich auch stark überschneiden. Zum Beispiel scheint manchmal der Besessenheit, das heißt der Inbesitznahme der Seele durch eine fremde Macht, eine Form von Ekstase vorauszugehen, eine »Entleerung« der physischen Individualität, um den Raum zu schaffen, der von der fremden Macht eingenommen werden soll. Wenn in bezug auf archaische und primitive Kulturen von der »Flucht der Seele« oder von »Entführung der Seele« die Rede ist, auf die ein Zustand der Entkräftung, Krankheit oder gar der Tod folgt, kann man häufig davon ausgehen, daß bei dieser Person unvermutet ein ekstaseähnlicher Zustand der »Abwesenheit« eingetreten ist, der den Eintritt des Dämons oder der die Krankheit auslösenden Substanz ermöglicht hat. Auch bei typisch ekstatischen Erscheinungen wie man sie vom Schamanismus kennt, die auf einen bestimmten Mythos des »Austritts der Seele« und der Reise der Seele durch

Faust im magischen Kreis beschwört den Teufel. (C. Marlowe, Faustus, *London 1631.)*

die verschiedenen kosmischen Ebenen beruhen, kann es geschehen, und es geschieht wirklich sehr oft, daß der Schamane sich in der Ekstase verhält wie ein Besessener. Gemäß den mythisch-rituellen Formen des reinen Schamanismus' transferiert der Schamane – mit Hilfe einer Technik, die es ihm erlaubt, die Ekstase bewußt zu kontrollieren – seine Seele in eine andere Welt außerhalb seiner selbst, und wenn er von seiner Reise zurückkehrt und wieder in sich selbst eintritt, berichtet er über seine Erfahrungen. Es kann aber auch geschehen, daß er im Verlauf der schamanischen Ekstase plötzlich spricht, sich bewegt, Offenbarungen macht und folglich in einer Weise agiert, die ganz dem Muster der Besessenheit entspricht und die von der Anwesenheit einer anderen Macht in seinem Körper kündet.

Diese allgemeinen Merkmale der Besessenheit treffen genau auf das Phänomen zu, wie es sich in der katholischen Tradition darstellt. Tatsächlich ist die so häufig anzutreffende dämonische Besessenheit im Sinne der religiösen Typologie als eine Besetzung des Körpers und der Seele des Opfers anzusehen. Ein ekstatisch-dämonisches Element kommt hingegen mit dem Hexenflug hinzu, in dem der Dämon den Hexer in die Luft erhebt, um ihn zum Sabbat zu bringen – eine Metapher für den Zustand der Entleerung vom Ich. Im übrigen werden in der katholischen Theologie auch falsche Ekstasen oder dämonische Ekstasen erwähnt, in denen, im direkten Gegensatz zur Verzückung der Heiligen, das Diabolische zum Ausdruck kommt.

Es lassen sich zwei grundsätzliche Formen von Besessenheit unterscheiden, die beide im Katholizismus anzutreffen sind. Die individuelle oder kollektive Besessenheit durch negative Kräfte, die Unheil, Krankheit oder Tod bewirken, wird als negative Besessenheit bezeichnet. In der Schwarzen Magie und in der Hexerei kommt es vor, daß die Formen negativer Besessenheit regelrecht rituell und kultisch benutzt werden. Die Hexe oder der Hexer sind gelegentlich von einer dämonischen oder diabolischen Macht besessen, aber sie können die Besessenheit auch willentlich herbeiführen, das heißt den Eintritt dieses oder jenen Teufels in den eigenen Körper oder in den Körper anderer bewußt heraufbeschwören. Im übrigen steht die negative Besessenheit in der Regel im Zusammenhang mit dualistischen und dämonologischen Vorstellungen, die von einer ständigen aggressiven Gegenwart böser Geister ausgehen, die insbesondere für Krankheiten verantwortlich gemacht werden.

Positiv dagegen steht die kultische Besessenheit, die »Verzükkung«, die über einen ekstatischen Kontakt mit der Gottheit zustande kommt oder den Abstieg der Gottheit in den Körper des Entrückten bezeichnet. Hierzu zählt die bekannte Besessenheitsekstase in der klassischen Tradition: zum Beispiel im Dionysos-Kult, bei den Sibyllen oder in den Mysterien des Sabazios. Die christliche Ablehnung der Antike hat sie lediglich ihrer positiven Bedeutung entkleidet und mit teuflischer Besessenheit identifiziert. In der christlichen Tradition steht dafür seit den ersten Jahrhunderten der Kirchengeschichte, daß der Gläubige vom Heiligen Geist überkommen wird. Ein bekanntes Beispiel dafür ist das Pfingstwunder.

Der katholische Exorzismus als sakrale antidämonische Therapie

Aus der sehr eingehenden Untersuchung von A. Franz zum Thema Exorzismus[1] geht hervor, daß diese Praxis erstmals in der Zeit der Kirchenväter, aber mit eindeutiger Berufung auf das Evangelium (Jesus als Teufelsaustreiber), angewendet wird. Zu Beginn des 3. Jahrhunderts wird sie in die Taufliturgie aufgenommen, zuerst nur bei der Taufe der erwachsenen Katechumenen, später wird sie auch auf Kinder angewandt. Die christliche Tradition hat damit eine theologische Lehre und ein Ritual erschaffen, wonach der Teufel dem Menschen als Erbe jener allerersten Versuchung wesenseigen ist.

Zur gleichen Zeit wurden, stets unter Berufung auf das Evangelium, Besessene vom Dämon geheilt. Dies geschah mit Hilfe einer charismatischen Kraft, wie sie, folgt man den zahlreichen Hinweisen bei den Kirchenvätern, viele Christen in der frühen Kirche besaßen.[2] Mehr noch: nur den Christen gelingt es, im Namen Christi Gewalt über die Dämonen zu gewinnen und die Menschen von ihnen zu befreien: »(Die Dämonen), gebannt im Namen des einzigen wahren Gottes, werden gegen ihren Willen in ihren armseligen Körpern vom Schrecken überkommen und entfernen sich sofort oder verflüchtigen sich allmählich, wenn dem Patienten sein Glaube zu Hilfe kommt oder qua Inspiration die Gnade dessen, der die Heilung vornimmt.«[3]

Solche Handlungen richteten sich nicht nur gegen die Dämonen im engeren Sinne, wie sie das Evangelium bezeugt, sondern auch gegen die Gottheiten der Heiden, die als besondere Erscheinungsformen der Dämonen betrachtet wurden. Doch fehlen für die Zeit der Kirchenväter offizielle Exorzismusformeln, und man darf davon ausgehen, daß der Exorzist die Freiheit hatte, sie selbst zu verfassen und anzuwenden. In jedem Fall war – davon legen die Kirchenväter Zeugnis ab – die Anrufung des Namens Christi das exorzistische Mittel schlechthin. Später kommen weitere Namen

[1] A. Franz, *Die kirchlichen Benediktionen im Mittelalter*. Graz 1960, Neuauflage, Bd. II, S. 514 ff.

[2] Irenäus, *Adversus haereses II*, 63, 4, *PG VII*, 829; Justinus, *Gespräch mit Trypho*, 30 und 76, *PG VI*, 539 und 654.

[3] Minucio Felice, *Octav.* 27, *PL II*, 40.

hinzu, darunter die Patriarchen des Alten Testaments (Abraham, Isaak, Jakob; und vor allem die Formulierung »Gott Abrahams«), die hebräischen Sabaoth und Adonai sowie die Engel Michael, Gabriel und Raffael. Die Anwendung der Formel wird nun auch durch die Gebärdensprache ergänzt, der Exorzist verstärkt seine Handlung durch das Kreuzzeichen und durch Einblasen seines Atems (Insufflation). Lattanzius sagt ausdrücklich: »Und wie schrecklich dieses Zeichen (des Kreuzes) auf die Dämonen wirkt, das wissen sehr gut die, die sie stets aus den besessenen Körpern entweichen sahen, wenn sie im Namen Christi gebannt wurden.«[4] Was den *afflatus* oder die Insufflation als exorzistisches Heilmittel angeht, so finden sich dazu Hinweise auf Tertullian[5] und Dionysius von Alexandrien bei Eusebios.[6] Daß Fasten und Buße Zustände sind, die helfen können, sich von den Dämonen zu befreien, wird ebenfalls unter Berufung auf das Neue Testament begründet: »Aber diese Art fährt nur aus durch Beten und Fasten» (Matth. 17,20) bzw. »Diese Art kann durch nichts ausfahren als durch Beten und Fasten« (Markus 9,28).

Im Mittelalter gewann der Exorzismus herausragende Bedeutung, sowohl was die Zunahme von krankhaften Zuständen anging, die der Besessenheit durch den Teufel zugeschrieben wurden, als auch wegen der häufig vorkommenden Phänomene kollektiver Hysterie und eingebildeter Besessenheit. Die lateinische Hagiographie des Abendlandes enthält zahllose Beispiele von Exorzismen, die von Heiligen, Mönchen oder frommen Frauen ausgeführt wurden, und in diesen Beispielen sind uns die ersten bedeutsamen, noch nicht offiziellen Formeln erhalten. Für das 5. bis 12. Jahrhundert zitiert Franz eine beträchtliche Anzahl von exorzistischen Musterformulierungen, die sich, je nach Sachlage, in Ausübung seelsorgerischer Tätigkeit, aus asketischer Praxis oder aus dem aktiven Vorgehen von Kirchenmännern gegen Dämonen ergaben. Im 10. Jahrhundert finden sich die ersten wesentlichen Anzeichen für die Entstehung einer exorzistischen Liturgie zur Heilung von Kranken und Besessenen. Im *Codex Vindobonensis Palatinus 1888* der Hofbibliothek in Wien heißt es: »Wenn eine vom Teufel gepeinigte Person erscheint, spreche der Priester ihr drei

[4] *Div. ist.*, IV. 27, *PL XIX*, 384–386.
[5] *Apologeticum*, 23.
[6] *Hist. eccl.*, *»Kirchengeschichte«*, VIII, 10,4.

Ein berühmter Exorzist des 16. Jahrhunderts war der hl. Filippo Neri, der hier den Dämon zertritt. Volkstümlicher Druck.

Kollekten (kurze Gebete zum Austreiben des Dämons). Er gebiete ihr, die Kirche zu verlassen und an einem geheimen Ort die Kleider abzulegen. Er singe die Litanei. Er segne das Salz und das Wasser. Er bekleide sie mit neuen, mit Weihwasser besprühten Gewändern und führe sie sodann vor den Altar, wo sie bis zur neunten Stunde nüchtern verweilen muß. Der Priester singe für den Besessenen die Messe; und dieser unterwerfe sich sieben Tage lang der Buße und verbleibe bei dem Priester bis zum fünfzehnten Tag und esse nur Brot und Salz, und wenn der Priester es erlaubt, auch Fisch und Gemüse mit gesegnetem Salz und Wasser ... Und bis zum fünfzehnten Tag enthalte er sich des Verkehrs mit der Ehefrau und, wenn es sich um eine Frau handelt, enthalte sie sich des Verkehrs mit dem Ehemann. Er esse ein ganzes Jahr lang kein am Sonntag gebackenes Brot, kein Fleisch eines am Sonntag geschlachteten Tieres und trinke kein warmes, am Sonntag gebrautes Bier. Und er esse und trinke nichts Warmes, solange er lebt.«

Für das 7. bis 8. Jahrhundert finden sich lange Exorzismusregeln, eingefügt in kirchliche Liturgien, in den *Missale Gallicanum Vetus*[7]; für das 9. Jahrhundert im *Codex 15* in der Bibliothek des Domkapitels in Köln[8] und im *Codex Monacensis Latinus 17027*[9]. Ein vollständiger *Ordo celebrandus super eum, qui a spiritu immundo vexatur* (Vorschrift, wie mit jenem zu verfahren sei, der von einem bösen Geist besessen ist) aus der Mitte des 11. Jahrhunderts ist im *Liber Ordinum* von Silos[10] enthalten.

Die exorzistischen Regeln wurden einem mehr oder weniger festen Kanon folgend entwickelt. Sie enthielten eine Anrufung der wirksamen Namen, eine Aufforderung an den Dämon, aus dem Opfer auszufahren, eine minutiöse Angabe der verschiedenen Körperteile, von denen man annahm, daß sie befallen seien, und manchmal auch den Verweis auf bestimmte Passagen in den Evangelien, in denen von Exorzismus die Rede ist, die von Jesus oder von den Heiligen vollbracht wurden. Dies gilt zum Beispiel für eine mittelalterliche Exorzismusformel, die in den *Orationes contra demoniacum*[11] enthalten ist. Der Text ist außergewöhnlich holperig, da zur Zeit seiner Niederschrift aufgrund einer älteren mündli-

[7] In L. A. Muratori, *Liturgia Romana Vetus*. Venedig 1748, Bd. II. S. 709.
[8] A. Franz, *Die kirchlichen Benediktionen im Mittelalter*, Bd. II, S. 587.
[9] Ebd., S. 99.
[10] Ebd., S. 609.
[11] Cod. Bibl. Caes. Vindob. Theol. 605, 10. Jh., *PL CXXXVIII*, 1149.

chen Überlieferung, ein verballhorntes Vulgärlatein in Gebrauch war. Im Namen Jesu und der Dreifaltigkeit fordert der Priesterexorzist den Teufel auf, die Seele und den Körper des Besessenen zu verlassen. In der Besorgnis, wirklich alle Glieder, Organe und jedes Teil miteinzubeziehen, richtet sich diese Aufforderung an den Kopf, die Haare, die Augen, die Schläfen, die Kehle, den Atem, das Zahnfleisch, die Knie und so weiter bis hin zum Samen, zu den Leisten, der Blase, dem After, dem Urin, dem Schweiß, den Exkrementen. Die Formel nimmt auch Bezug auf das Evangelium: »Seine Tugend vertreibt dich und zwingt dich mit deinem ganzen Schwarm auszufahren. Er ist der, der die sieben Dämonen der Maria Magdalena in die Flucht schlug. Er zerstörte die Reiche des Todes und entzog seine Auserwählten deiner Macht. Er selbst ist der Herr der Tugend. Er ist der Herr der Herrlichkeit, der vor Luzifer dem Mund des Vaters entsprang«. Zahlreiche Texte dieser Art dokumentieren die Technik der Teufelsaustreibung nach christlichem Muster.

Der Teufel wird, zumindest im Mittelalter, als eine reale Person gesehen, der es mit List gelingt, die einzelnen Bereiche des menschlichen Körpers in Besitz zu nehmen, indem er sie an ihrer natürlichen Funktion hindert. Vom späten Mittelalter bis in unsere heutige Zeit stellt die Besessenheit durch den Teufel innerhalb des Christentums ein Thema dar, in dem der Konflikt mit der Wirklichkeit zum Ausdruck kommt. Er äußert sich in Schuldgefühlen und Angst vor der Sünde und der Versuchung in einer Welt, in der die Grundwerte ihre eigentliche Bedeutung im Sinne des Evangeliums verloren haben. In einer Kultur voller Widersprüche, die sich einerseits in der hedonistischen Jagd nach modischen Genüssen erschöpft, andererseits durch Gewalt und Krieg zersetzt, bietet dieses volkstümliche religiöse Bilderdenken rettende, greifbare Gestalten. Man sucht die Rettung und die Versöhnung in Gott nicht mehr über die Liebe, sondern erklärt alles mit der bedrohlichen Gegenwart einer teuflischen Macht, die sich der Welt und des menschlichen Körpers in den fantastischsten Erscheinungsformen bemächtigt.

Streng religionsgeschichtlich betrachtet ist der Exorzismus ein schützender oder abwehrender Ritus weitgehend magischer Natur, der bewirkt, daß Personen und Dinge von negativen Erscheinungen befreit werden, die sie hindern, ihr Leben in seiner ganzen Fülle zu leben. Das Christentum übernahm den Begriff des »Exorzismus«

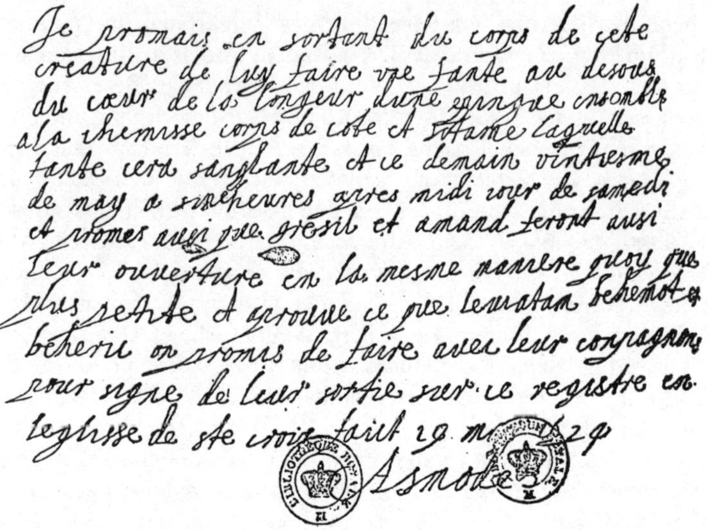
Je promais en sortant du corps de cete
creature de luy faire une fante au desous
du cœur de la longeur dune espingue ensemble
a la chemisse corps de cote et sotane laquelle
fante sera sanglante et ce demain vintiesme
de may a cinqheures apres midi iour de samedi
et promes aussi que gresil et amand feront ausi
leur ouverture en la mesme maniere quoy que
plus petite et approuve ce que leviatan behemot et
beherit ont promis de faire avec leur compagnons
pour signe de leur sortie sur ce registre en
leglise de ste croix faict 19 may 1629
Asmodee

Ein vom Erzteufel Asmodi unterzeichneter Pakt aus dem Jahr 1729. (Manuskript in der Nationalbibliothek Paris.)

aus der spätklassischen Tradition. Er leitet sich vom griechischen *exorkizo* »schwören lassen«, »bannen« ab, was etymologisch dem lateinischen *adiuratio* entspricht. Im Unterschied zur Segnung, die bei der Person oder der Sache, auf die sie sich bezieht, keinen negativen Zustand voraussetzt, und im Unterschied zur Verwünschung, die zum Ziel hat, bei einem Menschen oder einer Sache einen negativen Zustand zu bewirken, geht der Exorzismus immer vom Bösen und von existentiellen Einschränkungen aus, die als real und akut empfunden werden. Er richtet sich also auf tatsächlich vorhandene Zustände, ob beim Menschen (Krankheiten, Impotenz, Unfruchtbarkeit, Unglück, Todesgefahr, Verlust von Vermögen oder Glück, das von bestimmten Unternehmungen abhängt) oder beim Tier (Seuchen, Unfruchtbarkeit, Wachstumsstörungen oder unzureichende Vermehrung, mangelnder Ertrag der tierischen Produkte, negatives Verhalten von Tieren mit dämonischen Zügen) oder bei Dingen (Situationen, die den vollen Genuß von Dingen verhindern; Verseuchung der Erde, des Feuers, des Wassers, der Luft; negative Kräfte, die man in Bäumen, Flüssen, im Meer, in Wasserläufen, Lebensmitteln und Getränken für anwesend hält).

Am ausgeprägtesten äußert sich diese negative Sichtweise in bezug auf Mensch und Natur tatsächlich in der exorzistischen Praxis des Mittelalters, wo zahllose Exorzismen und Segenssprüche auf atmosphärische Phänomene gerichtet sind (Regen, Sturm, Unwetter, die von Dämonen verursacht werden), auf Tiere, auf das Brot, den Wein, auf Nahrungsmittel, neu errichtete Gebäude etc. Man geht davon aus, daß in all diesen Dingen *per naturam* die dämonische Kraft wirksam sei. Zum Beispiel wird in einem der gängigsten, auf das Wasser gerichteten Exorzismen »die Kreatur des Wassers« mittels der folgenden Formel befreit: »Ich spreche diesen Exorzismus über dich, Kreatur des Wassers, im Namen des allmächtigen Vaters und im Namen Jesu Christi, seines Sohnes, damit jeglicher unreine Geist und der Teufel, der dich besessen hält, sich entferne und aus dir ausgetrieben werde, auf daß du ein vom Dämon befreites Wasser wirst, angetan, jegliche Krankheit der Tiere fernzuhalten und den Neid der Bösen und jede feindliche Äußerung und auf daß du die Kraft erhältst, den Feind selbst zu zerstören.«[12]

Was die aktuelle Verwendung dieser archaischen Zauberformel in der katholischen Kirche anbetrifft, so ist zu sagen, daß die Verfügungen der kirchlichen Autoritäten zu den Exorzismen im *Rituale Romanum* von 1614 unter der Nummer XII niedergelegt (*De exorcizandis absessis a daemonio*) und wiederaufgenommen wurden in den Kanones 1151–1153 des *Codex des kanonischen Rechts* von 1917.

Der Erörterung dieser Rituale sei noch ein Letztes hinzugefügt. Im Katholizismus wie in vielen anderen Religionen wird die teuflische Besessenheit ganz konkret auf den Körper an sich bezogen: Es finden sich deshalb in den alten Liturgien Exorzismen, die von direkten Handlungen begleitet wurden, die ebenfalls darauf abzielten, den besessenen Körper zu befreien. 1608 erscheint bei Lazzarus Zetzner in Köln die große Sammlung *Thesaurus Exorcismorum atque Conjurationum Terribilium*, und auf den 1272 Seiten des Werkes sind die *Practica exorcistica* des Klosterbruders Valerio Polydorus aus Padua, die *Dispersio Daemonum* des gleichen Autors, das *Flagellum Daemonum* und der *Fustis Daemonum* des Mönchs Girolamo Menghi, der *Complementum artis exorcisticae*

[12] A. Franz, *Die kirchlichen Benediktionen im Mittelalter*. Graz, 1960, Neuauflage, Bd. I, S. 170.

des Paters Zaccaria Visconti sowie die *Fuga Satanae* des Priesters Pietro Antonio Stampa zusammengefaßt. In einigen dieser Schriften sind die Grenzen zwischen exorzistischer Doktrin der katholischen Kirche, volkstümlichen Zaubertechniken und okkultistisch-medizinischen Praktiken sehr fließend, da die Autoren in dem Bemühen, besonders wirksame therapeutische und antidämonische Maßnahmen zu vermitteln, auf die entferntesten, der kanonischen Tradition des Mittelalters völlig fremden Quellen zurückgegriffen haben.

Polydorus nennt im zweiten Teil der *Practica exorcistica* eine ganze Reihe von Rezepten oder »Anwendungen«, die besondere Heilmittel vorschreiben, die stets durch das Rezitieren von Formeln verstärkt werden. Anwendung III bietet Schutz gegen die Angriffe der Hexer und der Teufel; sie empfiehlt, ein vorbeugend exorzisiertes und mit Weihwasser gesegnetes Zweiglein der Scilla am Körper zu tragen. Weitere Beispiele aus dieser Vielfalt der Rezepte: Anwendung IV rät, man solle, um die Teufel fernzuhalten, am Hals ein Stück Papier mit einer Segensformel tragen. Anwendung XIII schreibt vor, die Raute am Körper zu tragen und daran zu riechen, da diese Pflanze im Volksglauben als wirksames Mittel gegen die Dämonen galt. Anwendung XV bietet ein detailliertes Rezept zur Bereitung einer »schrecklichen Ausräucherung, um den Teufel auszutreiben und den bösen Zauber zu brechen«, und dazu braucht man Galbanum, Schwefel, Teufelsdreck, Fieberwurz und Raute. Der zweite Teil der *Dispersio Daemonum* setzt sich aus fünfzehn Anwendungen zusammen, die ebenfalls jeweils aus einem Rezept, einem Exorzismus und einem Gebet bestehen; sie beziehen sich auf das Öl, mit dem die Speisen des Besessenen zu würzen sind, auf Brot, Lammfleisch, Wein, Wasser für den Besessenen, auf Tränke, um den Zauber zu lösen, ein Brechmittel, um die verzauberten Gegenstände von sich zu geben, drei weitere Brechmittel zum gleichen Zweck, ein Stärkungsmittel für den Magen nach dem Erbrechen. Die längste und bezeichnendste von allen ist die Kur »gegen die Raserei, die durch bösen Zauber und Teufelswerk ausgelöst worden ist«; sie umfaßt fünf Rezepte für Klistiere, die an fünf aufeinanderfolgenden Tagen zuzubereiten sind, ein Rezept für eine Arznei sowie die jeweiligen Segnungen und die Exorzismen für die verwendeten Medikamente.

Der Franziskaner Girolamo Menghi, der im ausgehenden 16. Jahrhundert die beschriebenen Exorzismustechniken erneuerte, indem er die kirchliche Liturgie mit eigenwilligen Elementen anreicherte, fügte noch besondere Praktiken hinzu, auf die der Priester immer zurückgreifen sollte, wenn er gerufen wird, um einen Menschen vom Teufel zu befreien. Gemäß dem ersten Exorzismus des *Flagellum Daemonum*, der als Musterbeispiel für alle weiteren Exorzismen gelten kann, begleitet der Exorzist den Besessenen nach der obligaten Beichte und dreitägigem Fasten vor den Altar, wo er verschiedene Rituale zelebriert: er spricht Gebete, begleitet von Kreuzzeichen; legt die Stola, dreifach geknotet, um den Hals des Besessenen; legt die Hände auf seinen Kopf; rezitiert Litaneien; besprengt ihn mit Weihwasser; führt Exorzismen befragender, beschwörender und bannender Natur durch, nimmt Ausräucherungen vor; hält die Raute unter die Nasenlöcher des Besessenen; stößt Schmähungen gegen den Teufel aus; verbrennt das auf Papier gezeichnete Bild des Dämons; ringt dem Teufel Gehorsamserklärungen ab. Bei der »Beschwörung des Feuers, das auf Papier gemalte Bild des Dämons zu verbrennen«, zeichnet der Exorzist das Bild des Dämons, der den Besessenen peinigt, auf ein Blatt Papier und fügt dessen Namen hinzu. Mit dem *promissum diaboli* erreicht der Exorzist, daß der gebannte Dämon sich durch den Mund des Besessenen verpflichtet, alles, was der Priester ihm auferlegt, zu befolgen und den Exorzierten freizugeben; zur Garantie muß er erklären, daß Luzifer und sämtliche Höllenfürsten, die Furien und die Höllenstrafen über ihn kommen sollen, falls er sein Versprechen nicht einhält.

Wetterzauber und Tiere als Werkzeuge des Teufels

Auf einem mächtigen Ziegenbock reitende Hexe, die gerade im Begriff ist, ein Unwetter heraufzubeschwören. Das Motiv des Wetterzaubers geht auf den paulinischen Glauben an Luftdämonen zurück; dieser Glaube konsolidiert sich zwischen dem 7. und 9. Jh. und veranlaßt den Lyoneser Erzbischof Agobard zu einer Schrift, in der er gegen den Wahn ankämpft, Unwetter und Hagel könnten durch Zauberei bewirkt werden. Stich von Albrecht Dürer.

Der Teufel als Verursacher von Unwettern und als Feind der Bauern

In der langen, gut dokumentierten Tradition, die den Teufel für Katastrophen und Verheerungen in der Landwirtschaft verantwortlich macht, zeigt sich besonders typisch die Dynamik der Verbindung zwischen Teufelsglauben und bestimmten existentiellen Grundsituationen: Dem Teufel werden alle störenden Elemente angelastet, die für das Negative in der jeweiligen Kultur stehen.

Der Glaube, daß der Luftbereich zwischen Himmel und Erde von übelwollenden Dämonen oder bösen Geistern beherrscht wird, ist sehr alt; er dient dazu, die negativen Phänomene im Gegensatz zu den positiven – befruchtender Regen und Sonnenlicht – zu erklären. Im *Brief an die Epheser*[1] nimmt Paulus Anregungen aus Abhandlungen der Spätantike über das Wetter auf und erwähnt ausdrücklich die bösen Geister unter dem Himmel, gegen die der Christ zu kämpfen aufgerufen sei. Dieser Glaube verfestigt sich und wird bei allen Kirchenvätern, von Origenes bis zu Augstinus zu einem geläufigen Topos; er wird vom Mittelalter übernommen, geht auf die Neuzeit über und ist bis heute erhalten geblieben. Nach Origenes[2] sind die Luftdämonen ganz besonders gefährlich, weil sie die Ursache sind für Pestilenz, Hungersnöte und Krankheiten. Zahllose Scharen schweifen umher und treiben ihr Unwesen zum Schaden der Menschen. »Die Atmosphäre zwischen Himmel und Erde ist dicht bevölkert von vielen Geistern, und sie sind weder ruhig noch müßig. So ist es Absicht, daß die göttliche Vorsehung sie den Augen der Menschen verborgen und entzogen hat«, schreibt Cassianus.[3] Über eine lange Reihe von Theologen, die sich diesem Glauben anschließen, gelangt man zur Definition Thomas von Aquins[4], wonach der Herrgott den Teufeln zwei Wohnsitze zugewiesen hat – die Hölle ihnen zur Strafe und die Luft, um die Menschen zu versuchen: *»daemones in hoc aere caliginoso sunt ad nostrum exercitium«* (die Teufel sind in dieser Düsternis, um die Menschen zu prüfen). Auch die kanonische Gesetzgebung ist schon

---

[1] 6, 12.
[2] *Exhortatio ad martyrium, G, PG XI*, 621.
[3] *Collatio*, 8, Kap. 12.
[4] *Summa theologica*, 1, q. 64, a. 4.

sehr früh gezwungen, sich mit diesem Problem auseinanderzusetzen. Die Synode von Braga 563 belegt mit dem Bann, welche glauben, der Teufel könne aus eigener Kraft Donner, Blitz, Unwetter und Dürre bewirken. Es sind dies ausdrückliche Verdammnisse, die in der Gesetzgebung der Zeit der Völkerwanderung, zum Beispiel in der *Lex Visigothorum*[5], wiederkehren.

Über diese uralte Dämonenangst legt sich im 9. Jahrhundert der Glaube an Hexen und Hexer, die im Verein mit dem Teufel das Übel in der Atmosphäre hervorrufen. Der wichtigste Text, der einen weit verbreiteten Aberglauben zum Ausdruck bringt, ist das *Liber contra insulsam opinionem de grandine et tonitruis*, das Agobard, Erzbischof von Lyon, um 840 verfaßte. Agobard schließt aus, daß die Dämonen und die Wetterzauberer aus eigener Kraft zu handeln vermögen. Er berichtet jedoch, es herrsche in seiner Diözese der Glaube, daß die Hexen den Himmel auf einem Schiff durchquerten und daß sie aus einer Gegend namens Magonia kämen. Aus diesem Schiff seien einmal drei Männer und eine Frau gefallen, die der Erzbischof vor dem wütenden Volk rettete, das sie steinigen wollte. Agobard vertritt die Auffassung, daß Gott allein über die Atmosphäre herrsche, und daß, wenn er durch böse Engel seine Plagen schicke oder der Teufel Hagel und Unwetter auslöse, dies »*per praeceptum dei*« (nach der Vorschrift Gottes) geschehe.

Die großen Theologen verfochten dagegen die Auffassung, der Dämon besäße von Natur aus die Fähigkeit, Hagel, Unwetter, Wind, Blitz, Wetterleuchten und Donner künstlich zu erzeugen, und rechtfertigen mit dieser Doktrin die Kriminalisierung der Hexen.

In diesem Mythos offenbart sich nicht selten mittelalterlicher Volksglauben. Schon die Geschichte von Magonia und dem Schiff, das den Himmel durchquert, entstammt ganz offenbar nicht theologischer Spekulation, sondern der Fantasie des Volkes. Ähnlich bedeutsam ist ein Text, in dem Burchard von Worms von einem ländlichen Ritual in Deutschland berichtet, bei dem Hexen Regen machen: ein Zug von Frauen führte eine junge unbekleidete Jungfrau aus der Stadt heraus, um eine Bilsenkrautpflanze zu suchen. Sobald die Pflanze gefunden ist, reißt die Jungfrau sie mit dem kleinen Finger der rechten Hand aus. Die Frauen begleiten die Jungfrau zum Fluß und besprengen sie dort mittels dichtbelaubter

[5] VI, 24.

Zweige mit Wasser. Dieser Ritus habe auf magische Art und Weise, wie ein richtiges *rain-making,* Regenfälle ausgelöst.[6]

Hier wird deutlich, daß das Verhältnis zur Atmosphäre durchaus zwiespältig war, weil man diesen Vorgang zum einen als böse Hexerei, zum anderen als Fruchtbarkeitszauber ansah. Der gleiche Burchard bezog aus einem deutschen Bußbuch (dem sogenannten *Corrector* oder *Medicus*) die Befragungsformel für einen Wetterzauberer: »Hast du jemals daran geglaubt oder dich beteiligt an der Heimtücke, wonach die Zauberer und solche, die sich als Wettermacher ausgeben, unter Anrufung der Dämonen Stürme aufrühren und den Geist von Menschen verändern können? Wenn du daran geglaubt oder daran teilgenommen hast, mußt du ein Jahr lang Buße an den gebotenen Feiertagen tun.«[7]

Besonders interessant hinsichtlich des Volksglaubens der damaligen Zeit ist ein Hinweis im *Malleus Maleficarum* von Jakob Sprenger.[8] Der Dominikaner berichtet, man müsse, um widrige

Nordische Hexen, die ein Unwetter heraufbeschwören, indem sie die Luft »schneiden« und Wasser ausgießen. (Illustration aus De gentibus septentrionalibus *des protestantischen schwedischen Bischofs Olaus Magnus, 1555.)*

[6] *Decretalia*, XIX, 5, bei Bonomo.
[7] J. Hansen, *Quellen*, S. 41.
[8] Ausgabe Venedig 1574, S. 337.

atmosphärische Phänomene abzuwehren, drei Hagelkörner ins Feuer werfen und dabei die Allerheiligste Dreifaltigkeit anrufen; dazu müsse man das Vaterunser hersagen, den Englischen Gruß, den Anfang des Evangeliums des heiligen Johannes und dazu das Kreuzzeichen vorwärts und rückwärts und in sämtliche Himmelsrichtungen schlagen. Die von Sprenger befragten Hexen sagen aus, die von ihnen herbeigezauberten Unwetter könnten durch eine besondere Formel abgewendet werden: Stürme und Hagel sind im Namen der fünf Wunden Jesu Christi, der Nägel, die ihn durchbohrten und der vier Evangelisten zu exorzieren. An einer anderen Stelle seines Werkes[9] berichtet Sprenger von einem volkstümlichen Brauch des Regenzaubers. In einem schwäbischen Dorf läßt sich die Tochter eines Bauern, unterwiesen von ungenannten Meistern, vom Vater zum Fluß begleiten, taucht die Hand ins Wasser, bewegt sie im Namen des Meisters und beschwört so den Regen auf das Feld des Vaters und nicht auf das der anderen.

Gegen die Angst der bäuerlichen Gemeinschaften vor dem Angriff von Dämonen und Hexern, die Unwetter heraufbeschwören, errichtet man eine Barriere aus abwehrenden und schützenden Maßnahmen, die eine Mischung aus offizieller Liturgie und volkstümlicher Zauberei darstellen. Vor allem finden sich darin vielerlei exorzistische Gebete und Formeln, die Dämonen und Unwetter oder ähnliche Phänomene fernhalten, indem sie auf mächtige und wirksame Namen zurückgreifen. Vom Mittelalter an setzte man zum Schutz Kreuze auf die Felder (in einigen Gegenden Mittelitaliens ist dies heute noch Brauch) und sprach dazu eine Formel: »Mögen die lärmende Gewalt des Hagels, die wirbelnden Stürme, das Ungestüm der Orkane und jede feindliche Heimsuchung fernbleiben.«[10] Beispiele für derartige mündliche Dämonenabwehr, die im Grunde genommen einen echten Exorzismus darstellt, finden sich durch das ganze Mittelalter bis in die Neuzeit, und Franz hat anhand von Quellen aus verschiedenen europäischen Ländern ihre enorme Verbreitung nachgewiesen.[11]

Man verwendete auch Weihwasser gegen Unwetter, das man mit der Formel versprühte »... um die unreinen, umherschweifenden

[9] J. Sprenger, *Malleus Maleficarum*, II, q. I, Kap. 13.
[10] *»Benedictio pro crucibus ponendis super agros«* in A. Franz, *Die kirchlichen Benediktionen im Mittelalter*. Graz 1960, Bd. II.,S. 12ff.
[11] Ebd., Bd. II.

Geister zu vertreiben, um jegliche unheilvolle Teufelskraft abzuwehren, um die Gespenster und die teuflischen Bedrohungen zu vernichten«.[12] Man bediente sich ebenso der Beschwörung von Engelsrängen, wie es das Beispiel eines Rituals im Kloster Thierhaupten aus dem 16. Jahrhundert belegt: Der Exorzist wendet sich an »Ely Eloy Ely Messias Yeye Sother ... Saday lux Sammanu etc.«, mit dem Befehl: »Ich beschwöre euch bei den vier Evangelien, beim schrecklichen Tage des letzten Gerichts auf dieser Erde, daß ihr keinen Hagel oder Steine in unsere Gebiete und in unsere Felder schleudert, sondern nur in verlassene und unfruchtbare Gegenden, wo man weder pflügt noch sät noch den Namen Gottes anruft, auf daß ihr am Tage des Gerichts nicht sagen könnt, es habe sich euch niemand widersetzt und niemand habe euch exorziert.«[13] Man schützte sich auch, indem man Hörner, Muscheln, Korallen oder am Palmsonntag geweihte Palmzweige auf den Feldern niederlegte. Es wurden besondere Prozessionen gegen die Dämonen veranstaltet, und die Abwehr wurde vor allem dem Klang der Glocken anvertraut, der – ein kirchlicher Brauch, der sich im 9. Jahrhundert verbreitete – die Unwetterdämonen in die Flucht trieb, wie es auch heute noch vielerorts aus Inschriften hervorgeht, die auf dem Glockenrand angebracht sind (»*tempestates fugo*«).

Obgleich die Kirche gegen viele Volksbräuche anging, verwandelte sie sich den Volksglauben selbst an. So beinhaltet das *Rituale Romanum*, das bis zum II. Vatikanischen Konzil galt, eine »Segnung der Kreuze« (die auf den Feldern aufgestellt wurden), die eine genaue Wiederholung des bereits in der »*Benedictio crucium*«[14] enthaltenen Exorzismus' darstellt. In der Segnung der Felder und Weiden[15] heißt es ausdrücklich: »*Te rogamus ... ut hos campos ... benedicere, conservare et ab omni daemonum infestatione custodire digneris*« (Wir bitten dich, daß Du diese Felder segnest, behütest und vor der Erscheinung des bösen Geistes bewahren mögest). In der Segnung der Glocken[16] ist von der unwetterabwehrenden Kraft der Glocke die Rede: »Es bleibe (mit Hilfe der Glocke) jede Störung durch den bösen Geist fern.« Bei den »rogazioni«, den

[12] Ebd., Bd. II. S. 47.
[13] Ebd., Bd. II. S. 93.
[14] *Rituale Romanum*, Titulus IX, Kap. III, N. 12.
[15] Ebd., Tit. IX, Kap. VI, N. 19.
[16] Ebd., Tit. IX, Kap. IX, N. 12.

beiden Bittgängen, die noch bis vor dreißig Jahren stattfanden, wurde eine Litanei hergesagt, in der man darum bat, *»a fulgure et tempestate«*[17] (vor Blitz und Sturm) geschützt zu werden. Im übrigen sind diese Bräuche im italienischen Volksglauben noch immer sehr lebendig. Sobald ein Unwetter aufzieht oder ein Donnerrollen zu hören ist, bekreuzigt sich der Gläubige und greift damit auf das Kreuz als den Exorzismus schlechthin zurück. Noch immer stellt man Holzkreuze oder Kreuze aus gesegneten Palmzweigen an den Ecken der Felder auf, und sobald sich ein Sturm nähert, zeichnen ein unschuldiges Kind oder eine schwangere Frau auf der Schwelle des Hauses stehend mit einem gesegneten Palmzweig oder mit einer Wachskerze Kreuzzeichen in die Luft.

Doch der Teufel suchte die bäuerliche Gesellschaft noch auf andere Weise heim: er schickte Schädlinge auf die kultivierten Felder, Raupen, Würmer, Vögel, Mäuse, Schnecken; in den Segensformeln werden sie allesamt mit Dämonen gleichgesetzt. So bittet man in einer *Oratio super segetes*, daß die Ernte befreit werde von »Würmern und von bösen Dämonen«.[18] Und zahllos sind in den alten Liturgien die Exkommunikationen, die Strafen und die Exorzismen, die gegen solche Übel angedroht wurden. Es fanden auch Prozesse mit anschließender Verurteilung der eingedrungen Tiere statt.[19] In der Einleitung zu einem Urteil, das 1481 in Macon ausgesprochen wurde, ist von dem Schaden die Rede, den die Schnecken angerichtet haben; es folgt die Aufforderung, die Priester möchten sich an die von den Tieren heimgesuchten Orte begeben und »die Barmherzigkeit unseres Herrn Jesus Christus, die Hilfe des Allerhöchsten, der glorreichen Jungfrau Maria und aller Heiligen anrufen ... und exorzieren ... (sie möchten) einmal, zweimal, dreimal befehlen und mahnen, daß die Schnecken sich jeder das Volk peinigenden Untat enthalten, nicht nagen und verwüsten und mit ihren Sekreten nicht Getreide und Pflanzen, Feldern, Kulturen und Schößlingen Unheil und Schaden bringen. Und wenn sie, von Satan verführt, diesem Befehl nicht gehorchen ... verfluchen und exkommunizieren wir sie«.

[17] Ebd., Tit. X, Kap. IV.

[18] A. Franz, *Die kirchlichen Benediktionen im Mittelalter*. Graz 1960, Bd. II. S. II.

[19] Die Prozesse gegen Tierschädlinge und die Urteile sind reich dokumentiert in A. Franz, *Die kirchlichen Benediktionen* ..., Bd. II, S. 156ff.

Hexen beschwören Regen herauf, indem sie Milch aus dem Griff einer Axt melken. Holzschnitt von Johann Geiler von Kaisersberg, Die Emeis, *1517.*

Prozesse und Exorzismen gegen Tiere setzen natürlich den Glauben voraus, daß Tiere vom Dämon besessen oder vereinnahmt sein können, ein Glaube, der bereits im Text des Evangeliums und in den zahlreichen Legenden dokumentiert ist, die von dämonischen Tieren sprechen. Auf die bäuerliche Welt wirken also auch die gelehrten Dispute ein, die innerhalb der Kirche sehr früh geführt werden und die in der *Summa* des heiligen Thomas' schließlich eine genaue Systematisierung erfahren sollten.[20] Gegen die Tiere, sagt der heilige Thomas, ist mit an Gott gerichteten Gebeten und mit Exorzismen oder Gerichtsanklagen vorzugehen.

Die Kirchendoktrin gegen die Tiere wird ausführlich in dem Traktat *De excommunicatione animalium insectorum*[21] von Chassanée dargelegt, speziell auf die Insekten bezieht sich das Traktat *de praediis*, das im *Ius georgicum* von G. Ch. Leiser[22] enthalten ist. In Italien sind solche Verfahren in großer Zahl dokumentiert und eingehend von G. Pansa untersucht worden.[23] In den Jahren 1646,

[20] Thomas von Aquin, *Summa theologica*, II, q. 90,3.
[21] Lyon 1531.
[22] Leipzig 1745.
[23] G. Pansa, *Miti, leggende e superstizioni dell'Abruzzo*. Sulmona, rist. Bologna 1970, Bd. I, S. 225 ff.

1661 und 1675 wurden Urteilte gegen die Raupen ausgesprochen, die in das Gebiet von Talamona im Veltlin eingefallen waren.[24] 1716 ging man gegen die Heuschrecken vor, die die Maremma heimgesucht hatten.[25] Zu diesem Anlaß sandte Clemens XI. dem Bischof von Pisa ein Breve der Exkommunikation gegen die Heuschrecken, das auf den Feldern verlesen wurde. Ein ähnliches Breve gegen Heuschrecken, die in die Gegend von Mailand eingefallen waren, sandte Pius VI. In den Abruzzen fanden bis ins letzte Jahrhundert Prozesse und Exkommunikationen statt.

[24] M. Monti, *Storia antica di Como*. Mailand 1860.

[25] G. del Papa, *Relazione delle diligenze usate con felice successo nell'anno MDCCXVI, per distruggere le cavallette le quali avevano stranamente in ingombrato una gran parte delle Maremma di Pisa, di Siena, di Volterra …* Florenz 1716; *Relazione delle devozioni ed opere di pietà che si sono fatte nell'anno 1716, per ottenere da Dio la grazia di discacciare le cavallette che infestavano le Maremme di Pisa, di Siena, di Volterra* Florenz 1717.

Die ethnische Dämonisierung

»Die Judensau«, frühes 17. Jh. Nach einem Stich aus dem 15. Jh., der am Aufgang zu einer Brücke in Frankfurt angebracht war, und der sich seinerseits anlehnte an ein äußerst beliebtes mittelalterliches Motiv. (Aus: Joshua Trachtenberg, The Devil and the Jews, *Philadelphia.)*

Die Identifizierung der Juden und der Zigeuner mit dem Teufel

Besonders deutlich werden die Mechanismen der Gewalt und des Machtmißbrauchs, die die Entwicklung der katholischen Dämonologie begleitet haben, wenn man die Dynamik verfolgt, mit der im Laufe der Geschichte ethnische Gruppen, die nicht in die christliche Vorstellungswelt paßten, immer aufs neue negativ besetzt wurden.

Die Ausgrenzung traf bereits die zu Beginn des 13. Jahrhunderts in Europa einfallenden Tartaren. Ihr Aussehen erscheint den zeitgenössischen Chronisten von erschreckender Andersartigkeit. In den *Annales Marbacenses* werden sie beschrieben als *»homines magnae proceritatis et stature horribilis«* (Menschen von hohem Wuchs und schreckenerregender Gestalt), und die *Chronik von Nowgorod* berichtet in bezug auf die Ereignisse des Jahres 1222: »Niemand weiß, woher sie kommen, niemand weiß, welche Sprache sie sprechen. Sie sind eine Strafe Gottes für unsere Sünden«, womit die ethnische Andersartigkeit auf der Stelle zum Anlaß für eine theologische Mystifizierung wird. Gott schickte die Tataren, um das dämonische Böse zu schicken.

Diese Dynamik konsolidiert sich in der gezielten Polemik, mit der die Christen die Juden im Mittelalter verfolgen. Die Juden werden zu Erfüllungsgehilfen des Teufels, zu Repräsentanten des Dämons in der christlichen Gemeinschaft: die Anwesenheit der Juden wird eindeutig als Teufelswerk gesehen. Einen ersten Höhepunkt erreicht die Dämonisierung in der Verbreitung der Legende, wonach ein Bündnis zwischen den Juden und dem Antichrist besteht. In der christlichen Legende findet sich häufig die Aussage, der Antichrist sei der Verbindung einer Jüdin mit dem Teufel entsprungen. Um die Mitte des 10. Jahrhunderts behauptet Adon de Toul, der Antichrist werde sich bei seinem Erscheinen als Messias ausgeben, der gekommen sei, um die Juden zu erretten. Die verschiedenen Überlieferungen, die schließlich bis zur Identifikation mit dem Teufel führten, verschmolzen miteinander im *Contra perfidiam Judaeorum* des Pierre de Blois': »Der Jude, dem Beispiel seines Vaters, des Teufels, folgend, zeigt sich häufig in monströser Gestalt.«[1]

[1] S. W. Baron, *A social and religious History of the Jews*. Philadelphia 1967, Band XI. S. 131 ff.

Zu eben jener Zeit stellen die katholischen Theologen die Behauptung auf, wonach eine enge Verbindung zwischen Teufel und Judentum bestünde. Dieser Mythos geht auf sehr alte Quellen zurück, denn im Evangelium des Johannes wird berichtet, Jesus habe an die Juden, die ihn nicht annehmen wollten, die folgenden Worte gerichtet: »Ihr habt den Teufel zum Vater, und nach eures Vaters Gelüste wollt ihr tun« (Johannes 8,44). Zudem kommt in der Offenbarung des Johannes zweimal der Begriff »Synagoge des Satans« (Offenb. 2,9 und 3,9) vor, der in der ganzen späteren Polemik, auch im Zusammenhang mit dem Hexensabbat, häufig wiederaufgenommen wird.

Die Juden wurden zudem mit den gefallenen Engeln des alten Testaments gleichgesetzt; Hilaire de Poitiers[2] schrieb ausdrücklich, daß die Juden »bevor sie das Gesetz erhielten, vom Teufel besessen waren. Der heilige Johannes Chrysostomus schließlich behauptete, daß »die Seelen der Juden und die Orte, an denen sie sich treffen, von Dämonen bewohnt sind«.[3] Aufgrund ihrer Beziehung zu Satan hatten die Juden angeblich ganz besondere physische Merkmale, vor allem einen starken Körpergeruch, der von Luzifer ausging. Der Geruch verschwand auf wunderbare Weise nach der Bekehrung, da ihn die Besprengung mit Weihwasser in Wohlgeruch verwandelte. Diese besonderen Charakteristika mehrten sich auf eine solche Weise, daß Johann Jakob Schudt schrieb, er habe »unter vielen hundert Angehörigen der jüdischen Rasse nicht eine einzige Person getroffen, die nicht von perverser, abstoßender Physiognomie war, da sie blaß und gelb sind und von dunkler Hautfarbe. Sie haben im allgemeinen große Köpfe und Münder, wulstige Lippen, hervorquellende Augen, Augenbrauen wie Borsten, riesige Ohren, krumme Beine, Hände, die bis zu den Knien herabhängen und große entstellende Warzen, oder ihre Gliedmaßen sind auf eine andere Art und Weise asymmetrisch und unproportioniert«. Aufgrund ihrer physischen Minderwertigkeit haben die Juden direkte Beziehung zu allerlei Tieren, besonders zum Ziegenbock, der mit dem Teufel assoziiert wird. Baron[4] erinnert auch an den im Volk sehr weit verbreiteten Glauben, die Juden verstünden es, von Satan und seinen zahllosen Gefolgsleuten, die nach alter Überlieferung

---

2 *Commentario su Matteo*, 12,22–23, PL, IX, 992ff.
3 *Adversus Judaeos orationes*, I, 3, II, 3, PG XLVIII, 859ff.
4 S. W. Baron, A social and religious History of the Jews, a.a.O.

die Lüfte bewohnen, Gefälligkeiten zu erlangen. Dieser Freundschaft mit dem Teufel verdankten sie ihre finanziellen Erfolge. Eine häufig erzählte Legende berichtet von einem gewissen Theophilus. Dieser begegnete eines Tages einem Juden, der ihn bei seinem Geschäftspartner, dem Teufel, einführte. Er gelangte schnell zu Reichtum und Erfolg, wurde Bischof und herrschte über eine Diözese, bis er sich schließlich bekehrte und in Frieden starb.[5]

Juden, Teufel und Sau werden in der Geschichte des Außenseitertums einander gleichgesetzt. Einem antijüdischen Stereotyp des Mittelalters im deutschen Raum folgend, säugt hier die Sau eine Schar von Juden. (Kupferstichkabinett des Germanischen Nationalmuseums, Nürnberg.)

Auf ähnliche Weise werden die Zigeuner dämonisiert, die wegen ihres Nomadenlebens in der seßhaften Gesellschaft als Störenfriede gelten. Niccolò da Poggibonsi[6] hielt sie für Nachfahren Kains und behauptete, sie hätten den Fluch ihres Vorvaters ererbt. Der Pater schreibt, sie seien zum ruhelosen Wanderleben gezwungen, denn »wenn sie einhalten, wird ihr Körper wurmig und siech«. Auf die Abstammung von Kain weisen mehrere Chronisten hin. Der

[5] Roswitha von Gandersheim, *Lapsus et conversio Theophili vicedomini*, PL, CXXXVII, 1101–1110.

[6] *Il Libro d'oltremare*. Bologna 1881, Band II, S. 23.

Eine Zigeunerin: Stich aus dem 16. Jahrhundert, reproduziert in F. Sassetti, Lettere de vari paesi, Mailand 1970.

Mönch Rufo da Lubecca setzt sie mit den bereits dämonisierten Tataren gleich: *»forma turpissima nigri ut Tartari«*[7] (von schreckenerregender Gestalt und schwarz wie die Bewohner der Unterwelt). Daraus ergibt sich die Christenpflicht, sie zu verfolgen und zu bekämpfen. Im Jahre 1500 beschloß der Reichstag zu Augsburg, es mache sich keines Vergehens schuldig, wer die Zigeuner angreife, denn »nichts Gutes kann von dieser verfluchten Rasse kommen ... es ist nur gerecht, daß die gesamte Welt Gottes sie flieht wie die Pest«.[8] Sancho de Moncada, einer der erbittertsten Verfolger der Zigeuner, schrieb in seinem an Philipp IV. gerichteten Gesuch, die Gitanos aus Spanien auszuweisen: »Sie verdienen die Todesstrafe, denn Kain sagte: ›... und ich ... muß unstet und flüchtig sein auf Erden. So wird mir's gehen, daß mich totschlage, wer mich findet.‹«[9] Die Zigeuner werden zusammen mit den Juden

[7] François de Vaux de Foletier, *Mille ans d'histoire des Tsiganes*. Paris 1971, S. 2.

[8] Ebd., S. 63.

[9] B. Leblon, »Les Gitanes dans la peninsule ibérique« in Etudes Tsiganes 3, 1964, S. 14.

für die Kreuzigung Christi verantwortlich gemacht, da sie trotz der flehenden Bitten der Jungfrau starke, spitze Nägel geschmiedet hätten. Diese Legende, die zum erstenmal um das 15. Jahrhundert in Griechenland auftaucht, geht durch ganz Europa; in Italien ist sie noch heute in den Karfreitagsgesängen lebendig.[10]

Aus diesen Beschuldigungen erwächst eine direkte Identifizierung der Zigeuner mit den Hexern und den Anwendern von Schwarzer Magie. In Frankreich gehören Zigeunerinnen zu den ersten Frauen, die auf den Scheiterhaufen geführt werden, und die erste Frau, die 1499 unter der Anklage der Hexerei erhängt wird, ist eine Zigeunerin.[11] 1618 wurden in den Synodalstatuten von Saint-Malò »alle Hexenmeister, Weissager und Zauberer« verurteilt, wobei besonders jene hervorgehoben wurden, die »behaupten, das Schicksal vorherzusehen, wie die, die man Böhmen nennt«.[12] In dem französischen Städtchen Halem war man überzeugt, das Zigeunerlager sei der von Satan bevorzugte Ort für seine nächtlichen Gelage, und man nannte diese Gegend »Küche der Hexenmeister«.[13]

Die Herabsetzung des Zigeuners hat im Laufe der Geschichte ständig zugenommen. Empfand man ihn zunächst als einen Fremden und Nomaden, der die Sicherheit gefährdete, wurde seine Andersartigkeit mit der Zeit auf eine physiologische Deformation übertragen: In einem zeitgenössischen Kommentar zur Ankunft der Zigeuner am 7. August 1422 in Forli, der im *Chronicon fratis Hieronymi de Forlivio* überliefert ist, heißt es: »Und sie blieben zwei Tage hier, keine sehr gesitteten Menschen, sondern eher rohen, wilden Bestien gleich.«[14] Der letzte Schritt ist der der totalen Dämonisierung, wie sie noch heute praktiziert wird.

[10] Vgl. dazu Henrich Puxon, *Il destino degli zingari*. Mailand 1975, S. 30.
[11] G. Scotti, *Zingaro chi sei?* Neapel 1978, S. 73.
[12] Vaux de Foletier, *Mille anni di storia degli zingari*, S. 120.
[13] A. Colocci, *Gli Zingari*. Turin 1889.
[14] L. Muratori, *Scriptores rer. ital.*, XVIII, S. 661.

Die volkstümlichen Teufelsvorstellungen

Die Höllenqualen der verschiedenen Kategorien von Sündern. (Aus: Le grand Kalendrier des Bergiers, *Troyes, 16. Jh.)*

Der Teufel im Volksglauben

Betrachtet man die Teufelsvorstellungen in der europäischen Volksüberlieferung, so zeigt sich auch hier, daß Mythologie und Dämonenglaube sich im Verlauf der Geschichte stets im intensiven Austausch mit der geistig beherrschenden Gesellschaftsschicht entwickelt haben. Das heißt, es fand und findet eine vielfältig belegbare »Osmose« statt zwischen der Dämonologie, die auf der Beschäftigung weltlicher und kirchlicher Gelehrter mit dem Thema beruht, und dem Teufelsglauben, der aus dem Volk, und das bedeutet auch heute noch vorwiegend aus dem bäuerlichen Milieu hervorgeht. Umgekehrt müssen auf die Entstehung des Teufelsbildes Volkssage und Aberglaube oft aus unbestimmter Zeit und unbekannten lokalen Ursprungs einen bemerkenswert starken Einfluß gehabt haben, denn sie finden sich wohlbewahrt im Schoße der theologischen Ausarbeitungen und Klassifizierungsschemata wieder.

Hinweise darauf finden sich reichlich in den theologischen Texten und Dokumenten, die sich auf Bräuche der Bauern und der unteren Volksschichten beziehen. Geben zum Beispiel die Inquisitionstexte, die stets auf der Ebene des gehobenen Klerus' ausgearbeitet wurden, den Ausdruck »mestlez, mestlez« wieder als die Aufforderung des Teufels an die Hexen und Hexer, sich zu vereinigen und obszöne Tänze aufzuführen, so wird hier ein Element des Volksglaubens, zumindest in Form eines mündlichen Ausspruchs, aufgegriffen. Und tatsächlich empfindet man diesen altfranzösischen Ausdruck innerhalb des gelehrten lateinischen Inquisitionstextes als unerwartet und deplaziert. In anderen Fällen wird noch lebendiges Volksgut auf der Ebene einer gehobenen und oft arroganten Argumentation erwähnt und als abergläubisch abgetan. Das zeigt sich zum Beispiel in vielen Beichtspiegeln und mittelalterlichen und spätmittelalterlichen Predigten, die von eindeutig volkstümlichen Bräuchen berichten und diese als Aberglauben verurteilen.

Stefan von Bourbon (Stephanus de Borbone, Etienne de Bourbon), ein Dominikaner, der zwischen 1190/95 und 1265 lebte, erklärt die magisch-sakrale Therapie der »passata«, des »Durchreichens«, (am Bruch leidende Kinder wurden durch einen aus einem Ast geformten Bogen gereicht) zum teuflischen Ritual, aber er berichtet uns damit von einem Volksbrauch des Mittelalters, der uns andernfalls unbekannt geblieben wäre: »Vor allem Frauen, die schwache und kranke Kinder hatten, brachten sie an diesen Ort; und in einer Ebene, die eine Meile von der Stelle entfernt war, trafen sie eine Alte, die sie unterwies, wie den Dämonen zu opfern sei und wie man sie anriefe. Die Alte begleitete sie an den besagten Ort... sie stellten das nackte Kind in den Spalt zwischen zwei Baumstämmen, und die Mutter, die das Kind hielt, stand auf der einen Seite und warf es neunmal der Alten zu, die auf der anderen Seite stand. Mit Teufelsformeln beschworen sie die Faune... sie sollten das kranke, schwache Kind zu sich nehmen, erklärten es zu ihrem Eigentum und sagten, daß sie das Kind, das sie mit sich forttrügen, groß und fett, lebendig und gesund wieder zurückbringen sollten.«[1]

Quellen dieser Art, die für eine nähere Betrachtung der volkstümlichen Dämonenvorstellungen äußerst interessant sind, finden sich häufig. So trägt zum Verständnis des oben beschriebenen Rituals die zehnte Predigt, *de idolatriae culti*, im *Quadragesimale de christiana religione* des Bernhardin von Siena (1380–1444) Wesentliches bei. Der Heilige droht jenen mit Verdammung, die »um bei Kindern die Heilung bestimmter Leiden zu bewirken, sie durch die hochgebogenen Wurzeln der Eichen hindurchreichen oder durch die Wurzelausläufer (*propagines*) oder durch ein Loch, das erst zuvor hineingemacht wurde«.[2] Ein weiteres Beispiel für solche Volksbräuche, die zum Teufelswerk erklärt wurden, ist einem fragmentarischen Text zu entnehmen, der einem nicht näher bestimmbaren Konzil des 9. Jahrhunderts zugeschrieben wird, dem Liptauischen Konzil von 858. Dieser Text mit dem Titel *Indiculus superstitionum et paganiarum* kündet von Volksbräuchen, die wahrscheinlich aus der Zeit der Völkerwanderung herrühren.[3] Wir verfügen also über eine Fülle von theologischen Quellen, die uns am Rande Zeugnis geben von den Glaubensvorstellungen des einfachen Volkes, einschließlich dem Bild, das es sich vom Teufel machte. Abgesehen von diesen Quellen fehlt es nicht an dämonologischen Zeugnissen, die von Feldforschern in den verschiedenen

[1] Stephanus de Borbone, *Tractatus de diversis materiis praedicabilibus*, hrsg. von A. Lecy de la Marche. Paris 1877, S. 326.

[2] Th. Zachariae, »Abergläubische Meinungen und Gebräuche des Mittelalters in den Predigten Bernardinus' von Siena« in *Zeitschrift des Vereins für Volkskunde*, 22,2 1012, S. 131.

[3] *L'induculus* ist mehrmals veröffentlicht worden, s. hier S. Baluzio, *Capitula Regum Francorum*, Leges, I, 2, S. 222ff.

Regionen Italiens und Europas gesammelt wurden. Es handelt sich dabei um überwiegend zuverlässiges Material, wie Mythen, Märchen, Legenden, Beschwörungen, Formeln und Exorzismen.

Hexe verzaubert einen Mann. Holzschnitt von Ulrich Molitor, De Lamiis et phitonicis mulieribus *(Von den Unholden und Hexen), Reutlingen 1489.*

Noch ein weiterer Aspekt ist in diesem Zusammenhang zu beachten. Zwischen dem Teufelsbild, das das Ergebnis einer langen theologischen Bearbeitung ist, und der vom Volk gelebten Teufelsvorstellung besteht ein grundlegender Unterschied. Die wissenschaftliche Aufbereitung hat vor allem das Ziel, abstrakte Fragen zu stellen und zu beantworten: Fragen zu Natur, Ursprung, Funktion und Grenzen der Macht des Teufels, der auf diese Weise zu einer unbestimmten, vagen Gestalt wird, nicht zuletzt deswegen, weil er fortlaufend als Instrument der Machtausübung benutzt wurde. Der Volksteufel hingegen zeigt sich in einer ganz konkreten Körperlichkeit, da die unteren Gesellschaftsschichten alles Übel, das sie erleiden, auf ihn projizieren: vom Unwetter über Mißernte, Hungersnot und wirtschaftliche Fehlschläge bis zum Tod. Der bäuerliche Teufel ist eine sehr reale Gestalt, die entsprechend materialistisch zu interpretieren ist. Trotz dieser grundlegenden Eigenschaften – Konkretheit und klare Zugehörigkeit zum einfachen Volk – ist diese Gestalt jedoch auch mit einer Vielzahl von theologischen Chiffren besetzt worden (die Höllenstrafen, der Mythos von der Erschaffung der Welt und dem Sündenfall, die Versuchungen Jesu etc.). In einer Geschichte des Volksglaubens ist es äußerst schwierig, zwischen theologischem Überbau und volkstümlichen Elementen klar abzugrenzen. Alles läuft nach einem dynamischen Mechanismus ab, den man als »Aneignung« bezeichnen könnte, das heißt, mythische Elemente und kultische und zeremonielle Handlungen, die ohne jeden Zweifel der Welt der religiösen Verehrung zuzuschreiben sind, werden mit der Zeit »volkstümlich« benutzt. Dieses Phänomen ist beispielsweise nachzuweisen in den volkstümlichen Bezeichnungen für den Teufel, von denen noch die Rede sein wird, aber es ist zweifellos auch im gesamten Umkreis der »umgekehrten Liturgie« vorhanden, wie man sie im Hexenwesen findet, und vor allem in der sogenannten »Schwarzen Messe«, in der die liturgischen Symbole der herrschenden Kirche dem Weltbild der volkstümlichen, bäuerlichen Hexer unterworfen werden.

Andererseits ist in der komplexen Beziehung zwischen »religiösen« und »areligiösen« Entwicklungslinien auch im dämonologischen Bereich eine Dynamik zu beobachten, die zu der bisher beschriebenen genau entgegengesetzt verläuft. In die kirchlichen Bräuche und Lehren können auch volkstümliche Bräuche eingehen: das gilt zum Beispiel für den Wetterdämonismus, der sich in einer langen bäuerlichen Tradition entwickelt hat, die darauf ausgerichtet war, Menschen und Felder gegen die Wettergefahren zu schützen. Diesen Dämonenglauben verwandelt die Kirche in Liturgie und damit in Macht, indem sie die bäuerlichen Formeln und Handlungen durch eine eigens dafür geschaffene offizielle Liturgie zum Schutze vor Unwettern ersetzt. In gleicher Weise wird ein in der alten bäuerlichen, von Ritualen geprägten Gesellschaft häufig vorkommendes Leiden, wie der Bruch, der magisch-sakralen Therapie entzogen und statt dessen einer Reihe von heiligen Schutzpatronen unterstellt, vom hl. Bartholomäus bis zum hl. Calogero.

Das Problem einer Definition des »Teufels der Armen« und seiner Unternehmungen ist also methodologisch und interpretativ mit Vorsicht anzugehen, wozu hier der Versuch einer Klärung gemacht wurde. Letzten Endes verweist diese Frage auf ein ganzes Geflecht von gegenseitiger Beeinflussung und »Wiederaneignung nach vollzogener Umwandlung« im bereits angedeuteten Sinn: das heißt, es wäre hier wirklich vergebens, wollte man den Versuch wagen herauszufinden, was am Bild des Volksteufels nun populär oder volkstümlich ist; es hieße die Frage falsch zu stellen. Das Teufelsbild wird volkstümlich, sobald es sich von der theologischen Dämonologie absetzt, von der einige Motive aufgegriffen, dem Grundbedürfnis nach Verdinglichung entsprechend verändert und von der theologisch theoretisierenden Last befreit wurden.

In der hier angesprochenen dämonologischen Entwicklungslinie nimmt die Art der Wahrnehmung und der Darstellung des Teufels

Der Teufel bemächtigt sich des Sterbenden – ein Motiv, das sich überall in der volkstümlichen Überlieferung wiederfindet. Holzschnitt des 16. Jahrhunderts.

ganz eigene Züge an, die sich stark von dem unterscheidet, was in den Bereich der theologischen Spekulation gehört, der besser bekannten und weiter verbreiteten hagiographischen Ikonographie und Literatur.

Im Unterschied zu der Fülle unterschiedlicher Darstellungen »gelehrter« Art, ist der volkstümliche Teufel eine Gestalt, die an nur wenige bildliche Merkmale gebunden ist. Normalerweise präsentiert er sich als ein Wesen von dunkler oder schwarzer Farbe, mit Hörnern, Schwanz, gespaltenen Füßen oder bocksbeinig, mit glühenden Augen, bepelzt oder stark behaart und begleitet von Schwefelgestank. Mit dieser Teufelsvorstellung, die in vielen Volksmärchen und Sagen und in einfachen bildlichen Darstellungen dokumentiert ist, haben die unteren Volksschichten im übrigen die älteste und traditionellste Ausformung des Teufelsbildes übernommen: die halbmenschliche oder halbtierische Gestalt, die der spätantiken Mythologie der Faune, der Satyrn, des Pans entstammt, allgemein ausgedrückt, die auf all jene Bewohner des Waldes oder einsamer Orte hinweist, die von der christlichen Lehre in Dämonen verwandelt worden sind. Diese Art der bildlichen Darstellung tauchte zum Beispiel in Tests mit Grundschülern auf, die diesem Teufelsbild in Zeichnungen und Erzählungen bei weitem den Vorzug gaben. Aus Berichten über Traumerlebnisse in ländlichen Gegenden ging außerdem hervor, daß sich der Teufel in den Traumfantasien in der Regel mit Hörnern und in halbtierischer Gestalt zeigt.

Doch hat sich die volkstümliche Dämonologie noch andere typische Wahrnehmungsformen des Teufels zu eigen gemacht, wobei verschiedene Ebenen des Befremdlichen miteinander verschmolzen sind: das Diabolische an sich, Angstgefühle und der Glauben an böse Mächte. In diesem Sinne entdeckt man den Teufel im Träger des bösen Blicks, insbesondere im Unheil bringenden Auge, wie man es auch Satan zuschreibt. Der Teufel wird in den Hexen gesehen oder in den Tieren, die mit ihnen in Verbindung gebracht werden, so vor allem in der schwarzen Katze, im Käuzchen und in der Nachteule. Man nimmt ihn auch in einem unvermittelten, unerklärlichen Geräusch wahr, in einem plötzlich vorbeihuschenden Schatten oder in einem Angstgefühl. Bei all diesen Anlässen wird auf den einfachsten aller Exorzismen zurückgegriffen, das Kreuzzeichen, oder auch auf sehr kurze Formeln wie »*Fugite partes adversae*«, (Haltet euch von ihm fern), wie sie auf

Der Teufel in dreiköpfiger Gestalt wird von einer Hexe angerufen. Stich von Sebastian Münster, Cosmographia universalis, *Basel 1544.*

der Rückseite der volkstümlichen Bildchen vom hl. Antonius von Padua geschrieben steht, oder schließlich auch auf schützende Stoßgebete, in denen man die Mutter Maria, den heiligen Josef oder Jesus um Hilfe anruft.

Im Grunde genommen schwankt das Bild vom Teufel in den Überlieferungen zu diesem Thema zwischen extrem konkreten Vorstellungen – der gehörnte Teufel – und einem ganzen Universum von unbestimmten Eindrücken, Wahrnehmungen und Empfindungen, die von seiner furchterregenden Gegenwart zeugen. Zu den bereits beschriebenen Vorstellungen kommt noch das Bild vom verderblichen teuflischen Versucher, der in Gestalt einer schönen Frau, eines jungen Mannes, eines Ritters, eines Mönchs, eines Priesters und manchmal auch als Heiliger oder Christus verkleidet auftritt, um seine Opfer zu verführen. Für alle diese Vorstellungen fand Pitré auf Sizilien, um nur eines von vielen möglichen Beispielen zu nennen, eine Fülle von Nachweisen. In Sizilien hat der Teufel »li corna torti, la cuda a lu schini / l'occhi di focu chi fa spavintari« (gekrümmte Hörner, hinten einen Schwanz und feurige Augen, die Schrecken einjagen). Er kann auch in Tiergestalt als Katze, Schaf, Esel oder Elefant erscheinen. Er hat ein im allgemeinen toleriertes Pendant im launischen, witzigen Kobold, der in der Luft oder in den Häusern umherschweift, eine vertraute Gestalt in den nordischen Volkssagen. In Sizilien und in Kampanien spielt der Kobold mehr oder weniger boshafte Streiche: er lenkt beispielsweise eine Gläubige ab, die gerade den Rosenkranz betet, er verbirgt Gegenstände, lacht ganz plötzlich, verursacht merkwürdige Geräusche, flüstert unverständliche Worte, schadet den Häusern.[4]

Diesem extrem vereinfachenden Bild, das vor allem in Schreckenseindrücken und -empfindungen befangen ist, stehen die mannigfachen Darstellungen der gelehrten theologisch – ikonografischen Ebene gegenüber, unterschiedlichste Teufelsgestalten, die unter Umständen eine Bearbeitung volkstümlicher Vorstellungen verraten, die mit dieser oder jener Epoche verknüpft waren und die sich später verwischt haben. Andere wieder sind Ausdruck der persönlichen Fantasien von Schriftstellern, Malern, Bildhauern und Miniaturmalern. Solche Darstellungen, die wir im allgemeinen als »gehobene« Kunst bezeichnen würden, haben jedoch die volkstümliche Dämonologie beeinflußt, eben weil sie dem Volk über die Bilder in den Kirchen oder über das Wort nahegebracht wurden.

4 G. Pitré, *Usi e costumi, credenze del popolo siciliano*. Palermo 1870–1913. Neuauflage 1978, S. 68 ff.

5 J. B. Russell, *Satana, Il diavolo e l'inferno tra il primo e il quinto secolo*, Milano 1986, S. 171.

Solche Einflüsse könnten nach J. B. Russell[5] das Teufelsbild bestimmt haben, das um das 4./5. Jahrhundert in der christlichen Vorstellung immer finsterer wird und das möglicherweise seinerseits den Volksglauben in den Gegenden überlagerte, in denen die christlichen Verfasser lebten. Vorstellungen von genau dieser Art werden zu Prototypen der Dämonenikonografie. In der Literatur der damaligen Zeit erscheint der Teufel als Schlange, Löwe, Drache, Hund oder Wolf. Manchmal zeigt er sich auch als Riese. So stellt er sich im *Evangelium des Bartholomäus*[6] aus dem 5. Jahrhundert dar: tausendsechshundert Ellen lang und vierzig Ellen breit, mit Flügeln, von denen jeder achtzig Ellen lang ist, »von finsterem Wesen, das Gesicht wie ein Blitz«, aus den Nasenlöchern stinkenden Rauch ausstoßend.[7] Im allgemeinen ist er schwarz – Augen, Haare, Haut – trägt schwarze Gewänder oder Rüstungen, der Bart ist dicht, die Haare sind struppig. Ebenfalls in den alten Quellen findet sich an anderer Stelle die Gleichsetzung des Teufels mit einem schönen jungen Versucher.

A. Graf[8] weist darauf hin, daß die in den Teufelsvorstellungen so häufig anzutreffende Riesengestalt auf die negativen Eigenschaften und die Bösartigkeit zurückgehen könnte, die die griechische Mythologie den Riesen zuschrieb. In den bildlichen Darstellungen der Apokalypse erscheint er manchmal mit drei Gesichtern, die getrennt sind oder ineinander verfließen (vergleiche zum Beispiel den dreiköpfigen und dreifarbigen Teufel in der wenig bekannten Apokalypse von Pereto im Latium). Es ist nicht unwahrscheinlich, daß die Dreiköpfigkeit auf eine Verkehrung des Dreifaltigkeitsbildes hinweist, das seinerseits in der slawischen und griechisch-orthodoxen Welt mit drei Köpfen dargestellt wird. Der dreiköpfige Dämon erscheint in dem apokryphen *Evangelium des Nicodemus*.[9] Bei Cäsarius von Heisterbach[10] wird er als ein hagerer, ausgezehrter, rußiger, fahler, extrem magerer Mann mit weit aufgerissenen brennenden Augen beschrieben, von dessen ganzer Person ein Gespenstergeruch ausgeht (Graf).

---

[6] IV, 12.

[7] Montague Rhodes, *The Apocryphal New Testament*. Oxford 1924. S. 174.

[8] Arturo Graf, *Il diavolo*. Mailand 1889, Neuauflage hrsg. von C. Petrone, Rom 1980, S. 63 ff.

[9] Auch »Taten des Pilatus« genannt, in: R. M. James, *The Apocryphal New Testament*. Oxford 1924, S. 94 ff.

[10] *Dialogus Miraculorum*, 5,51,I.

Die Eigenschaften, die dem Teufel in der Volksüberlieferung zugeschrieben werden, zeigen sich noch besser in den Namen, die ihm beigegeben werden. Pitré[11] nennt die zu seiner Zeit in Sizilien gebräuchlichen Beinamen: *lu tintu*, der Böse, *lu nnimicu*, der Feind, *lu virsèriu*, der Gegner, *l'anciulu niru*, der schwarze Engel, die offenkundige Anleihen aus dem religiösen Bereich und aus dem Evangelium darstellen.

Von zweifelsfrei volkstümlicher Herkunft dürften Beinamen sein wie *lu cifru* oder *cifaru* oder *zifaru, arsu cani, farfareddu, mazzamareddu, 'ntantiddu, zuppiddu*, die vertraute Namen in Kampanien sind und von denen einige im gesamten italienischen Süden bekannt sind. Pitré, der sich auf Guastela[12] als Quelle stützt, weist darauf hin, daß *lu cifru*, eine Verballhornung von Luzifer, sich als ein schwer definierbares Wesen darstellt, maßlos überheblich, aber nicht vulgär, nicht höhnisch, nicht von gemeiner Boshaftigkeit. *Arsu cani*, der verbrannte Hund, erinnert an Cerberus als Luzifers Stellvertreter, ihm stehen die anderen zu Diensten. Die Besonderheit von *Farfareddu*, der Dantes Farfarello entspricht, besteht darin, daß er sich, vertreten durch nächtliche Inkuben, in Herz und Hirn der Menschen einschleicht. *Mazzamereddu* erschreckt die Menschen mit Wirbelstürmen, Erdbeben, Unwettern, Seebeben; er verheert, zerstört, tötet. *'Ntadiddu* täuscht durch die Lüge, durch Halluzinationen und vor allem mit Gold. *Zuppiddu* verschafft den Menschen sinnliche Genüsse. Graf[13] nennt für ganz Italien die Namen Farfaniccchio, Fistolo, Berlic, Farfarello, Tentennio, Culicchia, Ticchi-Tacchi; für England Old Nick und Gooseberry; für Spanien Don Martin und Martin Piñol. Im Friaul finden sich Malerobe, Resie, Vobis, Michi, Mitis sowie eine große Anzahl von Namen, mit denen man die Kinder schreckt, so Barbarosso, Boboi, Barba, Sucòn, Maracut, Galàfar, Codute und andere.[14] Über die Vielzahl von Beinamen, die man in allen italienischen Regionalkulturen findet, wäre eine etymologische Untersuchung anzustellen, die über die genauen Bedeutungen der Namen klären könnte, wie die Teufelsgestalt im Volk wahrgenommen wird.

[11] G. Pitré, *Usi costumi, credenze del popolo siciliano*. Palermo 1870–1913, Neuauflage 1978. S. 64ff.

[12] *L'antico carnevale nella contea di Modica*. Ragusa 1887, S. 6ff.

[13] *Il diavolo*. Mailand 1889, NA hrsg. von C. Petrone. Rom 1980, S. 254.

[14] Eine komplette Aufzählung ist enthalten in A. Nicoloso Ciceri, *Tradizioni popolari friuliane*. Reana del Rojale 1982, Bd. I, S. 486.

Diese Hypothese sei hier einmal allein am Beispiel der Region von Neapel überprüft. Dort scheint *cifero*, hinter dem sich wieder eine verballhornte Form von Luzifer verbirgt, auch als *coda de cifero*, »Luzifers Schwanz«, der Zephir, zu sein. Wir hätten es also mit einem Rest des Glaubens an die Unwetterdämonen zu tun. *Tentillo* leitet sich von *tentare*, versuchen, ab und bezeichnet ein lebendiges, anfeuerndes, provozierendes und stichelndes Teufelchen. Der Name *Zefièrno* erweist sich als eine Kreuzung zwischen Luzifer und *inferno*, Hölle, auch im Hinblick auf die Varianten von *cifero*, die mit *z* beginnen, wie *zifèrru* »Teufelchen«. Der in Kampanien sehr verbreitete *farfariello*, der in vielen italienischen Dialekten nachgewiesen ist und »Kobold«, »Dämon«, »böser Geist« bedeutet, kommt vom arabischen *farfar*, »Kobold«. Ich habe ihn in einem nicht ausschließlich negativen Sinn gebraucht gehört – ein spitzbübischer, schelmischer Geist. *Racecotena* ist ein Kobold, ein kleiner Dämon, ein kleiner Geist, und leitet sich vielleicht von den Begriffen *rancio* = rancido, d. h. ranzig, ab und von *còtena* = Schwarte. Er würde damit auf eine ranzige Schwarte anspielen, die die Luft in der Küche oder in einem anderen Bereich des Hauses verpestet. Das Wort bedeutet auch »Jucken« und würde somit die Wirkung der Aktion des Teufelchens bezeichnen, den Juckreiz, den es hinterläßt. Verbreitet und nur im Umgang mit Kindern gebräuchlich ist *parasacco* von »parare« im Sinn von öffnen und *sacco*, Sack; das Wort bezeichnet also ein Wesen, das die Kinder in den Sack steckt. *Diella* ist ein umschreibender Name, der sich von »diavolo«, Teufel, ableitet. *Mazzamauriello* mit der Bedeutung »Kobold« und »Dämon« kommt vom spanischen *matamorillos*, Diminutiv von *matamoros*, womit der spanische Soldat bezeichnet wurde, der im Süden der »Aufschneider« war.[15]

Die hier genannten Namen, die nur einen Ausschnitt darstellen aus einem sehr viel reichhaltigeren sprachlichen Erbe innerhalb der italienischen Dialekte, legen einige weitere Betrachtungen nahe. Die Bezeichnungen sind das Ergebnis unterschiedlicher historischer oder regionaler Erfahrungen (zum Beispiel im Fall der *matamoros* oder im anderen Fall der Hinweis auf die Unwetterdämonen), oder sie drücken aus, wie Zustände von Angst und Beklemmung von der Fantasie bearbeitet werden. Ihr wesentliches Merkmal – soweit es

[15] F. D'Ascoli, *Dizionario etimologico napoletano*. Neapel 1979; A. Salzano, *Vocabolario italiano–sapoletano*. Neapel 1979.

Harlekin, Arlecchino oder Hellquin ist ursprünglich eine diabolische Gestalt. Auf diesem volkstümlichen Druck sehen wir ihn mit seinem höllischen Doppelgänger.

sich nicht um »sprechende« Namen handelt, die aufgrund ihrer Zusammensetzung oder wegen ihrer Lautmalerei erschrecken sollen – besteht darin, daß sie den eigentlichen Namen des Teufels vermeiden helfen. Dahinter verbirgt sich der Glaube, daß es hieße, den Teufel heraufzubeschwören, wenn man seinen bloßen Namen nennt. Es handelt sich also um Begriffe, die die Funktion von Decknamen, von »fiktiven« Namen haben, mit deren Hilfe man der Gefahr aus dem Wege geht, den Dämon direkt anzurufen. Einige haben die Funktion von Scherz- oder Spottnamen, mit denen man den Angriff des Bösen in gewisser Weise mystifizieren und exorzieren will. Diese Hypothesen werden von Dämonologen einmütig geteilt. G. Petrolini weist auf die Tabuisierung des Teufelsnamens im gehobenen Sprachgebrauch hin, wo er durch euphemistische

Äquivalente ersetzt wird, wie der Böse, der Versucher, der Feind. Der Forscher berichtet, daß in bestimmten ländlichen Gegenden Italiens die ältere Generation noch glaubt, daß »wenn du vom Teufel sprichst, er des Nachts zu dir kommt und dich an den Füßen zieht, an den Strümpfen oder an den Haaren.« Im Dialekt von Parma und seiner ländlichen Umgebung heißt es: *»sta miga nominär al djävol cal compära«*, d. h., »den Teufel nicht nennen, sonst kommt er«.[16] Für das Friaul sind viele Decknamen zu nennen, die dem Gebot entsprechen, daß der Teufel nicht genannt werden darf. Und auch dort gilt das Sprichwort *»a nomenâ el gjâul, al capite!«*, »wenn man den Teufel ruft, kommt er«.[17] Auch Pitré sagt: »Man hat solche Angst vor ihm, daß man umschreibende Anreden oder Beinamen gebraucht, wenn man ihn nennt.«[18] Und in Sizilien wird der Teufel sogar beschimpft und verflucht, indem man ihm *santo*, »heiliger«, beigibt, wie in *santu di càulu!*, »verflixter Heiliger«, oder *santu di pàntani!*, »Schlammheiliger«, was mir eine andere sprachliche Form des Exorzismus' zu sein scheint, mit dem man die Gestalt lächerlich macht und für nichtig erklärt.

Der Teufel hat seine bevorzugten Wohnsitze: dunkle und unterirdische Orte, Grotten, Höhlen oder auch Stätten, an denen er seine Macht manifestiert hat oder die aufgrund ihrer geographischen Gegebenheiten auf seine Gegenwart verweisen. Allein für die Abruzzen nennt G. Pansa, der sich hier auf das Motiv der verborgenen Schätze bezieht, »Il Molino del diavolo«, die Teufelsmühle, zwischen San Vittorino und Coppito, Reste uralter Mauern, die durch ihre Zuordnung zum Dämonischen vergleichbar sind mit »Le meule du diable« und mit »Teufelsmühlen«, Namen, mit denen Dolmen in Frankreich und Deutschland bezeichnet werden; »il gradino del diavolo«, die Teufelsstufe, an der Straße zwischen Picinisco und Grotta Campara; »la grotta del diavolo«, die Teufelshöhle, östlich des Monte Girifalco in Marsica: »la cùnnola del diavolo«, die Wiege des Teufels, eine mit Wasser gefüllte Vertiefung in Gioia dei Marsi; »il morrone del diavolo« nördlich von Pescasseroli; »il carrapone del diavolo«, eine Schlucht, in die zwischen Villa San Sebastiano und Corcumello der Fluß Imele stürzt; »pietra

16 G. Petrolini, *Tabù nella parlata di Parma e del contado*. Parma 1971, S. 40 ff.
17 A. Nicoloso Ciceri, *Tradizioni populari friulane*. Reana del Rojale 1982, Bd. I, S. 486,589.
18 G. Pitré, *Usi e costumi, credenze del popolo siciliano*. Palermo 1870–1913, Neuauflage 1978, S. 68 ff.

In der gesamten europäischen Tradition ist der Teufel Hüter und Offenbarer verborgener Schätze. (Aus: Le véritable dragon rouge, *Lille 1521.)*

demone« oder »pietra del demonio«, Teufelsstein, ein Fels in den Sabiner Bergen; »mura del diavolo«, Felsblöcke zwischen den Bergen von Pettino und Arischia, von denen Stöhnen, Geschrei und Flüche der verdammten Seelen ausgehen; man wendet sie mit dem Kreuzzeichen und mit der Anrufung des hl. Vittorino[19] ab.

Solcher Volksglaube spiegelt sich überall in der europäischen Überlieferung. Es existiert ein Teufelsstein in der Nähe von Köln mit dem Abdruck seiner Klaue, ein Teufelsfels bei Göschenen im Wallis, ein anderer Teufelsstein am Colle di Olen in der Nähe von Gressoney und ein Teufelsfels dicht bei der gleichen Ortschaft.[20]

Der Teufel steht auch in Verbindung mit den verborgenen Schätzen; er ist ihr eifersüchtiger Hüter und zugleich *genius* des unterirdischen Reichtums. Hirschberg weist darauf hin, daß die unterirdisch lagernden Schätze oft von bösen oder guten Geistern gehütet werden und daß der Teufel unter diesen Geistern einen ersten Rang

[19] G. Pansa, *Miti, leggende e superstizioni dell'Abruzzo*. Sulmona 1924, Reprint Bologna 1970, Bd. 1. S. 46ff.
[20] Ebd. S. 47, Anm. 1.

einnimmt. Darüber hinaus gehört ihm nach der germanischen Überlieferung alles, was drei Fuß unter der Erde ruht. Der Teufel kann die Schätze auch heben und durch die Luft befördern. Will man sich in den Besitz solcher Schätze bringen, muß man in jedem Fall einen Pakt mit dem Teufel schließen oder ihm Tieropfer darbringen, die von besonderen Ritualen begleitet sein müssen.[21] Der Glaube, daß in Bergen, Höhlen und Grotten Schätze verborgen seien, ist in ganz Italien verbreitet. In den Abruzzen gibt es Gerüchte über Verstecke, in denen Invasoren oder besonders reiche Persönlichkeiten angeblich ihre Schätze vergraben haben. Man glaubte auch, daß sie dem Antichrist vorbehalten seien, der sie dazu benutzen würde, Anhänger zu gewinnen und seine Jünger zu belohnen.[22] Ein Ort in den Abruzzen in der Nähe von Sulmona erhielt bereits in einem Dokument von 1093 den Namen Pietre dellu renaro, »Geldsteine«. Der gleiche Name taucht schon in einem Urteil von 782 auf für einen Ort in der Nähe von Carapelle in der Provinz Aquila. *Lo donero*, »das Geld«, ist eine Ortschaft an der Salaria zwischen Antrodoco und Sigillo. La Monna, vom französischen *monnaie*, Geld, ist ein Ort im Hoheitsgebiet des Castel di Sangro, dessen höchster Punkt als Arazecca bezeichnet wird, weil man glaubt, daß sich dort ein von den Teufeln gut verteidigtes Gelddepot befände. Monna, Monna dell'acero, Monnuccia kehren in Verbindung zu Orten wie Roccaraso, Pescosanonesco, Bussi, Capestrano wieder. La Zecca, die Münze im Sinne von Münzprägestelle, ist ein Felsblock bei Campli. Bei Alba Fucense existiert ein Brunnen, in dem Saturn seinen Schatz deponiert hat. Diesen Brunnen hat der Teufel in Besitz genommen, und er wirft jedem, der in ihn einzudringen versucht, ein Goldkügelchen zu, mit der Folge, daß der Unglückselige, der das Kügelchen aufhebt, den Weg verliert und den Ausgang nicht mehr findet.[23]

Was Sizilien anbetrifft, so kennt die Überlieferung, nach Pitré[24], zahllose Schätze und Orte, an denen sie verborgen sind. Sie gehen auf veschiedene historisch-sagenhafte Ursprünge zurück: die Erinnerung an die Zeit der alten Griechen auf Sizilien, die Vertreibung

---

[21] Vgl. das Stichwort »Schatz«, in: H. Bächtold-Stäubli, *Handwörterbuch des deutschen Aberglaubens*. Berlin u. Leipzig 1927, Bd. VII, 1002 und ff.

[22] A. Graf, *Roma nella memoria e nelle immaginazioni del Medioevo*. Turin 1881, Bd. 1, S. 178.

[23] G. Pánsa, a.a.O., S. 43 ff.

[24] G. Pitré, a.a.O., Bd. IV, S. 367 ff.

der Byzantiner, die Zeit der Sarazenen, die Vertreibung der Jesuiten. Sie werden *trovature*, Funde, oder *banchi*, Bänke, genannt und sind immer verzaubert, weil sie mit magischen Handlungen verbunden waren, etwa der Tötung eines Menschen, dessen Geist für alle Zeit an den Ort gefesselt bleibt. Die Wächter sind mythologische Gestalten wie der Sklave, die Zwerge, die Händler, das Nönnchen und manchmal auch Tiere wie die Schlange und der Drache. Alle stehen sie in Beziehung zum Teufel, der auch selbst als Hüter auftreten kann. Der Sklave ist ein hochgewachsener schwarzer Mann, der einen Stock oder ein Schwert trägt und auf dem ihm anvertrauten Schatz kauert. Der *nanu moru*, der »dunkle Zwerg«, ist ein winziges Männchen mit scharlachrotem Gewand und Mütze, das von wilden Tieren, von Geistern und Teufeln begleitet wird. Das Nönnchen, das bei den Schätzen lebt, die sich entlang der Flüsse befinden, trägt im allgemeinen wohlwollende Züge. »La vecchia di li fusa«, die müde Alte, die ebenfalls Schatzhüterin ist, hat das Aussehen einer Parze.

Die Schätze werden immer zu einer besonderen Zeit des Jahres aus der Erde hervorgeholt: das kann die Weihnachtsnacht oder das Johannisfest sein, aber für den, dem es gelingt, sie zu sehen, verwandeln sie sich auf der Stelle in ein teuflisches Trugbild. Dieser Volksglaube hat Ähnlichkeit mit dem abruzzischen Mythos vom Fluß Sangro, der sich in der Weihnachtsnacht in einen Fluß aus Gold mit unglaublichen Schätzen darin verwandeln soll. In Sizilien wiederum herrscht der Glaube, daß niemand einen Schatz entdekken und ihn vom Zauber befreien kann, ohne ein Ritual anzuwenden, das *spignari* oder *sbancari* genannt wird: hat man den Schatz gefunden, muß man ein Pfand zurücklassen, weil der Schatz wie eine Geldbank ist.

Man greift also zu den verschiedensten komplizierten oder lächerlichen Mitteln, die oft gotteslästerlich, unmenschlich und grausam sind, um den Teufel zu vertreiben: man rennt im Laufschritt einen Berg hinauf und hält dabei ein randvoll gefülltes Glas, ohne einen einzigen Tropfen zu verschütten; oder man ißt während des Laufs einen Teller Makkaroni; oder man spinnt, webt und näht an einem Tag ein Tischtuch oder eine Babywindel; oder man verbrennt über dem Schatz Kerzen aus Menschenfett; oder man tötet einen oder drei Menschen oder sieben Kinder oder ein eigenes Kind oder drei Männer, die Matteo heißen; oder man setzt sich eine Natter auf den nackten Körper und läßt sich von ihr bezüngeln,

Der hl. Antonius, Feind der Dämonen, auf einem volkstümlichen Holzschnitt des 17. Jahrhunderts.

ohne unter dem Kitzel zu lachen; oder man nimmt einen Schlüssel in den Mund, der von einer Schlange gebracht wurde; oder man hält sich an katholische Rituale, macht barfuß eine Wallfahrt und verweilt drei Tage und drei Nächte neben dem Heiligen Grab.

Dieser Volksteufel, der einerseits von so konkreter Gestalt und andererseits so vage und unbestimmt ist, hat seinen größten Gegner und Todfeind im Erzengel Michael, einer mythischen Gestalt, die schon im Alten Testament auftritt (Daniel, 10,13) und deren hebräischer Name bedeutet: »Wer ist Gott?« In der Apokalypse (Offenb. 12,7ff.) ist er der Anführer der gottestreuen Engel und vertreibt den Drachen aus dem Himmel. Der Kult um den Erzengel fand zuerst im Orient eine starke Verbreitung, wo er an die Stelle einiger heidnischer Gottheiten trat. Im Abendland tritt er als erstes unter byzantinischem Einfluß in Italien auf, mit Schwerpunkten am Gargano und auf dem Monte Tancia in der Sabinergegend. Die Verehrung Michaels verbreitete sich schnell über ganz Europa; er wurde vor allem zum Schutzpatron der Langobarden. Michael ist der klassische Kämpfer und Verteidiger der Christen gegen die Feinde der Kirche und die Dämonen. In den Darstellungen vom Jüngsten Gericht stellt er sich den Dämonen entgegen, die die Seele daran hindern wollen, die sogenannte Brücke des heiligen Jakobus zu überschreiten.

Dieses Bild von Michael als Feind und Besieger des Dämons, das ein fester Bestandteil der volkstümlichen Überlieferungen ist, geht auf sehr alte Ursprünge in der kirchlichen und apokryphen Literatur des Orients und des Abendlandes zurück. Michael stürzt Luzifer, weshalb schon sein bloßes Bild apotropäische Wirkung gegen die Teufel hat. In koptischen Legenden taucht häufig das Motiv auf, daß der Erzengel den Angriff der Dämonen auf Gott selbst zunichte macht, und dieser Mythos geht in viele abendländische Schriften ein. In der *Esra-Apokalypse* wird er von Gott gegen Gog und Magog gesandt, und als furchtbarer Engel wird er im Verein mit anderen Engeln den Feind in die Unterwelt hinabstürzen. Dieses Motiv hat mit ziemlicher Sicherheit über die *Legenda aurea* des Jacobus de Voragine Eingang in die Volkskultur gefunden. In dem Werk sind die verschiedenen Taten des Erzengels im Kampf mit den Dämonen ausführlich beschrieben. Der Text erzählt von dem Sieg, den er über Luzifer davontrug, der danach strebte, Gott gleich zu sein; dieser Sieg wiederholt sich täglich neu, wenn Michael die Angriffe der Dämonen und die Versuchungen abwehrt.

Schließlich wird der Erzengel einen letzten Sieg über den Antichrist davontragen: »Dann wird der Antichrist... sich tot stellen und sich drei Tage lang versteckt halten: schließlich wird er erneut erscheinen und behaupten, er sei wunderbarerweise wiederauferstanden und wird sich von den Dämonen getragen in die Lüfte erheben. Alle werden von Bewunderung ergriffen sein und ihn anbeten, aber wenn er auf dem Ölberg anlangt, wird sich ihm der Erzengel Michael entgegenstellen und ihn töten.«[25] In unterschiedlicher Form taucht der Mythos vom Konflikt zwischen Satan und dem Erzengel überall im Volksgut auf. In Sizilien wird er gleich in seiner siegreichen Erscheinung dargestellt: »*Sutti li pedi tiniti un sirpenti, / la spata 'mmanu vi l'ha datu Diu*« (Unter den Füßen hat er einen Drachen, / das Schwert gab ihm Gott in die Hand.) In den volkstümlichen Darstellungen zieht er den besiegten Teufel hinter sich her.[26] In einem halb-populären Kurzepos, das Cocchiara studiert hat, wird, wie in anderen ähnlichen Quellen, die Auseinandersetzung zwischen den beiden beschrieben. »Die beiden großen Führer trafen sich / mit scharfem Schrei in wildem Streit. / Die beiden Feldherrn rannten dahin, / Luzifer und der Erzengel Michael; / Unter den heftigen Schlägen, die sie sich gaben / erbeben die Himmel vor so grausamer Wut / Der eine, dann der andere weicht zurück und dringt wieder vor / ein so schrecklicher Kampf ward niemals gesehen.«[27] Es handelt sich hier um einen Mythos, der – ausgehend von den sakralen Aufführungen – durch alle Jahrhunderte ein Motiv für das Volkstheater abgegeben hat.

Doch mehr noch als auf die mittelalterlichen Texte sei hier vielleicht auf die heutigen Fassungen der Legende verwiesen, wie sie sich noch in vielen Gegenden Italiens finden. In Marsica kennt man zum Beispiel ein bäuerliches Ritual, bei dem anläßlich des Festes des heiligen Antonius' die Auseinandersetzung zwischen dem Heiligen und dem Teufel nachgestellt wird, wobei der plötzlich eingreifende Erzengel den Konflikt löst. Im Gesang, der die Aufführung begleitet, vertreibt der heilige Antonius den Teufel mit den Worten: »Folg

[25] Jacobus de Voragine, *Legenda aurea* (dieses Kap. ist in der deutschen Auswahlübers. von Jacques Laager, Zürich 1982, nicht enthalten. Anm. d. Ü.).

[26] G. Pitré, *Spettacoli e feste populari siciliane*. Palermo 1870–1913, Neuauflage Palermo 1987, S. 387.

[27] G. Cocchiara, *Il diavolo nella tradizione populare italiana*. Palermo 1945, S. 18.

in Pluto / deinem Schicksal / Laß ab vom Göttlichen / es ist nicht für dich.« Der Darsteller, der eine rote Strumpfhose trägt, das Gesicht schwarz bemalt und Hörner auf dem Kopf hat, wird schließlich zu Boden geschleudert, wo der Erzengel ihm einen Fuß auf den Kopf setzt.[28] Dieses Motiv des Sieges über den Teufel, das stets mit einer extrem naiven religiösen Aufführung einhergeht, ist überall in den Abruzzen und in anderen Regionen an einer Vielzahl von Beispielen nachzuweisen.[29]

Häufig und unter den verschiedensten Namen präsentiert sich der Teufel in den volkstümlichen Weihnachtsspielen anläßlich der Geburt Christi: da er in ihr das Ende seiner Herrschaft erkennt, versucht er sie mit Gewalt und List zu verhindern.

Die Feindschaft zwischen dem Teufel und der Jungfrau Maria stellt einen weiteren tiefgreifenden Konflikt in der Geschichte des Christentums dar, der sich in den Überlieferungen widerspiegelt: Maria ist nach der christlichen Interpretation einer Bibelstelle dazu auserkoren, der Schlange den Kopf zu zertreten und durch die Geburt Jesu ihre Macht über die Welt zunichte zu machen. Dieses von Cocchiara untersuchte Motiv[30] ist in viele religiöse Darstellungen und Marienlegenden eingegangen. In einer *Istoria della gloriosa Vergine del Rosario* trifft ein Spieler, der seine ganze Habe verloren hat, auf den Teufel, der ihm anbietet, ihn reich zu machen, doch müsse er ihm seine Seele verkaufen und seine Frau abtreten. Die Frau ruft die Hilfe der Madonna vom Rosenkranz an, die die Frau in Schlaf sinken läßt, um ihre Gestalt anzunehmen. Als die Frau des Spielers präsentiert sie sich dann dem Teufel und schlägt ihn in die Flucht.[31]

Wirksamen Schutz gegen die Höllenmacht bieten nach volkstümlicher Überlieferung auch Exorzismen und Beschwörungen, die weit von der offiziellen Praxis der Teufelsabwehr entfernt sind. In Bonomos Untersuchung der auf Sizilien gebräuchlichen Beschwörungen finden sich mehrfach Exorzismen gegen den Teufel. Gegen den bösen Blick benutzt man zum Beispiel Petersilie, die die

[28] A. M. di Nola, *Gli aspetti magico-religiosi di una cultura subalterna italiana.* Turin 1976, S. 181 ff.

[29] Über die Verbreitung dieses Motivs siehe D. Lupinetti, *Sant'Antonio Abate. Storia e leggenda. Tradizioni e canti populari abruzzesi.* Lanciano 1960.

[30] G. Cocchiara, *Il diavolo nella tradizione populare italiana.* Palermo 1945, S. 42 ff.

[31] G. Cocchiara, a. a. O.

Wirkung hat, den Teufel zu vertreiben.[32] In den Segensformeln bei Verletzungen wird sehr häufig der Stich erwähnt, der Jesus von Longinus beigebracht wurde. In einer Formel heißt es, der Pfeil, der die Wunde verursacht habe, sei vom Teufel geschickt worden, der nicht zulassen würde, daß man ihn herauszöge, solange ihm kein Opfer dargebracht würde.[33] Gegen Kopfschmerzen legte man in Sizilien ein rotes Tuch auf den Kopf des Leidenden, stellte einen Teller mit etwas Wasser darauf und sprach dazu eine Beschwörungsformel, um den Kranken von dem Dämon zu befreien, der ihn besessen hielt. Noch expliziter ist der Wortlaut einer Formel aus Sciacca (Prov. Agrigent), die ebenfalls der Heilung von Kopfschmerzen dienen soll und die folgendermaßen beginnt: »*Fermati diavulu, / nun iri cchiù avanti*« (Halt ein Teufel, / geh nicht weiter voran.)[34]

Eine erfolgreiche, aber auch kompliziertere Form der Bannung des Teufels als die bisher zitierten, ist das Ritual der Kirche des hl. Antonino in Campagna (Prov. Salerno). Antonino ist ein benediktinischer Heiliger, der von Gott das Privileg erhielt, von den Dämonen gepeitscht zu werden und sie zu besiegen. Er wurde deshalb zum Schutzpatron der Besessenen. In Campagna, wo der Heilige geboren sein soll, gab es ein Exorzismusritual, in dessen Verlauf der Besessene oder der an einer anderen psychischen Krankheit Leidende an eine Säule gebunden und so lange exorziert wurde, bis ein Glöckchen seine Befreiung verkündete. Dieser außerliturgische Brauch stellt eine Legende nach, derzufolge der Heilige von den Teufeln, die er selbst beschworen hatte, an eine Säule gebunden und gepeitscht worden war, da er an den Schmerzen der Passion Christi teilhaben wollte. Die Darstellung des an die Säule gefesselten Heiligen findet sich auf dem Titelblatt der Publikation der Wallfahrtskirche des Sant'Antonino in Campagna und auf einem Stich von Callot von 1636.

Ausgerechnet gegen den Teufel ist noch eine andere Form von Exorzismus erfolgreich: wenn man ihn lächerlich macht, wie in

[32] G. Bonomo, *Scongiuri del popolo siciliano*. Palermo 1978, S. 198, auf der Grundlage von G. Pitré, *Medicina populare*. Neuauflage Palermo 1978. S. 368.

[33] G. Bonomo, ebd., S. 249, unter Bezugnahme auf Bernhardin von Siena, Sermo X,2.

[34] G. Bonomo, ebd., S. 262.

vielen Erzählungen über das Leben von Heiligen berichtet wird.[35] Uns interessieren in diesem Zusammenhang die Verspottungen des Dämons, die mit einiger Sicherheit aus dem Volk kommen und die man häufig noch heute in verschiedenen Regionen Italiens findet. Bei einem Fest, das am 17. Januar, dem Tag des heiligen Antonius, in Mamoiada (Prov. Nuoro) gefeiert wird, werden, wie in vielen anderen Ortschaften Italiens, die Antoniusfeuer angezündet; der Brauch steht aber hier im Zusammenhang mit einer Legende, in der der Teufel am Ende der Betrogene ist: Vor sehr langer Zeit litten die Menschen an unerträglicher Kälte, weil sie das Feuer noch nicht kannten. Sie begaben sich also zum heiligen Antonius, der in der Wüste lebte, und baten ihn um Hilfe. Begleitet von einem Schwein, klopfte der Eremit an die Pforten zur Hölle. Die Teufel verwehrten ihm den Eintritt, aber sie bemächtigten sich des Tiers. Doch einmal in der Hölle wurde das Schwein den Teufeln wegen seiner Untaten dermaßen unerträglich, daß die Teufel den Heiligen baten, es so bald wie möglich wieder abzuholen. Der heilige Antonius stieg in die Hölle hinab, und als er wieder nach oben stieg, ließ er einen Stab Feuer fangen. Auf die Erde zurückgekehrt, drehte er ihn um und setzte damit einen Holzstapel in Brand. Der Heilige erscheint in dieser Legende wie ein christliches Gegenstück zum griechischen Kulturhelden Prometheus, der mit Hilfe einer Täuschung den Menschen das Feuer vom Olymp bringt. Nach einer anderen Version von Ozieri rief der Heilige, mit dem brennenden Stab auf die Erde zurückgekehrt, dreimal: »*Fuoco, fuoco, attraversa questo luogo per il mondo, fuoco giocondo*« (Feuer, Feuer, durchquere diesen Ort und dann die Welt, fröhliches Feuer).[36]

Eine andere Geschichte, in der der Teufel geprellt und lächerlich gemacht wird, ist in den Abruzzen noch heute sehr lebendig und in der *Historia sancti Antonii* dokumentiert, die in zwei verschiedenen Lesarten erhalten ist. In der ersten Lesart beschließen der Vater und die Mutter des Heiligen eine Wallfahrt zum heiligen Jakobus von Compostela zu machen, und geloben, während der Reise keusch zu bleiben, aber der Teufel entfachte die Wollust im Mann und trieb ihn, seiner Frau die ehelichen Pflichten abzuverlangen. Die Frau

[35] Vgl. dazu A. Graf, *Il diavolo*. Mailand 1889, Neuauflage hrsg. von C. Petrone. Rom 1980, S. 253 ff., und G. Cocchiara, *Il diavolo nella tradizione popolare italiana*. Palermo 1945, S. 57 ff.

[36] F. Valla, »Sant'Antonio abate all'inferno«, in: *Rivista delle Tradizioni popolari italiane*, 1893–1895, I, S. 499 ff.

gehorchte, aber in ihrem Zorn weihte sie das Kind, das daraus entstehen würde, dem Teufel. Das Kind Antonius kannte sein Höllenschicksal, und als er zum Knaben herangewachsen war, durchwanderte er die Berge seines Landes und erbat von vielen, auch von den Mönchen und vom Papst, Gastfreundschaft, die man ihm verweigerte. So entschloß er sich, den Teufel um Herberge zu bitten. Der gewährte ihm den Zutritt zur Hölle und machte ihn zum Wächter der Höllentore. Mit vielen Vorbehalten, die er nicht äußerte, unterzeichnete Antonio einen schriftlichen Pakt und bezog, ausgerüstet mit einem großen Stock, Wache vor der Hölle. Aber im Nu schuf er ein großes Chaos, da er niemandem erlaubte, hinein- oder hinauszugehen. »Große Unruhe entstand in der Hölle über diesen Torhüter: Antonius hütet sie schlecht, die Tür, / (und alle riefen) jagen wir ihn fort.« Er verläßt also die Hölle, aber der Teufel versucht ihn in Gestalt eines Mädchens. Der Heilige zündet nun ein großes Feuer an und fordert die Teufelsfrau auf, sich gemeinsam mit ihm darauf niederzulegen. Aus Rache schleudert der Dämon ein glühendes Feuer auf Antonio, aus dem ihn Jesus Christus errettet und ins Paradies erhebt.[37]

Noch lebendiger ist die Beschreibung der Einfälle, mit denen der Heilige den Teufel besiegt, in den abruzzischen Volksreimen: jedesmal, wenn ihm von den Höllenmächten böse Streiche gespielt werden, findet Antonius überaus gewitzte Lösungen, er erweist sich als eine Art Trickster. Wir sind hier weit entfernt von den heroischen Kämpfen des Asketen mit dem Teufel, von den Geschichten, in denen der Erzengel Michael durch sein plötzliches Eingreifen den Teufel von Antonius abwendet. Der Sieg wird in den oben geschilderten Erzählungen auf die Ebene der Kraft verlagert und hängt lediglich von dem Glauben ab, den der Mensch in diese Ebene hat. In den Reimen existiert kein Vermittler zwischen den beiden Protagonisten des Konflikts, und der Heilige, der alle Züge eines armen, von den Übeln des Alltags gepeinigten Tagelöhners aufweist, löst ihn mit Hilfe seiner burlesken Einfälle, in dem er den Feind prellt (der zudem eine deutliche Metapher für den Klassenfeind ist, dem man sich hier nicht im historischen Kampf widersetzt, sondern unter Zuhilfenahme verrückter Listen, die der bäuerlichen Lust an der Posse entsprechen). Als Beispiele für diese Verse, die es

---

37 D. Lupinetti, *Sant'Antonio abate*. Lanciano 1960, S. 85 ff.

in Fülle gibt und die ständig neu geschaffen werden, mögen die folgenden dienen:

»*Sant'Antonio entr'a na fossa / ci tenea le pere mezze. / Satanasse pe' dispettu / tutte quante le marcétte: / Sant'Antonio non ze 'ngagna, / tutte quante se le scolàgna*« (Sant'Antonio hatte in einem Graben / reife Birnen aufbewahrt. / Um ihn zu ärgern, / ließ Satan sie alle faulen: / Sant'Antonio macht sich nichts draus / und ißt sie alle auf); »*Sand'Andone nchi na scudèlle / se magnéve li tajuline. / Lu demonie, bélle bélle, / j's'arrobbe la furcine: / Sand'Andone p'allore n' ze 'ngagne, / nghi li mane si li magne*« (Sant'Antonio ist dabei, / seine Tagliolini aus einer Schüssel zu essen. / Plötzlich raubt ihm / der Teufel die Gabel. / Sant'Antonio ärgert sich nicht, / er ißt sie mit den Händen). »*Sant'Antonie a lla fontana / se llavéa la 'nzsalata. / Satanassu, pe' dispettu, / je tirelle na sassata. / Sant'Antonie ju pijj' a ju cojjo / e j' mette la testa a mojjo*« – eine andere bekanntere Version, besagt: *e j' mette lo culo a mojjo*« (Sant'Antonio wusch sich / am Brunnen seinen Salat. / Um ihn zu ärgern, / bewarf Satan ihn mit Steinen. / Sant'Antonio packt ihn beim Kragen / und weicht seinen Kopf – oder seinen Hintern – ein).[38]

Andere Beispiele vom »geprellten Teufel«, von denen Graf[39] berichtet, die Gegenstand der gehobenen Dichtung oder auch der mittelalterlichen Literatur und Theaterdichtung sind, scheinen mir reine Werke der Fantasie zu sein, die keine Verbindung zur Volkskultur aufweisen.

[38] D. Lupinetti, a.a.O., S. 124 ff.
[39] *Il diavolo*, a.a.O., S. 253 ff.

Die Dämonen im Islam

Fatimidischer Stoff mit Löwen- und Vogelmotiven (Germanisches Nationalmuseum, Nürnberg). In der islamischen Kultur sind anthropomorphe Darstellungen, vor allem vom Dämon (Iblis) sehr selten wegen des Verbots der bildlichen Darstellung.

Der Teufel im Islam

Die vielfältige islamische Dämonologie ist aus der Verschmelzung verschiedener religiöser Kontexte entstanden: der präislamischen und der beduinischen arabischen Kultur, dem Judentum und dem Christentum, von dem vor allem die Apokryphen verwendet wurden.

Die Dämonen greifen in das alltägliche Leben des Menschen ein, oder sie intervenieren in kritischen Momenten. Aus diesem Glauben heraus, der sich in groben Zügen vom Koran selbst ableitet und durch die orthodoxen Dogmen bestätigt wird, entwickeln sich auch vielerlei volkstümliche Glaubensvorstellungen, die sich gelegentlich in reinen Animismus verwandeln.

Die *Dschinn* sind Wesen der Luft oder des Feuers, intelligenzbegabt und unsichtbar. Sie können in unterschiedlichster Form erscheinen und vermögen gewaltige Leistungen zu vollbringen. Während der Mensch aus Ton erschaffen wurde und die Engel aus dem Licht, entstanden die *Dschinn*, die dritte Klasse der Lebewesen, »aus hell loderndem Feuer«[1], das heißt, aus der Flamme, die keinen Rauch verursacht. Sie sind Geschöpfe, die errettet werden können, da Mohammed zu ihnen entsandt wurde.[2] Ungewiß ist die Etymologie des Namens, den die arabischen Lexikographen von *Igtanna* (sprich: Idschtanna), »sich verstecken«, ableiten.

In präislamischer Zeit stellen sich die *Dschinn* als Nymphen und Satyrn der Wüste dar, Geister mit sehr unbestimmten Zügen. Pauschal ausgedrückt repräsentieren sie die feindliche Haltung der Natur gegenüber dem Menschen. Sie sind von bösartigem Charakter. Für gewöhnlich sind sie unsichtbar, aber sie können die Gestalt von Schlangen, Eidechsen, Skorpionen oder Kriechtieren annehmen. Sie gehen in den Körper des Menschen ein und treiben ihn zum Wahnsinn. In der Sure *Die Dschinn*[3] hätten sie Mohammed beinahe erdrückt, und sie boten Männern Zuflucht, die die Leitsätze des Korans nicht akzeptierten. Sie können sich der Seele eines Menschen bemächtigen und sie quälen.[4] Ihrer Gemeinschaft gehört

[1] *Der Koran*, Übers. von Rudi Paret, 5. Aufl. Stuttgart 1989, Sure 55, Vers 15.
[2] Ebd., Sure 46, Vers 29ff.
[3] Ebd., Sure 72.
[4] Ebd., Sure 34, Vers 8.

Iblis, der Dämon, an.[5] Die *Dschinn* werden gemeinsam mit den Menschen, die sie besetzt haben, vor Gericht gerufen, um Rechenschaft über ihre Taten abzulegen[6]; sie werden zusammen mit den sündigen Menschen ins Höllenfeuer eingehen[7], und viele von ihnen wurden lediglich für die *Dschahannam*, die Hölle, erschaffen[8], die von ihnen erfüllt sein wird.[9] Sie haben das Menschengeschlecht irregeführt[10], und vor ihnen muß der Gläubige sich hüten als vor Wesen, die ebenso wie die heimtückischen Menschen zu Bösem verleiten.[11]

Einige Koranpassagen gestatten zum Thema *Dschinn* eine ganz spezielle Interpretation. Danach würden sie sich dem Himmel annähern, um den Gesprächen der Engel zu lauschen, und sie würden von den Engeln mit einem Wurf Sternschnuppen verscheucht: »Wir haben den unteren Himmel mit dem Schmuck der Sterne versehen und zum Schutz vor jedem rebellischen Satan. Die Satane können (auf diese Weise) dem obersten Rat nicht zuhören. Vielmehr wirft man von überall her (mit Sternen?) nach ihnen, um sie zu verjagen. Und sie haben (dereinst) eine (ewig) dauernde Strafe zu erwarten.«[12]

Die islamische Orthodoxie akzeptierte den Glauben an die *Dschinn* ganz fraglos, eben weil sie in den Korantexten vielfach erwähnt werden.

»Ifrit« ist ein zweideutiger Terminus, der in der Geschichte Salomons erwähnt wird.[13] Die Lexikographen interpretieren ihn als »den, der seinen Widersacher besiegt und in Staub hüllt«, der also wahrhaft mächtig und böse ist. Es ist unklar, ob sich diese Bezeichnung auf die *Dschinn* allgemein bezieht oder auf eine bestimmte Klasse von *Dschinn* verweist. In der späteren Exegese bezeichnete dieser Name die bösartigsten und satanischsten unter den *Dschinn* und schließlich die Klasse der *Ghul*. In Ägypten steht

5 Ebd., Sure 18, Vers 50.
6 Ebd., Sure 6, Vers 128.
7 Ebd., Sure 7, Vers 38.
8 Ebd., Sure 7, Vers 179.
9 Ebd., Sure 32, Vers 13.
10 Ebd., Sure 41, Vers 25,29.
11 Ebd., Sure 114, Vers 6.
12 Ebd., Sure 37, Vers 6–9; Sure 15, Vers 16–18; Sure 52, Vers 38; Sure 67, Vers 5; Sure 72, Vers 8.
13 Ebd., Sure 27, Vers 39.

dieses Wort auch für den Geist eines Ermordeten oder von einem, der auf gewaltsame Weise gestorben ist.

Für die alten Araber sind die *Ghul* eine Unterart des Volkes der *Dschinn*, die sich durch ihren bestialischen, diabolischen und feindseligen Charakter hervorhebt. Sie erscheinen den Menschen in fantastischen Gestalten, um sie vom rechten Weg abzubringen, und stürzen sich dann auf sie, um sie zu verschlingen und zu zerstören. Der *Ghul*, in der altarabischen Dichtung häufig vertreten, wird bisweilen mit *Si'lat*, der Hexe der *Dschinn*, identifiziert, die die Fähigkeiten besitzt, sich zu verwandeln. In den mittelalterlichen islamischen Legenden wird der *Ghul* als Kannibale dargestellt – Mensch oder Dämon –, der Züge annimmt wie sie in der westlichen Tradition der Oger verkörpert.

»Schaitan« und »Iblis« sind die beiden Namen, die im Koran die Inkarnation des Bösen bezeichnen. Sicher sind diese Begriffe christlich-jüdischen Ursprungs und haben sich unter dem Einfluß präislamischer Vorstellungen verändert. Schaitan ist nach lexikographischer Definition, jeder, der sich unter den *Dschinn*, den Menschen oder den Tieren auflehnt. Doch ist in dieser Bezeichnung in jedem Fall eine archaisch-präislamische Wurzel zu suchen, wonach der *Schaitan* lediglich ein ambivalenter Dämon war, von ähnlicher Art wie die *Dschinn*. In einigen Quellen ist der *Schaitan* ein Schutzgeist oder ein Genius, der über den Dichter kommt, oder auch ein Hausgeist. Im Koran wird Schaitan nur ein einziges Mal als unbestimmter Begriff in den mekkanischen Suren erwähnt und bezeichnet somit einen *Schaitan*, während er in den medinischen Suren mit Iblis identifiziert wird. Damit ist der Prozeß der Hebräisierung vollzogen, und Schaitan wird als der Anführer der bösen Geister angesehen, anders als der *Schaitan*, der nicht unbedingt ein böser Geist sein muß. In der späteren Überlieferung wird versucht, einen Bezug zwischen Schaitan und den anderen *Dschinn* oder *Schaitan* herzustellen, die als seine Söhne gelten oder als aus seinen Eiern geboren. Im Koran taucht er jedoch nicht als Herr der Unterwelt auf, eine Stellung, die Malik vorbehalten ist.

Im religiösen Denken ist Schaitan die Macht, die sich im Herzen der Menschen Gott widersetzt, die sie durch Einflüsterungen zum Bösen treibt. Jeder Mensch hat seinen *Schaitan*, der ihm so eng verbunden ist wie das Blut dem Körper. Seine Macht ist jedoch begrenzt und wird ausgeglichen durch den Schutzengel, den nach dem Volksglauben jedes Geschöpf an seiner Seite hat. Auch sind die

In dieser arabischen Miniatur des 18. Jahrhunderts stellen die sieben Sphären des Himmels die Stufen des mystischen Aufstiegs dar. In der ersten ist Mohammed mit dem Erzengel Gabriel zu sehen. Ganz unten Mekka mit dem Schwarzen Stein und der Treppe, die zum Himmel führt.

Schaitane männlichen wie weiblichen Geschlechts, sie sind grauenerregend, zeigen sich in verführerischer oder betrügerischer Gestalt und haben Ziegenfüße.

In der Identifikation mit Schaitan ist Iblis der persönliche Name des Teufels, der sich vielleicht vom griechischen *diabolos* ableitet, während die arabischen Lexikographen ihn auf die Wurzel *bls* zurückführen, da er von Gott kein Mitleid zu erwarten hat (*ublisa*). Im Koran erscheint er als eine der Gestalten in der Urgeschichte der Welt: er widersetzt sich der Erschaffung Adams und versucht Eva im Paradies. Er weigert sich, Adam zu huldigen und wird deshalb aus dem Paradies vertrieben und verflucht. Doch wird die Strafe auf seine Bitte hin aufgeschoben bis zum Tag des Gerichts. Die Weigerung, Adam zu huldigen, wird zur Auflehnung gegen Gott: »Und als wir zu den Engeln sagten: ›Werft euch vor Adam nieder!‹, da warfen sie sich nieder, außer Iblis, der weigerte sich und war hochmütig.«[14] In Erwartung seiner Strafe versucht er, die Menschen vom rechten Weg abzubringen.[15] Aufgrund seines Wesens stellt er den Menschen die häßlichen Dinge als schön dar, aber er hat keine Macht über die Rechtgläubigen: »Er (Iblis) sagt: ›Herr! Darum, daß du mich hast abirren lassen, werde ich es ihnen im schönsten Licht erscheinen lassen auf der Erde und sie allesamt abirren lassen, mit Ausnahme deiner auserlesenen Diener unter ihnen.‹«[16] Selbst seine Bitte an Gott, den Tag seiner Bestrafung aufzuschieben, formuliert Iblis als Herausforderung: »Er sagte: ›Was meinst du wohl von dem da, dem du mehr Huld erwiesen hast als mir? Wenn du mir bis zum Tag der Auferstehung Aufschub gewährst, werde ich seiner Nachkommenschaft mit wenigen Ausnahmen den Garaus machen.‹«[17] Er ist der Feind von Adam und Eva, er versucht sie und stürzt sie in die Sünde; und somit ist er der ausgemachte Feind und Versucher des Menschen[18]; er sieht und überwacht gemeinsam mit seiner Sippschaft die Menschen, wobei sie ihn nicht sehen können[19], er lockt sie mit Versprechungen, die er nicht einhalten kann und die er selbst am Tag des Jüngsten Gerichts

[14] Ebd., Sure 2, Vers. 34.
[15] Ebd., Sure 7, Vers 14ff.
[16] Ebd., Sure 15, Vers 39–42.
[17] Ebd., Sure 17, Vers 62.
[18] Ebd., Sure 2, Vers 168–169, 208.
[19] Ebd., Sure 7, Vers 27.

bestreiten wird[20], und er entzweit sie, indem er Zwietracht unter ihnen sät[21], er ruft sie, um sie ins Höllenfeuer zu zerren[22], er führt sie zurück zum Bösen, nachdem sie schon die rechte Leitung akzeptiert hatten[23], er läßt sie vergessen, Gottes zu gedenken[24], verrät sie, indem er sie zuerst vom Glauben ablenkt und sich dann selbst zum gehorsamen Diener Gottes erklärt[25]. Er stört die Wege Gottes, indem er sogar die Propheten in Versuchung bringt.[26]

Das natürliche Element des Teufels ist *Dschahannam*, die Hölle, abgeleitet vom hebräischen *gehinnom*. Der Koran zeigt sie in zwei unterschiedlichen Bildern: als ein monströses Tier und als den Ort der Verdammten, wobei diese zweite Darstellung die vorherrschende ist. Die Personifizierung taucht in der 89. Sure auf[27]: »Nein! Wenn (dereinst) die Erde Stück für Stück zu Staub gemacht wird und dein Herr kommt und die Engel, eine Reihe hinter der andern und wenn an jenem Tag die Hölle herbeigebracht wird...« Personifiziert wird sie auch in der 67. Sure[28] dargestellt: wenn die Verdammten hineingeworfen werden, hören sie sie (die Dschehenna) brüllen vor Sieden, fast berstet sie vor Wut«. Die spätere Exegese des Al-Ghazzali weiß in dem eschatologischen Traktat *Al-Durra Al-fahira* zu berichten, daß die Hölle, vorgestellt als ein monströses Tier, im Angesicht Allahs erzittert. Sie geht auf vier Beinen, von denen jedes mit 70 000 Ringen angekettet ist, und auf jedem befinden sich 70 000 Dämonen, von denen jeder einzelne so stark ist, daß er einen Berg zu Staub machen könnte. Von den Sterblichen durch einen Zeitraum von tausend Jahren getrennt, wird sie sich am Tag des Gerichts über sie stürzen.

Die geläufigere Darstellung der Dschahannam als Hölle*nort* ist ein im Koran sehr beliebter Topos, der oft zusammen mit dem Paradies behandelt wird. Die ensprechenden Koranpassagen besagen, daß die Sünder nach dem Tag des Gerichts Insassen des Höllenfeuers sein und ewig darin bleiben werden[29]; daß es falsch

---

[20] Ebd., Sure 14, Vers 22.
[21] Ebd., Sure 17, Vers 53.
[22] Ebd., Sure 35, Vers 6–7.
[23] Ebd., Sure 47, Vers 25.
[24] Ebd., Sure 58, Vers 19.
[25] Ebd., Sure 59, Vers 16.
[26] Ebd., Sure 22, Vers 52–53.
[27] Ebd., Sure 89, Vers 21–23.
[28] Ebd., Sure 67, Vers 7–8.
[29] Ebd., Sure 2, Vers 39, 80–81.

ist, an eine begrenzte Zeit im Höllenfeuer zu glauben[30]; daß die Haut der Verdammten, sobald sie vom Feuer verbrannt ist, durch neue Haut ersetzt wird, damit sie die Qual stärker verspüren[31]; daß die Verdammten die Hölle zum Lager bekommen und darüber Decken aus Höllenfeuer[32]; daß der Verdammte rückwärts in die Hölle hineingezogen wird, daß er verseuchte Flüssigkeit zu trinken bekommt, die er Tropfen für Tropfen schlucken muß, aber fast nicht hinunterbringt[33]; daß für die Verdammten Kleider aus Höllenfeuer zugeschnitten werden, daß ihnen heißes Wasser über den Kopf gegossen wird, wodurch die Haut und das, was sie im Bauch haben, zum Schmelzen gebracht wird; daß sie mit Stöcken aus Eisen geschlagen und sooft sie die Hölle verlassen wollen, mit Schlägen wieder hineingetrieben werden[34]; daß sich auf dem Grunde der Hölle der verfluchte, bittere Baum Zaqqum befindet, dessen Früchte wie schreckliche Schlangenköpfe sind und der Gegenstand der Versuchung für die Ungläubigen ist[35]; daß das Höllenfeuer von Menschen und Steinen genährt und von harten und strengen Engeln gehütet wird, die sich gegen Gott in dem, was er ihnen befohlen hat, nicht auflehnen[36]; daß die Verdammten vertrocknete Dornensträucher zu essen bekommen, was weder nahrhaft ist noch gegen Hunger hilft.[37] Diese Darstellungen des Korans sind in Legende und Exegese weiterentwickelt worden. Die Hölle befindet sich unter dem Sockel der Welt und ruht auf Stier und Fisch. Sie besteht aus sieben Ebenen in Form von Kratern. Eine Brücke, so schmal wie die Schneide eines Schwertes, führt darüber, und die Seelen müssen sie überqueren, um ins Paradies zu gelangen. Die Seelen der Sünder vermögen sie nicht zu überqueren. Diese Brücke heißt Al-Sirat, die Straße, und ihre Geländer sind von Haken und Zangen gesäumt.

Die Magie wird durch das Wort *sihr* bezeichnet, das die Grundbedeutung Faszination, Verzauberung hat; es bedeutet die Verwandlung eines Gegenstandes von seiner realen Natur in eine irreale oder nur scheinbare Sache. Sie wurde den Menschen von den

[30] Ebd., Sure 3, Vers 24.
[31] Ebd., Sure 4, Vers 56.
[32] Ebd., Sure 7, Vers 41.
[33] Ebd., Sure 14, Vers 16–17.
[34] Ebd., Sure 22, Vers 19–22.
[35] Ebd., Sure 56, Vers 52.
[36] Ebd., Sure 66, Vers 6.
[37] Ebd., Sure 88, Vers 6.

Dschinn und den Satanen übermittelt, die die Geheimnisse des Himmels erlauschten und ihnen Lügen hinzufügten, diese Dinge dann den Sehern (*kahin*) mitteilten, und so fanden sie Eingang in die von ihnen inspirierten Bücher.

Die Teufelsanbeter

Als »Teufelsanbeter«, *shaitan-perest*, oder Diener des Dämons, *'abede-i Iblis*, werden im abfälligen Sinn die Jeziden bezeichnet, eine kurdische Stammesgruppe: sie praktizierten eine Religion, die aus islamischer Sicht als ketzerisch gilt. Ungeklärt ist die Herkunft ihres Namens, der nach der am häufigsten dokumentierten Auffassung auf das neupersische Wort *ized*, »Engel«, »Gottheit«, zurückgeht. Es müßte folglich »Anbeter der Gottheit«, »Anbeter der Engel« bedeuten, und eine Verbindung zwischen dieser Religion und der persischen Lehre des Zarathustra ist so gut wie sicher.

Es handelt sich hier um eine theologisch-mythologische Lehre, die neben anderen das Motiv des Dualismus' enthält, der auf gnostische und manichäische Ursprünge zurückgeht, das heißt, also den Konflikt zwischen einer positiven und einer negativen, dämonischen Macht. Am Anfang steht ein mythischer Konflikt zwischen Gott und dem Pfauenengel oder Pfauenkönig. Gott erschafft die Welt, wird dann aber passiv, weshalb der Weltbewahrer, das heißt, der Pfauenengel, seinen Platz einnimmt. Er, der den Namen Melek Tâûs trägt, ist der aufgrund seiner Auflehnung gefallene Engel. Gott gab ihm jedoch seine Würde zurück und setzte ihn als Herrscher über die Welt ein. Mit seinen Reuetränen, die in siebentausend Jahren sieben große Krüge füllten, hat er das Böse endgültig besiegt und zerstört, deshalb existieren für die Jeziden weder die Hölle noch das Böse.

Woher diese Darstellung Gottes in Tiergestalt rührt, ist ungeklärt. Nach einer Hypothese von G. Furlani[1] war in einigen späteren Auslegungen des Mythos' von Adams Sündenfall der Pfau Vermittler zwischen Iblis-Satanas und der Versucherin Schlange. Iblis ersuchte alle Tiere um Hilfe. Der Pfau lehnte es zwar ab, sich einzumischen, aber er schickte dem Teufel eine Schlange. Nach dem Sündenfall (der nach der Koranexegese sexueller Natur ist), stieß Gott die Verantwortlichen auf die Erde hinab. Die Schlange fiel auf Isfahan, der Pfau auf Kabul, Satanas auf den Ararat und Adam auf die Insel Ceylon. Die Jeziden haben diesen Legendenkomplex, der sich innerhalb der Koranexegese entwickelt hat, übernommen, angereichert und schließlich den gefallenen und aus dem Paradies

[1] G. Furlani, *Religione dei Yezidi*. Bologna 1931.

verstoßenen Engel mit dem Pfau gleichsetzt. Daß die Jeziden den gefallenen Engel von seiner bösen, unheilvollen Bedeutung befreiten und ihn an den Platz Gottes setzten, brachte ihnen den Vorwurf ein, sie würden den Teufel anbeten. Tatsächlich ist diese Anklage aufgrund der mythologischen Umgestaltung gerechtfertigt, obgleich der Gott der Jeziden nichts Satanisches hat und ihre Religion im Gegenteil die Existenz des Dämons und des kosmischen Bösen ausschließt.

Im Weltentstehungsmythos lebt Gott in Gestalt eines Vogels ganz oben im Weltenbaum. Seiner Herrlichkeit entspringt der Engel Gabriel, auch er in Vogelgestalt. Ausgerechnet Gabriel nimmt die Gestalt des biblischen Satanas an, doch löscht er mit seiner Erlösung das Böse in der Welt aus. Gabriel machte sich der Sünde des Hochmuts schuldig, da er Gott gleich sein wollte. Gott vertrieb ihn von dem Baum, indem er ihm einen Stoß mit dem Schnabel versetzte, und nachdem der Engel viele Jahrhunderte lang umhergeflogen war, kehrte er zu Gott zurück, unterwarf sich ihm und sühnte so seine Schuld.

Der Teufel in unserer Zeit

Der Teufel, gezeichnet von einem elfjährigen deutschen Jungen.

Der Teufel in der Welt der Gegenwart

Gleich vorab ist hier festzustellen, daß Phänomene von Dämonisierung, von denen wir glaubten, sie gehörten der Vergangenheit an, auch dieses jüngste Jahrhundert unserer Geschichte begleiten und sich ernsthaft bemerkbar machen.

Als die Gründung des Königreichs Italien der weltlichen Macht der Päpste ein Ende setzte und die Verbreitung starker demokratischer Bewegungen mit sich brachte, die nicht immer frei von naiven, bisweilen plumpen Formen von Antiklerikalismus waren, wurde die gesamte Welt dieser Freidenker, Patrioten, Soldaten, die das Land vereinigt hatten, zur Personifikation des Teufels erklärt. Es genügt, die Ausgaben der *Civiltà cattolica* zwischen 1870 und 1875 durchzublättern, um einen Eindruck davon zu bekommen, wie stark der Papst und die der Kirche verbundenen Kreise in ihren Äußerungen und Argumentationen diese Gruppierungen dämonisierten. 1871 konstituiert sich in Rom eine Gesellschaft der Freidenker, und man erklärt sie zur »neuen Schule Satans, begründet in Rom unter der Schutzherrschaft jener Freiheit, die von den Kanonen Cadornas und Bixios verkündet wurde. Daraus ist zu ersehen, daß der Teufel, würdig repräsentiert durch diese Jünger der Freidenkerei, hier erneut seine Herrschaft errichten und seine Gesetze diktieren will, da Rom das Zentrum des Katholizismus' und die Stadt Gottes war und ist... Diese Jünger Satans haben bereits einige Zustimmung innerhalb des plebejischen Abschaums der Sektierer gefunden«.[1] Am 27. November des gleichen Jahres richtet der Papst die übliche Ansprache an die römischen Adeligen, »während die Kanone der Eroberer Roms die feierliche Eröffnung des italienischen Parlaments verkündete«. Und nachdem erste Versuche zu einer Aussöhnung zwischen den beiden Parteien unternommen worden waren, beteuerte der Papst »mit feierlich erhobener Stimme, daß eine Versöhnung zwischen Christus und Belial, zwischen Licht und Schatten, zwischen Wahrheit und Lüge niemals möglich sein wird«.[2]

Am 12. Juni tat der Heilige Vater an die Adresse der Prokuratoren und der Oberen der religiösen Orden kund, daß: »Gott für

---

[1] *Civiltà cattolica*, Serie VIII, vol. IV, S. 490ff.
[2] Ebd., Serie VIII, vol. IV, S. 79ff.

einen Augenblick der Hölle die Macht überlassen hat... Haec est hora vestra, et potestas tanebrarum.«[3] In der Rede, die er am 7. September 1872 an die Zöglinge des päpstlichen Seminars in Rom richtet, kehren die gleichen Themen wieder: »Zweifellos hat der Dämon zu allen Zeiten danach getrachtet, diese Stätte des Katholizismus' und diesen Stuhl der Wahrheit zu bedrängen. Doch scheint es in unseren Tagen, als habe der Fürst der Finsternis von Gott die Erlaubnis erhalten, sie von allen Seiten und auf jede nur mögliche Weise anzugreifen... Diese Kinder und alle jungen Leute sind gefährdet, der Dämon der Revolution will ihre Seelen zerstören, durch falsche Grundsätze, die er ihnen einflüstert, durch die Unmoral, die er in ihnen weckt, durch den infernalischen Geist des Unglaubens, mit dem er ihnen das kostbare Geschenk des Glaubens aus der Seele zu reißen versucht.«[4]

In den letzten Jahrzehnten des 19. Jahrhunderts und zu Beginn des 20. Jahrhunderts erscheint die Freimauerei als der Sitz Satans, vor allem weil die Risorgimento-Bewegungen und antikirchliche Strömungen daraus hervorgegagen waren. Wieder einmal scheiden sich die Welt und die Menschen nach manichäistischem Vorbild in zwei Reiche: das des Lichts, vertreten durch die katholische Kirche und das römische Pontifikat, und das der Finsternis, in das jegliche von der Freiheit des Denkens bestimmte Bewegung verwiesen wird. Die Vorfälle rund um den sogenannten »Satanismus« sind, vor allem zur Zeit Leos XIII., vom Konflikt zwischen Kirche und Freimauerei bestimmt. Der Verteufelung der Freimauerei geht im übrigen eine lange Geschichte voraus. Sie ist in erster Linie dem Vorgehen der Jesuiten zuzuschreiben, die nachdrücklicher als alle anderen Orden subversive Elemente in der Freimaurerorganisation ausgemacht hatten, die im übrigen vieles mit der Gesellschaft Jesu gemeinsam hat (den blinden Gehorsam, die Geheimhaltung, die brüderliche Verbundenheit der Mitglieder etc.). Die kirchlichen Maßnahmen, deren konkrete Auswirkungen oft eher begrenzt waren, reihten sich in unablässiger Folge aneinander: Bulle *In eminenti* von Clemens XII. am 28. April 1738; Bulle *Providas* von Benedikt XIV. am 18. Mai 1751; Exkommunikation ex ufficium durch Pius VI; Bulle *Ecclesiam* von Pius VII. am 13. September 1821; Bulle *Que graviora* von Leo XII. am 13. Mai 1825; Enzy-

[3] Ebd., Serie VIII, vol. XI, S. 92.
[4] Ebd., Serie IX, vol. I, S. 96.

klika *Tradidit humilitati* von Pius VIII. am 21. Mai 1829; Enzyklika *Mirari* von Gregor XVI. am 15. April 1846; Enzyklika *Qui pluribus* von Pius IX. am 9. November 1846; Enzyklika *Quanta cura* am 8. Dezember 1864; Allokution *Multiplices inter* am 2. September 1865; Bulle *Apostolicae sedis* am 12. Oktober 1869, alle von Pius IX.; Enzyklika *Humanum genus* von Leo XIII. am 20. April 1884; Brief *Praeclara gratulationis* am 20. Juni 1894 mit nachfolgender Erklärung vom 19. März 1902 durch den gleichen Papst. Die Verurteilung wird endgültig sanktioniert durch den *Codex juris canonici* (Art. 2335: Exkommunikation *simpliciter reservata* vom Heiligen Stuhl, *ipso facto* für die Anhänger der Freimaurerei; Art. 1065 Verbot für die Gläubigen, Ehen mit Freimaurern einzugehen; Art. 1240 Verweigerung des kirchlichen Begräbnisses; Art. 542 Verbot der Zulassung zum Noviziat; Art. 693 Verbot der Zulassung zu frommen Gemeinschaften; Art. 2336, 2 Pflicht, die der Freimaurerei verbundenen Geistlichen der Kongregation des heiligen Uffiziums zu melden).

Die Verteufelung der Freimaurerei durch die Kirche erklärt sich nicht zuletzt aus dem Bestreben, auf diese Weise das zunehmende demokratische Denken und das freiheitlich nationale Bewußtsein zu unterdrücken, das innerhalb der Logen gärte und auf den Untergang der feudalen und theokratischen Weltanschauung abzielte.

Zudem hatte Gabriel Jogand, ehemaliger Jesuitenzögling, 1854 in Marseille geboren, in diesem aufgeheizten Klima eine wütende Schmähkampagne gegen die Freimaurerei in Gang gesetzt. 1881 in die Freimaurerloge aufgenommen, zog er sich sehr bald wieder daraus zurück, erklärte im April 1885 seine »Konversion«, tat öffentlich Abbitte für seine Verirrungen und publizierte nach und nach eine Reihe von merkwürdigen Enthüllungen über die wahren Ziele der »Sekte«. Von 1886 an (das Jahr, in dem er seine *Révélations complètes sur la Franc-Maçonnerie* veröffentlichte) verbreitete er unter dem Pseudonym Leo Taxil unablässig und in großer Menge Schriften gegen die Freimaurerei. Taxil gab an, er sei unter dem Eindruck der Enzyklika *Humanum genus* Leos XIII. konvertiert, und man sah ihn deshalb als einen, der dank der Kirche von seinen Irrtümern erlöst worden war. Von vielen Kirchenleuten unterstützt und ermuntert, wurden seine Werke in die Sprachen aller katholischen Länder übersetzt, und 1887 wurde er von Leo XIII. feierlich empfangen.

Taxil wurde in seiner Polemik, die auf ganz offenkundigen Verfälschungen beruhte, von Armand Joseph Fava (1826–1889) unterstützt, der 1871 Bischof von Saint Pierre und Fort de France und 1875 Bischof von Grenoble wurde. Fava verband die Dämonisierung der Freimaurer mit einem ausgeprägten Antisemitismus und der Ablehnung der demokratischen Institutionen der dritten Republik. Die gleiche antifreimaurerische und antisemitische Haltung zeigt Meurin, ein weiterer Fürsprecher Taxils und Erzbischof von Port-Louis auf Mauritius, der 1892 ein berühmt gewordenes Büchlein mit dem Titel *La Franc-Maçonnerie, Synagogue de Satan* herausbringt. 1893/94 berichtet der Deutsche C. Hacks unter dem Pseudonym Bataille in *Le diable au XXième siècle*, einer Schrift, die in Paris mehrfach aufgelegt wurde, er habe im Laufe seiner Wanderung durch verschiedene Länder der Welt eine gewisse Miss Diana Vaughan getroffen, die der Bewegung der Palladisten angehörte; 1895 wurde ihre plötzliche Konversion verkündet. Der Tenor dieser Enthüllungen ging dahin, daß die »wahre Freimaurerei« eine satanische Sekte von Teufelsanbetern sei, sogenannten Luziferianern oder Palladisten, die, eine eindeutig dualistische Einstellung vertretend, Satan zum wahren Gott des Lichtes erklärt hatten und den jüdischen Gott als Gott der Finsternis ablehnten. Das Palladium, das Idol der Sekte, war der geheimnisvolle Baphomet, dessen Verehrung man bereits den Templern in dem großen Prozeß im 14. Jahrhundert vorgeworfen hatte. 1801 sei der Baphomet zusammen mit dem Schädel von Jacques de Molay, dem letzten Großmeister der Templer, in die Hände eines gewissen Isaac Long gefallen, und Long habe ihn von Paris nach Charleston in den Vereinigten Staaten gebracht. Oberhaupt der Sekte sei Albert Pike. Auf ihn sei Adriano Lemmi gefolgt, der Baphomet von Charleston nach Rom brachte, um dort das Zentrum des Satanskultes zu errichten, dessen Adepten den christlichen Glauben verleugneten, die Schwarze Messe zelebrierten und Obszönitäten begingen: der gewohnte Kanon von Anschuldigungen, wie man sie in der Geschichte der Ketzerei schon vielen Gruppierungen zur Last gelegt hatte.

Während die Freimaurer die frei erfundene Anschuldigung des Satanismus' energisch zurückwiesen und Taxil aufforderten, er solle Diana Vaughan, die zur wesentlichen Phantomzeugin für diese vorgebliche Ketzerei geworden war, öffentlich präsentieren, forderten die Kirchenmänner die Verbreitung der Schmähschriften.

Die Patrioten und die Politiker der Generation, die die Unabhängigkeit Italiens bewirkte und damit der Kirche die Macht nahm, werden mit dem Teufel identifiziert. Volkstümlicher Stich aus der Raccolta Bertarelli in Mailand.

Taxil ließ wissen, Leo XIII. habe 1895 der Vaughan seinen persönlichen Segen übersandt. Beim Anti-Freimaurer-Kongreß im Jahre 1896 in Trient gelang es Taxil, alle Zweifel an der realen Existenz der Vaughan zu zerstreuen, indem er behauptete, er präsentiere sie nur deshalb nicht der Öffentlichkeit, weil er sie nicht der Gefahr aussetzen wolle, von den Freimaurern umgebracht zu werden, wobei er nicht ausschloß, sie einem begrenzten Kreise vorzuführen. Doch schickte Bataille, der Autor der Enthüllungen über die umstrittene Miss Vaughan, im gleichen Jahr dem *Univers* in Paris einen Brief mit der Erklärung, die in *Le Diable au XXième siècle* enthaltenen Informationen seien ausnahmslos seiner Fantasie entsprungen. Taxil versuchte die Komödie noch eine Weile weiterzuführen und kündigte die bevorstehende öffentliche Vorstellung der Vaughan an, bis er am 19. April 1897 bei einer Versammlung der Geographischen Gesellschaft in Paris endlich gestand, daß die ganze Geschichte ein kolossaler Schwindel sei, den er sich aus den Fingern gesogen habe. Er sprach der katholischen Kirche und den verschiedenen Bischöfen seinen Dank für die Unterstützung aus, die sie ihm bei der Verbreitung seiner Fantasiegeschichten gewährt hatten. Taxil starb 1907.

Mit dem Ende des 19. Jahrhunderts scheint sich der Teufel in eine rein mythische Metapher für die Befreiung des Menschen aus den Fesseln des Terrors, der die vorangegangenen Jahrhunderte bestimmt hatte, verwandelt zu haben. Er verkörpert den Ausbruch der unterdrückten Instinkte, die Lebensfreude, die Fähigkeit des Menschen, sich eine rationale Welt aufzubauen, all jene Züge, die von einigen Wissenschaftlern dem verteufelten Hexenwesen zugeordnet werden, als Ausdruck eines »Naturalismus«, der sich gegen die unterdrückende Gewalt der Institutionen und der Kirche auflehnt. Carducci sieht in seinem Werk *Inno a Satana* im Teufel die Rebellion und die »rächende Kraft der Vernunft« ihm sind Weihrauch und Weihgaben darzubringen, gerade weil er sich als Bild der Vernunft an die Stelle des Gottes der Priester gesetzt hat. Für Baudelaire wird er *»le plus savant et le plus beau des Anges, / Dieu trahi par le sort et privé de louanges«* (O Cherub, weisester, schönster von Gottes Söhnen, / Gestürzt, selbst noch ein Gott, dem keine Psalmen tönen ...)[5].

Arturo Graf hat am Ende seines Buches über den Teufel die Vorstellungen dargelegt, wie sie für die Jahre um 1890 gültig gewesen sein dürften. Der Teufel, endgültig tot und vergessen, »wird sich in der menschlichen Fantasie im gleichen Urgrund auflösen, dem er entstiegen ist«. Nach Graf existiert er nicht mehr, weil die Ursachen, die ihm zur Entstehung verhalfen, verschwunden sind. Er stirbt, weil er keine Funktion mehr hat und »weil die Idee, die ihn zum Leben erweckte, im gewaltigen Lebenswettkampf anderen, vitaleren und jüngeren Ideen nicht mehr standzuhalten vermag«. Sie sind dahin, jene fantastischen teuflischen Heere, die durch die Lüfte streiften. Der Argwohn und die Angst vor dem Teufel haben sich verflüchtigt, »nicht allein unter den gebildeten Menschen, sondern auch im Volk; nicht allein in den Städten ... sondern auch auf dem Land«. Man kann ihm nicht mehr die Krankheiten des Menschen anlasten, und deshalb »entledigte sich unsere Zivilisation des Teufels, der ihr zu anderen Zeiten nützlich war, aber nun eine überflüssige Last geworden ist; sie entledigt sich seiner, wie sie sich der Sklaverei, der Privilegien, des religiösen Fanatismus, des Gottesgnadentums und anderer Dinge entledigt hat«.[6]

[5] »Die Litaneien Satans«. Charles Bandelaire, Ausgewählte Werke. Die Blumen des Bösen. München 1925, S. 261.

Als die Freimaurerei die europäischen Unabhängigkeitsbestrebungen anregte und die Gedankenfreiheit verteidigte, wurde sie von der katholischen Kirche als »Synagoge Satans« verteufelt. Hier ein Initiationsritus der Freimaurer. (Illustration aus L. Taxil, I misteri della Frammassoneria, *Genua 1888.)*

---

[6] Arturo Graf, *Il diavolo*. Mailand 1889, Neuaufl. hrsg. von C. Petrone. Rom 1980, S. 247ff.

Keine Geschichtsdiagnose war je so falsch wie diese, die Graf aus dem geistigen Klima des Positivismus' und aus dem letzten noch verbliebenen Rest jenes Geistes der Aufklärung bezog, der Voltaire bewogen hatte, D'Alembert und Diderot seine »Brüder im Teufel« zu nennen. Die Realität sah ganz anders aus, und es sollten Jahre folgen, in denen Satan bei vielerlei Anlässen und in den unterschiedlichsten Formen wieder ins Spiel kam. Die offizielle Kirchendoktrin hat es ganz offen vermieden, den Teufel zu begraben, wie es die weltlich denkenden Kreise und selbst die Gläubigen gern gesehen hätten, die sich mit der Möglichkeit einer Entmythisierung inzwischen angefreundet hatten. Während sich aus einem an den materiellen Erkenntnissen der Naturwissenschaften geschulten Bewußtsein und aus einer neuen Glaubensauffassung, frei von bedrängenden, personifizierten Vorstellungen, um die fünfziger Jahre herum die Tendenz entwickelte, der dämonischen Bilderwelt endgültig abzusagen, ging es dem römischen Pontifikat mit seiner Rückkehr zum Teufel darum, eine Sicherheit des Dogmas und des Glaubens zurückzugewinnen, die von so vielen Seiten bedroht worden war.

Doch dieser Rückgewinnung haftete eine schmerzliche Ambivalenz an: Zum einen stand sie für einen der vielen Versuche des reaktionären Konservatismus', seine Macht zu erneuern, zum anderen löste sie Reaktionen in weiten nichtkirchlichen Kreisen und auch in Kirchenschichten aus, die sich nun von den alten mythischen Fesseln befreit glaubten. Doch gelang es mit Hilfe dieser unerbittlich und mit der ganzen Autorität des Pontifikats durchgeführten Maßnahmen auch, einen Satan wiederauferstehen zu lassen, den das zeitgenössische Denken endgültig für nichtig erklärt und in der Erinnerung an frühere Zeiten begraben hatte. Wäre Satan eine real existierende Gestalt, dann hätte ihm nichts weniger als das Vorgehen der Päpste großzügigen Dienst und feierliche Anerkennung angedeihen lassen.

In der Homilie, die Paul VI. am 29. Juni 1972 anläßlich des Festes der Heiligen Peter und Paul und des 9. Jahrestags seiner Krönung an die Gläubigen richtete, vertrat er ausdrücklich die Auffassung, daß die Welt vom Teufel besessen sei: »Im Hinblick auf die Situation der heutigen Kirche äußerte der Heilige Vater die Meinung, er habe das Gefühl, daß ›durch irgendeinen Riß der Rauch Satans in den Tempel Gottes eingetreten sei ...‹ Wie konnte das geschehen? Der Papst vertraute den Anwesenden seine Gedanken dazu an: dies sei auf das Vorgehen einer widrigen Macht zurückzuführen. Teufel sei ihr Name, jenes geheimnisvolle Wesen, von dem schon im Brief des heiligen Petrus die Rede ist. Zum anderen findet sich auch im Evangelium der Beweis, daß Christus selbst diesen Feind der Menschen häufig erwähnte. ›Wir glauben‹, bemerkte der Heilige Vater, ›an etwas Außernatürliches, eben darum in die Welt gekommen, um den Erfolg des Ökumenischen Konzils zu trüben und zu unterdrücken.«[7]

Am 13. November 1972 findet die Rückkehr der katholischen Kirche zum Teufelsglauben in einer anderen feierlichen Erklärung Pauls VI. ihren Ausdruck: »Das Böse in der Welt ist das Vorhandensein und Wirken eines dunklen Feindes, des Teufels, in uns und in unserer Gesellschaft. Das Böse ist nicht allein ein Mangel, sondern es ist ein lebendiges, geistiges, pervertiertes und pervertierendes Wesen. Furchtbare Realität, geheimnisvoll und erschreckend. Wer sich weigert, seine Existenz anzuerkennen, stellt sich außerhalb von Bibel und Kirche; auch, wer ihn zu einem Prinzip an sich erhebt, das seinen Ursprung nicht, wie jede Schöpfung, in Gott hat; oder wer ihn zur Pseudorealität erklärt, zu einem personifizierten Fantasiegebildes der unbekannten Ursachen unserer Übel... Der Teufel ist der Feind Nummer Eins, der Versucher schlechthin. Wir wissen somit, daß dieses dunkle, verwirrende Wesen tatsächlich existiert und noch immer tätig ist. Mit Trug bedroht er das moralische Gleichgewicht des Menschen, der falsche Zauberer, der sich in uns einzuschleichen versteht, um uns vom rechten Wege abzubringen... Der Teufel und der Einfluß, den er auszuüben vermag, wäre ein sehr wichtiges, von der katholischen Doktrin erneut zu studierendes Kapitel, was heutzutage nur selten geschieht.« Es zeigt sich hier eine Art schwärmerischer Nostalgie nach der langen mittelalterlichen Tradition: erneut wird ein Teufelsbild entworfen, das nicht mehr »die Abwesenheit des Guten« wie beim heiligen Augustinus ist, sondern das reale Wesen, wie es sich in der Apokalypse und in den Bildnissen vom Teufel darstellt.

Vielleicht mit größerer Naivität, die aber keineswegs ungefährlich ist, hat Johannes Paul II. diese Thematik mehrfach wiederaufgegriffen. *L'Osservatore Romano* druckt am 14., 16./17. und 21. August 1986 eine seiner Homelien über das Glaubensbekenntnis ab, in der er sich zur Mythologie von den Engeln und den Teufeln bekennt. Nach Ansicht des Papstes ist der Teufel ein

[7] *L'Osservatore Romano*, 30. 6./1. 7. 1972.

gefallener Engel, und Satans Sünde ist es, daß er die göttliche Wahrheit ablehnt. Als Folge der Erbsünde hat jener gefallene Engel in gewissem Maße die Herrschaft über den Menschen errungen. Ihren Ausdruck findet diese Doktrin in der Liturgie zur Taufe, in der der Katechumene aufgefordert wird, dem Teufel und seinen Verführungen zu entsagen. Als Person und als böser Geist nimmt er nicht allein auf die materiellen Dinge Einfluß, sondern auch auf den Körper des Menschen, weshalb man sehr wohl von teuflischer Besessenheit sprechen kann. Nach Meinung des Papstes ist es nicht immer ganz einfach zu unterscheiden, was in diesen Fällen an Außernatürlichem geschieht; prinzipiell muß man aber davon ausgehen, daß Satan in seinem Bestreben, dem Menschen zu schaden und ihn zum Bösen zu verführen, zu dieser äußersten Manifestation seiner Überlegenheit greifen könnte.

In Fortsetzung seiner teufelsfreundlichen Katechese greift Woityla am 13. August 1986 eine alte These der Dämonologen wieder auf: »Satans geschickter Plan in der Welt besteht darin, die Menschen zu veranlassen, seine Existenz zu leugnen im Namen der Rationalität oder auch jeden anderen Denksystems, das zu allen nur möglichen Ausflüchten greift, um nur sein Wirken nicht eingestehen zu müssen.«

Damit wird implizit jede Art von weltlichem Denken, das den Thomismus und die katholische Theologie ablehnt, dämonisiert. In der Katechese vom 20. August des gleichen Jahres läßt dieser Papst den alten Mythos von den vielfältigen Einflüssen Satans auf die geistige und physische Ordnung der Natur auferstehen – und verleiht ihm damit erneute Legitimation. Diese Erklärung erlaubt die Schlußfolgerung, daß die mittelalterliche Theorie vom dämonischen Ursprung der Unwetter und der Krankheiten in ihrer Gültigkeit bestätigt wurde. In der Homilie vom 15. August, die der Papst in der Pfarrkirche von Castel Gandolfo hält, versucht der Drache der Apokalypse, der von der Jungfrau Maria zertreten werden wird, ohne Unterlaß die Frau, »mehrt damit die Sünde in der Geschichte der Menschheit und versucht vor allem, den Menschen von Gott zu entfernen«, eine Aussage, in der die Frauenfeindlichkeit der Anti-Hexen-Traktate des Mittelalters ganz offensichtlich wiederauflebt.[8]

[8] Eine gute Zusammenfassung dieser Interventionen findet sich in G. Franzoni, *Il diavolo mio fratello*, Soveria Manelli. S. 7ff.

Die Luziferianer vor dem Götzenbild Satans. (Illustration aus L. Taxil, I misteri della Frammassoneria, *Genua 1888.)*

Eigentlich brauchte dieser aufdringlich und autoritär vorgetragene Satansglaube die Welt der Laien nur wenig zu interessieren, da man ja anerkennen muß, daß der Papst mit solchen Erklärungen letztlich nur sozusagen seine Pflicht tut und in der augenblicklichen Phase des wiederbelebten Konservatismus' und der Reaktion eben die rückständigsten Mythen der vergangenen Jahrhunderte wieder hervorholt. Wir sähen uns somit lediglich den Streitschriften und den inneren Angelegenheiten der Kirche gegenüber, die im Prinzip den Laien und die Errungenschaften der wissenschaftlichen Erkenntnislehre nicht weiter berühren. Aber leider wirken sich die Meinungsäußerungen der Kirche direkt oder kraft ihres bedeutsamen politischen Gewichts auch auf die Situation der Nichtkatholiken aus: Sie wirken auf Moral und Verhalten der Menschen ein mit schwerwiegenden Konsequenzen für das bürgerliche Leben. Der päpstliche Teufel präsentiert sich wie ein leerer Raum, wie ein ideologisches und mythologisches Vakuum, das ein reaktionärer Kleriker oder praktizierender Katholik je nach Bedarf mit seinen Ausgrenzungsfantasien und mit seinen sadistischen Aggressionen besetzen kann. Es war derselbe theologische Eifer, der unter Berufung auf das Fortleben des Teufels in der Welt jahrzehntelang dazu geführt hat, daß die Menschheit nach manichäistischer Art in Erlöste und Verdammte aufgeteilt wurde, in Christen (und Christdemokraten) und Kommunisten, und der schließlich im Klima der fundamentalistischen religiösen Reaktion in Amerika, die zur Zeit Ottavianis von der katholischen Kirche gestützt wurde, zum Blutbad an den Rosenbergs und zur antikommunistischen Hexenjagd führte.

Solche Vorgänge, die jeder Vernunft hohnsprechen, sind nicht allein darauf zurückzuführen, daß die erneut bestätigte Existenz des Teufels die politische Ausgrenzung bestimmter Gruppen möglich macht, sondern auch darauf, daß solche Vorstellungen in vielen ländlichen Gebieten zu neuen Mystifizierungen führen. Bei einer Untersuchung, die ich in der Toskana vornahm, habe ich nachweislich festgestellt, daß zwei Franziskanerpater der Kirche S. Maria delle Vertighe im Gebiet von Montesansavino (Arezzo) Personen exorzierten, die in die kommunistische Partei eingeschrieben waren, und sie erst für befreit erklärten, nachdem sie der Democrazia Cristiana beigetreten waren: eine unglaubliche Art und Weise, auf der untersten Ebene des Katholizismus' und zu Lasten des einfachen, der Kirche verbundenen Volkes Satans große Wiederkehr zu begreifen und zu praktizieren.[9] Eine grausame, aggressive Dämonisierung, die zwar nicht durch offizielle Verlautbarungen gestützt wurde (in Ottavianis Anordnungen gegen die Gläubigen, die die sozialistische oder die kommunistische Partei wählten, wird

[9] A. M. di Nola, *In chiesta sul diavolo*. Bari 1979.

der Teufel nicht explizit erwähnt), die aber in vielen Beichtstühlen und in einigen Diözesen ausgiebig zirkulierte. Cazzani, der Bischof von Cremona, erklärte in diesem Klima: »Die wahren Kommunisten sind wahre Besessene«[10] – nur ein Beispiel von vielen.

Dieselben Fermente der Dämonisierung, die es an Plumpheit und Gewalttätigkeit mit denen in bestimmten katholischen Randbereichen aufnehmen können, gären in den fundamentalistischen Bewegungen der Vereinigten Staaten, einer Welle der Missionierung und Pseudoevangelisierung, die dieses Land in absolut besorgniserregender Weise überschwemmt hat, wenn es wirklich wahr ist, daß sich dort drei von zehn Christen für *new born*, »neugeboren«, und für Fundamentalisten erklären. Eine kürzlich von Franco Cancedda[11] durchgeführte Untersuchung liefert wichtige Informationen dazu. In dem manichäisch apokalyptischen Klima, das eine Folge der Spaltung der Menschheit in zwei oppositionelle Lager ist, löst sich die auf einer verfälschten Bibelauslegung beruhende dualistische Metapher auf in den Konflikt USA/Gott gegen sozialistische Länder/Teufel: »Allein die Macht der Vereinigten Staaten und die Macht Gottes setzen sich der Macht der Sowjetunion entgegen; ... dieser Mann Michail Gorbatschow wird sich den Geist des Antichrists zueigen machen. Nein, er ist nicht der Antichrist, doch er handelt im Geist des Antichrists und im Geist der Täuschung... Ich glaube, die Wiederwahl Präsident Reagans ist Teil des Programms, das Gott vorgezeichnet hat. Ich glaube, daß Gott dabei ist, die amerikanische Nation vorzubereiten. Weder unser Land noch die Mehrheit unserer Führer wissen und begreifen, worauf sie vorbereitet werden. Denn Gott ist dabei, für die Ankunft unseres Herrn Jesus Christus eine jede Sache an ihren Platz zu stellen.«[12]

Es ist überdies nicht unwahrscheinlich, daß die zunehmende Ausbreitung von Satanskulten in Städten wie Turin und Rom (wobei dies nur die Städte sind, die durch einschlägige diabolische Ereignisse in die Presse gekommen sind), die gleichzeitige Einsetzung von fünf offiziellen Exorzisten durch den Bischof von Turin – von der Presse ausführlich dokumentiert – und die starke Zunahme von Exorzisten in anderen Städten in gewisser Weise auch durch die

---

[10] Anonimo, *Il diavolo*. Brescia 1969, S. 22.
[11] In: *Bozze 85*, Sept–Okt. 1985, S. 67ff.
[12] Aus einer Rede des Pastors Jimmy Swaggart.

Aleister Crowley (1875–1947) aus: *Richard Cavendish* Hrsg.: Encyclopedia of the Unexplained, *London 1974.*

päpstlichen Äußerungen gefördert wurden. Aber ganz abgesehen davon scheint mir der städtische Dämonismus noch andere Wurzeln zu haben. Die Vorliebe für bestimmte sexuelle Perversionen, die bis zu Folter und Mord entfesselten Triebe, die Tatsache, daß sich in einschlägigen Vorfällen in Amerika, der Schweiz, in Frankreich, Deutschland und manchmal auch in Italien so uralte Rituale wie Schwarze Messen und Hexenopfer stereotyp wiederholen, sind Symptome für eine Situation, die schwer zu analysieren ist. Die einfachste, in ihrer Einfachheit aber auch überzeugendste Hypothese: In der Umkehrung und Überschreitung von Normen oder in Grenzerfahrungen, die vor allem in bürgerlichen Schichten und nur hin und wieder in Arbeiterkreisen Zuspruch finden, stellen sich bei dem in der städtischen, entschieden asozialen Wüste lebenden

Menschen, angesichts eines bedrängenden Mangels an historischem Bewußtsein und der Notwendigkeit, diese Bewußtseinsleere wiederaufzuladen, neue Anreize, Fantasien und Träumerein ein, die ihn entschädigen und zu einer Bedeutung erheben, die ihm ansonsten verweigert wird. Dies wäre also, in materialistischen Termini ausgedrückt, ein typischer Fall von Flucht oder Entfremdung, der die Auseinandersetzung mit der Wirklichkeit verhindert und sie stattdessen in die dunklen Gefilde des Traums verlagert.

Die Form von Satanismus, wie sie zur Zeit von Gruppierungen verbreitet wird, die eine »verkehrte Kirche« repräsentieren, und die alte, mittelalterliche Überlieferungen wiederaufgenommen hat, schließt an direkte Erfahrungen vom Beginn unseres Jahrhunderts an. H. Haag[13] führt sie zu Recht auf eine mystizistische Sekte zurück, den *Ordo Templi Orientis*. Begründet von Karl Kellner und Franz Hartmann, erhob er in den letzten Jahrzehnten des vergangenen Jahrhunderts den Anspruch, das geheime Wissen ererbt zu haben, das eine lange Tradition den Templern zuschrieb. Aleister Crowley gab der Bewegung, die bereits sexuelle und orgiastische Riten praktizierte, ihre Organisation. In Cefalù begründete Crowley ein Satanskloster, in dem er gemeinsam mit seinen Schülern mit Hilfe von Drogen, Magie und Sex seine dämonischen Erfahrungen machte. Hier wurden die aus der Hexerei bekannten Rituale erneuert, vor allem in ihren späten Formen, wie man sie aus dem Giftprozeß in Frankreich kennt. Über das nackte Fleisch einer Jungfrau ließ man das Blut von geopferten Katzen und Hunden laufen. In der Schwarzen Messe wurde an die Anhänger eine Hostie verteilt, die aus dem Blut von Kindern und von Gegnern der Bewegung bereitet worden war. Aus Italien ausgewiesen, ging Crowley nach Weida in Thüringen, wo seine Anhänger ihn zum Retter der Welt proklamierten und ihm in deutlicher Anspielung auf die Offenbarung den Namen Satanas und »Das große Thier 666« gaben. Crowley, der 1947 in England im Wahnsinn starb, hinterließ sein organisatorisches Erbe dem Orden, der seinen Hauptsitz in Stein bei Appenzell in der Schweiz hat.

Die Untersuchung von F. W. Haack[14] beweist, daß aus Crowleys Bewegung Satanssekten hervorgegangen sind, die subversive Prak-

[13] H. Haag, *La credenza del diavolo*. Mailand 1976, S. 264 ff.

[14] Friedrich Wilhelm Haack, *Von Gott und der Welt verlassen*. Der religiöse Untergrund in unserer Welt. Düsseldorf 1974, S. 116 ff.

tiken vorwiegend sexueller Natur betreiben: die *Fraternitas Saturni* und die *Church of the Final Judgement* mit Sitzen in Frankfurt, Berlin, Hamburg, München, Freiburg und Lübeck. Die *Church* zählt vor allem in Kalifornien eine große Anzahl von Adepten und Eingeweihten und beeinflußte Charles Manson, der Kontakte mit dem *Devil House* von San Francisco hatte. In seinem eindeutig kriminellen Wahn sah Manson sich als der in der Offenbarung angekündigte »Menschensohn«, das heißt Christus und Satan zugleich, »König der Engel des Abgrunds«, dem es zustand, das Jüngste Gericht vorzubereiten. Bei diesem Gericht waren alle Schwarzen und die Filmstars auszurotten, und er bereitete sich vor allem darauf vor, den Penis von Richard Burton an Eddy Fisher, den Schachweltmeister, zu schicken. Parallel zu seiner *Final Church* träumte er davon, einen christlichen, sexuell promiskuitiven Urkommunismus zu begründen. Als satanisches Ebenbild ließ Manson sich an ein Kreuz binden, vor dem sich die Mädchen, die der Bewegung anhingen, zu Boden warfen und weinten. Bei solchen Treffen wurden Tiere geopfert, und in den nächtlichen Kulten wurde ihr Blut über den Paaren ausgegossen, die die freie Liebe praktizierten, und anschließend getrunken. Mit seinen getreuesten Anhängern glaubte er sich des Nachts in einen Vampir zu verwandeln und beschaffte sich menschliche Opfer. Das Opfer wurde auf einem Tisch festgebunden und mittels eines Apparates, der aus sechs Messern bestand, zeremoniell getötet. Die Anhänger verschlangen das noch zuckende Herz. Er befahl dann jenes Massaker an Sharon Tate, in dem Tex Watson, der Anführer der Mördergruppe, sich mit dem Teufel identifizierte.

1966 begründete A. S. La Vey die *Church of Satan*, eine gut organisierte Gemeinschaft, die weniger den Ritualmord als die sexuelle Orgie feiert. Sie ist weltweit verbreitet und leitet sich direkt von Crowleys *Ordo* ab. Die Lehrschriften der Sekte sind in der *Satanischen Bibel*[15] zusammengefaßt. Diesen Lehren zufolge wurde der Mensch einzig und allein erschaffen, um seine Triebe und Instinkte zu befriedigen, und er muß alles von sich weisen, was diese Befriedigung behindert. Satan ist das Symbol für die instinkthaften Lüste, die egoistische und libidinöse Triebhaftigkeit der Kreatur, und er stellt die Bergpredigt auf den Kopf. Die Mächtigen werden die Erde besitzen, die Schwachen werden die Sklaven sein. Einem

[15] *The Satanic Bible*. New York 1969.

anarchischen und zerstörerischen Plan zufolge sind die Schwachen auszurotten, während die Übermenschen die Erde völlig in Besitz nehmen werden.

Um die wachsende Verbreitung solcher Bewegungen aufzuzeigen, weist Haag darauf hin, daß *Newsweek* im Mai 1971 im amerikanischen Verlagswesen 2345 Bücher über Schwarze Messen, den organisierten Satanismus und okkulte Wissenschaften ausgemacht hatte.

Die starke Präsenz des organisierten Satanismus' straft tatsächlich den Eindruck Lüge, das Teufelsbild habe sich in den letzten Jahrzehnten eher verflüchtigt, und sie trifft sich darin mit Teilen der christlichen Kirchen, die zum Teufel zurückgekehrt sind. Selbstverständlich bestehen hier grundlegende Unterschiede, da der Satanismus der Geheimsekten sich vor allem durch Äußerungen kriminellen Wahnsinns manifestiert. In dem einen wie im anderen Fall ist bei wertfreier Betrachtung zu sagen, daß es sich hier um Randerscheinungen handelt, wenn man sich ansieht, welche Schichten der Bevölkerung real dahinterstehen. Doch ist hier eines zu unterstreichen: Während der Satanismus der Sekten von jeher auf eine kleine Zahl von Verrückten und ihre heimlichen Zusammenkünfte beschränkt blieb, kann sich der von den neukonservativen Theologen proklamierte Satanismus zwar nicht auf eine breite Basis innerhalb der Kirche stützen, doch übt er als ideologisches Modell einen tiefgreifenden, irrationalen Einfluß aus und läßt sich wie bereits erwähnt, für politische Zwecke mißbrauchen.

Abschließend ist zu sagen, daß diese von den Kirchen diktierten Neodämonismen, selbst wenn sie von der mythologischen Last des Teufelsbildes befreit sind, zu Formen schwerwiegender Entfremdung führen, da sie angesichts drängender Probleme eine Haltung der Verantwortungslosigkeit fördern. Die Rückkehr zum Teufel bewirkt eine Art Trägheit und Betäubung des Bewußtseins, die dazu beiträgt, daß die realen Gründe für Verfolgung, Gewalttätigkeit und Gemetzel auf die Ebene der Fantasie abgeschoben werden. Die autoritär vermittelte Teufelsideologie besänftigt und beruhigt uns, da sie unserem Gewissen einen anderen, nun plötzlich wiederentdeckten Ursprung des Bösen vorgaukelt und uns des Schuld- wie des Verantwortungsbewußtseins enthebt, die stets der Ausgangspunkt menschlichen Handelns sein müßten.

Noch beeindruckender wird dieser Mechanismus der Schuldenthebung und der Entfremdung, wenn, aus atavistischen Tiefen hervorgeholt, das Bild eines finsteren, strafenden Gottes vor uns aufgerichtet wird, der sozusagen die Parallelvorstellung zum klassischen Satan ist, eines Gottes, der uns für unsere Missetaten bestraft und der den Menschen in erbarmungsloser Unerbittlichkeit direkt oder über seinen dämonischen Stellvertreter, Krankheit und Tod schickt. Unter Rückgriff auf diese Bestrafungs-»Theologie« haben gewisse katholische wie protestantische Kreise, einer sehr leicht begreiflichen Dynamik folgend, den Prostituierten, den Homosexuellen und den Drogensüchtigen die Schuld für die Verbreitung von AIDS zugeschoben. Man kann sich in diesem Zusammenhang fragen, warum diese heftig betriebene Ausgrenzung bestimmter Gruppen, die die Ausbreitung von AIDS begleitet und die von kollektivem Terror geprägt ist, nicht – oder doch weit weniger tiefgreifend und weniger von oben legitimiert – im Zusammenhang mit anderen epidemischen Krankheiten wie Krebs oder Grippe aufgetreten ist. Bei AIDS kommt ein besonderer Faktor zum Tragen. Während man mit dem Finger auf die Verbreitung der Krankheit deutet, greift man konkret und mit theologischem Eifer die menschliche Verhaltensformen an, die von den Kirchen seit jeher verurteilt wurden: es sind all jene, die mit sexueller Freiheit verbunden sind.

Die kirchliche Lehrmeinung, ob katholisch oder protestantisch, weigert sich, die »Natürlichkeit« dieses biologischen und klinischen Geschehens zu akzeptieren und es nach der Logik der Vernunft und des historischen und wissenschaftlichen Bewußtseins zu erklären. So werden wieder die althergebrachte Macht Satans und die perversen Vorlieben des strafenden Gottes zum Thema gemacht. Damit verstärkt sich der Prozeß der sozialen Schuldzuweisung, da man in diesem Geschehen, selbst wenn man es wissenschaftlich erklärt, eine darüber hinaus führende Ursache sucht, die unwissenschaftlich und unhistorisch als Schuld und Sünde dargestellt wird. Die außernatürliche Ursache dient damit zur Erklärung des schicksalhaften Charakters dieses Geschehens, das als *signum dei*, als furchtbare Manifestation des zornigen Plans der Transzendenz gesehen wird. Und diese uralte theologische Auffassung bringt wieder einmal die grausame Dynamik der Ausgrenzung von Minderheiten in Gang.

Diese Dynamik geht im übrigen auf die Ursprünge des Christentums selbst zurück. Der Apostel Paulus bemerkt im Brief an die Römer[16], daß seiner Meinung nach das Ende des Römertums, auf dessen Trümmern das Christentum erstand, auf die vielen Sünden der Heiden zurückzuführen sei. Und die sexuelle und homosexuelle Perversion stehen dabei an erster Stelle: »Darum hat sie Gott auch dahingegeben in schändliche Lüste; denn ihre Weiber haben verwandelt den natürlichen Umgang in den unnatürlichen; desgleichen auch die Männer haben verlassen den natürlichen Umgang mit den Weibern und sind aneinander entbrannt in ihren Lüsten und haben Mann mit Mann Schande getrieben und den Lohn ihrer Verirrung, wie es ja sein mußte, an sich selbst empfangen.« In 1, Vers 32 des gleichen Briefes erklärt Paulus die Homosexuellen des Todes für würdig.

Wir sind der Dämonisierung der AIDS-Kranken bereits sehr nahe: in den Vereinigten Staaten wurde, zumindest in einem Fall, die Sterilisierung der Homosexuellen und der Drogenabhängigen gefordert, und Australien verabschiedete ein Gesetz, wonach Homosexuelle, die durch Blutspenden AIDS übertragen haben, des unvorsätzlichen Mordes beschuldigt werden. Und mit mächtig erhobener Stimme haben protestantische Prediger an die Feuerstrafe erinnert, die Gott über die Homosexuellen von Sodom und Gomorra kommen ließ. Es ist somit begreiflich, wenn Kardinal Siri in einem solchen Klima den außernatürlichen Ursprung dieser Krankheit vertrat, die Gott den Menschen als Strafe geschickt habe. Er folgt damit lediglich einer in der Geschichte des Christentums reich dokumentierten Tradition.

[16] *Der Brief des Paulus an die Römer*, 1,26–27, 32.

Anhang

Abkürzungen

AJS, *The American Journal of Sociology.* Chicago 1895ff.
ANET, *Ancient Near Eastern Texts Relating to the Old Testament,* hg. J. B. Pritchard. Princeton 1955.
ANT, *Anthropos, Revue Internationale d'Anthropologie et Linguistique.* Fribourg 1906ff.
DSAM, *Dictionnaire de Spiritualité, d'Ascétique et de Mystique.* Paris 1937ff.
DCT, *Dictionnaire de Théologie Catholique,* 15 Bde. Paris 1903–1951.
ERE, *Encyclopaedia of Religion and Ethics,* hg. J. Hastings. Edinburgh 1908–1921/Nachdr. 1951.
JAOS, *Journal of the American Oriental Society.* Boston 1843ff.
MAOG, *Mitteilungen der Altorientalischen Gesellschaft.* Leipzig 1925ff.
MGHS, *Monumenta Germaniae Historica, Scriptores.* Hannover/Stuttgart 1826ff.
MEFR, *Mélanges de l'École Française de Rome.* Paris 1881ff.
PG, *Patrologia Graeca,* hg. J. P. Migne, 161 Bde. + Ind., Paris 1857–1866.
PL, *Patrologia Latina,* hg. J. P. Migne, 217 Bde. + Ind., Paris 1844–1864.
PSBA, *Proceedings of the Society of Biblical Archaeology.* London 1878–1918, danach *Transactions of the Asiatic Society.*
RAAO, *Revue d'Assyrologie et d'Archéologie Orientale.* Paris 1884ff.
RANL, *Rendiconti dell'Accademia Nazionale dei Lincei.* Rom 1881ff.
RB, *Revue Biblique.* Paris 1892ff.
RLA, *Reallexikon der Assyrologie und vorderasiatischen Archäologie.* Berlin 1932ff.
RLAC, *Reallexikon für Antike und Christentum.* Stuttgart 1950ff.
RTPI, *Rivista delle tradizioni populari italiane.* Rom 1893–1895.
ZDMG, *Zeitschrift der Deutschen Morgenländischen Gesellschaft.* Leipzig 1892ff.

Weiterführende Literatur

Die Gestalt des Dämons. Geschichte und Definition unter besonderer Berücksichtigung der christlich-jüdischen Tradition

Ackermann, I., Der Fall und Erlösung oder die Werke des Satans und die Macht der Kirche. Samt einer Beilage über die göttliche Magie. Luzern 1835.
Arrighini, A., Gli angeli buoni e cattivi. Turin 1937.
Bamberger, B. J., Fallen Angels. Philadelphia 1952.
Bernhardt, J., Chaos und Dämonie. Von den göttlichen Schatten der Schöpfung. München 1950.
Biedermann, H., Dämonen, Geister, dunkle Götter. Graz/Stuttgart 1989.
Böcher, O., Dämonenfurcht und Dämonenabwehr. Ein Beitrag zur Vorgeschichte der christlichen Taufe. Stuttgart 1970.
Brémond, L., Le diable. Paris 1924.
Bortone, E., Satana, ma esiste davvero? Rom 1968.
Brengola, P. / Calvani, V., I diavoli. Hobbys, curiosità, nervosi e avventure dei diavoli della terra e di altre galassie. Mailand 1980.
Bujada, J., Angeles, demones, magos y teologia católica. Madrid 1955.
Carus, P., History of the Devil and Idea of the Evil from the Earliest Times to the Present Day. London 1900.
Cavendish, R., The Powers of Evil in Western Religion, Magic and Folk Belief. New York 1975.
Colleye, H., Histoire du diable. Brüssel 1946.
Collin de Plancy, J., Dictionnaire inférnal. Paris 1818.
Conway, M. D., Demonology and Devil – Lore, 2 Bde. New York 1879/ London 1882.
Corté, N., Unser Widersacher der Teufel. Aschaffenburg 1957.
ders., Who is the devil? New York 1958.
Costa, D., Il diavolo. Esiste? Chi é? Che cosa fa? Come si vince? Pia soc. S. Paolo 1936.
Crispino, A. M. u. a., Il libro del diavolo. Le origini, la cultura, l'immagine. Bari 1986.
Canzio, D., Il Diavolo. Scritte di vari a cura. Mailand 1969.
Disselhoff, A., Über die Geschichte des Teufels. Berlin [5]1907.
Fischer, W., Aberglaube aller Zeiten. Bd. 1: Die Geschichte des Teufels; Bd. 2: Die Geschichte der Buhlteufel und Dämonen; Bd. 3: Dämonische Mittelwesen. Stuttgart 1906.
Frick, K. R. H., Das Reich Satans. Satan und die Satanisten Bd. 1. Graz 1982.
Garçon, M. / Vinchon, J., Le diable. Étude historique, critique et médicale. Paris 1926.
Genies, Anges et Démons. Égypte, Babylone, Israel, Islam. Paris 1971.
Graf, A., Il diavolo. Mailand 1889. Nachdr. hg. v. C. Perone. Rom 1980.
Günther, B., Weg von der Finsternis hin zum Licht. Bd. 1: Satan, der Widersacher Gottes. Aschaffenburg 1972.
Holl, A., Tod und Teufel. Stuttgart 1973.

Jung, L., Fallen Angels in Jewish, Christian and Mohammedan Literature. Philadelphia 1926.
Kappler, C., Monstres, démons et merveilles à la fin du Moyen Age. Paris 1980.
Langton, E., Satan, a Portrait. A Study of the Character of Satan through all the Ages. London 1945.
Lehner, E. u. J., Devils, Death and Damnation. New York 1971.
Libero de, G., L'essere, l'azione, il dominio. Turin 1934, gek. Ausgabe von Mancini, A., Turin 1955.
Lurker, M., Lexikon der Götter und Dämonen, Funktionen, Symbole, Attribute. Stuttgart 1984.
Maple, E., The Domain of the Devils. London ²1966.
Maritain, R., The Prince of this World. Toronto 1933.
Metzger, A., Dämonie und Transzendenz. Pfullingen 1964.
Müller-Sternberg, R., Die Dämonen. Wesen und Wirkung eines Urphänomens. Bremen 1964.
Nola di, A. M., »Demonologia«, in: Enciclopedia delle religioni, II, Florenz 1970.
ders., Il diavolo. La sindrome demoniaca sovrasta l'umanità. Rom 1980.
Obendiek, H., Der Teufel bei Martin Luther. Eine theologische Untersuchung. Berlin 1931.
Papini, G., Der Teufel. Anmerkung für eine zukünftige Teufelslehre. Stuttgart 1955.
Pascal, C., Dèi e diavoli. Saggi sul paganesimo morente. Florenz 1904.
Petersdorff, E. von, Dämonologie, 2 Bde. München 1956–1957.
ders., Dämonen, Hexen, Spiritisten. Wiesbaden 1960.
Reicke, B., The Disobedient Spirit and Christian Baptistm. Study of 1 Pet. III and its Context. Kopenhagen 1946.
Reisner, E., Der Dämon und sein Bild. Berlin 1947/Neuausg. Frankfurt/Main 1986.
Roskoff, O., Geschichte des Teufels. Eine kulturhistorische Satanologie von den Anfängen bis ins 18. Jahrhundert. Leipzig 1869/Nördlingen 1987.
Rousseau, H., Le dieu du mal. Paris 1963.
Runeberg, A., Witches, Demons and Fertility Magic. Analyses of their Significance and Mutual Relations in West-Europe Folk Religion. With an Appendix: Psychoanalytic Interpretation of European Bronze Age Religion. Helsinki 1947.
Russell, J. B., Lucifer. New York 1985.
Schade, H., Dämonen und Monstren. Gestaltungen des Bösen in der Kunst des frühen Mittelalters. Regensburg 1962.
Seemann, M./Zaehrunger, D., »Die Welt der Engel und Dämonen als heilsgeschichtliche Mit- und Umwelt des Menschen«, in: Mysterium Salutis, Bd. 2, S. 954–1017, Köln 1967.
Teyssédre, B., Naissance du diable: de Babylone avec grottes de la mer morte. Paris 1985.
Tillich, P., Das Dämonische. Ein Beitrag zur Sinndeutung der Geschichte. Tübingen 1926.
Tondriau, J./Villeneuve, R., Dictionnaire du diable et de la démonologie. Verviers 1968.
Turmel, J., Histoire du diable. Paris 1931.

Van der Hart, R., The Theology of Angels and Devils. Notre Dame. Indiana 1973.

Die biblische Tradition

Altes und Neues Testament:

Koch, O., Engel und Dämonen in den Heiligen Schriften. Wuppertal-Barmen 1951.

Langton, E., Essentials of Demonology. A Study of Jewish and Christian Doctrine. London 1949.

Louis-Chevrillon, H., Satana nella Bibbia e nel mondo. Bari 1971.

Unger, H. F., Biblical Demonology. A Study of the Spiritual Forces behind the Present World. Wheaton, Ill. ³1963.

Ziegler, M., Engel und Dämonen im Lichte der Bibel mit Einschluß des außerkanonischen Schrifttums. Zürich 1957.

Altes Testament:

Canaan, T., Dämonenglauben im Lande der Bibel. Leipzig 1929.

Coppens, J., La connaissance du Bien et du Mal et le péché du Paradis. Louvain 1948.

Davies, T. W., Magic, Divination and Demonology among the Hebrews and their Neighbours, including an Examination of Biblical References and of Biblical Terms. London 1898/Nachdr. 1969.

Duhm, H., Die bösen Geister im Alten Testament. Tübingen 1904.

Jirku, A., Die Dämonen und ihre Abwehr im Alten Testament. Leipzig 1912.

Neues Testament:

Baumbach, G., Das Verständnis des Bösen in den synoptischen Evangelien. Berlin 1963.

Bauernfeind, O., Die Worte der Dämonen im Markusevangelium. Stuttgart 1927.

Böcher, O., Der johannische Dualismus im Zusammenhang des nachbiblischen Judentums. Gütersloh 1965.

Caird, G., Principalities and Powers, a Study in Pauline Theology. Oxford 1956.

Eitrem, S., Some Notes on the Demonology in the New Testament. Oslo ²1966.

Ernst, J., Das eschatologische Gegenspiel in den Schriften des Neuen Testaments. Regensburg 1967.

Fascher. E., Jesus und der Satan. Eine Studie zur Auslegung der Versuchungsgeschichte. Halle 1949.

Kallas, I., The Satanward View. A Study in Pauline Theology. Philadelphia 1966.

ders., Jesus and the Power of Satan. Philadelphia 1969.

Kurze, G., Der Engels- und Teufelsglaube des Apostels Paulus. Freiburg i. B. 1915.

Ling, T., The Significance of Satan. New Testament Demonology and its Contemporary Relevance. London 1961.

Morrison, C. D., The Powers That Be. Earthly Rulers and Demonic Powers in Romans 13,1–7. London 1960.
Noack, B., Satanas und Soteria. Untersuchungen zur neutestamentlichen Dämonologie. Kopenhagen 1948.
Pohlenz, M., Vom Zorne Gottes. Forschungen zur Religion und Literatur des Alten und Neuen Testaments, Heft 12. Göttingen 1909.
Schiller, H., Mächte und Gewalten im Neuen Testament. Fribourg 1958.
Smit, I., De daemoniacis in historia evangelica. Diss. Rom 1913.

Die ersten Jahrhunderte des Christentums

Berge, R., Exegetische Bemerkungen zur Dämonenauffassung des Minucius Felix. Freiburg i. B. 1929.
Bettencourt, E., Doctrina ascetica Origenis seu quid docuit de ratione animae humanae cum daemonibus, (Studia Anselmiana 16). Rom 1945.
Dukes, E., Magic and Witchcraft in the Writings of the Western Church Fathers. Diss. Kent State University 1972.
Gokey, F. X., The Terminology for the Devil and Evil Spirits in the Apostolic Fathers. Washington 1961.
Martikainen, J., Das Böse und der Teufel in der Theologie Ephraems des Syrers: eine systematisch-theologische Untersuchung. Turku 1978.
Micka, E. F., The Problem of Divine Anger in Arnobius and Lactantius. Diss. Washington 1943.
Russell, I. B., The Devil. Perceptions of Evil from Antiquity to Primitive Christianity. Ithaca, N. Y./London 1977.
ders., Satan. The Early Christian Tradition. Ithaka, N. Y./London 1981.
Schneweis, E., Angels and Demons According to Lactantius. Washington 1944.
Wey, H., Die Funktion der bösen Geister bei den griechischen Apologeten des 2. Jahrhunderts nach Christus. Diss. Winterthur 1957/Zürich 1957.

Der Antichrist

Bousset, W., Der Antichrist in der Überlieferung des Judentums, des Neuen Testaments und der alten Kirche. Ein Beitrag zur Auslegung der Apokalypse. Göttingen 1895.
Chauvin, C., Histoire de l'Antichrist d'après la Bible et les Saints Pères. Paris 1901.
Cohn, N., I fanatici dell'Apocalisse (ital. Übers.). Mailand ²1976.
Duby, G., L'an mil. Paris 1967.
Friedländer, M., Der Antichrist in den vorchristlichen jüdischen Quellen. Göttingen 1901.
Hasenkamp, G., Ludus de antechristo. Der Antichrist. Der staufische Ludus de Antechristo (dt.-lat.). Hamburg 1970.
Preuss, H., Die Vorstellungen vom Antichrist im späteren Mittelalter, bei Luther und in der konfessionellen Polemik. Leipzig 1906.
Ratton, J. J., Antichrist: A Historical Review. London 1917.
Rigaux, B., L'Antichrist et l'opposition au royaume Messianique dans l'Ancien et le Nouveau Testament. Grenoble/Paris 1932.

Wadstein, E., Weltende und Weltgericht in den Hauptmomenten ihrer christlich-mittelalterlichen Gesamtentwicklung. Leipzig 1896.

Hexenglauben

Baschwitz, K., Hexen und Hexenprozesse. Die Geschichte eines Massenwahns und seiner Bekämpfung. München 1963.
Battisti, G. u. E., La civilta delle streghe. Testi vari a cura. Mailand 1964.
Biedermann, H., Hexen. Graz 1974.
Bonomo, G., Caccia alle streghe. La credenza nelle streghe dal secolo XIII al XIX, con particolar riferimento all'Italia. Palermo 1959.
Cabanés, D., Mœrs intimes du passè. Le Sabat a-t-il existé? Paris 1935.
Caro Baroja, J., Las Brujas y su mundo. Madrid 1961; auch hrsg. v. Peuckert, W. E., Die Hexen und ihre Welt. Stuttgart 1967.
Dahl, J., Nachtfrauen und Galsterweiber. Eine Naturgeschichte der Hexe. Ebenhausen 1960.
Davies, R. T., Four Centuries of Witch Beliefs. With Special Reference to the Great Rebellion. London 1947.
Diefenbach, J., Der Hexenwahn vor und nach der Glaubensspaltung in Deutschland. Mainz 1886.
Douglas, M. (Hg.), Witchcraft – Confessions and Accusations. London 1970.
Ennemoser, J., Geschichte der Hexerei. Leipzig 1893.
Ewen l'Estrange, H. C. H., Witchcraft and Demonianism. A Concise Account derived from Sworn Depositions and Confessions obtained in the Courts of England and Wales. London 1933.
Français, J., L'Eglise et la Sorcellerie. Précis historique. Paris 1910.
Gardner, G. B., Ursprung und Wirklichkeit der Hexen. Weilheim 1965.
ders., Witchcraft Today. London 1968.
Ginzburg, C., I Benandanti. Stregoneria e sui culti agrari tra Cinquecento e Seicento. Turin 1966.
ders., Hexensabbat. Entzifferung einer nächtlichen Geschichte. Belz 1990
Hammes, M., Hexenwahn und Hexenprozesse. Frankfurt/M. 1977.
Haining, P., The Warlock's Book. London 1972.
Hansen, J., Zauberwahn, Inquisition und Hexenprozeß im Mittelalter und die Entstehung der großen Hexenverfolgungen. München 1900.
ders., Quellen und Untersuchungen zur Geschichte des Hexenwahns und der Hexenverfolgung. Mit einer Untersuchung der Geschichte des Wortes »Hexe« von J. Franck. Bonn 1901.
Hole, C., A Mirror of Witchcraft. London 1957.
Kors, A./Peters, E., Witchcraft in Europe 1100–1700. A Documentary History of Witchcraft. Philadelphia 1972.
Lea, H. C., Materials toward a History of Witchcraft. Hg. v. A. C. Howland, 3 Bde. New York 1957.
Maple, E., The Dark of Witches. London 1962.
Marwick, M. G., Sorcery in its Social Setting. A Study of Northern Rhodesian Cewa. Manchester 1965.
Mayer, A., Erdmutter und Hexe. Eine Untersuchung des Hexenglaubens und zur Vorgeschichte der Hexenprozesse. München 1936.
Michelet, J., Die Hexe. Leipzig 1863.

Monter, E. W., European Witchcraft. New York/London 1969.
Murray, M. A., The Witch-Cult in Western Europe. Oxford 1921, [2]1962.
ders., The God of the Witches. London 1926/Garden City, N.Y. [2]1960.
Palou, J., La sorcellérie. Paris 1957/Neuausg. 1960.
Paulus, N., Hexenwahn und Hexenprozesse vornehmlich im 16. Jahrhundert. Freiburg 1910.
Peuckert, W. F., Geheimkulte. Heidelberg 1951.
Pratt, A. M., The Attitude of the Catholic Church towards the Witchcraft and the Allied Practices of Sorcery and Magic. Washington 1915.
Robbins, R. H., The Encyclopaedia of Witchcraft and Demonology. London 1974.
Schöck, I., Hexenglaube in der Gegenwart. Tübingen 1978.
Snell, O., Hexenprozeß und Geistesstörung. Psychiatrische Untersuchungen. München 1891.
Soldan, G. W./Heppe, H., Geschichte der Hexenprozesse. V. M. Bauer, 2 Bde. München 1912/Neuausg. 1975.
Summers, M., The History of Witchcraft and Demonology. New York 1956.

Besessenheit

Arbman, E., Ecstasy or Religious Trance. In the Experience of the Ecstatics and from the Psychological Point of View. Stockholm 1963.
Balducci, C., Gli indemoniati. Rom 1959.
ders., Priester, Magier, Psychopaten. Grenze zwischen Wahn und Teufel. Aschaffenburg 1976.
Bechtel, G., Sorcellerie et Possession. Paris 1972.
Bourguignon, E., Possession. San Francisco 1976.
Dam van, W. C., Dämonen und Besessene. Aschaffenburg 1970.
Figge, G. H., Geisterkult, Besessenheit und Magie in der Umbada-Religion Brasiliens. Freiburg 1973.
Frei, G., Probleme der Parapsychologie. Die Welt der Parapsychologie, Besessenheit, Exorzismus und Ekstase. Gesammelte Aufsätze. München 1971.
Gayral, L. u. J., Les délires de possession diabolique. Paris 1944.
Görres von, J., Hinter der Welt ist Magie. München 1990.
Huxley, A., Die Teufel von Loudun. München 1955.
Lewis, I. M., Ecstatic Religion. An Anthropological Study of Spirit Possession and Shamanism. London 1971.
Lhermitte, J., Vrais et faux possédés. Paris 1956.
Monfouga-Nicolas, J., Ambivalence et culte de possession. Contribution à l'étude du Bouri hausa. Paris 1972.
Nevins, J. L., Demon Possession and Allied Themes. London 1897/Nachdr. Grand Rapids 1968.
Oesterreich, T. K., »Possession: Demonical and Other among Primitive Races«, in: Antiquity, the Middle Ages and Modern Times. New Hyde Park, N.Y. 1966.
Prince, R., Trance and Possession States. Montreal 1968.
Rodewyk, A., Die dämonische Besessenheit in der Sicht des Rituale Romanum. Zürich 1963.
ders., Dämonische Besessenheit heute. Tatsachen und Deutung. Aschaffenburg [4]1976.

Schott-Billmann, F., Corps et possession. Le vécu corporel des possédés face à la rationalité occidentale. Paris 1977.
Taczak, T., Dämonische Besessenheit. Münster i. W. 1903.
de Tonquédec, I., Les Maladies nérveuses ou mentales et les manifestations diaboliques. Paris 1931.
Walker, S. S., Ceremonial Spirit Posssession in Africa and Afro-America. Forms, Meanings and Functional Significance for Individuals and Social Groups. Leiden 1972.
Wilker, D. P., Unclean spirits. Possession and Exorcism in France and England in the late Sixteenth and early Seventeenth Centuries. London 1981.
Yve-Plessis, A., Essai d'une bibliographie française méthodique et raisonnée de la Sorcellerie et de la possession démonique pour servir de suite et de complément à la Bibliotheca Magia do Græsse, aux Catalogus Sépher, Ouvarof, D'Ourches et Guldenstubbe, S. de Guaita et aux divers travaux partiels publiés sur cette matière. Paris 1900.
Zutt, J., Ergriffenheit und Besessenheit. Ein interdisziplinäres Gespräch über transkulturelle, anthropologische und psychiatrische Fragen. Symposion vom 2.–4. Mai 1968 in Bad Homburg. München/Bern 1972.

Exorzismus

Desnoyers, M., Recherches sur la coutume d'exorciser et excommunier les insectes et autres animaux nuisibles à l'agricolture. Paris 1853.
Dölger, F., Der Exorzismus im altchristlichen Taufritual: Eine religionsgeschichtliche Studie. Paderborn 1909.
Ernst, C., Teufelsaustreibungen. Die Praxis der katholischen Kirche im 16. und 17. Jahrhundert. Bern 1972.
Evans, E. P., The criminal Prosecution and Capital Punishment of Animals. London 1906.
Franz, A., Die kirchlichen Benediktionen im Mittelalter, 2 Bde. Freiburg i. B. 1909/Nachdr. Graz 1960.
Mac Casland, S. V., By the Finger of God. Demon Possession and Exorcism in Early Christianity in the Light of Modern Views of Mental Illness. New York 1950.
Petrocchi, M., Ecorcismi e magia nell'Italia des Cinquecento e Seicento. Neapel 1957.
Reichard, G. A., Prayer: The Compulsive Word. New York 1944.

Neuere christliche Polemiken zum Teufel

Cristiani, L., Présence de Satan dans le monde moderne. Paris 1959.
Ehrard, J. B., Apologia del diavolo. Translatione con una nota critca di Benedetto Croce. Bari 1943.
Franzoni, G., Il diavolo, mio fratello. Soveria Mannelli 1986.
Frossard, A., Les 36 preuves de l'existence.
Gellner, E., The Devil in Modern Philosophy. London 1974.
Gorresio, V., Il papa e il diavolo. Mailand 1973.
Haag, H., Abschied vom Teufel. Theologische Meditationen. Einsiedeln [4]1973.
ders., Teufelsglaube. Tübingen 1974.

Kelly, H. A., Towards the Death of Satan. The Growth and Decline of Christian Demonology. London 1968.
Lindsey, H., Satan is alive and well on Planet Earth. Grand Rapids 1973.
Sonntag, F., The God of Evil. An Argument from the Existence of the Devil. New York 1970.
Vurmbran, R., Mio caro diavolo. Ipotesi demonologiche su Marx e sul marxismo. Rom 1979.

Moderner Teufelsglaube

Auhofer, H., Aberglaube und Hexenwahn heute. Aus der Unterwelt unserer Zivilisation. Freiburg i. B. 1960.
Bishop, G., Witness to Evil. Los Angeles 1971.
Bois, J., Le Satanisme et la Magie, avec une étude de J.-K. Huysmans. Paris 1895.
Bricaud, J., Huysmans et le Satanisme d'après des documents inédits. Paris 1913.
Haag, H., Teufelsglaube. Tübingen 1974.
Kruse, J., Hexen unter uns? Magie und Zauberglauben in unserer Zeit. Hamburg 1951.
Lyons, A., The Second Coming: Satanismo in America. New York 1970.
Sanders, E., The Family. The Story of the Charles Manson's Dune Buggy Attack Battalion. New York 1971.
Schmidt, Ph., Hexenglaube einst und heute. Berlin ²1960.
Schwaeble, R., Le Satanisme flagellé: satanisme contemporains, incubat, succubat, sadisme et satanisme. Paris 1912.
Sheed, F. J., Soundings in Satanism. New York 1972.
Stephensen, P. R., The Legend of Aleister Crowley. London 1930.
Symonds, J., The Great Beast. The Life and Magic of Aleister Crowley. London 1971.
Waite, A. E., Devil-Worship in France, or the Question of Lucifer. A Record of Things seen and heard in the Secret Societies according to the Evidence of Initiates. London 1896.

Schwarze Messen

Rhodes, H. T. F., The Satanic Mass. A Sociological and Criminological Study. London 1954.
Sylvius, J., Messes noires. Satanistes et Lucifériens. Paris 1929.
Zacharias, G., Satanskult und Schwarze Messe. Ein Beitrag zur Phänomenologie der Religion. Wiesbaden 1964.

Volkstümliche Teufelsvorstellungen

Cocchiara, G., Il diavolo nella tradizione popolare italiana. Saggi e ricerche. Palermo 1945.
Gallini, C., »Il diavolo tra chiesa popolo«, in: Tradizioni sarde e mitti d'oggi. Cagliari 1977, S. 61 ff.
Nola di, A. M., Inchiesta sul diavolo. Bari 1978.

Psychoanalytische Interpretationen

Dubal, R., La psychoanalyse du diable. Paris 1953.

Freud, S., Charakter und Analerotik. 1908.

ders., Eine Teufelsneurose im 17. Jahrhundert. Leipzig 1924.

Jones, E., Der Alptraum in seiner Beziehung zu gewissen Formen des mittelalterlichen Aberglaubens. Leipzig 1912.

Silberer, E., »Phantasie und Mythos«, in: Jahrbuch für Psychoanalytische und Psychopathologische Forschungen 2, 1910.

Der Teufel in der Kunst

Diables et Diableris. La répresentation du diable dans la gravure des XVe et XVIe siècles. Genf 1976.

Catelli, E., Il demoniaco nell'arte. Mailand 1972.

Erich, O. A., Die Darstellung des Teufels in der christlichen Kunst. Berlin 1931.

Hughes, R., Heaven and Hell in Western Art. New York 1968.

Levron, I., Le diable dans l'art. Paris 1935.

Michel, W., Das Teuflische und Groteske in der Kunst. München 1911.

Villeneuve, R., Le diable dans l'art. Essai d'iconographie comparée à propos des rapports entre et le satanisme. Érotologie de Satan. Paris 1963.

Der Teufel in der Literatur

Grillet, C., Le diable dans la littérature au XIXe siècle. Paris 1935.

Milner, M., Le diable dans la littérature française de Cazotte à Baudelaire, 1772–1861, 2 Bde. Paris 1960.

Der Teufel im Theater des Mittelalters

Rudwin, M. J., Der Teufel in den deutschen geistlichen Spielen des Mittelalters und der Reformationszeit, 2 Bde. Göttingen 1915.

Wieck, H., Der Teufel auf der mittelalterlichen Mysterienbühne Frankreichs. Diss. Leipzig 1887.

Ursprung und Natur des Bösen

Bianchi, E. u. A., Il bene e il male nelle religioni. Fossano 1970.

Billicsich, F., Das Problem der Theodize im philosophischen Denken des Abendlandes, 3 Bde. Berlin 1936–1959.

Blasche, B. H., Das Böse im Einklang mit der Weltordnung. Leipzig 1827.

Das Böse. Studien aus dem C. G. Jung Institut, XIII, Vortragszyklus des Wintersemesters 1959/60. Zürich/Stuttgart 1961.

Bowker, I., The Problems of Suffering in Religions of the World. London 1970.

Cornellan, C., Why does evil exist? A Philosophical Study of the Contemporary Presentation of the Question. Hicksville 1974.

Fitch, W., God and Evil. Studies in the Mystery of Suffering and Pain. Grand Rapids 1967.

Geach, P. T., Providence and Evil. Cambridge, N. Y. 1977.

Griffin, D. R., God, Power and Evil: a Process Theodicy. Philadelphia 1976.

Hick, J., Evil and the God of Love. London/Melbourne 1966.
Maritain, I., Dieu et la permission du mal. Paris 1964.
Mensching, G., Gut und Böse im Glauben der Völker. Leipzig 1941/Stuttgart ²1950.
Sertillanges, A.-D., Le problème du mal. Bd. 1: L'histoire. Paris 1949; Bd. 2: La solution. Paris 1951.
Ricoeur. P., La symbolique du mal. Paris 1960.
Verneaux, R., Problèmes et mystères du mal. Paris 1961.
Young, J., The Mystery, or Evil and God. London 1956.

Dualismus

Bianchi, U., Il dualismo religioso. Saggio storico ed etnologico. Rom 1958.
Jensen, S. S., Dualism and Demonology: The Function of Demonology in Pythagorean and Platonic Thought. Kopenhagen 1966.
Kelly, B. J., God, Man and Satan. Satan, the Adversary in Theology and Life. Westminster 1950.
Manselli, R., L'eresia del male. Neapel 1963.
Osten-Sacken von der, P., Gott und Belial. Traditionsgeschichtliche Untersuchungen zum Dualismus in den Texten aus Qumran. Berlin 1968.
Petrement, S., Le dualisme, dans l'histoire de la philosophie et des religions. Introduction à l'étude du dualisme platonicien, du gnosticisme et du manicheisme. Paris 1946.
ders., Le dualisme chez Platon, les gnostiques et les manichéens. Paris 1947.
Steuermann, W., The Divine Destroyer. A Theology of God and Evil. Philadelphia 1967.

Iranische Dämonologie

Christensen, A., Essai sur la démonologie iranienne. Det kgl. danske Vidensk Selsk, Hist.-filolog. Medd. XXIX 4,92. Kopenhagen 1943.
Darmesteter, J., Ormazd et Ahriman. Leurs origines et leur histoire. Paris 1877/Nachdr. 1970.
Molé, M., Culte, mythe et cosmologie dans l'Iran ancien. Le problème zoroastrien et la tradition mazdéenne. Paris 1963.
Thiesme, P., Mitra und Aryaman. New Haven 1957.
Widengren, G., Ormazd et Ahriman. Paris 1953.
ders., Iranische Geisteswelt. Von den Anfängen bis zum Islam. Baden-Baden 1961.

Mandäismus

Cerletti, M. V., Dualismo e ambiguità. Creatori e creazione nella dottrina mandea sul cosmo. Rom 1981.
Drower Stevens, E. S., The Mandaeans of Iraq and Iran: Their Cults, Custom, Magic, Legends and Folklore. Oxford 1937/Nachdr. Leiden 1962.
Furlani, G., I nomi delle classi dei demoni presso i Mandei. Rendiconti. Reale Accademia Nazionale dei Lincei. 1954 S. 389–435.
Krahling, C. H., The Mandaic Gotptahil. Jaos 1933, S. 152–165.

Rudolph, K., Theogonie, Kosmogonie und Anthropologie in den mandäischen Schriften. Eine literaturkritische und traditionsgeschichtliche Untersuchung. Göttingen 1965.

Manichäismus

Runciman, S., Le manichéisme médiévale, l'hérésie dualiste dans le Christianisme. Paris 1949 (Übers. aus dem Engl.).

Mesopotamien

Contenau, G., La Magie chez les Assyriens et Babyloniens. Paris 1947.
Ebeling, E., Lamashtu, Pazuzu und andere Dämonen. Mitteilungen der altorientalischen Gesellschaft XIV, 2. Leipzig o. J.
ders., Dämonen. Revista de Letras Faculdade de Filosofia, Cienceas e Letras oder Revista Liturgica Argentina II, 106ff.
Falkenstein, A., Die Haupttypen der sumerischen Beschwörung. Leipzig 1931.
Fossey, C., La magie assyrienne. Etude suivie de textes magiques, transcrits, traduits et commentés. Paris 1902.
Franck, C., Lamastu, Pazuzu, und andere Dämonen. Ein Beitrag zur babylonischen-assyrologischen Dämonologie. Leipzig 1941/Nachdr. 1971.
King, L. W., Babylonian Magic und Sorcery. Being »The Prayers of Lifting of the Hand«. The Cuneiform Texts of a Group of Babylonian and Asyrian Incantations and Magic »Formulae«. Edited with Transliterations, Translations and Full Vocabulary from Tablets of the Kuyunjik Collections preserved in the British Museum. London 1896.
Thompson, R. C., The Devils and Evil Spirits of Babylonia. Luzac's Semitic Text and Translation Series Bd. 14, 15. London 1903–1904.
Proosdij van, A. A., Babylonian Magic and Sorcery. Leiden 1952.
Weber, O., Dämonenbeschwörung bei den Babyloniern und Assyrern. Leipzig 1906.
Xella, P., Archeologia dell'Inferno. L'Aldilà nel mondo antico vicino-orientale e classicia cura. Verona 1987.

Ägypten

Budge, E. A. W., The Egyptian Heaven and Hell. Bd. 1/24: The Hieroglyphic Texts of the Book Imi-dirat and the Book of Gates, with Translations and Commentary; Bd. III: The Contents of the Books of the Other World described and compared. London 1906/[2]1925.
ders., Egyptian Magic. London 1899/[1]1972.
Hornung, E., Altägyptische Höllenvorstellungen. Berlin 1968.
Kees, H., Totenglauben und Jenseitsvorstellungen der alten Ägypter. Grundlagen und Entwicklung bis zum Ende des mittleren Reiches. Leipzig 1926/ Berlin [2]1956.
Lexa, F., La magie dans l'Egypte antique, de l'ancien empire jusqu'à l'époque copte, 3 Bde. Paris 1925.
Roeder, G., Die ägyptische Religion in Texten und Bildern. Bd. 4: Ausklang der Ägyptischen Religion mit Reformation, Zauberei und Jenseitsglauben. Zürich/Stuttgart 1961.

Indien

Caland, A., Altindisches Zauberritual. Probe einer Übersetzung der wichtigsten Theile des Kauçika Sutra. Amsterdam 1900.
ders., Altindische Zauberei. Darstellung der altindischen Wunschopfer. Amsterdam 1908/Nachdr. Wiesbaden 1968.
Henry, V., La Magie dans l'Inde antique. Paris ²1909.

Tibet

Nebesky-Wojkovitz de, R., Oracles and Demons of Tibet. The Cult and Iconography of Tibet Protective Deities. London 1956.
Sierksma, F., Tibet's Terrifying Deities. Sex and Aggression in Religious Acculturation. The Hague/London 1966.

Spätjudentum

Blau, L., Das altjüdische Zauberwesen. Straßburg 1898.
Böld, W., Die antidämonischen Abwehrmächte in der Theologie des Spätjudentums. Bonn 1938.
Gaster, M., Studies and Texts in Folklore, Magic, Medieval Romance, Hebrew Apocrypha and Samaritan Archaeology, 3 Bde. London 1925–1928.
Trachtenberg, J., Jewish Magic and Superstiton. A Study in Folk Religion. New York 1939/Nachdr. Philadelphia 1961.
ders., The Devil and the Jews. The Medieval Conception of the Jews and its Relation to Modern Antisemitism. New Haven 1944.

Germanen

Neckel, G., Walhall. Studien über germanischen Jenseitsglauben. Dortmund 1931.
Nöth, E., Weltanfang und Weltende in der deutschen Volkssage. Frankfurt 1932.
Olrik, A., Ragnarök. Die Sage vom Weltuntergang. Berlin 1922.

Antike Welt

Dieterich, A., Nekyia. Beiträge zur neuentdeckten Petrusapokalypse. Leipzig 1893.
Dodds, E. R., The Greeks and the Irrational. Berkeley/Los Angeles 1951.
Jacobsen, J. P., Les mânes. Bd. 1: Les morts et la vie humaine. Bd. 2: Le héros, le »genius« et les mânes. Bd. 3: Le sentiment religieux populaire en France. Paris 1924.
Jobbé-Duval, E., Les Morts malfaisants »larvae, lemures« d'après le droit et les croyances populaires des Romains. Paris 1924.
Pascal, C., Le credenze d'oltretomba nelle opere letterarie dell'anichità classica, 2 Bde. Catania 1912/Turin ²1923.
Pearson, A. C., Demons and Spirits (Greeks). Encyclopedia of Religion and Ehtics hg. v. Hastings, J., 13 Bde. (o. O.) 1908–1926, Bd. 4, S. 590–594.
Preisendanz, K., Papyri Graecae Magicae. Die griechischen Zauberpapyri. 2 Bde. (o. O.) 1928–1931.

Radermacher, L., Das Jenseits im Mythos der Hellenen. Untersuchungen über antiken Jenseitsglauben. Bonn 1903.
Roger, J., Aidos kynee. Graz 1924.
Rohde, E., Psyche. Seelenkult und Unsterblichkeitsglaube der Griechen, 2 Bde. Freiburg i. B. 1890–1894/1925.
Schömann, G. F., De diis manibus, laribus et geniis. Greifswald 1840.
Soury, G., La démonologie de Plutarque. Essai sur les idées religieuses et les mythes d'un plationicien électique. Paris 1942.
Tambornino, J., De antiquorum daemonismo. Religionsgeschichtliche Vorarbeiten und Studien. Hg. v. Wunsch, R. u. Deubner, L., Bd. VII. Gießen 1909.

Etrusker

Albizzati, C., Qualche nota sui démoni etruschi. Atti Pont. Accademia Romana di Archeologia Serie III/1923, S. 233 ff.
Anziani, D., Démonologie étrusque. Mélanges d'archéologie et d'histoire. 30/1910, S. 257–277.
Ducati, P., Osservazioni di demonologia etrusca. Rendiconti. Reale Accademia Nazionale dei Lincei. Cl. Scienze Morali 1915, S. 515 ff.
Pasquali, G., Acheruns-Acheruntis. Studi Etruschi I. Florenz 1927, S. 515 ff.
Ruyt de, F., Charaun, démon, étrusque de la mort. Études de Philol. d'Archeol. et d'Hist. anciennes. Inst. Belgique. Brüssel 1934.
Waser, O., Charon, Charun, Charos. Mythologisch-archäologische Monographie. Berlin 1898.

Islam

Eichler, P. A., Die Dschinn, Teufel und Engel im Koran. Leipzig 1928.
Eickmann, W., Die Angelologie und Dämonologie des Korans im Vergleich zu der Engel- und Geisterlehre der Heiligen Schrift. New York/Leipzig 1908.
Kriss, R. u. Kriss-Heinrich, H., Volksglaube im Bereich des Islams. Bd. 1: Wallfahrtswesen und Heiligenverehrung. Wiesbaden 1960; Bd. 2: Amulette, Zauberformeln und Beschwörungen. Wiesbaden 1962.
Saleh Khairat, Al-, Dei, profeti e geni della mitologia araba. Mailand 1985.
Zbinden, E., Die Djin des Islams und der altorientalische Geisterglaube. Bern/Stuttgart 1953.

Register

DIE KULTURGESCHICHTE DER GEBURT

Jacques Gélis

DIE GEBURT

Volksglaube, Ritual und Praktiken von 1500 - 1900

340 Seiten mit Abbildungen, Leinen

Viele Vorstellungen und Bräuche, die sich heute noch um Geburt und Schwangerschaft ranken, sind dem modernen Menschen unverständlich geworden. Jacques Gélis läßt in seinem Buch hinter diese zum Teil vergessenen kulturellen und technischen Zusammenhänge der Geburt blicken. Die Neuzeit bildet den Schwerpunkt in seiner Darstellung.
Die Zeit der Schwangerschaft, die Geburt selbst und auch die wichtige Zeit der Sozialisation des Kindes sind abhängig vom Denken und Handeln des jeweiligen Jahrhunderts, von politischen und wirtschaftlichen Interessen einzelner Gesellschaftsgruppen, aber auch von dem ursprünglichen Zusammenhang von empfangen, schwanger sein und gebären. Wie die Frucht eines Baumes ist das Kind Symbol für Kontinuität. Mit einem Kinde schwanger zu gehen entspricht der Ordnung der Natur. In früheren Zeiten war die Schwangerschaft ein mehr oder weniger regelmäßiges Ereignis im Leben einer verheirateten Frau. »In der Hoffnung sein« war daher ein ganz normaler Zustand, und keine Frau dachte daran, sich ihm zu entziehen. Eine jungverheiratete Frau lebte oft sehr in der Angst, unfruchtbar zu sein, daß die Feststellung einer Schwangerschaft als Erlösung empfungen wurde. Daß die Frau während des gebärfähigen Alters mehrmals schwanger war, erforderte die Zukunftsvorsorge. Je mehr Kinder geboren wurden, desto gewisser war es, daß man nicht ohne Nachkommenschaft sterben würde.